企业资源计划

张真继 刘世峰 常 丹 主编

清华大学出版社
北京交通大学出版社
·北京·

内 容 简 介

本书主要从企业信息化实践的角度出发，结合企业资源计划（ERP）理论和国内外实践，系统介绍了 ERP 的基本思想、基本原理、实施方法和实践平台。全书分为 4 篇：概述篇，介绍企业、企业管理、企业信息化、电子商务与 ERP 的关系，ERP 的发展历程，ERP 中的管理思想，ERP 系统依托的信息技术；原理篇，主要介绍 ERP 系统的基本原理、基本内容与基本功能；实施篇，采用管理、组织和技术 3 方面相结合的方法分析企业实施和运用 ERP 的方法，并分析实施和运用中的经验和教训；实践篇，以企业经营模拟活动为平台，通过一个完整的模拟企业主业务流程的综合实验，引导读者进入 ERP 的世界，体会 ERP 的管理思想、认识 ERP 系统的原理、理解 ERP 的业务流程、掌握 ERP 的操作方法和解决方案。

本书不仅介绍 ERP 的基本理论，更注重 ERP 软件功能的分析和实验，既可作为信息管理、工商管理、企业管理和计算机专业的本科生教材，也可作为相关专业硕士生、MBA 研究生，以及从事企业管理、信息管理和企业信息化等工作的高级管理人员的培训教材和参考用书。

图书在版编目（CIP）数据

企业资源计划 / 张真继，刘世峰，常丹主编. --北京 ：北京交通大学出版社 ：清华大学出版社，2025.6. -- ISBN 978-7-5121-5332-5

Ⅰ. F272.7

中国国家版本馆 CIP 数据核字第 2024C19B90 号

企业资源计划
QIYE ZIYUAN JIHUA

责任编辑：谭文芳

出版发行：清 华 大 学 出 版 社　　邮编：100084　　电话：010-62776969　　http://www.tup.com.cn
　　　　　北京交通大学出版社　　邮编：100044　　电话：010-51686414　　http://www.bjtup.com.cn
印　刷　者：北京鑫海金澳胶印有限公司
经　　销：全国新华书店
开　　本：185 mm×260 mm　　印张：21.25　　字数：547 千字
版 印 次：2025 年 6 月第 1 版　　2025 年 6 月第 1 次印刷
定　　价：69.00 元

本书如有质量问题，请向北京交通大学出版社质监组反映。对您的意见和批评，我们表示欢迎和感谢。

投诉电话：010-51686043，51686008；传真：010-62225406；E-mail：press@bjtu.edu.cn。

前　　言

党的十八大以来，党中央高度重视教材工作。党的二十大报告指出："教育、科技、人才是全面建设社会主义现代化国家的基础性、战略性支撑。必须坚持科技是第一生产力、人才是第一资源、创新是第一动力，深入实施科教兴国战略、人才强国战略、创新驱动发展战略，开辟发展新领域新赛道，不断塑造发展新动能新优势。"为积极响应习近平总书记及党中央号召，我们组织编写了本教材，以提高教材质量，促进不同教学手段、不同类型教材的协调发展，努力打造一批经典性、原创性、创新性教材，逐步形成具备中国特色、世界水平的教材体系。

ERP（enterprise resource planning，企业资源计划）是建立在信息技术基础上，融合现代企业的管理思想方法，为企业经营管理过程提供支持的平台。ERP 不仅是一个系统，同时融合了企业管理理论和方法，可以帮助企业经营管理者有效管理企业的财务、成本、计划、生产、采购、销售、质量等业务领域。ERP 作为数字化核心与其他管理、执行、控制等系统共同构建企业数字化基础，协助企业应对复杂而快速变化的市场环境，实现企业的经营管理目标。随着 ERP 系统在中国企业的深化应用，企业 ERP 作为数字化转型基础和核心应用扮演着十分重要的角色。掌握 ERP 知识及其包含的管理理念成为当前数字化及管理专业人才必备的基本素质和能力要求。企业数字化转型过程中，掌握 ERP 管理理念和方法将有助于提升和加速这一转型过程，并推动企业数字化向人工智能时代迈进。

由于 ERP 是一个涵盖多个业务领域的管理信息系统，企业要想应用 ERP 并从中获益，通常都会是一个较为复杂的企业业务转型与变革的过程。ERP 的管理理念和方法与企业管理层、业务人员、信息技术人员的日常工作息息相关。ERP 理论与技术已经融入企业管理的各个方面，因此掌握并了解 ERP 的管理理念和方法，将帮助企业各个层级的管理人员拥有有效的企业管理抓手，在面对复杂的企业内外部竞争环境时能更为灵活地调整业务模式、应对挑战。组织编写本书的主要目的在于帮助学生真正理解 ERP 的基本原理和基本思想，掌握 ERP 软件的应用技术，并帮助教师进行 ERP 教学。

本书基于张真继、邵丽萍主编的普通高等教育"十一五"国家级规划教材《企业资源计划》，并密切结合当前数字化时代技术和企业管理的理念、方法来组织相关内容，力求突出以下特色。

（1）思政教育与专业知识相结合。从国家、社会和个人三大层面将思政价值融入专业知识，引导学生在了解 ERP 专业知识、企业运作规范与流程的同时，树立正确的世界观、人生观、价值观、职业观、荣辱观。本书的编写立足于理论教学、沙盘模拟和主流程三大教学模块，不仅激发学生的爱国情怀和自豪感，而且可以提高学生的合作意识、分工能力、竞争意识和大局意识，以及信息思维能力和批判能力等综合素质。

（2）理论与实践相结合。作为企业管理系统，ERP 应用在于解决企业所面临的实际问题，但在实际教学中发现，许多学生并不清楚企业的运作方式，很难全面地分析企业的实际问题。鉴于此，本书突出以下思路：在使用本书学习时，结合实践篇的实验内容，可完成 ERP 沙盘模拟实验，让学生亲身参与企业经营管理活动，理解什么是企业资源计划、为什么要制订企业资源计划，以及使用 ERP 规划与管理企业资源的重要性。在 ERP 沙盘模拟实验的基础上再进行上机实验，让学生亲自使用 ERP 软件进行企业管理活动，了解企业信息化的过程，理解什么是数字企业、什么是 ERP 的管理价值。

（3）职能与业务流程相结合。目前多数企业的组织原则仍然按职能（如销售、生产等）确定企业内部分工。而 ERP 系统的应用，在组织运行机制中强化和丰富了组织内的协调、业务流程驱动等管理理论。首先，本书以业务职能为基础，讲述该部门与其他部门之间的业务、从全局业务角度理解各部门的角色和作用；其次，在实践环节，通过主业务反映基于流程的管理思想，以及 ERP 所提供的信息共享和流程控制的作用；最后，在系统的综合实验中，强调了业务分工与相互合作的关系。

（4）业务流程与算法相结合。企业生产计划管理的控制技法、原理性推演、处理流程和算法流程是 ERP 的核心内容，业务场景、业务过程是理解和应用现代 ERP 系统的重点所在。本书充分注意二者的结合及内容深度的把握，在各章节中以主要的业务场景和业务流程为主线，配有相关算法的讲解，而算法深度则以完成实验中的推演为主要依据。

（5）系统和业务相结合。本书通过系统和业务的模块对应表，让学生了解两者之间的相互对应关系，同时通过资料设定和业务单据介绍，让学生熟悉企业的业务和系统的操作，更加深入地了解 ERP 的精妙之处。

（6）ERP 实施与案例相结合。ERP 作为一个复杂的企业管理系统，能否有效实施，关系到信息化建设能否给企业带来预期效益。本书在讲述 ERP 基本原理之后，介绍 ERP 实施方法论和实施案例，帮助学生从实践角度加深对企业实际业务和数字化应用的理解。

本书由张真继统一拟订提纲并编写第 1 章和第 2 章，常丹编写第 15 章和第 16 章，邵丽萍编写第 3 章和第 4 章，刘会齐编写第 5～8 章，刘世峰对全书进行审定并编写第 9 章和第 10 章，尚小溥编写第 11 章和第 12 章，宫大庆编写第 13 章和第 14 章。最后，由常丹对全书进行统稿。北京交通大学经济管理学院硕士研究生杨彪、臧天澍、朱海明、张健和张荣等同学参与了资料整理、实验测试等工作；书中的实验环境以及软件系统的相关素材得到了鼎捷软件股份有限公司的大力支持；同时，在编写和出版过程中得到各方专家学者的支持和帮助；此外，本书也参考、引用了许多文献，在此对以上人员和单位一并致谢。

作　者

2024 年 7 月

目　录

概　述　篇

原 理 篇

实 施 篇

实　践　篇

概　述　篇

　　ERP（enterprise resource planning，企业资源计划）不仅仅是一种信息技术与管理理念的结合体，更是推动企业社会责任、可持续发展和人文关怀的重要力量。通过 ERP 系统，企业能够更有效地调配资源，提高生产效率，从而在创造经济效益的同时，也为社会贡献更多的价值。这种高效、透明的管理模式，有助于培养企业的社会责任感，促使企业在追求利润最大化的同时，不忘回馈社会，关注员工福利，实现经济效益与社会效益的双赢。

　　通过对本篇内容的学习，读者能够了解 ERP 的基本概念、重要性及其在企业管理中的角色，掌握 ERP 的演变过程及其管理思想，并熟悉 ERP 所依托的先进信息技术，为企业信息化建设和数字化转型提供理论基础和策略指导。

第 1 章　企业资源计划概述

本章引言

16 世纪以来，人类社会进入前所未有的创新活跃期，几百年里，人类在科学技术方面取得的创新成果超过过去几千年的总和；回顾近代以来的世界发展历程可以看到，一个国家和民族的创新能力，从根本上影响甚至决定了国家和民族的前途命运；中国要强盛、要实现民族复兴，就一定要大力发展科学技术，努力成为世界主要科学中心和创新高地。

ERP 不仅是企业优化资源配置、提升管理效率的重要工具，更体现了在市场经济条件下，企业如何通过技术创新和管理创新来推动自身的可持续发展。ERP 具有多种含义，它是一种先进的企业管理理念，它将企业各个方面的资源充分调配和平衡，为企业提供多重解决方案，使企业在激烈的市场竞争中取得竞争优势；ERP 也是建立在信息技术基础上，以系统化的管理思想，为企业决策层及员工提供决策运行手段的管理平台。ERP 集信息技术与先进的管理思想于一身，是现代企业的运行模式，用来合理调配企业资源，以最大化地创造企业利润。世界 500 强企业中有 80% 的企业都用 ERP 作为其决策的工具和日常管理工作的平台。

本章主要介绍企业资源计划的相关概念，在解释企业、资源、计划、管理和企业管理等基本概念的基础上指出企业管理的任务，从而引出企业资源计划的含义与 ERP 的定义，并进一步通过企业信息化、电子商务等对企业的要求来说明企业使用 ERP 的必要性。

本章重点

◆ 企业、资源、计划

◆ 企业管理、企业资源计划、ERP

◆ 企业信息化、管理信息系统、电子商务

1.1　企业资源计划

企业资源计划代表了当前在全球范围内应用最广泛、最有效的一种企业管理方法。企业资源计划与企业、企业资源、企业管理息息相关。为了深入理解其含义，本节首先介绍企业、资源、计划、管理和企业管理等基本概念，在此基础上再介绍企业资源计划的含义以及三个概念层次，说明企业管理的需求是产生 ERP 的根本原因。

1.1.1　企业

1．企业的定义

关于企业的定义，国内外至今还没有一个统一的表述。通常所说的企业，一般是指依法设立的以营利为目的，从事生产经营、知识开发、模型设计和方案策划等活动，为满足社会需要进行自主经营、自负盈亏、承担风险，实行独立核算、具有法人资格，为社会提供产品和服务的基本经济单位。

从上述定义可知，企业是从事生产经营等活动的实体，它作为社会的基本经济单位独立存在，有自己的财产和独立的利益，以营利为目的，以实现投资人、客户、员工、社会大众的利益最大化为使命，通过提供产品或服务换取收入；在市场中，企业是一个市场主体，根据一定的条件和程序登记设立，内部管理有一定的规范。

2．企业的特征

一个企业应具备以下基本特征：

- 拥有一定数量、一定技术水平的生产设备和资金；
- 具有开展一定生产规模和经营活动的场所；
- 具有一定技能、一定数量的生产者和经营管理者；
- 从事社会商品的生产、流通等经济活动，以获取利润；
- 进行自主经营，独立核算，并具有法人地位。

3．企业的类型

企业可分为工业企业、商业企业、农业企业、科技企业和文化企业等，我们通常提到的企业往往是指工业企业和商业企业。

1）工业企业和商业企业

工业企业是从事工业性生产的经济组织，它利用科学技术和合适的设备，对原材料进行加工，使其改变形状或性能，为社会提供需要的产品，同时获得利润。

商业企业则是指从事商业性服务的经济实体，它以营利为目的，直接或间接向社会供应货物或劳务，以满足客户的需要。

2）不同资源密集型企业

按照生产要素的密集程度划分，企业可分为劳动密集型企业、资金密集型企业和知识技术密集型企业。

（1）劳动密集型企业

劳动密集型企业又可划分为以下 3 种。

① 按企业投入的技术装备等固定资产和劳动力配合比例划分，即单位劳动力使用技术装备等固定资产量少的企业；

② 按生产经营成本构成来划分，即生产经营成本中劳动消耗所占比重较大的企业；

③ 按资本有机构成高低来划分，即资本有机构成低的企业。

发展劳动密集型企业对那些资金短缺、技术基础薄弱，而劳动力资源丰富的发展中国家来说，是经济发展的一项重要策略。不能把发展劳动密集型企业与提高劳动生产效率、实现企业现代化对立起来。凡是可用半机械化、机械化、自动化代替手工劳动的企业要尽可能地实现技术改造。在发展过程中，要适应生产力发展的实际水平和可能条件，采用适宜技术才会有好的经济效益。

（2）资金密集型企业

资金密集型企业是指单位产品所需投资较多、技术装备程度较高、用人少的企业。它是相对于劳动密集型企业而言的。通常把钢铁工业企业、重型机器制造企业、汽车制造企业、石油化工企业等划入资金密集型企业。

资金密集型企业一般具有劳动生产率高、物资消耗少、单位产品成本低、竞争能力强等优点。但是它需要大量的资金，技术装备复杂，还要有能掌握现代技术的各类人才及相应的配套服务设施，否则就难以获得其应有的经济效益。

资金密集型企业的单位产品所需投资多，因此企业的技术装备程度也往往比较高，故又称技术密集型企业。由于技术密集型企业同知识密集型企业相近，有人就把技术密集型企业作为知识密集型企业的别称，或称为知识技术密集型企业。

（3）知识技术密集型企业

知识技术密集型企业是指综合运用先进的、现代化的科学技术成就的企业。这类企业一般具有需要综合运用多门学科的最新研究成果，技术装备比较先进、复杂，投资费用大，中高级科技人员比重大，操作人员也要求有较高的文化科学知识，使用的劳动力和消耗的原材料较少，对环境的污染较少等特点。这类企业有电子计算机企业、航空航天企业、大规模和超大规模集成电路企业、原子能企业、电子计算机软件设计、技术和管理咨询服务企业等。

从发达国家的经济发展过程来看，不仅经历了一个从劳动密集型企业向资金密集型企业过渡的过程，而且随着现代科学技术的发展，知识技术密集型企业对于那些科技人才雄厚、拥有强大智力优势和雄厚科技基础的、实现了工业化后的发达国家和地区有着重要意义。

1.1.2　资源

1. 资源的含义

从汉语的字面解释来说，"资"就是"有用""有价值"的东西，即生产资料和生活资料；"源"就是来源。也就是说，资源就是生产资料和生活资料的来源。一般来说，资源指的是一切可被人类开发和利用的物质、能量和信息的总称，它广泛地存在于自然界和人类社会中，是一种自然存在物或能够给人类带来财富的财富。它是自然界和人类社会中一种可以用以创造物质财富和精神财富的具有一定量的积累的客观存在形态，如土地、矿产、森林、海洋、石油和信息等，它是一切可被人类开发和利用的客观存在。

2. 资源的种类

资源一般可分为自然资源与非自然资源两大类。

自然资源是指自然界天然存在、未经人类加工的资源，如土地、水、生物、能量和矿物等。它是与人类社会发展有关的、能被利用来产生使用价值并影响劳动生产率的自然要素，可分为有形的自然资源（如土地、水体、动植物、矿产等）和无形的自然资源（如光资源、热资源等）。

自然资源具有可用性、整体性、变化性、空间分布不均匀性和区域性等特点，是人类生存和发展的物质基础和社会物质财富的源泉。

非自然资源是指人类开发出的资源，如计算机、电话、移动网络、科学技术和信息等。

3．企业资源

一切形成企业竞争优势的因素都可以视为企业资源。企业可以运作的所有对象，如人、财、物、组织机构、管理制度和社会关系等都是企业的资源。它可以是实实在在的物质资源（如设备、材料、能源等），也可以是诸如时间、品牌和信息等相对虚拟的事物。

企业资源可以分为有形资源和无形资源。厂房、生产线、加工设备、检测设备和运输工具等是企业的有形资源（或称硬件资源），技术、品牌、人力、管理、信息、信誉、融资能力、组织结构和员工的劳动热情甚至包括人际关系等是企业的无形资源（或称软件资源）。

企业运行发展中，这些资源相互作用，形成企业进行生产活动、完成客户订单、创造社会财富、实现企业价值的基础，反映了企业在竞争发展中的地位。

咨询公司安达信提出过一个企业资源的动态模型。这个模型将企业的有形资产、财务资源、客户、员工、供应商，甚至是创新能力与业务流程等组织资源全部纳入其中，如图 1.1 所示。

图 1.1　企业资源的动态模型

企业要想在激烈的竞争中生存发展和基业长青，就要有效地挖掘自身各类资源的潜力，优化资源配置、整合资源结构，使其发挥更大的作用。

4．企业的 5 种资源要素

企业作为一个完整的经营体系，为了从事生产或服务活动，为了实现目标，就必须具备实现目标的功能，即必须拥有生产某种产品或提供某种服务所需要的人力、财力、物力与技术，以及反映这些要素相互结合运动的各种信息。因此，企业主要由人力、财力、物力、技术和信息等 5 个基本资源要素组成。

1）人力

人力包括操作人员、技术人员和管理人员及其知识和技能。人是企业的主体和灵魂。企业各类人员的数量、结构及素质将决定系统的运行状态和运行效果。

2）财力

财力即资金，这是物的价值转化形态或货币表现形式。企业的生产经营活动过程，从其价值形态看就是资金运动和价值增值的过程。现代企业的全部资金通常以固定资金和流动资金两种形式存在。资金主要从数量、构成及周转速度等方面对企业产生影响。

3）物力

物力包括：土地、建筑物，是企业运行的"空间"条件；机电设备、仪表、工具，即劳动手段；天然资源或外购原材料、半成品或成品，属于劳动对象。这些是企业生产经营活动的物质基础。这些物质条件，以其质量及技术状况影响和决定着企业的运行状况和运行效果。

4）技术

技术指各种设计、配方、工艺流程和工艺方法等。现代企业的技术同时会在生产过程中体现在劳动者、劳动手段和劳动对象等生产要素上，以其先进性、适用性程度影响和决定着企业运行的状态和效果。

5）信息

信息指各种情报、数据、图纸、规章和指令等。它是人力、财力、物力诸要素运动状态的反映，是维持企业正常运营的神经细胞。它包括系统内部信息和系统外部信息两个方面，并以其准确、及时、可靠的程度影响和决定着系统运行的状态和效果。

上述 5 种资源要素，无论在属性上，还是形态上都不相同，但在企业中，它们相互作用、相互依存，形成了一个有机的整体。其中，前三项属于有形资源，后两项属于无形资源。在传统观念中，往往只重视有形资源，而忽视无形资源，但现代企业真正的潜力和活力却隐藏在无形资源之中。

1.1.3 计划

1．计划的含义

计划是机关、企事业单位、社会团体对今后一段时间的工作、活动做出预想和安排的一种事务性文书。计划是人们为了实现某种目的而对未来的行动所做的设想和部署。总之，计划是人们根据实际情况，通过科学的预测，权衡客观的需要和主观的可能，提出在未来一定时期内要达到的目标，以及实现目标的途径。

在实践中，计划有许多名称，如"安排""要点""设想""方案""规划""打算"等。

2．计划的特点

1）预见性

这是计划最明显的特点之一。计划不是对已经形成的事实和状况的描述，而是在行动之前对行动的任务、目标、方法及措施所作出的预见性确认。但这种预想不是盲目的、空想的，而是以上级部门的规定和指示为指导，以本单位的实际条件为基础，以过去的成绩和问题为依据，对今后的发展趋势做出科学预测之后做出的。预见是否准确，决定了计划的成败。

2）针对性

计划要针对当前市场情况而定，要针对企业的主客观条件和相应能力而定。也就是说，从实际出发制订出来的计划，才是有意义、有价值的计划。

3）可行性

可行性是和预见性、针对性紧密联系在一起的，预见准确、针对性强的计划，在现实中才真正可行。如果目标定得过高、措施无力实施，这个计划就是空中楼阁；反过来说，目标定得过低，措施方法都没有创见性，实现虽然很容易，并不能因而取得有价值的成就，那也算不上有可行性。

4）约束性

计划一经通过、批准或认定，在其所指向的范围内就具有了约束作用，在这一范围内无论是集体还是个人都必须按计划的内容、时间约定开展工作和活动，不得违背和拖延。

3．计划的基本类型

计划是对未来行动的事先安排。计划的种类很多，可按不同的标志进行分类，最普遍的是根据计划的形式、职能、广度、时间跨度和明确性来进行分类。

1）**按形式划分**

可分为使命、目标、战略、政策、规则、程序、规划和预算。

2）**按职能划分**

可分为工作计划、学习计划、生产计划、教学计划、销售计划、采购计划、分配计划和财务计划等。

3）**按广度划分**

可分为国家计划、地区计划、单位计划、班组计划、战略计划和作业计划等。

4）**按时间跨度划分**

可分为长期计划、中期计划、短期计划3类，具体还可以称为十年计划、五年计划、年度计划、季度计划和月份计划等。

5）**按明确性划分**

可分为指令性计划、指导性计划。

4．计划的 6 要素

任何领域、任何层次上的完整的计划，都必须具备 what、why、when、where、who、how 这 6 个要素（简称 5W1H）。

① 做什么（what）：要明确组织的使命、战略、目标，以及行动计划的具体任务和要求，明确一个时期的中心任务和工作重点。

② 为什么做（why）：论证组织的使命、战略、目标和行动计划的可能性和可行性，也就是说要提供制订的依据。

③ 何时做（when）：规定计划中各项工作的开始和完成的进度，以便进行有效的控制和对能力及资源进行平衡。

④ 何地做（where）：规定计划的实施地点或场所，了解计划实施的环境条件和限制，以便合理安排计划实施的空间组织和布局。

⑤ 谁去做（who）：计划应明确规定目标、任务、地点、进度、负责部门和负责人。

⑥ 怎么做（how）：制订实行计划的措施，以及相应的政策和规则，对资源进行合理分配和集中使用，对人力、生产能力进行平衡，对各种派生计划进行合理平衡等。

5．计划的重要性

有了计划，工作就有了明确的目标和具体的步骤，就可以协调大家的行动，增强工作的主动性，减少盲目性，使工作有条不紊地进行。同时，计划本身又是对工作进度和质量的考核标准，有较强的约束和督促作用。所以，计划对工作既有指导作用，又有推动作用。

工作有计划，可取得有序、协调、效率等优势。有序是指因为有了明确的目标以及为此而确定的步骤、重点和分工等，可在实现过程中分辨轻重缓急，保证重点，为全局奠定基础，有条不紊。协调是指通过计划做出事先的协调，处理好在计划的制订和实施过程中的总目标与子目标之间、各具体目标之间、预期目标与时间约束之间、目标与手段之间可能存在的矛盾，促进目标的顺利实现。效率是指因为有序和协调，尽可能地激励了行为主体的积极性，合理地挖掘并组织相关的条件，减少了盲目性，避免了操作中的重复浪费，因而有利于提高效率。有序、协调、效率等优势也就构成了计划的一般价值。

计划既是管理的一项重要职能，也是管理的一种重要手段。一般认为，管理具有计划、组织、指挥、协调和控制等职能。在这些职能中，由于计划职能反映了管理者的决策意图，决定着管理行为的方向，制约和决定着其他管理职能，因而被视为管理的首要职能。

常识告诉我们，工作的内容越是复杂，参与实施计划的行为主体和涉及的环节越多，越需要制订计划。我国古代就有"凡事预则立，不预则废"的思想。西方经济学家也阐明了这个道理："虽然我们无法预见未来，但如果我们没有根据当时所得到的信息而制订的未来计划，我们就无法合理地行事。"

要想避免工作的盲目性，必须先有计划、后有总结。计划能够建立起正常的工作秩序，明确工作的目标，是领导指导、检查及群众监督、审查工作成绩的依据。计划也是单位阶段性总结工作时的基本标准，计划完成或超额完成，说明工作成绩是突出的；相反没有完成工作计划，则说明工作存在严重问题。

1.1.4　企业管理的任务

1. 管理的定义

管理是一个十分广泛的概念，有着非常丰富的内涵和外延。很多管理学家给出了管理的定义。

德鲁克：管理是把一群乌合之众变成一个有效率、有目的、有生产力的组织的特殊过程。

孔茨：管理是设计和维持一种良好的环境，使人在群体里高效率地完成既定目标。

西蒙：决策贯穿管理的全过程，管理就是决策。

罗宾斯：管理是指同别人一起，通过别人使活动更有效地完成的过程。

下面给出 3 个管理的定义。

【定义 1】　管理就是由一个或多个人来协调其他人的活动，以便收到个人单独活动所不能收到的效果。

这种定义强调工作任务，其出发点为：在社会中，人们之所以形成各式各样的组织和集团，是由于集体劳动所能取得的效果是个人劳动无法取得的，或者仅能在很小的规模上通过很长的时间内取得。美国的阿波罗登月计划曾经聚集了几万名科学家、几千家企业为其研究、设计和制造。这样巨大的项目所需要的知识是任何个人都无法全面掌握的，更谈不上具体地实现这项计划。即使像建造住房这种相对来说比较简单的工作，单凭个人去做也仅能局限在一个很小的规模上，而且要花费相当长的时间才有可能完成。总之，组织活动扩大了人类的能力范围。然而，要真正收到这种集体劳动的效果，必须有个先决条件，即集体成员的活动必须协调一致。为此，就需要一种专门的活动，这种活动就是管理。

【定义 2】　管理就是领导。

这种定义强调管理者个人领导艺术，其出发点为：任何组织都有一定的结构，而在结构的各个关键点上是不同的职位，占据这些职位的是一些具有特殊才能或品质的人，这些人被称为领导者。组织中的一切有目的的活动都在不同层次的领导者的领导之下进行的，组织活动是否有效，取决于这些领导者个人领导活动的有效性。所以，他们认为管理就是领导。

【定义 3】　管理是指一定组织中的管理者，通过实施计划、组织、领导、协调、控制等职能来优化配置，协调人力、财力、物力、信息等资源，以有效实现既定目标的过程。这里，目标是方向，计划是前提，组织是载体和依托，领导指挥是关键，协调和控制是保证。

这种定义强调比较广泛的研究，而不局限于某个侧面。在这个定义中有以下三层含义。

第一层含义说明管理采用的措施是计划、组织、控制、协调和领导这五大基本职能。

第二层含义说明第一层含义的目的，即利用上述措施来协调人力、物力和财力方面的资源。协调是指同步化与和谐化。一个组织要有成效，必须使组织中的各个部门、各个单位，直到各个人的活动同步与和谐；组织中人力、物力和财力的配备也同样要同步与和谐。只有这样才能均衡地达到多元的组织目标。

第三层含义说明第二层含义的目的。协调人力、物力和财力资源是为使整个组织活动更加富有成效，这也是管理活动的根本目的，即实现既定目标。

2．管理的职能

管理的职能是帮助组织充分利用其资源以实现其目标。管理有以下五大基本职能，每个管理者工作时都是在执行这些职能的一个或几个。

1）计划

计划就是组织对未来的活动以及为了资源供给与使用进行的一种预先的筹划。

2）组织

组织是管理者创建的一个有助于实现组织目标的工作关系结构，即根据组织目标，在任务分工的基础上设置组织部门，根据各部门的任务性质和管理要求，确定各部门的工作标准、职权、职责，制订各部门之间的关系、联系方式和规范等，以使组织成员能够共同工作实现组织目标。

3）领导

领导是指管理者利用所赋予的职权和自身拥有的权利去指挥、影响、激励组织成员为实现组织目标而努力工作的一门艺术性很强的管理活动。科学的领导在管理职能中变得日益重要。同时，领导也意味着创造共同的文化和价值观念，在整个组织范围内与组织成员沟通组织目标和鼓舞组织成员树立起谋求卓越表现的愿望。此外，领导也要对所有部门、职能机构中直接与管理者一起工作的员工进行激励。

4）协调

协调就是正确处理组织内外各种关系，为组织正常运转创造良好的条件和环境。沟通信息，增强相互理解，激励每个组织成员自觉地为实现组织目标共同努力，促进组织目标的实现。

5）控制

控制就是使实践活动符合计划，监督各项活动以保证它们按组织计划进行并纠正各种重要偏差。控制是组织各部门、各环节按预定要求运作、实现目标的保证。

3．管理的层次

管理通常分成三个层次：高层管理、中层管理和基层管理。这三层管理工作的特点各不相同。高层（也称战略级）管理是指一个组织或系统最高领导层所做的工作。其主要任务是根据组织内外的全面情况，分析和制订该组织长远目标及政策。中层（也称策略级）管理的任务是根据高层管理所确定的总目标，对组织内所拥有的各种资源，制订出具体的资源分配计划及进度表，组织基层单位来实现总目标。基层（也称执行级）管理则是按照中层管理制订的计划，具体组织人力去完成计划。

例如，在一个工厂当中，厂长的工作属于高层管理，各科室（如计划科、生产科、销售科等）的工作则属于中层管理，而车间主任的工作则属于基层管理。

4．企业管理

1）企业管理的定义

企业管理是指企业经理人员或经理机构对企业生产活动过程进行计划、组织、领导、协调、控制，优化配置，协调人力、财力、物力、信息等资源，实现企业目标等活动的总称。

企业的生产经营活动包括两大部分。一部分属于企业内部的活动，即以生产为中心的基本生产过程、辅助生产过程，以及产前的技术准备过程和产后的服务过程，对这些过程的管理统称为生产管理。另一部分属于企业外部的活动，联系到社会经济的流通、分配、消费等过程，包括物资供应、产品销售、市场预测与市场调查、用户服务等，对这些过程的管理统称为经营管理，它是生产管理的延伸。

因此，企业管理可以分为生产管理与经营管理，是合理地组织企业内部的全部生产活动与科学地组织企业的全部经营活动。

2）企业管理的目的

企业管理的目的就是实现企业的目标。

（1）企业目标

目标是组织或个人在一定时期内通过努力而希望获得的成果。

企业目标是企业近几年所要实现的理想，是企业近几年发展的方向，是企业在一定时期内，依据企业使命，考虑到企业的内外条件和各种可能性，依其生产经营方向所要预期达到的理想成果。因此，企业目标在企业管理中处于非常重要的地位，制订企业目标是企业管理层的首要任务。

企业目标有助于在企业中形成一种结果导向的气氛，使得企业全体员工都能了解企业的总体发展方向，明确自己在其中的地位与应发挥的作用。目标具有挑战性，可以起到激发企业潜力的作用，鼓舞斗志，充分调动整个企业员工的积极性。

（2）企业的根本目标

企业最根本的目标有两个：经济效益目标和社会效益目标。企业是一个经济组织，它的首要目标是实现利润最大化，即实现经济效益目标；企业又是一个社会组织，它要承担一定的社会责任，包括以产品或服务满足社会需求、为社会提供就业机会等，即实现社会效益目标。

企业的经济效益目标与社会效益目标有时是互相矛盾的。协调这种矛盾，处理好企业与国家、社会和个人之间的关系，也是企业管理的内容和目的之一。

（3）企业的分目标

企业的目标是多方面的。不同类型的企业在不同的时期、不同的环境条件下都会有各种不同的具体目标，如生产任务目标、产品质量目标、社会服务目标、经营利润目标和企业发展目标等。企业各种具体目标，实际上是企业两个根本目标的分解，可称为分目标。企业管理的目的既包括根本目标，又包括保证根本目标实现的各种分目标。

分目标可由多目标、多层次组成，例如长期目标、年度目标、整体目标、不同岗位部门目标。长期目标可以是企业在3～6年内应达到的市场占有率、行业排名、产品质量、用户满意度、扩大行业需求等指标。年度目标可以分为企业整体目标与不同岗位部门目标，整体目标确定在本年度内应达到的市场占有率、行业排名、产品质量、用户满意度等具体指标。不同岗位部门目标是某个岗位相对于企业自身制定的具体指标，例如，财务部目标可以确定在本年度内应达到的销售增长率、股价上升率、收入增长率等指标。

3）企业管理的任务

为了实现企业的目标，企业管理应该完成以下5项工作任务。

（1）合理地组织生产经营活动

生产经营活动是企业活动的中心，管理是为生产经营服务的。为保证生产经营活动的顺利进行，企业必须建立高效的组织机构，制订科学的管理制度，使上下级之间、各部门之间、各环节之间职责分明、责权一致、信息畅通、协调配合。

（2）有效地利用企业资源

人力、财力、物力、技术与信息是构成企业的5个基本资源要素，也是企业管理的基本对象，只有有效地利用这些资源，才能降低成本，节约费用，提高企业的经济效益。经济效益提高了，才能为社会提供价廉物美的产品和服务，才能更好地满足社会需求。

（3）促进技术进步，不断提高企业竞争实力

生产力是人们征服自然、改造自然以获得物质生活资料的能力。"科学技术是第一生产力"。企业管理应不断地促进企业技术进步，尽快把科学技术发展的新成果转换为企业的直接生产力，开发新产品，发展新市场，不断提高企业的竞争实力。

（4）加强员工教育，开发人力资源

企业管理的核心是对人的管理。人的力量是无穷的，人力资源是企业财富的源泉。加强员工教育，不断地提高员工的科技知识和业务技术水平，不仅是开发企业人力资源的有效途径，而且是企业发展的根本战略。

（5）协调内外关系，增强企业的环境适应性

企业是社会经济系统的一个子系统，企业外部的政治、经济、社会和科学技术等环境因素都会对企业的生存和发展产生极大的影响。同时，企业是一个开放的动态系统，它与外部环境之间进行着广泛的物质、能量和信息的交换。在这些影响和交换中，必然会产生各种各样的矛盾，这就需要通过企业的管理活动进行内外关系的协调，并不断调整内部结构，使企业适应外部环境的变化。

1.1.5　企业管理与 ERP

当今世界，企业面临着前所未有的变革和挑战。随着市场全球化、信息技术飞速发展以及消费者需求日益多样化，企业所处的环境发生了翻天覆地的变化。这些变化对企业管理提出了一系列新的要求和挑战，促使企业不断寻求有效的管理工具和方法来提升自身的竞争力。而 ERP 作为一种集成化的企业管理信息系统，正逐渐成为企业应对这些挑战的重要手段。它主要涵盖了三个概念层次，从管理思想到软件产品再到管理系统，为企业提供了全面的管理解决方案。

1．企业的新环境

20 世纪 90 年代以来，企业竞争更加激烈，企业的环境发生了巨大变化，主要体现在以下 8 个方面。

1）信息爆炸

随着互联网技术的发展和应用，信息爆炸是一个不能回避的一个事实。信息及信息技术对当前及未来社会都产生了强烈的影响。

2）市场变化无常

竞争对手的竞争实力难以估计，原材料价格上涨，产品需求变化快、市场难以预测。

3）技术进步速度加快

新技术、新产品不断涌现，一方面使企业面临空前未有的压力，另一方面也使每个企业员工受到巨大的挑战，企业员工必须不断地学习，否则将面临由于掌握的技能过时而遭淘汰的压力。

4）高新技术的使用范围越来越广

互联网技术的高速发展使所有的信息都极易获得，而更敏捷的教育体系使越来越多的人能在越来越短的时间内掌握新技术。面对机遇，能够采取差异化竞争的企业，从而大大加剧了国际竞争的激烈性。

5）全球化

全球化，可用三句话来概括，就是全球贸易、全球采购和全球制造。

6）产品生命周期变短

用户越来越喜欢新产品，产品生命周期变短，对新产品要求高，新产品研发难度越来越大，费用越来越高。

7）要求可持续发展

环境的破坏、资源的浪费，已为人类的生存带来了极大的挑战。企业如何面对制造资源的日益短缺又能获取经济效益、如何保证可持续发展是企业制订战略时必须考虑的问题。

8）用户的要求越来越苛刻

满足用户对产品的短交货期、高质量、低价格和售后服务好等越来越苛刻的要求。

2．企业管理的新挑战

在全球竞争激烈的大市场中，企业要想在竞争中获胜，取得生存和发展仅依靠传统的企业管理方式是无法实现的。企业管理面临以下新挑战。

1）不能及时做出决策

企业管理者由于没有能提供快速、准确和全面的信息来源渠道，没有提供预测、分析和处理信息的专家管理系统，可能会导致在决策过程中犹豫不决、迟缓和失误，以至于丧失了许多宝贵的机会。

2）不能及时得到信息

企业生产经营状态发生了很大变化，产品由单一性向多样性转化、小规模向大规模转化，市场信息需要及时处理，而各部门、各环节没有一个对信息全面、快速传送和反馈的管理系统。企业管理者往往为了掌握企业的生产经营信息，不得不经常性地亲自到各个部门进行视察和检查。

3）生产上所需要的原材料不能准时供应或供应不足

由于采购、库存与生产配合得不够密切，客户需求多变，生产计划不得不跟着变动，加工时只能用紧急订货来应急，采购人员压力较大，原材料供应有可能不够及时，生产线可能会停产。

4）零部件生产不配套、积压严重

由于生产计划安排困难，生产进度不均衡，生产的零部件不配套，生产线上用的已购零部件可能要转给其他产品去使用，这会使产品与产品之间、产品批号之间产生错综复杂的关系，甚至原来待用的零部件会成为呆滞物料，产生零部件的积压。

5）产品生产周期过长，劳动生产率下降

生产上所需的零部件不配套，将会引起生产活动紊乱，生产周期长。

6）资金积压严重，周转期长

为了保证不停产及应付紧急订货，往往会用加大库存的方法来应付，这将导致在制品积压增多，库存资金的积压严重，资金的周转天数增加。

7）市场和客户需求多变和快速，使企业的经营和计划系统难以适应

生产与采购部门希望有一个长期稳定的生产计划，以确保长期的人力和物料供应，确保物料供应的优秀外协厂家，以提高生产效率。然而，在竞争市场中，客户需求多变是必然的和正常的，为了满足客户多变的需求，必然会引起生产计划的多变、人力多变、物料供应多变、企业的经营和计划难以适应等问题。

8）物料多，不易管理

由于市场需求多样化，导致企业的产品种类繁多，不通用的零部件比比皆是，这给库存管理、采购管理、生产管理、新产品开发管理带来了极大的麻烦。

9）不能了解客户的真正需求

由于不能及时了解客户的信用状况和企业的资金状况而不能有效及时地控制超信用额度发货和应收款超时。而企业销售人员的业绩往往是按照订单量来衡量的，结果导致

某销售人员不停地在外推销产品，企业不停地往外发货，造成流动资金拮据，其他客户要求的生产不能正常进行，给企业带来的损失往往无法挽回和补救。

3. ERP 的含义及其三个概念层次

上述企业管理的新环境与新挑战实际上都是企业需要解决的一些棘手问题。如何对企业的所有资源进行科学调配和计划并使其得到充分利用，即根据市场需求快速做出一个最优的企业资源计划，解决企业管理面临的问题呢？ERP 为此而提出综合解决方案。

到底什么是 ERP 呢？本书将从不同角度来介绍 ERP 的相关知识。

ERP 的含义是指企业使用和配置相关资源的计划。具体而言，就是企业管理者根据企业自身资源进行统一部署，按照各个不同部门的具体需求制订的不同计划，例如销售计划、财务计划、生产计划和采购计划等，进而使企业有限的资源能够在部门间实现最佳的配置，以提升企业资源的利用率，达到提升企业竞争力的目的。

而到目前为止，对于 ERP 还没有统一的定义，本书从管理思想、软件产品、管理系统三个层次介绍 ERP 的基本定义。

【定义 1】 ERP 是由美国著名的计算机技术咨询和评估集团 Garter Group Inc.提出的一整套企业管理系统体系标准，其实质是在 MRPII（manufacturing resource planning，制造资源计划）基础上进一步发展而成的面向供应链（supply chain）的管理思想。

【定义 2】 ERP 是综合应用了客户-服务器体系、关系数据库结构、面向对象技术、图形用户界面、第四代语言（fourth generation language，4GL）、网络通信等信息产业成果，以 ERP 管理思想为灵魂的软件产品。

【定义 3】 ERP 是整合了企业管理理念、业务流程、基础数据、人力物力、计算机硬件和软件于一体的企业资源管理系统。

上述 3 个定义具有如图 1.2 所示的包含关系。

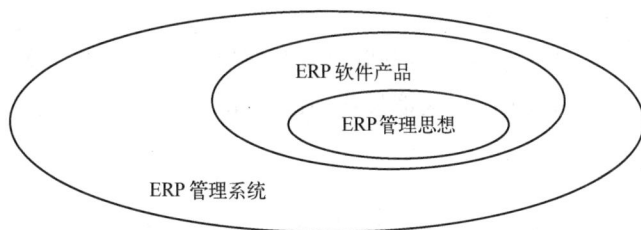

图 1.2　3 个定义的包含关系

以上分别从三个角度来定义 ERP，综合起来的定义为：ERP 是建立在现代信息技术基础上，融合现代企业的先进管理思想，全面集成企业所有资源信息，为企业提供决策、计划、控制与经营业绩评估的全方位和系统化的管理平台。

这个综合定义说明 ERP 不仅是一个计算机软件产品，更是一种管理理论和思想，它可以帮助管理者充分利用企业的所有资源，包括内部资源和外部市场资源，为企业制造产品和提供服务创造最优的解决方案，以实现企业的经营目标，可以帮助管理者进行决策、计划、控制与经营业绩评估，完成企业管理的各项任务。

　　由于先进的管理理论和思想只有依赖计算机软件系统才能实现，所以实现现代管理理论和思想的 ERP 常常被当成是一种计算机软件系统或软件包，这实际上是一种表面的认识。ERP 是一个包含先进管理理论和思想的软件系统，只有深刻地了解 ERP 的管理思想和理念，才能真正地理解、掌握、应用和研制 ERP 系统。

　　由于企业的环境在不断变化，ERP 理论也在不断发展，当前 ERP 融合了许多针对企业管理新问题所出现的新的管理思想与技术，如供应链管理、客户关系管理、敏捷制造、精益生产、并行工程、企业业务流程管理等。它不仅面向供应链管理，体现企业业务流程再造、精益生产、敏捷制造、并行工程的管理理念，而且还结合全面质量管理以保证质量和客户满意度；结合准时制生产以消除一切无效劳动与浪费、降低库存和缩短交货期；结合约束理论来定义供应链上的瓶颈环节、消除制约因素来扩大企业供应链的有效产出。

　　当前 ERP 系统已经成为现代企业管理的主要软件工具，作为企业不同层次管理者执行计划、组织、领导、协调和控制等管理职能以优化配置、协调人力、财力、物力及信息等资源的全方位和系统化的管理平台。在我国，ERP 行业经过几十年的不断发展及企业对管理的重大调整和变革，ERP 系统已逐渐融入本土化的企业管理中，相关企业顺应发展潮流，迎接机遇挑战，不断地推动以 ERP 为主的信息化进程，实现了一系列重大变革和突破，帮助我国企业在本土和全球化竞争环境中生存发展。可以说，现代企业管理离不开 ERP，而 ERP 更离不开企业管理的需求，它是产生 ERP、完善 ERP 和促进 ERP 发展的根本原因。

1.2　企业信息化与 ERP

　　目前，企业信息化是各个企业都面临和需要解决的主要问题。本节将探讨企业信息化与 ERP 的关系，说明 ERP 在企业信息化中的作用，以及企业使用 ERP 的必要性。

1.2.1　企业信息化的定义

　　关于企业信息化的定义很多，但目前没有一个统一的描述，这里给出 5 个典型的定义。

　　【定义 1】　企业信息化是指企业有目的地推进与使用信息资源与现代信息技术。

　　【定义 2】　企业信息化是指利用信息技术获取、处理、传输、应用知识和信息资源，使企业的竞争力更强、收益更多的一个动态过程。

　　【定义 3】　企业信息化是企业利用现代信息技术，通过对信息资源的深化开发和广泛利用，不断提高生产、经营、管理及决策的效率和水平，进而提高企业经济效益和企业竞争力的过程。

　　【定义 4】　企业信息化是将信息技术应用于企业生产、管理经营活动的过程，实质上是将企业的生产过程、物料移动、事务处理、现金流动、客户交货等业务过程数字化，通过各种信息系统网络加工生成新的信息资源、提供给各层次的人们洞悉、观察各类动态业务中的一切信息，以做出有利于生产要素组合优化、企业资源合理配置的决策。

【定义 5】 企业信息化是企业利用现代信息技术，通过信息资源的深入开发和广泛利用，实现企业生产过程的自动化、管理方式的网络化、决策支持的智能化和商务运营的电子化，不断提高生产、经营、管理、决策的效率和水平，进而提高企业经济效益和企业竞争力的过程。

以上 5 个定义从不同视角、不同关注重点描述了企业信息化的内涵。对各种定义加以考察可以发现，各种定义虽然存在差异，但本质却是相同的。

因此，可以将企业信息化的定义概括为：企业信息化是指企业以现代信息技术为手段，以开发和利用信息资源为对象，以改造企业的生产、管理和营销等业务流程为主要内容，以提升企业的经济效益和竞争力为目标的动态发展过程。

1.2.2　企业信息化的内容与表现形式

1. 企业信息化不同阶段的内容

根据信息技术的演变，本书将企业信息划分为事务管理阶段、信息管理阶段与资源管理阶段。不同的阶段，企业信息化的内容不同。

在信息技术发展的早期阶段，企业信息化局限于生产过程的自动化管理以及企业内部日常办公事务的处理等方面，该阶段称为事务管理阶段，实现的是管理的信息化，其主要内容是各管理职能部门实现独立的计算机管理，如财务实施电算化，仓库管理用计算机等。

20 世纪 80 年代开始，随着计算机硬件和软件技术的发展，特别是计算机和通信网络技术的日趋融合，企业信息化内容发生了巨大的变化，信息技术在企业中的应用不再局限于企业活动的某些环节，而是逐步地渗透到企业活动的各个领域、各个环节，极大地改变了企业的生产、流通和组织管理方式，推动了企业物资流、资金流和信息流的相互融合，企业信息化位于信息管理阶段，其主要内容是信息系统化、集成化，即将各自独立的数据信息实现集成和共享，例如现在一些财务软件公司所开发的财务管理系统中加入进销存管理子系统。

自进入 21 世纪以来，企业信息化进入到资源管理阶段，其主要内容是实现资源信息化，建立面向供应链和基于业务流程再造的管理系统，使用信息技术，再造企业管理。

信息管理与资源管理的本质区别在于信息管理不涉及管理方式的变革，企业管理依然可以是"科层制"，资源管理是应对知识经济时代的管理方案，是面向供应链和"流程制"的。从使用的信息系统的特征来看，资源管理系统软件都带有诸如物料需求计划、制造资源规划和工作流管理等功能，包含一些复杂的分析、规划等算法，具有决策辅助功能，具有处理知识经济时代信息泛滥问题的能力。而信息管理系统则是面向功能和信息流的。

除了技术因素外，企业信息化的范围和内容还因企业规模、类型和性质的不同而呈现出巨大的差异。例如，大型企业和中小型企业的信息化就存在着明显的差异，前者在信息技术应用的深度和广度方面都大大地超过后者。又例如，产品制造业企业和服务业企业也存着明显差别，制造业企业信息化的一个主要内容是产品设计和生产过程的自动化，而服务业企业的信息化则不包括这方面的内容。

2．企业信息化的表现形式

企业信息化表现出来的形式可以概括为以下 4 个方面。

1）企业办公自动化与信息化

企业办公自动化与信息化主要实现企业信息传递、信息类资源的共享、电子邮件、公文流转、工作日程安排、小组协同办公和工作流程自动化等，即实现企业基本工作流信息化。

2）企业业务处理自动化与信息化

企业业务处理信息化以企业的各种应用系统为基础，通过各种类型的信息应用系统来有效地组织、利用信息资源，实现管理的高效率。企业的应用系统按功能可以分为事务处理系统（transaction processing system，TPS）、管理信息系统（management information system，MIS）、决策支持系统（decision support system，DSS）和专家系统（expert system，ES）等，人力资源、财务、存货和生产计划等。按应用的职能部门又可以分为财务管理系统、销售信息系统、库存管理系统、人力资源管理系统和质量管理系统等。对于企业而言，各种应用系统既可以自成一体，以服务于企业某一个或某些部门的职能需要，也可以是通过企业内部网有机联系在一起的集成应用系统，实现企业业务管理下的计划管理、项目管理、财务管理、人力资源管理、采购管理、销售管理以及库存管理等主要内容的自动化和信息化。

3）企业产品设计与生产过程自动化与信息化

企业产品设计与生产过程的自动化和信息化是制造业企业信息化的一个关键环节，其主要目的是在机械化的基础上综合利用微电子技术、计算机技术和自动控制技术实现对生产过程的监测和控制，从而达到提高产品质量和生产效率的目的。生产过程自动化和信息化涵盖产品设计和开发，生产工艺流程、物料管理和品质检验等各生产环节。在产品设计和开发环节，主要是应用计算机辅助设计（computer aided design，CAD）技术、虚拟现实和模拟技术以及网络技术等，以缩短新产品的设计和开发周期，节约开发成本。在生产环节，主要是利用计算机辅助制造（computer aided mapping，CAM），以及计算机集成制造系统（computer integrated production system，CIMS）和计算机集成生产系统（computer integrated manufacturing，CIPS）等技术实现生产过程的自动化和智能化。

生产过程的自动化和信息化并不是孤立进行的，而是与其他环节如库存、财务、质量、设备和人员等管理方面的信息化紧密联系的。

4）企业外部运作管理信息化

企业外部运作管理信息化是指将企业、供应商、客户和员工等整合成为一个完整、流畅的管理控制系统，体现供应链管理的思想，实现企业供应链和客户关系管理的信息化。

企业采购和销售过程中的信息化极大地拓宽了企业信息系统的应用范围，从而使企业的信息化从内部扩展到外部，并借助于企业内部网、外部网和公共网络将企业内部的生产管理和外部的供应、销售整合在一起。通过网络和供应链管理系统等手段整合供应商和企业的交易和信息流程，以提高企业的采购效率；通过客户关系管理系统收集、处理和分析客户的信息，以便更好地满足客户的要求。

1.2.3　企业信息化与 ERP 的关系

企业信息化的根本目的是利用信息技术与信息系统及时获取和处理与企业相关的信息，提高决策的科学性和企业行为的有效性，提高企业的劳动生产率，降低能耗和成本，增强企业的竞争能力。从企业信息化的根本目的可以发现 ERP 在实现企业信息化中的地位与作用。

1．ERP 是实现企业信息化的有力工具

企业信息化发展到资源信息化阶段，要求有一个集成的资源管理系统对企业供应链上的各个环节、各种资源进行管理，以提高企业的效益，从而达到提高企业竞争力的目的。

对企业的业务流程进行了重新定义，用知识经济时代的"流程制"取代了过去经济时代的"科层制"管理模式，建立以用户和供应链为核心的管理理念。借助信息技术，使企业的大量基础数据共享，以信息代替库存，最大限度地降低库存成本和风险，并借助计算机技术对这些基础数据进行查询和统计分析，提高决策的速度和准确率，体现了事先预测与计划，事中控制，事后统计与分析的管理思想。ERP 系统能够更有效地提高人力资源、时间资源等的使用效率，解决信息泛滥问题，提高决策的准确率。

因此，ERP 是实现企业信息化的有力工具。

2．ERP 是实现企业信息化的保证

要实现企业信息化必须以实施 ERP 系统为基础，因为 ERP 是一种集成的企业管理信息系统，它能够利用各个子系统功能及时获取和处理与企业相关的信息，根据市场的需求，对企业内部和其供应链上各环节的资源进行全面规划、统筹安排、严格控制，以保证人力、财力、物力、信息等各类资源得到充分合理的应用，实现企业信息化的目的。

3．ERP 体现了企业信息化的水平

通过 ERP 系统可以具体实现企业生产过程的自动化、管理方式的网络化、决策支持的智能化和商务运营的电子化。ERP 系统的使用标志着企业信息化进入到资源管理阶段。

1.3　企业数字化转型与 ERP

大数据时代，数字经济已成为全球产业变革和经济增长的重要引领力量，它既是构建现代化经济体系的重要引擎，也是当代国家综合实力的重要体现。我国在"十四五"

规划中明确"加快数字化发展，建设数字中国"的远景目标，将加快数字技术迭代创新和新一代信息技术与经济社会各领域深度融合，催生新技术、新业态和新模式，衍生新服务、新市场，将数字中国建设向纵深发展。企业数字化转型作为数字中国建设中的有机组成部分，是企业适应信息化时代发展的必然选择。数字化转型能帮助企业提高生产效率，降低成本，提高产品质量和创新能力。同时，数字化转型还能帮助企业更好地了解消费者需求，优化市场策略，提高企业的竞争力。

1.3.1 企业数字化转型的背景

在全球数字经济的大浪潮下，开展数字化转型，已成为企业适应数字经济，谋求生存发展的必然选择。经济转向高质量发展阶段，企业转型势在必行。经历四十多年改革开放和连续高速增长，中国经济增长已经由高速增长转入低速增长和高质量驱动的阶段。

当今世界，数字经济已经成为全球经济的主要形态。中国数字经济总量占 GDP 超过30%，已成为全球第二大数字经济体。当前，新旧经济呈现冰火两重天的局面：一方面，互联网企业规模不断扩大，凭借数字技术跨界延伸到诸多传统行业，初创型数字化企业令人咋舌的增速使传统企业相形见绌；另一方面，传统企业营收增长减速，企业发展越来越困难，转型已成为企业能否在数字经济时代生存发展的关键问题。面对产业结构调整、资源环境挑战、数字技术与创新带来的行业颠覆与机遇，中国企业逆水行舟，不进则退。应对新环境和新时代的挑战，企业转型势在必行。

1.3.2 企业数字化转型的概念

企业数字化转型，是在全球数字化变革的背景下，为适应数字经济环境下企业生存发展和市场变化的需要，对企业进行的主动的、系统性、整体性的转型升级，是通过新一代数字技术的深入应用，构建一个全面感知、无缝连接、高度智能的数字孪生企业，进而以数字仿真，优化再造物理世界的企业，对传统管理模式、业务模式、商业模式进行创新和重塑，实现企业的业务成功和增长与发展。

（1）数字化转型是数字技术对企业的全面重塑

与传统信息化相比，数字化转型是从技术应用向全面重塑的转变，本质上是利用新一代数字化、网络化、智能化技术对企业实现更深层次的重塑与再造，是脱胎换骨式的自我革新，是利用数字技术对传统业务、管理、商业和服务模式进行全面的重塑，是利用数字化技术和能力来驱动企业商业模式创新和商业生态系统重构的途径与方法。

（2）数字化转型是对企业的数字重构和镜像再造

随着人工智能、大数据、云计算等技术日趋成熟和扩散应用，企业得以利用这些技术把企业复杂的运营管理、生产制造等所有业务在计算机世界实现数字重构、全息重建和镜像化再造，进而构建一个全感知、全连接、全场景、全智能的数字企业，进而优化再造物理世界的业务，对传统管理模式、业务模式、商业模式进行创新和重塑，实现业务成功。

（3）数字化转型是技术与业务的全面交互和融合创新

数字化是技术与业务的全面交互，技术赋能业务，又融入业务，成为业务的底层能力，技术和业务融合创新成为新的业务形态，技术成为驱动业务发展的核心动力，业务成为技术创造价值的主要载体，技术和业务共同构成了数字经济条件下的业务形态。

1.3.3　企业数字化转型的内涵

企业数字化转型的内涵主要包括转换、融合、重构 3 个层面。

（1）转换

是指通过新一代信息与通信技术（information and communication technology，ICT），对企业物理世界的业务、生产、运营、管理等各个环节实现实时的数据采集，将所有业务转换成计算机可读取、可存储、可计算的数据、信息、知识。数字化转型将新一代 ICT 技术作为新的生产要素叠加到企业原有的生产要素中，从而引起企业业务的创新、重构。因此，新一代 ICT 技术能否得到有效运用、是否能为企业产生显著的业务价值是数字化转型是否成功的关键特征。在数字化转型过程中，新技术运用并不是目的，而是提升产品和服务的竞争力，让企业获得更大的竞争优势。

（2）融合

是对从企业实体业务中产生的各类数据，通过信息网络和数据管理技术，实现数据的融合、贯通，让企业全方位、全过程、全领域的数据能够实时流动与共享，实现信息技术与业务管理的真正融合。数字化转型木质上是业务转型，是新一代信息技术驱动下的一场业务、管理和商业模式的深度变革重构，技术是支点，业务是内核。

（3）重构

是指以业务数据为核心，以企业的数字化、网络化、智能化建设为基础，建立能适应数字经济环境下企业生存和发展的新一代企业架构，加快对企业传统业态下的组织、系统、设计、研发、生产、运营、管理、商业等各个环节的变革与重构。数字化转型是一个长期系统工程。对于大多数企业而言，数字化转型面临的挑战来自方方面面——从技术驾驭到业务创新，从组织变革到文化重塑，从数字化能力建设到人才培养，因此数字化转型的成功不可能一蹴而就，而是一项长期艰巨的任务，多数企业需要 3～5 年甚至更长时间才能取得显著成果。

1.3.4　企业数字化转型的技术发展趋势

数字化转型是指在大数据、移动互联网、云计算、物联网、区块链等新一代信息技术驱动下，企业商业模式、组织模式、管理模式迅速转型，是社会生产力和生产关系的升级。数字化转型已经成为企业的一道必答题，其本质内核是：建立内外部广泛的在线连接，产生大量实时数据，利用云端的算法和算力，让决策变得更实时、更智能，从而提升企业的运营和管理效率，甚至产生全新的商业模式和管理模式。在未来，驱动企业数字化转型的新技术应用将呈现以下趋势。

（1）新一代数字技术是实现转型升级的重要支撑

企业数字化建设需要新一代的基础技术能力支撑，符合云原生架构，打破系统模块烟囱模式的边界，有效实现能力复用，以及数据、流程的拉通，以适应数字化时代对业务敏捷性、弹性及动态组合能力的要求。数字化建设往往从市场、销售、渠道、采购、供应链、产品设计、制造流程的全面线上化开始的，企业内外部组织、人、设备的在线化是数字化转型的基础。

（2）数据治理是提升企业智能决策能力的基础保障

数据治理水平反映了企业数据采集、加工处理的能力；数据智能的应用则反映了数字化建设的水平，数据智能帮助企业更实时地探查出隐藏的问题，通过归因分析，匹配相应的运营策略和规则，实现运营决策的自动化、智能化，提升运营效率，促进商业模式转型。

（3）AI 技术中台化应用全面提升企业智能化水平

随着企业数字化建设的深入，AI 技术的应用将持续普及。在很多行业已经取得初步成功应用的基础上，AI 应用将呈现中台化的特征。在数据中台和业务应用之间，提供无代码、低代码等快速构建、训练、上线 AI 模型的能力，形成对数据分析、决策人员的有效支撑。

1.3.5　企业数字化转型与 ERP 的关系

ERP 系统作为企业信息化的骨干系统发挥了重要作用。在业务发生变化时，很多需求都需要在企业 ERP 系统中融合各种新的业务逻辑，这些业务逻辑是频繁变动的差异型功能，甚至是一些创新型的功能，这种融合使得 ERP 系统中的核心业务模块与新加入的差异性和创新性功能模块之间产生了紧密的相互依赖，形成了高度的关联性，无法改动和维护，系统越来越庞大，成了"牵一发而动全身"、无法灵活修改的"巨石"系统，很难适应创新场景的敏捷化需求。

（1）产品设计理念的局限性

以企业管理为核心、优先功能的设计理念，以稳定性为主、重上线和轻运营的运营理念不能满足数字化时代以用户体验为中心、以协同作业为核心的数字化需求，实现业务变化快速感知、及时响应、持续优化的全生命周期管理的运营要求。

（2）部署架构的局限性

成本昂贵、效率低下、安全性不高等特点增加了企业在数字化转型过程中的阻力。企业对 ERP 系统的业务依赖逐渐加深和 ERP 系统分布架构的逐渐洗牌，使市场对软件即服务（software as a service，SaaS）等这种轻量级的应用部署将更加广泛。

（3）技术架构的局限性

技术架构上无法拓展以支撑企业灵活的需求变化，且敏捷迭代。传统 ERP 系统在技术架构及产品能力上面临着新技术的挑战，市场需要更灵活、易拓展、更前瞻的新技术架构。

升级 ERP 系统架构是适应数字化转型的必然要求；基于目前国内用友、金蝶等 ERP 软件发展和应用现状，我们清晰地认识到国内 ERP 软件仍与国外同类产品存在差距，特别在功能应用、提供实时数据及实施中仍有很大的提升空间。传统套装软件的封闭式架构制约着其与外部系统的有效集成，在实时处理大量业财数据方面存在先天障碍。ERP 系统作为信息化核心的基础能力是企业运营所必需的，ERP 系统将沿着核心能力服务化方向持续进化升级，不断加强流程和数据集成，提升大数据处理能力。

本章小结

通过本章的介绍，大家应该对什么是企业，什么是资源，什么是计划，以及什么是企业资源计划有了一定的了解，并通过企业数字化转型与 ERP 的探讨，理解企业使用 ERP 系统的必然原因。

复习题

1. 什么是企业？
2. 什么是资源？
3. 什么是计划？
4. 什么是企业资源计划？
5. 企业信息化对企业有哪些影响？
6. 管理信息系统对企业有哪些影响？
7. 企业数字化转型对企业有哪些影响？
8. 企业为什么要使用 ERP 系统？

讨论题

1. 企业资源计划与 ERP 是什么关系？
2. 企业信息化与企业实施 ERP 是什么关系？
3. 企业数字化转型与 ERP 是什么关系？

第 1 章　企业资源计划概述

第 2 章　ERP 的发展历程

本章引言

ERP 的发展与我国信息化建设的整体进程紧密相连。近年来，政府高度重视数字关键核心技术的自主创新，致力于提高数字技术基础研发能力，打好关键核心技术攻坚战。这种对自主创新的强调也促进了 ERP 技术和产业的发展，推动了更多符合中国国情的 ERP 产品和解决方案的出现。从早期的思想认识到地方实践，再到国家级层面的推动和自主创新，ERP 在中国得到了广泛的应用和发展，为企业提升管理效率、优化资源配置等方面发挥了重要作用。

ERP 的宗旨是以市场为导向，对企业所拥有的资源（人力、财力、物力、信息等）进行综合平衡和优化管理，使企业在激烈的市场竞争中全方位地发挥自身潜能，取得最大的经济效益。企业管理的需求是产生 ERP 理论的根本原因。

本章将从企业早期库存管理使用订货点法开始，分别介绍 ERP 理论从基本 MRP 阶段、闭环 MRP 阶段、MRPⅡ阶段到 ERP 形成阶段的发展历程。

本章重点

◆ 订货点法

◆ 基本 MRP

◆ 闭环 MRP

◆ MRPⅡ

◆ ERP

2.1　订货点法

订货点法是企业在解决物料需求控制问题的基础上产生的。本节将介绍订货点法的相关知识。

2.1.1　订货点法的产生

自 18 世纪产业革命以来，手工业作坊向工厂生产的方向迅速发展，出现了制造业。随之而来的是，所有企业几乎无一例外地追求基本相似的运营目标，即在给定资金、设备、人力的前提下，追求尽可能大的有效产出；或在市场容量的限制下，追求尽可能少的人力、物力投入；或寻求最佳的投入产出比。运营目标的广泛表现是追求利润，而其内涵是为追求企业资源的合理有效利用。

这一基本目标的追求使企业的管理者面临一系列的挑战：生产计划的合理性、成本的有效控制、设备的充分利用、作业的均衡安排、库存的合理管理及财务状况的及时分析等。日趋激烈的市场竞争环境使上述挑战对企业具有生死存亡的意义。于是，应对上述挑战的各种理论和实践也就应运而生。在这些理论和实践中，首先提出而且被人们研究最多的是库存管理的方法和理论。人们首先认识到，诸如原材料不能及时供应、零部件不能准确配套、库存积压、资金周转期长等问题产生的原因，在于对物料需求控制得不好。

在计算机出现之前，发出订单和进行催货是库存管理在当时所能做的一切。库存管理人员发出生产订单和采购订单，但是，确定物料的真实需求却是靠缺料表，根据缺料表进行催货，缺料表仅能列出马上要用的物料，不能提供没有库存的物料。

20 世纪 40 年代，西方经济学家通过对库存物料随时间推移而被使用和消耗的规律的研究，提出了订货点的方法和理论，并将其运用到企业的库存管理中。订货点法是在当时的条件下，为改变这种被动的状况而提出的一种按过去的经验预测未来的物料需求的方法。

2.1.2　订货点法的实施

1. "库存补充"原则

订货点法这种方法有各种不同的形式，但其实质都是着眼于"库存补充"的原则。"补充"的意思是把库存填满到某个原来的状态。"库存补充"的原则是保证在任何时候仓库里都有一定数量的存货，以便需要时随时取用。当时人们希望用这种做法来弥补由于不能确定近期内准确的必要库存储备数量和需求时间所造成的缺陷。

2. 物料需求控制

企业控制物料的需求通常采用控制库存物料数量的方法，为需求的每种物料设置一个最大库存量和安全库存量。库存订货点法就是依据库存补充周期内的需求量预测并保持一定的安全库存储备来确定订货点。安全库存的设置是为了应对需求的波动。一旦库存储备低于预先规定的数量——订货点，则立即进行订货来补充库存。

为了避免物料短缺而影响生产的情况出现，应该在安全库存量的基础上增加一定数量的库存，而不能等到物料的库存量消耗到安全库存量时才补充库存，因为物料的供应需要一定的时间（即供应周期，如物料的采购周期、加工周期等），所以必须有一定的时间提前期。以在安全库存量的基础上增加的库存量作为物料订货期间的供应量，当物料的供应到货时，物料的消耗刚好到了安全库存量。这种控制模型必须确定订货点、订货批量两个参数，如图 2.1 所示。

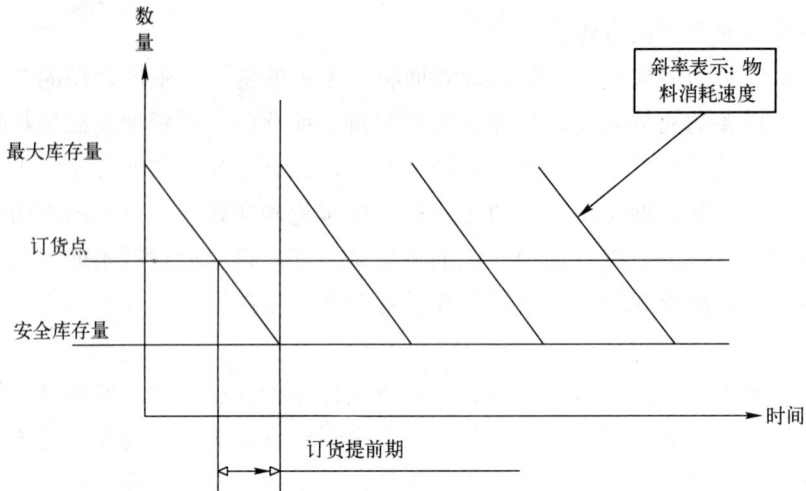

图 2.1 订货点法

3．订货点法的适用条件

订货点法主要依据历史记录来预测未来的物料需求，物料要满足以下条件：

● 物料的消耗相对稳定；

● 物料的供应相对稳定；

● 物料的需求是独立的；

● 物料的价格不是太高。

订货点法曾引起人们广泛的关注，对它进行讨论的文献也很多，按这种方法建立的库存模型曾被称为"科学的库存模型"。但在实际应用中却遇到很多问题，其原因在于订货点法的适用条件难以满足。

1．对各种物料的需求是相互独立的

订货点法不考虑物料项目之间的关系，每项物料的订货点分别独立地加以确定。因此，订货点法是面向零件而不是面向产品的。但在制造业中有一个很重要的要求，那就是各项物料的数量必须配套，以便能装配成产品。由于对各项物料分别独立地进行预测和订货，就会在装配时发生各项物料数量不匹配的情况。这样，虽然单项物料的供货率提高了，但总的供货率却可能降低。因为不可能每项物料的预测都很准确，所以积累起来的误差反映在总供货率上将是相当大的。

例如，用 10 个零件装配成一件产品，每个零件的供货率都是 90%，而联合供货率却会降到 34.8%。一件产品由 20 个、30 个甚至更多个零件组成的情况是常有的。如果这些零件的库存量是根据订货点法分别确定的，那么，要想在总装配时不发生零件短缺，则只能是碰巧的事。

应当注意，上述这种零件短缺并非由于预测精度不高引起的，而是由于这种库存管理模型本身的缺陷造成的。

2．物料需求是连续发生的

按照这种假定，必须认为需求相对均匀，库存消耗率稳定。而在制造业中，对产品零部件的需求恰恰是不均匀、不稳定的，库存消耗是间断的。这往往是由于下道工序的批量要求引起的。

3．库存消耗之后，应被重新填满

按照这种假定，当物料库存量低于订货点时，则必须发出订货，以重新填满库存。但如果需求是间断的，那么这样做不但没有必要，而且也不合理。因为很可能因此而造成库存积压。例如，某种产品一年中可以得到客户的两次订货，那么，制造此种产品所需的材料则不必因库存量低于订货点而立即填满。

4．"何时订货"是一个大问题

"何时订货"被认为是库存管理的一个大问题。这并不奇怪，因为库存管理正是订货并催货这一过程的自然产物。然而真正重要的问题却是"何时需要物料"，当这个问题解决以后，"何时订货"的问题也就迎刃而解了。订货点法通过触发订货点来确定订货时间，再通过提前期来确定需求日期，其实是本末倒置的。

从以上讨论可以看出，订货点库存控制模型是建立在一些不成立的假设基础之上的。为了解决这些问题，出现了物料需求计划（material requirement planning，MRP）。

2.2　物料需求计划

物料需求计划，又称为时段式 MRP、基本 MRP。它通过对产品构成进行管理，借助计算机的运算能力及系统对客户订单、在库物料、产品构成的管理能力，实现依据客户订单、按照产品结构清单展开并计算物料需求计划，从而实现减少库存、优化库存的管理目标。

本节将对 MRP 的相关知识进行介绍。

2.2.1　MRP 的产生

1．解决订货点法存在的问题

对于稳定消耗的物料，订货点法起到了作用；而对非稳定消耗的物料，订货点法则无法解决。按照订货点法，不再需求的物料，仍然会下订单，同时订货点法无法精确地确定订货时间和订货数量。由于订货点法的适用条件在实际当中难以保证，加大订货点法存在的缺陷，迫切需要一种新的库存管理解决方案。

2．解决新出现的问题

随着新产品、新材料的不断涌现，由于客户越来越挑剔，制造企业为了更好地满足市场需求，再也不能按习惯进行大批量生产和大批量销售了。订货点法不能解决上述的新问题，因为它不能按照各物料真正需求时间来确定订货日期。

企业中还经常出现这种的问题：销售部门好不容易签下销售合同，生产部门却说生产安排不下去；等生产计划安排好了，供应部门又说材料来不及采购。在仓库里，时常出现需求的物料短缺，不需求的物料却长期积压的情况。因此需要一个解决"产供销脱节"问题的方案。用通俗的话说，它要解决的管理问题是既不出现短缺，也不积压库存。

基于解决以上问题的需要，20 世纪 60 年代中期，美国 IBM 公司的约瑟夫·奥利佛博士首先提出了独立需求和相关需求的概念，将企业的物料分为独立需求物料和相关需求物料两种类型，并在此基础上总结出一种新的管理理论，即 MRP。

2.2.2　MRP 与订货点法的区别

MRP 与订货点法有以下 3 点区别：

① MRP 通过产品结构将所有物料的需求联系起来；

② MRP 将物料需求区分为独立需求和非独立需求并分别加以处理；

③ MRP 在物料的库存状态数据中引入了时间分段的概念。

MRP 在传统的物料管理基础上使用时间分段和反映产品结构的物料清单，按时间段确定不同时期的物料需求，基于产品结构的物料需求组织生产，根据产品完工日期和产品结构制订生产计划，从而解决了库存管理和生产控制中的难题，即按时按量得到所需要的物料。

2.2.3　MRP 的优势与缺陷

1．MRP 的优势

MRP 系统之所以能成为生产库存管理的得力工具，主要是基于以下优势：

● 可使库存投资减少到最低限度；

● 可对生产中的变化做出灵敏的反应；

● 可以对每项物料提供未来的库存状态信息；

● 可以利用信息系统通过产品的最终需求（市场需求）数量和需要时间推算出物料需求的时间和数量，并同时给出物料订单的时间和数量；

● MRP 对提高库存管理和制订生产计划的准确性起到了很大作用。

上述 5 个原因相辅相成，使得 MRP 系统的输出信息能够成为其他生产管理子系统的有效输入信息。

2．MRP 的缺陷

MRP 的主要缺陷有以下几方面。

● 没有考虑生产企业现有的生产能力和采购的有关条件的约束。因此，计算出来的物料需求有可能因设备和工时的不足而没有能力生产，或者因原料的不足而无法生产。

- 缺乏根据计划实施情况的反馈信息对计划进行调整的功能。
- 仅说明计划要求，没有说明计划的执行结果。

2.3　MRPⅡ

随着计算机网络技术的发展，企业内部信息得到充分共享，MRP 各子系统得到了统一，形成了一个集采购、库存、生产、销售、财务、工程技术等于一体的制造资源计划（manufacturing resource planning，MRPⅡ）系统，由于英文缩写还是 MRP，为了区别于物料需求计划而称为 MRPⅡ。

本节将 MRPⅡ的相关知识进行介绍。

2.3.1　MRPⅡ的产生

MRP 系统的出现，使生产活动方面的各种子系统得到了统一。但这还不够，因为在企业的管理中，生产管理只是一个方面。MRP 系统所涉及的不仅是物流，还有与物流密切相关的资金流。这在许多企业中是由财会人员另行管理的，这就造成了数据的重复录入与存储，甚至造成数据的不一致性。

1977 年 9 月，由美国著名生产管理专家奥列弗·怀特（Oliver Wight）提出了制造资源计划 MRPⅡ概念，把生产、财务、销售、工程技术和采购等各个子系统集成为一个一体化的系统。

2.3.2　MRPⅡ的管理模式

1. MRPⅡ管理模式的内容

MRPⅡ管理模式就是把企业作为一个有机整体，从整体最优的角度出发，通过运用科学方法对企业各种制造资源和产、供、销、财各个环节进行有效的计划、组织和控制，使它们得以协调发展，并充分发挥作用。MRPⅡ的逻辑流程图如图 2.2 所示。

在图 2.2 中，右侧是计划与控制的流程，包括了决策层、计划层和控制执行层，可以理解为经营计划管理的流程；中间是基础数据，要储存在计算机系统的数据库中，并且反复调用，这些数据信息的集成，把企业各个部门的业务沟通起来，可以理解为计算机数据库系统；左侧是主要的财务系统，这里只列出应收账、总账和应付账。各个连线表明信息的流向及相互之间的集成关系。

2. MRPⅡ管理模式的特点

MRPⅡ管理模式的特点可以从以下 5 个方面来说明，每一项特点都含有管理模式变革和人员素质或行为变革两方面，这些特点是相辅相成的。

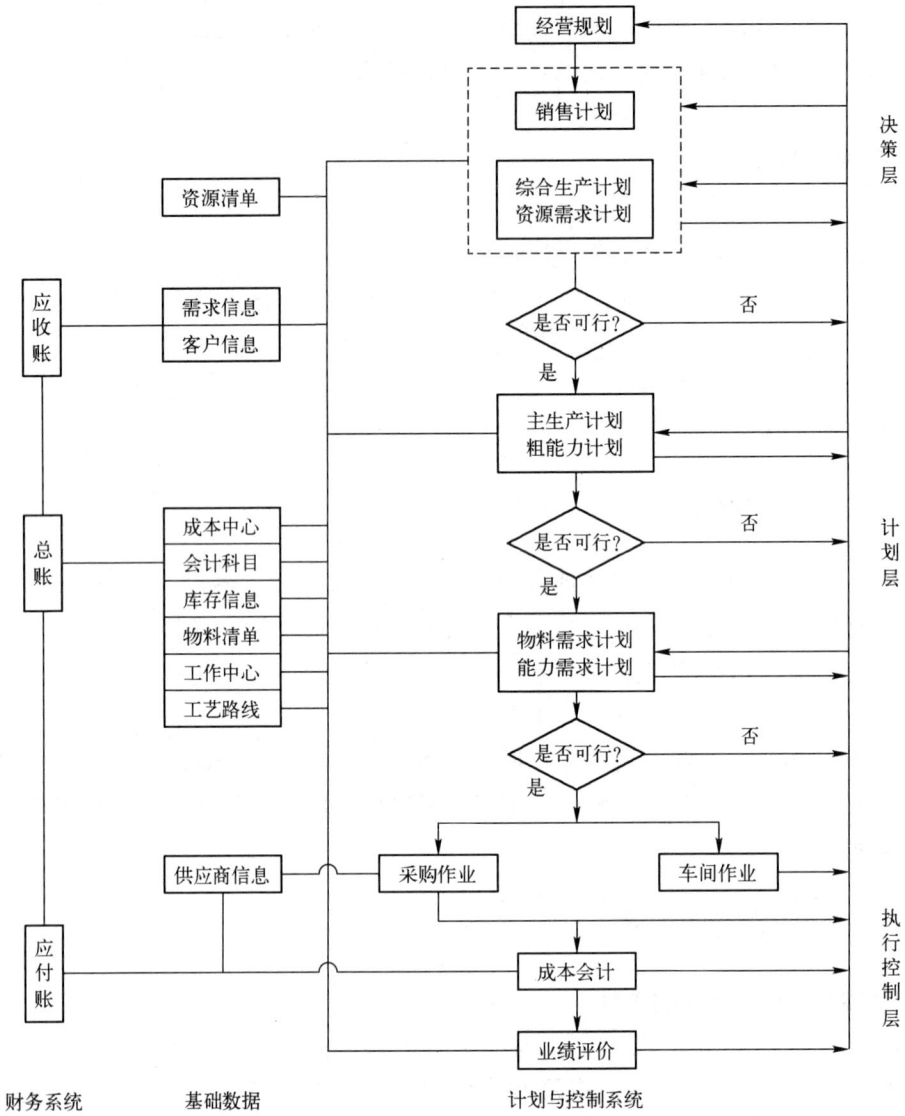

图 2.2　MRPⅡ 的逻辑流程图

1）计划的一贯性与可行性

MRPⅡ 是一种计划主导型管理模式，计划层次从宏观到微观、从战略到技术、由粗到细逐层优化，但始终保证与企业经营战略目标一致。它把通常的三级计划管理统一起来，计划编制工作集中在厂级职能部门，车间班组只能执行计划、调度和反馈信息。计划下达前反复验证和平衡生产能力，并根据反馈信息及时调整，处理好供需矛盾，保证计划的一贯性、有效性和可执行性。

2）管理的系统性

MRPⅡ 是一项系统工程，它把企业所有与生产经营直接相关部门的工作联结成一个

整体，各部门都从系统整体出发做好本职工作，每个员工都知道自己的工作职责同其他
职能的关系。这只有在"一个计划"下才能成为系统，条块分割、各行其是的局面应被
团队精神所取代。

3）数据共享性

MRPⅡ是一种制造企业管理信息系统，企业各部门都依据同一数据信息进行管理，
任何一种数据变动都能及时地反映给所有部门，做到数据共享。在统一的数据库支持下，
按照规范化的处理程序进行管理和决策，改变了过去那种信息不通、情况不明、盲目决
策及相互矛盾的现象。

4）动态应变性

MRPⅡ是一个闭环系统，它要求跟踪、控制和反馈瞬息万变的实际情况，管理人员
可随时根据企业内外环境条件的变化迅速做出响应，及时调整决策，保证生产正常进行。
它可以及时掌握各种动态信息，保持较短的生产周期，因而有较强的应变能力。

5）模拟预见性

MRPⅡ具有模拟功能。它可以解决"如果怎样，将会怎样"的问题，可以预见在相
当长的计划期内可能发生的问题，事先采取措施消除隐患，而不是等问题已经发生了再
花几倍的精力去处理。这将使管理人员从忙碌的事务中解脱出来，致力于实质性的分析
研究，提供多个可行方案供领导决策。

MRPⅡ包含了成本会计和财务功能，可以由生产活动直接产生财务数据，把实物形
态的物料流动直接转换为价值形态的资金流动，保证生产和财务数据一致。财务部门及
时得到资金信息用于控制成本，通过资金流动状况反映物料和经营情况，随时分析企业
的经济效益，参与决策，指导和控制经营和生产活动。

以上 5 个方面的特点表明，MRPⅡ是一个比较完整的生产经营管理计划体系，是实
现制造业企业整体效益的有效管理模式。

2.3.3　MRPⅡ 的不足

MRPⅡ有以下 3 方面的局限：
- 只实现了企业制造资源的集成管理；
- 不能支持企业规模扩大化，多集团、多工厂要求协同作战，统一部署；
- 信息全球化趋势的发展要求企业之间加强信息交流与信息共享，企业之间既是竞
  争对手，又是合作伙伴，信息管理要求扩大到整个供应链的管理，这些是 MRP
  Ⅱ所不能解决的。

由于 MRPⅡ存在的不足和局限性，推动了 ERP 的产生。

2.4　ERP

进入 20 世纪 90 年代，随着市场竞争的进一步加剧，企业竞争空间与范围的进一

步扩大，针对新的形势，新的管理思想和方法不断出现，MRPII在吸收和融合其他先进管理思想的基础上逐步完善和发展自身理论，从面向企业内部资源全面计划管理发展为怎样有效利用和管理整体资源的管理思想，MRPII发展到了一个新阶段——ERP理论随之产生。

本节将对ERP的相关知识进行介绍。

2.4.1　ERP 的产生

MRPII仅能对企业内部资源进行管理，但随着全球经济一体化和市场国际化的加速，企业所面临的竞争更趋激烈，以客户为中心、基于时间、面向整个供应链成为新形势下制造业发展的基本动向。企业与其外部环境的关系越来越密切，于是，企业的信息系统不仅要处理企业内部资源的信息流，同时还应能处理与企业外部环境有关的信息流，MRPII已经不能满足企业管理新形势的需要。

20世纪90年代，ERP系统应运而生。ERP系统打破了MRPII只局限于传统制造业的旧的观念和格局，把触角伸向各个行业，特别是金融业、通信业、高科技产业及零售业等，大大扩展了应用范围。ERP系统在MRPII基础上融合其他现代管理思想和技术来完善自身系统，大大提高了系统的适应性和优化生产过程。ERP 系统建立了以Internet/Intranet为基础的网络系统，将人力、财力、物力及信息结合为一体，充分发挥了整体系统的效率。ERP系统通过把客户需求、企业内部制造活动和供应商资源整合在一起，形成了一个完整的供应链，并对供应链所有环节进行有效的控制和管理，强调事前控制和系统集成，可以为企业提供质量、效益、客户满意和环境变化等战略问题的分析。

2.4.2　ERP 系统的功能标准

Gartner Group Inc.是通过一系列功能标准来定义ERP系统的。这些功能标准包括超越MRPII范围的集成功能、支持混合方式的制造环境、支持能动的监控能力、支持开放的客户机-服务器计算环境4个方面。

1. 超越 MRPII 范围的集成功能

ERP系统提供了8项扩展功能，包括质量管理、实验室管理、流程作业管理、配方管理、产品数据管理、维护管理、管制报告和仓库管理。

这8项扩展功能是相对于标准MRPII系统来说的，这些扩展的功能仅是ERP系统超越MRPII范围的首要扩展对象，并非ERP系统的标准功能清单。由于ERP系统的发展尚未达到MRPII那样的标准和规范，目前尚不能像"MRPII标准系统"那样形成一个"ERP标准系统"。事实上，像质量管理、实验室管理和流程作业管理等许多不包括在标准MRPII系统之内的功能，在目前的一些软件系统中已经具备，但是还缺少标准化和规范化。

关于管制报告功能的扩展，是由于各国政府对制造业强制执行的环境控制、就业安全及消费者保证等法律法规越来越严格，引起大量处理各种遵循法律法规情况报告的需求。

2．支持混合方式的制造环境

ERP 既可支持离散型制造环境，又可支持流程型制造环境；ERP 具有按照面向对象的业务模型重组业务过程的能力，以及在国际范围内应用的能力。

1）混合方式制造环境的 3 种情况

（1）生产方式的混合

首先是离散型制造和流程式制造的混合。由于企业的兼并与联合，企业多元化经营的发展，加之高科技产品中包含的技术复杂程度越来越高，使得无论是纯粹的离散型制造环境还是纯粹的流程式制造环境在企业中都很少见，通常是二者不同程度的混合。其次是指单件生产、面向库存生产、面向订单装配及大批量重复生产方式的混合。

（2）经营方式的混合

这是指国内经营方式与跨国经营方式的混合。由于经济全球化、市场国际化、企业经营的国际化，使得纯粹的国内经营逐渐减少，而各种形式的外向型经营越来越多。这些外向型经营可能包括原料进口、产品出口、合作经营、合资经营、对外投资直到跨国经营等各种形式的混合经营方式。

（3）生产、分销和服务等业务的混合

这是指多种经营形成的技、工、贸一体化集团企业环境。

2）混合方式制造环境中 ERP 系统对 MRP Ⅱ 的突破

（1）流程行业

在标准 MRP Ⅱ 系统中，一直未专门涉及流程行业的计划与控制问题。这和传统 MRP 奉行的简单化原则有关。在标准 MRP Ⅱ 系统中，是以行业普遍适用的原则来界定所包含的功能的。例如，制药行业对批号跟踪与管理的需求来自法律法规的特殊管制，并不是所有的行业都需要这些功能，如洗衣机行业就不需要，因为没有这方面的法规要求。但是，随着质量保证的需求和为消费者服务的需求的发展，洗衣机行业也有了批号跟踪与管理的需求。因此，行业普遍适用的原则标准也发生了变化。

ERP 系统扩展到流程行业，把配方管理、计量单位的转换、产品和副产品流程作业管理及批平衡等功能都作为系统不可缺少的一部分。值得注意的是，以上所说在标准的 MRP Ⅱ 系统中没有包含流程行业的问题，并不意味着所有的 MRP Ⅱ 系统都不适用于流程行业。标准 MRP Ⅱ 系统和具体的 MRP Ⅱ 软件并非同一件事情。

（2）企业业务流程的再造

传统的 MRP Ⅱ 系统往往是基于标准的 MRP Ⅱ 系统，同时面向特定的制造环境开发的。因此，即使通用化的商品软件在按照某一用户的需求进行业务流程的再造时，也会受到限制。目前，要满足用户的特定需求只能用剪裁和拼装的方式通过不同的产品模块配置来实现。但是，这很难满足用户在瞬息万变的经营环境中，根据客户需求快速进行业务流程再造的要求。这种功能正是 ERP 系统所追求的。实现的方法不是剪裁、拼装式的，而是企业业务流程的再造，实现这个目标依靠的是计算机辅助软件工程和面向对象的技术。

3．支持能动的监控能力

能动式功能主要指在整个企业内所采用的计划和控制方法、模拟功能、决策支持能力和图形能力。

与能动式功能相对的是反应式功能。反应式功能是在事务发生之后记录发生的情况。能动式功能则具有主动性和超前性。

例如，把统计过程控制的方法应用到管理事务中，以预防为主，就是过程控制在 ERP 系统中应用的例子；把并行工程的方法引入 ERP 系统中，把设计、制造、销售和采购等活动集成起来，并行地进行各种相关作业，在产品设计和工艺设计时就要考虑生产制造问题；在制造过程中，如有设备工艺变更，则要及时反馈给设计，这就要求 ERP 系统具有实时功能，并与工程系统（CAD/CAM）集成起来，从而有利于提高产品质量，降低生产成本，缩短产品开发周期。

决策支持能力是 ERP 系统"能动"功能的一部分。传统的 MRPII 系统是面向结构化决策问题的，就它所解决的问题来说，决策过程的环境和原则均能用明确的语言（数学的或逻辑的，定量的或定性的）清楚地予以描述。在企业经营管理中，还有大量半结构化或非结构化的问题，决策者往往对这些问题有所了解，但不全面，有所分析，但不确切，有所估计，但不准确，如新产品开发、企业合并、收购等问题均是如此。ERP 系统的决策支持功能则要扩展到对这些半结构化或非结构化问题的处理。

4．支持开放的客户机-服务器计算环境

软件支持客户机-服务器体系结构、图形用户界面（graphic user interface，GUI）、计算机辅助软件工程（computeraided software engineering，CASE）、面向对象技术（object-oriented technology，OOT）、关系数据库、第四代语言和电子数据交换（electronic data interchange，EDI）。

上述计算环境的支持是为了满足企业多元化经营以及合并、收购等活动的需求，用户需要具有一个底层开放的体系结构，这是 ERP 系统面向供应链管理快速重组业务流程，实现企业内部与外部更大范围内信息集成的技术基础。由于 ERP 系统功能更全面、更具体、更完善，要求更强大的计算机信息技术来支持。

2.4.3 ERP 与 MRP、MRPII 的区别

1．ERP 与 MRP、MRPII 的包容关系

从 ERP 系统形成的过程中可以看到 ERP 系统是一个高度集成的信息系统。从 MRP 到 MRPII 再到 ERP，是制造业管理信息系统集成的不断扩展和深化的结果，ERP 与 MRP、MRPII 之间存在的是一种包容关系。MRP 是一种保证既不出现短缺，又不积压库存的计划方法，解决了制造业所关心的生产过程中物料的缺件与超储的矛盾，MRP 仅解决了企业物料供需信息的集成；MRPII 融入了财务会计信息，实现了物料信息与资金信息集成；

ERP 系统是包括 MRP 和 MRPII 所有信息集成功能的面向供应链管理的信息集成系统。简单地说，MRP 是 ERP 的核心功能，MRPII 是 ERP 的重要组成。ERP 与 MRP、MRPII 之间的包容关系如图 2.3 所示。

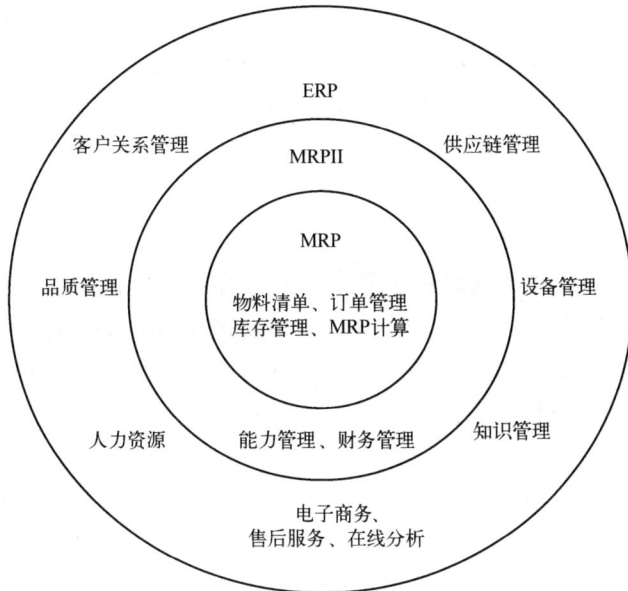

图 2.3　ERP 与 MRP、MRPII 之间的包容关系

从图 2.4 可以看出，MRPII 是 MRP 的扩展，MRP 的主要功能是进行物料需求计划的计算，它所包含的内容主要限于物料清单、订单管理和库存管理等方面，没有解决计划执行的可行性以及企业的经营效益。MRPII 则在 MRP 的基础之上扩充了能力管理、成本核算和财务管理等方面内容。ERP 系统是 MRPII 的扩展，ERP 系统扩充了 MRPII 的制造与财务功能，同时又增加了客户关系管理和供应链管理等内容，支持多国工厂管理和跨国经营管理，特别随着近年来国际互联网的发展，ERP 系统又增加电子商务、电子数据交换与大规模信息通信的处理，事实上，ERP 系统已经成为整个企业的管理信息系统。而 MRP 依然是 MRPII 与 ERP 系统的核心。

2．ERP 与 MRPII 的主要区别

1）在资源管理范围方面的差别

MRPII 主要侧重于对企业内部人力、财力、物力等资源的管理，ERP 系统在 MRPII 的基础上扩展了管理范围，它把客户需求和企业内部的制造活动及供应商的制造资源整合在一起，形成企业完整的供应链，并对供应链上所有环节如订单、采购、库存、计划、生产制造、质量控制、运输、分销、服务与维护、财务管理、人事管理、实验室管理、项目管理和配方管理等进行有效管理。

MRPII 系统把企业归类为几种典型的生产方式进行管理，如重复制造、批量生产、按订单生产、按订单装配和按库存生产等，对每一种类型都有一套管理标准。20 世纪 80

年代末 90 年代初期，为了紧跟市场的变化，多品种、小批量生产以及看板式生产等是企业主要采用的生产方式，由单一的生产方式向混合型生产发展，ERP 系统则能很好地支持和管理混合型制造环境，满足企业的这种多元化经营需求。

2）在管理功能方面的差别

ERP 系统除了 MRPII 系统的制造、分销、财务管理功能外，还增加了支持整个供应链上物料流通体系中供、产、需各个环节之间的运输管理和仓库管理；支持生产保障体系的质量管理、实验室管理、设备维修和备品备件管理；支持对工作流（业务处理流程）的管理。

3）在事务处理控制方面的差别

MRPII 通过计划的及时滚动来控制整个生产过程，实时性较差，一般只能实现事中控制。而 ERP 系统支持联机分析处理（online analytical processing，OLAP）、售后服务及质量反馈，强调企业的事前控制能力，它可以将设计、制造、销售和运输等通过集成来并行地进行各种相关的作业，为企业提供了对质量、适应变化、客户满意和绩效等关键问题的实时分析能力。

此外，在 MRPII 中，财务系统只是一个信息的归结者，它的功能是将供、产、销中的数量信息转变为价值信息，是物流的价值反映。而 ERP 系统则将财务计划和价值控制功能集成到了整个供应链上。

4）在跨国（或地区）经营事务处理方面的差别

现代企业的发展，企业内部各个组织单元之间、企业与外部的业务单元之间的协调活动变得越来越多且越来越重要。ERP 系统通过完整的组织架构，可以支持跨国经营的多国家地区、多工厂、多语种、多币制应用需求。

5）在计算机信息处理技术方面的差别

随着 IT 技术的飞速发展和网络通信技术的深入应用，ERP 系统实现了对整个供应链信息的集成管理。ERP 系统采用客户-服务器体系结构和分布式数据处理技术、支持 Internet/Intranet/Extranet、电子商务和电子数据交换（EDI）。此外，还能实现在不同平台上的互操作。

2.4.4　发展中的 ERP

综观 ERP 的发展，从订货点法到 MRP，再到 MRPII，每个阶段的发展与完善都是与当时的市场环境需求、企业管理模式的变革和信息技术条件的变迁紧密联系在一起的，而且集成的范围越来越大。

因此，未来 ERP 的发展在整体思想体系上必将实现更大范围的集成，支持以协同商务、相互信任、双赢机制和实时企业为特征的供应链管理模式，实现更大范围的资源优化配置，降低产品成本，提高企业竞争力。

ERP 在软件产品功能上将更完善，将是一个全新的、集管理新思想、信息新技术之大成的信息系统。

1．发展中的 ERP 的特点

① 将以进一步提高企业竞争力、市场占有率和获取最大利润为目标。

② 以市场为导向、以客户需求为中心，面向开放、互动的供应链管理。

③ 实行协同商务、协同竞争和双赢的原则。

④ 充分运用先进的管理技术、信息技术、网络技术和集成技术。

2．发展中的 ERP 的主要扩展功能

① 支持集多种生产类型、多种经营方式和多种产业为一体的跨区域的供应链管理。

② 支持协同商务、协同竞争和双赢原则的供应链基本运作模式。

③ 更完善地、实时地支持市场分析、销售分析和客户关系管理。

④ 支持包括高级计划与排程（advanced planning and scheduling，APS）在内的多种计划和优化排产方法。

⑤ 更完善地、更合理地、更全面地支持电子商务活动。

⑥ 支持物流和配送中心管理。

⑦ 支持集团的资本运作管理。

⑧ 支持更大范围的信息集成和系统开放。

2.4.5　ERP 的发展历程

图 2.4 对 ERP 的发展历程进行了简要的总结。

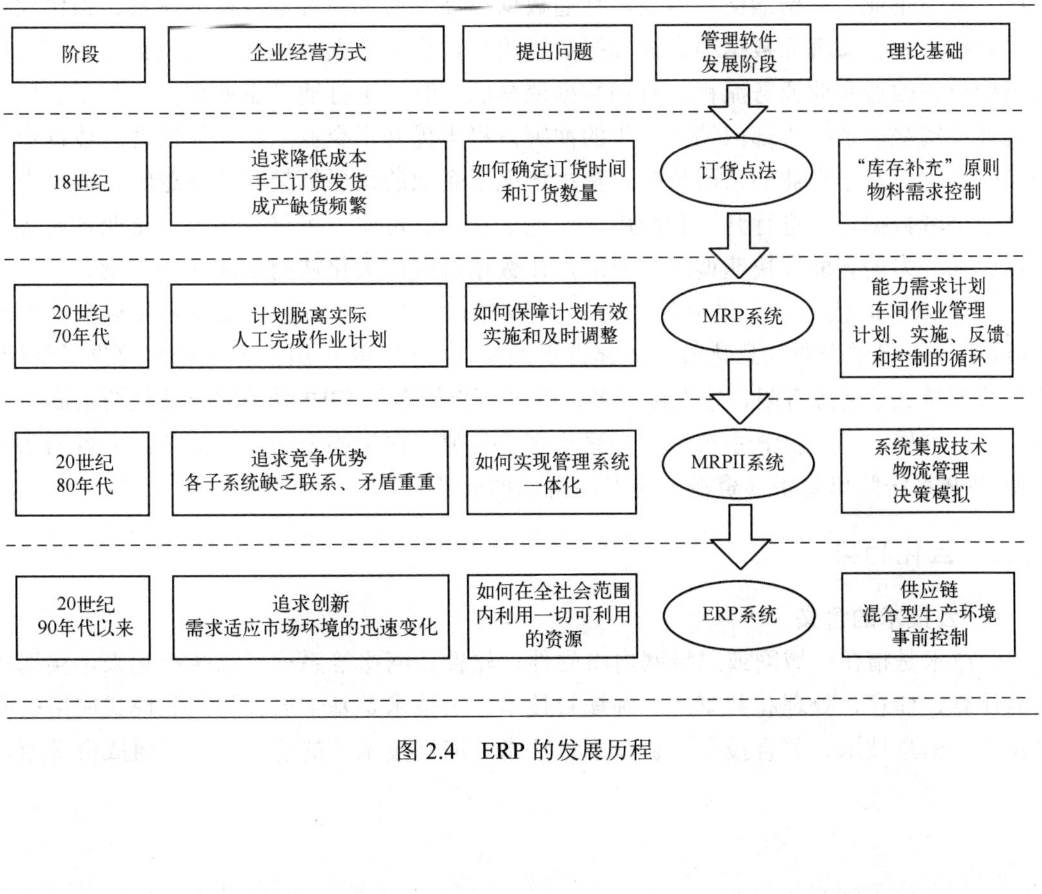

图 2.4　ERP 的发展历程

2.5 ERP 的未来发展趋势

ERP 系统在企业管理中的重要地位不言而喻，随着整个互联网化程度的不断提升，ERP 系统的发展状态也发生了巨大变化，现在的 ERP 系统已经逐渐融合互联网技术，具有更强的可编程性和多功能性，使企业可以通过网络技术更快速、更高效地进行数据管理和处理，更好地实现企业的绩效提升。

2.5.1 中台化趋势

数据中台是一种数字化综合解决方案。数据中台采集、计算、存储和处理海量数据，保证数据的标准统一和口径一致，建立全域级、可复用的数据存储能力中心和数据资产中心，组件化服务模块，提高数据共享和复用能力，灵活高效地解决前台的个性化需求。狭义来看，数据中台是一套实现数据资产化和服务复用的工具；广义来看，数据中台是一套运用数据推动企业数字化转型升级的机制和方法论。相较数据工厂时代，数据中台立于业务数据的积累沉淀，破于数据收集、整合、分析及应用的生态闭环。数据中台始于业务，用于业务，循环往复的理念与数据价值时代下数据资产价值最大化的目标相契合。

数据中台致力于解决原有数据关系及面向服务的体系结构（service-oriented architecture，SOA）解决企业"数据烟囱"问题，打通数据孤岛，通过完善数据标准体系、强化数据质量管控、统一管理元数据等方式加强数据治理，提升数据可用性，实现数据资产化。数据中台在改造企业业务流程、打通数据壁垒的同时，也打通了企业部门间和事业群之间的业务壁垒，消除"部门墙"产生的冲突，极大提升了企业组织的灵活性。数据中台的设计定位是基于企业的顶层战略，集中体现了企业的顶层框架和业务逻辑。数据中台对企业全域数据资产进行开发和应用，实现了统一、可比、可算，满足了企业各层级对数据服务能力的智能和快速调用的要求，让数据价值最大化从而赋能业务决策。

从"ERP 时代"步入"中台时代"，中台的诞生是为了调和前端轻盈和后端笨重的矛盾，是为了促进企业信息化架构构建得更加高效合理，也为 ERP 系统减负提供了基础。业务数据量大、资源有限、外部接口多、用户体验差等是 ERP 系统需要减负的最底层原因。究其本质来讲，ERP 系统减负是聚焦客户价值、在架构上的深度变革。中台的搭建会使 ERP 系统腾出身手（资源）更专注自己的业务管理。

2.5.2 云化趋势

1. 云技术的含义

云技术是指在广域网或局域网内将硬件、软件、网络等系列资源统一起来，实现数据的计算、储存、处理和共享的一种托管技术。云技术是基于云计算商业模式应用的网络技术、信息技术、整合技术、管理平台技术、应用技术等的总称，可以组成资源池，按需所用，灵活便利。技术网络系统的后台服务需要大量的计算、存储资源，如视频网站、图片类网站和更多的门户网站。伴随着互联网行业的高度发展和应用，将来每个物品都有可能存在自己的识别标志，都需要传输到后台系统进行逻辑处理，不同程度级别的数据将会分开处理，各类行业数据皆需要强大的系统后盾支撑，这只能通过云计算来实现。

2. 云 ERP 系统

云 ERP 系统是一款基于互联网的企业资源计划软件，它将所有相关的商业进程集成在一个平台上，以实现更高效、更灵活和更可靠的业务流程。这种系统是由云计算技术支持的，它使 ERP 系统可以在"云"中运行，从而为企业带来更多的便利和优势。云ERP 系统是一种 SaaS（软件即服务）模式的应用软件，它提供了一种更为灵活和经济的方法来管理企业的资源。传统 ERP 与 SaaS ERP 各方面的异同也比较明显，如表 2.1 所示。对于中小企业来说，云 ERP 系统是一种非常有用的工具，它可以帮助企业更快、更便宜地实现数字化转型，提高企业的效率和利润。云 ERP 系统包括了许多功能模块，如财务、采购、库存、销售、生产、人力资源等。这些模块都是相互关联的，它们构成了企业内部各个部门之间的协作和信息共享的基础。这些模块通过云 ERP 系统可以实现互相通信和数据交换，从而实现企业资源的统一管理和优化利用。

表 2.1　传统 ERP 与 SaaS ERP 异同比较

比较的内容	传统 ERP	SaaS ERP
实施周期	系统部署周期长	在线申请，无须调试，一键部署
系统运维	成本较高，需要有专业运维团队来保障	无运维成本：云 ERP 能够提供 7×24 h 技术支持
系统扩容	成本高、周期长，需重新采购服务器、部署系统	成本低，周期短：可快速完成系统扩容、无须重新部署
系统访问	本地访问，性能一般	随时随地访问，具有更高的可用性；多线 BGP（border gateway protocol，边界网关协议）网络接入，智能网络负载均衡
数据安全	需要考虑完整的数据安全，容灾，备份机制	数据安全性能更高：实时热备，数据多重冷备，异地数据中心远程备灾
系统安全	普通安全级别	重视系统安全：服务器双重网络保护，防火墙+服务器集群单独 VLAN 隔离等

3. 云 ERP 系统的优势

从技术角度来看，ERP 云化的核心是云原生。云原生是指基于分布部署和统一运管的分布式云。ERP 采用 SaaS 的服务方式，对于大部分中国企业来说，以便企业可以进行个性化需求调整，比如进行二次开发等。未来将有更多企业从传统的本地部署许可证模式转向公有云模式，ERP 需求将会成为绝对主流。云 ERP 系统主要有以下优势。

（1）低成本

云 ERP 系统是一种基于租赁模式的软件，企业只需要支付相应的费用即可使用系统的各种功能。这种模式比传统的 ERP 系统更为经济，因为企业不需要购买昂贵的软件或服务器，以及维护人员等，可以大大降低企业的成本。

（2）灵活性

云 ERP 系统具有很高的灵活性，它可以根据企业的需要进行定制和适配，以适应不同的业务流程和业务需求。在日常运营过程中，企业可以随时根据需要添加或删除功能模块，以满足不同部门和不同用户的需求。

（3）可伸缩性

云 ERP 系统的可伸缩性非常高，它可以根据企业的业务增长和需求变化而扩展或缩小规模。这意味着企业可以根据自身的实际情况来定制和使用系统，以适应不断变化的市场和业务环境。

（4）安全性

云 ERP 系统具有很高的安全性，它可以保护企业的数据和信息不受未经授权的访问和攻击。这是因为云 ERP 系统采用了先进的安全技术和加密技术，可以有效地保护企业的数据和机密信息。

（5）通用性

云 ERP 系统是一种通用的 ERP 系统，它可以适用于不同的行业和企业，如制造业、零售业、批发业、物流业等。这意味着企业可以根据自身的业务特点和需求来使用系统，以满足不同的业务需求。

2.5.3　场景化趋势

场景化趋势指的是 ERP 系统将更加专注于特定行业、特定业务场景的需求，提供更加贴合实际应用场景的解决方案。这要求 ERP 系统不仅要具备高度的集成性和灵活性，还要能够根据企业的实际业务流程和管理需求进行定制化开发。在 5G、大数据新技术应用的推动下，实现从可视化生产到智能决策支持对提升生产企业 ERP 产品的可用性非常重要。以企业价值和用户体验作为双驱动因素，对场景建设和运营进行持续的打磨，基于价值导向和用户反馈，不断驱动优化和创新。

场景化趋主要有以下特点。

（1）行业定制化

随着 ERP 系统在各行各业的广泛应用，不同行业对 ERP 系统的需求也呈现出差异化特点。未来，ERP 系统将更加注重行业定制化，针对制造业、零售业、服务业等不同行业的特点，提供具有针对性的功能模块和业务流程支持。

（2）业务具体化

ERP 系统将进一步深入到企业的具体业务场景中，如生产计划、采购管理、销售管理、财务管理、人力资源管理等。通过具体场景化设计，ERP 系统能够更好地满足企业在不同业务场景下的管理需求，提高管理效率和决策准确性。

（3）数据驱动

场景化趋势还要求 ERP 系统具备强大的数据分析和挖掘能力。通过对企业运营数据的深度分析和挖掘，ERP 系统可以为企业提供更加精准的业务洞察和决策支持，帮助企业把握市场动态和调整经营策略。

综上，新一代 ERP 系统的数据智能分析可以通过数据挖掘、数据采集与建模等方式，将庞大的数据量分析总结成企业现状的突出矛盾、经营成果、优化方向，进而为企业制定战略提供准确数据支持。同时，数据智能分析将有助于企业更好地了解市场和客户需求，进行需求预测和资源配置，快速响应市场变化。

数据智能预测是新一代 ERP 系统的另一重要功能。通过构建合理的预测模型，新一代 ERP 系统可以通过对市场变化、资金流等因素的预警，帮助企业及时调整经营策略，防范风险。此外，新一代 ERP 系统的预测功能还可以帮助企业及时发现内部管理问题，精准预测各项经营指标的变化趋势，为企业运营和管理提供科学化支持。

新一代 ERP 系统的数据智能分析与预测，将有助于企业管理的科学化、精细化和智能化，帮助企业顺应市场变化，在激烈的市场竞争中取得优势。以生产计划+工序维度查询某一时段的计划数量、下达数量、完成数据、待完成数量，进行可视化展示，帮助车间排产人员分析对应工序产线的负荷，依据提供的数据智能地决策后续生产进入的计划安排，减少人工干预。不同行业企业的场景逐渐多样化，传统的企业管理边界会被进一步打破，对 ERP 产品的场景化应用需求更为凸显。

本章小结

通过本章的介绍，应该对 ERP 的发展历程有了一定的了解。

回顾本章的内容，可以清晰地看到 ERP 的发展历程，其先后经历了订货点法、物料需求计划、MRPII 和 ERP 这四个阶段，其中每一个阶段都是适应了时代的发展要求而应运产生的，随着时代不断向前发展，不能适应时代发展的产品必然会被淘汰，会有更加实用的产品产生以满足市场的需求，ERP 的发展也将继续下去。

通过对本章的学习，可以进一步深入了解 ERP 的发展历程并奠定良好的基础。在随后的章节中我们将进一步对 ERP 的相关知识进行介绍。

复习题

1. 什么是订货点法？
2. 什么是 MRP？
3. 什么是 MRPII？
4. 订货点法与 MRP 的区别和联系是什么？
5. MRP 与 MRPII 的区别和联系是什么？
6. MRPII 与 ERP 的区别和联系是什么？

讨论题

1. 是什么推动了 ERP 不同阶段的发展？
2. ERP 的各个不同阶段分别是针对什么时代背景产生的？
3. ERP 不同阶段的核心是什么？

第 2 章　ERP 的发展历程

第3章 ERP中的管理思想

本章引言

党的二十大以来，在习近平新时代中国特色社会主义思想的指导下，ERP体现的管理思想更加强调信息化、集成化、标准化等方面，这些思想对企业的可持续发展和竞争力提升具有重要意义。ERP系统通过数据驱动决策、精细化管理的模式，实现了资源的优化配置和业务流程的高效运行，这正是党的二十大报告中强调的"创新、协调、绿色、开放、共享的新发展理念"的生动实践。ERP系统的应用，不仅推动了企业的转型升级，也促进了员工管理理念的更新和职业素养的提升，为构建社会主义现代化经济体系、实现高质量发展注入了新的活力。

对于企业来说，ERP首先应该是先进的管理思想，其次才是管理手段与信息系统。先进的管理思想是ERP的灵魂，不能正确认识ERP的管理思想就不可能很好地实施和应用ERP系统。那么，ERP融合了哪些先进的管理思想呢？其先进的管理思想具体体现在哪些方面呢？

本章将从供应链管理、业务流程再造、流程管理、精益生产、并行工程与敏捷制造等内容来展示ERP中的先进管理思想。

本章重点

◆ 供应链管理

◆ 业务流程再造

◆ 流程管理

◆ 精益生产、并行工程和敏捷制造

3.1 供应链管理

过去20年来，世界经历了翻天覆地的变化，科技水平迅速提高，全球经济逐步形成，市场竞争日益激烈。在新的形势下，企业仅靠自己的资源不可能有效地参与市场竞争，还必须把经营过程中的有关各方如供应商、制造工厂、分销网络和客户等纳入一个紧密的供应链中，才能有效地安排企业的产、供、销活动，满足企业利用全社会一切市场资源快速高效地进行生产经营的需求，以期进一步提高效率和在市场上获得竞争优势。换句话说，现代企业竞争不是单一企业与单一企业间的竞争，而是一个企业供应链与另一个企业供应链之间的竞争。供应链管理（supply chain management，SCM）的思想就是在这种新形势下产生的。ERP 系统实现了对整个企业供应链的管理，ERP 系统的核心思想就是供应链管理。

本节将对供应链管理的概念、目标、功能及其在 ERP 系统中的体现方式进行阐述。

3.1.1　供应链管理的概念

1．管理模式

管理模式是一种系统化的指导和控制方法。企业通过不同的管理模式把人力、财力、物力和信息等资源，高质量、低成本、快速及时地转换为市场所需要的产品和服务。因此，自从有了企业，质量、成本和时间就一直是企业活动的三个核心内容，企业管理模式也是围绕着这三个方面不断发展变化的。

2．"纵向一体化"管理模式

在传统管理模式下，企业出于对制造资源的占有和对生产过程直接控制的需要，常采用的策略是扩大自身规模，或参股到供应商企业，与为其提供原材料、半成品或零部件的企业构成一种所有关系。这就是人们所说的"纵向一体化"管理模式。这种模式有一些缺陷，例如增加企业投资负担，承担丧失市场时机的风险，迫使企业从事不擅长的业务活动，在每个业务领域都直接面临众多竞争对手，增大企业的行业风险等。

3．"横向一体化"管理模式

鉴于"纵向一体化"管理模式的弊端，从 20 世纪 80 年代后期开始，国际上越来越多的企业放弃了这种经营模式，兴起的是"横向一体化"管理模式，即利用企业外部资源快速响应市场需求，企业只关注自身核心的竞争能力：产品方向和市场。至于生产，只抓关键零部件的制造，甚至全部委托其他企业加工。

"横向一体化"模式形成了一条从供应商到制造商再到分销商的贯穿所有企业的"链"。由于相邻节点企业表现出一种需求与供应的关系，当把所有相邻企业依次连接起来，便形成了一条"供应链"。供应链围绕核心企业，通过对信息流、物流、资金流的控制，从采购原材料开始，制成中间产品及最终产品，最后由销售网络把产品送到消费者手中。供应链是将供应商、制造商、分销商、零售商，直到最终用户连成一个整体功能的网链结构，如图 3.1 所示。

4．供应链管理的思想

供应链本来是早已客观存在的事物。但是，供应链的概念是在 20 世纪 80 年代才提出来的，它不是一种简单的机械结构，而是一种复杂庞大、交叉错综的网络系统，是商品生产供需关系的系统工程的形象表达。

供应链可以分为内部供应链和外部供应链。内部供应链是指企业内部产品生产和流通过程中所涉及的采购部门、生产部门、仓储部门及销售部门等组成的供需网络。外部供应链则是指涵盖企业的与企业相关的产品生产和流通过程中所涉及的供应商、生产商、储运商、零售商及最终消费者组成的供需网络。

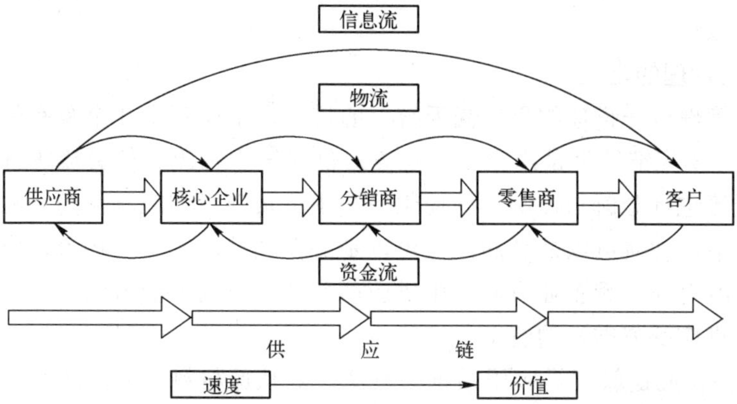

图 3.1　供应链

供应链的概念经历了从初期的单纯企业内部供应链，发展为包含企业内部供应链，以及围绕核心企业，包括上游供应商的供应商、下游客户的集成供应链两个发展阶段。

从图 3.1 可以看出，在供应链中，每个企业既是链中某个企业的用户，又是另一个企业的供应商。或者说，任何一个企业实际上都是由多个企业形成的相互联系、相互作用、相互依赖的"链"或"网"中的一分子。如果把这样的链看作一个完整的运作过程对其进行集成管理，就有可能避免或减少各个环节之间的过多延误、浪费，就有可能在更短的时间内，用更少的总成本实现价值的增值。这就是供应链管理的基本思想。供应链管理就是使链条上的节点企业达到同步、协调运行，提高供应链的反应速度，缩短供应链的运行时间，使供应链上的所有企业与客户都受益，实现供应链的最大价值。

从图 3.1 还可以看出，供应链管理所涉及的不仅是企业内部的管理问题，还包括企业之间的协作和责任的分担问题。因此，供应链管理思想的一个重要方面是将供应链中的其他企业，如供应商，视为可以通过彼此协作来共同对抗真正竞争对手的联盟成员。也就是说，供应链管理的思想是共同努力扩大整个链条的利润，把"蛋糕做大"，然后再分配利益，而不是为了先瓜分利润而造成内耗。这一思想的本质就是力图通过相互间的责任分担来共同获得收益，它跨越了企业界限，从建立合作制造或战略伙伴关系的新思维出发，从产品生命线的源头开始，从全局和整体的角度，考虑企业的竞争力。这是一种完全新型的管理思想，这种合作关系的基础是相互间的共同目标、相互信任、信息的自由交流和知识成果的共享。

5．供应链管理模式

供应链管理模式是通过信息流、物流及资金流，将供应商、制造商、分销商、零售商，直到最终用户连成一个整体的管理模式。采取供应链管理模式，可以使企业在最短时间里寻找到最好的合作伙伴，用最低的成本、最快的速度和最好的质量赢得市场。在这个过程中，受益的企业不止一家，而是一个企业群体，客户也会自然而然得到好处。

6. 供应链管理的定义

对供应链管理这一哲理的界定尚无统一的描述，下面列出 3 个具有代表性的定义。

【定义 1】 供应链管理是用系统的观点对供应链中物流、信息流进行设计、规划和控制，对资金流进行分解与控制，并使供应链中成员获得相应利益的一种管理理念。

在该定义中，利益可以是利润，也可以是潜在利益。其中，物流、资金流与信息流都是双向流，既有向下游企业方向（由供应商到客户方向）的流动，又有向上游企业方向（由客户到供应商方向）的流动。

【定义 2】 供应链管理是应用系统的方法，对从原材料供应商通过工厂和仓库直到最终客户的整个信息流、物流和服务流进行管理的过程。

该定义着眼于企业运作每天所必须完成的核心活动，目的是满足客户需求，并减少不确定性与风险，它对库存水平、循环时间、生产过程、最终客户的服务水平等都有着直接的促进作用。

【定义 3】 供应链管理是对整个供应链系统进行计划、协调、操作、控制和优化，并通过评价运作的业绩不断予以改进的各种活动和过程。

该定义的目标是将满足客户需要的产品在正确的时间、按照正确的数量、正确的质量和正确的状态送到正确的地点，并使总成本最小或总收益最大。

总之，供应链管理是一种集成的管理思想和方法，它执行供应链中从供应商到最终消费者的物流的计划与控制等职能。它也是一种管理策略，主张把不同企业集成起来以增加供应链的效率，注重企业之间的合作，它把供应链上的各个企业作为一个不可分割的整体，使供应链上各个企业分担的采购、分销和销售的职能成为一个协调发展的有机体。供应链管理的范围包括从最初的原材料直到最终产品到达最终消费者手中的全过程，管理对象是在此过程中所有与物流、资金流及信息流有关的活动及其相互之间的关系。

3.1.2　供应链管理的目标

供应链管理的目标是通过调和总成本最低化、总库存最小化、总周期最短化，以及产品与服务质量最优化等目标之间的冲突，实现供应链绩效最大化。

1. 总成本最低化

众所周知，采购成本、运输成本、库存成本、制造成本，以及供应链物流的其他成本费用都是相互联系的。因此，为了实现有效的供应链管理，必须将供应链各成员企业作为一个有机整体来考虑，并使实体供应物流、制造装配物流与实体分销物流之间达到高度均衡。从这一意义出发，总成本最低化目标并不是指运输费用或库存成本，或其他任何供应链物流与管理活动的成本最小，而是整个供应链运作与管理的所有成本的总和最低化。

2．总库存最小化

库存是供应链环节的重要组成部分，指一个组织所储备的所有物品和资源。库存是维系生产与销售的必要手段，因而企业与其上下游企业之间在不同的市场环境下只是实现了库存的转移，整个社会库存总量并未减少。库存是有成本费用的，库存成本由取得和维持库存所发生的各种费用构成，包括物品和资源的购入成本、订货成本、库存持有成本（含存货资金占用成本、保险费用及仓储费用等）等。因此，为实现有效的供应链管理，要将整个供应链的库存控制在最小的程度。"零库存"反映的就是这一目标的理想状态。所以，总库存最小化目标的达成，有赖于实现对整个供应链的库存水平和库存变化的最优控制，而不是单个成员企业库存水平的最低。

3．总周期最短化

当今的市场不再是单个企业之间的竞争，而是供应链与供应链之间的竞争。从某种意义上说，供应链之间的竞争实质上是时间竞争，即必须实现快速有效的客户反应，最大限度地缩短从客户发出订单到获取满意交货的整个供应链的总时间周期。

4．产品与服务质量最优化

企业产品与服务质量的好坏直接关系到企业的成败。同样，供应链中各个企业产品与服务质量的好坏直接关系到供应链的存亡。如果在所有业务过程完成以后，发现提供给最终客户的产品与服务存在质量缺陷，就意味着所有成本的付出将不会得到任何价值补偿，供应链物流的所有业务活动都会变为非增值活动，从而导致整个供应链的价值无法实现。因此，保证企业产品与服务质量最优化，也是供应链管理的重要目标。而这一目标的实现，必须从原材料、零部件供应的零缺陷开始，直至供应链管理全过程、全人员、全方位质量的最优化。

就传统的管理思想而言，上述目标相互之间呈现出互斥性：客户服务水平的提高、总时间周期的缩短及交货品质的改善必然以库存、成本的增加为前提，因而无法同时达到最优。而运用集成化管理思想，从系统的观点出发，改进服务、缩短时间、提高品质与减少库存、降低成本是可以兼得的，因为只要供应链的基本工作流程得到改进，就能够提高工作效率，消除重复与浪费，缩减员工数量，减少客户抱怨，提高客户忠诚度，降低库存总水平，减少总成本支出。

3.1.3　供应链管理的功能

按照供应链管理的发展可将其功能分为两种：一种是初期的供应链管理功能，另一种是集成的供应链管理功能。

1．初期的供应链管理功能

1）供需管理

供需管理是供应链管理的重要功能，包括供应商和客户的信息和进度管理，如图 3.2 所示。可以看出，供应链的需求是由客户经分销中心、仓库、工厂 B、工厂 A 流向供应商的，也可以直接由客户经公司流向供应商。供应链的供应是由供应商、工厂 A 或 B、仓库、分销中心流向客户的。

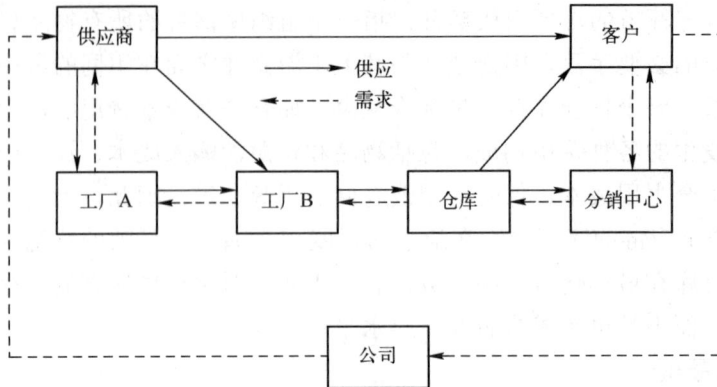

图 3.2　供应链的供需管理

供应商的信息和进度由采购功能来管理，客户信息和进度由销售功能来管理，企业内部供应与需求由制造、库存、运输功能来管理。所有的供需信息可以通过不同的节点来进行收集，供需信息自动在数据库之间传递。

2）物料管理

在具备了供需信息之后，可以根据这些信息来编制计划和执行计划。制造工厂可以通过物料清单、库存控制、加工单和质量管理等来管理自身的生产过程。

3）财务管理

供应链的财务管理主要是管理供应商、制造商和客户之间资金往来情况，即应收款与应付款。同时，制造商也要对内部资金的往来情况进行管理，控制现金流量和降低成本。

2．集成的供应链管理功能

到了集成的供应链管理阶段，供应链管理的内容更为深入和广泛。不仅供应链管理的短期计划得到重视，供应链管理的长期计划也引起了重视。从短期来看，管理者们关心的是何时采购何种原材料；如何充分地利用生产资源安排好生产；怎样合理安排运输路线；如何编制履行合同的计划；怎样履行对客户的承诺等问题。从长期来看，管理者们关心的是选用怎样的策略与供应商建立关系；在何处设立工厂为宜；怎样才能建立国际运输网络；如何开展网络营销；如何应对产品供不应求的局面等问题。这一切都是供应链管理需要解决的问题，而这些问题的解决不仅依赖于企业之间的信息系统，还需要有企业内部的信息系统、决策支持系统（decision support system，DSS）的支持，供应链中的决策支持系统又称为高级计划与排程。可以帮助进行物流网络设计、存货的配置、配送中心选址、库存产品管理、运输的调度、资源的分配、运输路线的安排、需求计划的预测、供应计划的制订、产品产量的确定，以及仓库的数量及大小的决定等工作。

1）采购管理

集成的供应链管理的采购管理，主要是通过 Internet 进行，它包含采购自助服务、采购内容管理、供货来源的分配、供应商的协作、收货和付款，以及采购智能等功能。集成的供应链管理的采购与传统采购管理不同，它由交易关系转变为合作伙伴关系；由为避免缺料的采购管理转变为满足订货而采购；由被动供应转变为主动供应；由制造商管理库存转变为供应商管理库存。

在采购管理中，可以运用即时系统的原理，做到即时采购，实现零库存。以最低的价格来获得所有的物料，以最大限度来降低成本。

2）销售管理

集成的供应链管理中，销售订单管理具有客户自助服务、订单配置、需求获取、订单履行、开票，以及销售智能等功能。集成的供应链管理的销售与传统销售管理不同，它由推式市场模式转变为拉式市场模式；由以制造商为中心转变为以客户为中心；由等待型销售转变为创造型销售；由一般渠道销售转变为网络营销。

在销售订单管理中，运用客户价值的管理，利用由传统的、虚拟的信息源所获得的需求信息，对客户要求迅速做出反应，以便达到扩大销售，提高利润的目标。

3）高级计划排程

高级计划排程是实现集成的供应链管理的重要部分，它包括综合预测、供应链计划、需求计划、制造计划和排程、供应链智能等功能。高级计划排程是传统管理中所缺少的功能。高级计划排程功能可以发展多设备分布和生产计划，利用 Internet 优化企业在全球的供应链业务。可以通过配送需求计划（distribution requirement planning，DRP）和供应链计划（supply chain planning，SCP）帮助企业得到快捷无缝的计划系统。

敏捷制造是集成的供应链管理的一部分。它包括多模式制造、混合制造、国际化、质量与成本管理，以及运作智能等功能。敏捷制造使用最佳的制造方案来提高运营效率和加速业务周转。

4）交易平台

除了以上功能之外，集成的供应链管理还为用户提供交易平台，它具有订单目录、现货购买、来源分配、拍卖、付款、后勤管理、协作计划与排程，以及关键绩效指标等功能。

在集成的供应链管理中，有各种形式的交易平台，包括一对一模式，即一个企业与另一个企业相链接，它们的信息系统也链接；一对多模式，即一个企业通过交易平台与多个企业链接，从信息系统角度来看，可以是一个企业的一个或多个应用系统通过交易平台与多个企业链接；多对多模式，即多个企业与多个企业通过交易平台链接。无论是一对一模式、一对多模式，还是多对多的模式，在交易平台中企业与客户、供应商交换的是制造、财务、需求计划及服务等信息。

通过交易平台可以建立一种会员制，各企业可以以会员身份支付一定会费来参加交易活动。供应链上需要增加何种功能，什么时间增加也由会员企业投票来决定。

3.1.4　供应链管理与 ERP

1．供应链管理系统

供应链管理系统就是指企业在满足一定的客户服务水平的条件下，为了使整个供应链系统成本达到最小而把供应商、制造商、仓库、配送中心和渠道商等有效地组织在一起来进行产品制造、转运、分销及销售的软件系统，简称为 SCM 系统。

SCM 系统利用现代信息技术，通过改造和集成业务流程、与供应商及客户建立协同的业务伙伴联盟，实施电子商务，简化供应链或商务环节，缩短工作时间，降低管理成本，以实现供应链管理的目标与功能。

SCM 系统可以把供应链中的物流、信息流和资金流连贯地串接在一起，可以把供应商、制造商、原料商、辅料提供商、境外办事处、代理、客户等各处的信息、资料、物流跟踪和财务情况汇集起来。由于 SCM 系统可以提供即时的市场销售信息，处于分销或生产链各个环节的企业可以日益紧密结合在一起。制造商不用像以前那样在销售季节前提前数月制订生产计划和做出生产决策，他们现在可以持续定期获得基于实际市场信息的订单。

SCM 系统可以包含不同的功能模块，主要有仓库管理、销售计划与预测、分销管理和供应商关系管理、供应链计划、运输管理、电子化采购管理、供应链协同、应用系统接口和货代管理等。

SCM 系统可以单独存在，也可以作为企业管理信息系统的子系统而存在。

在大多的 ERP 产品中，都包括了 SCM 系统的功能，SCM 系统可作为 ERP 的子系统而存在，主要提供供应链计划、供应链协同等管理功能。

2．供应链管理在 ERP 中的体现

1）体现在 ERP 的概念中

20 世纪 90 年代初期 Gartner Group Inc.根据经济全球化的形势、计算机技术的发展，提出了 ERP 的研究报告，指出企业必须打破自身四面墙构成的"壁垒"，将管理的范围由内部管理扩展为全部供应链管理，并明确表明 ERP 系统是一种基于供应链管理思想的信息化管理系统。可见，ERP 是针对供应链管理提出的一种具体解决方案，是基于供应链管理思想，应用现代信息技术，把客户需求和企业内外部资源整合在一起，实现企业降低成本，提高效率和实现企业利润最大化的一种先进管理体系。

2）体现在对整个供应链资源管理的支持上

ERP 系统可以使得企业内部的信息通行无阻，再加上供应链管理，透过网络与系统的有效结合，可以使客户与厂商间形成水平或垂直整合，真正达到全球运筹管理的模式。ERP 系统可以与 SCM 系统整合，利用信息科学的最新成果，根据市场的需求对企业内部和其供应链上各环节的资源进行全面规划、统筹安排和严格控制，以保证人力、财力、物力、信息等各类资源得到充分、合理的应用，从而达到提高生产效率、降低成本、满足用户需求、增强企业竞争力的目的。

3）体现在对混合型生产方式的支持上

供应链管理表现在两个方面：一是精益生产方式，即企业按大批量生产方式组织生产时，把客户、销售代理商、供应商、协作单位纳入生产体系，企业同其销售代理、客户和供应商的关系，已不再是简单的业务往来关系，而是利益共享的合作伙伴关系；二是敏捷制造方式，面对特定市场和产品需求，企业常用的合作伙伴可能无法完全满足新产品开发和生产的需求，在这种情况下，企业会组织一个包含特定供应商和分销渠道的短期或一次性供应链，形成"虚拟工厂"，在这个虚拟工厂中，供应商和协作伙伴被视为企业的一部分，采用"并行工程"的方法来组织生产，这样做可以快速将新产品推向市场，同时确保产品的高质量、多样化和灵活性。而 ERP 系统支持对混合型生产方式的管理。

4）体现在采用计算机和网络通信技术的使用上

ERP 系统除了已经普遍采用的诸如图形用户界面技术、SQL 结构化查询语言、关系数据库管理系统（relational database management system，RDBMS）、面向对象技术、第四代语言/计算机辅助软件工程、客户机-服务器和分布式数据处理系统等技术之外，还实现了更为开放的不同平台互操作，采用适用于网络技术的编程软件，加强了用户自定义的灵活性和可配置性功能，以适应供应链上不同行业用户的需要。网络通信技术的应用，使 ERP 系统易于扩展为供应链管理的信息集成。

5）体现在对企业业务流程再造的支持上

信息技术的发展加快了信息传递速度和实时性，为企业进行信息的实时处理、做出相应的决策提供了极其有利的条件。为了使企业的业务流程能够预见并响应环境的变化，企业的内外业务流程必须保持信息的敏捷通畅。为了提高企业供应链管理的竞争优势，必然会带来企业业务流程、信息流程和组织机构的改革。这些改革，不仅包括企业内部，还包括供应链上的供需双方合作伙伴，要从整个供应链考虑企业的业务流程。ERP 系统使用的技术和操作必须能够随着企业业务流程的变化进行相应的调整。企业业务流程再造（business process reengineering，BPR）的应用已经从企业内部扩展到企业与需求市场和供应市场整个供应链的业务流程和组织机构重组的方向。

6）体现在以物流和信息流为核心的五流控制上

在供应链上，除了人们已经熟悉的"物流""资金流""信息流"以外，还有容易为人们所忽略的"增值流"和"工作流"。就是说，供应链上有 5 种基本的"流"在流动。ERP 系统的工作核心由物流和信息流构成，两者将企业本身、客户与供货商三者串联在一起。物流由供货商经企业流向客户，由供货商提供的材料，经企业本身生产完成品交给客户。信息流则由客户的订单和厂内的生产预测所引发，经企业本身产生采购单给供货商。工作流决定了各种流的流速和流量，是 BPR 研究的对象。ERP 系统提供各种行业的行之有效的业务流程，而且还可以随着企业工作流（业务流程）的改革在应用程序的操作上做出相应的调整。

ERP 系统在管理范围上强调对供应链上的所有环节进行有效的管理，体现了供应链管理的横向思维方式。它在 MRPII 制造、分销及财务管理的基础上增加了产、供、需各个环节之间的运输管理、仓库管理、质量管理、实验室管理和设备维修管理等内容，使物流、资金流、信息流、增值流和工作流协调一致，保证生产和服务的各个环节紧密衔接，从而提高供应链上各个企业的经济效益。

7）体现在对整个供应链管理的功能上

ERP 系统在功能上不仅实现了事务处理、业务应用和决策支持系统的集成，还覆盖了供应链管理过程的全部关键工作，包括生产计划和排程、供应链的需求计划和运输计划，成为整个供应链包括供应商、多生产工厂和复杂的分销网络的计划工具。ERP 系统不仅可以提供企业内部的资源信息，还可以提供供应商、分销商和客户的资源信息，将资源优化的空间由企业内部扩展到企业外部，即从供应链整体的角度进行资源的优化，具体体现了供应链管理的整体的、全局的思维方式。

3.2　业务流程再造

ERP 可以支持企业变革，但它的实施却不能代替的企业变革，ERP 作为一种管理工具，其实施本身就是操作手段的变革。操作手段的变革必然要引起包括企业流程的变革、组织结构的变革和企业文化的变革在内的全方位变革。

3.2.1　企业流程变革

ERP 的实施绝非仅仅将企业原有的管理体系、运作机制简单地进行计算机化，而是要对企业原有的运作流程进行全方位的考察，摸清企业的经营底细，然后进行细致、科学的分析，总结出其中合理的部分给予保留，而对其他不太合理的部分进行改善甚至是完全抛弃，并将最终的运作置于 ERP 的框架之下，用信息技术来进行实现，从而提高企业经营管理效率。在 ERP 的实施过程中，最关键、最核心的部分就是对企业流程的变革。

业务流程再造的定义有几种，其中广为人知的是它的奠基人 Michael Hammer 和 James Champy 的定义："BPR 是对企业的业务流程作根本性的思考和彻底重建，其目的是在成本、质量、服务和速度等方面取得显著的改善，使得企业能最大限度地适应以客户、竞争、变化为特征的现代企业经营环境。"

1. 实施业务流程再造的原因

业务流程再造在 ERP 实施过程中是必不可少的步骤，企业实施业务流程再造不仅可以增强企业自身活力，同时能够做到快速响应客户需求、及时应对市场变化行为并做出决策。下面从管理体制和资源共享两个方面对实施业务流程再造的原因进行分析。

1）管理体制的因素

目前我国企业主要以质量、成本和生产周期这 3 个方面为核心进行管理。虽然在竞争观念上已经基本实现"满足客户的需要"，但是从企业运用方式来看，对供应链管理的认识不够，没有考虑从供应商、分销商、零售商到最终客户的完整供应链。ERP 的管理范围应由企业的内部拓展到整个行业的原材料供应、生产加工、配送环节、流通环节和最终消费者，即整个行业供应链的管理。这种新型的管理能够更有效地推动企业之间的业务流程再造，是业务流程重组的构成要素。

2）资源共享

资源共享旨在拆除一个个"企业孤岛"之间的围墙，实现业务与业务的集成，实现从市场到市场的供应链管理。ERP 系统从应用上是一个计算机信息管理系统，因此企业在引进之初就把其作为一个普通的管理软件，以求实现办公的自动化，仅由懂技术的员工来负责，致使旧的管理方法、不合理的业务流程在 ERP 系统上运行，达不到预期目标。引进 ERP 系统不仅仅是为了引入一个计算机软件，更重要的是它还蕴含了丰富的管理思想，要对企业传统的经营方式进行根本性的变革，使其更加合理化、科学化、柔性化。

实施 ERP 系统就需要对企业的传统生产模式和金字塔状的集权控制模式进行改造，同时对业务流程进行再造。这意味着 ERP 系统的实施必须与企业的再造同步进行，也就是说，业务流程再造是 ERP 系统成功实施的必要条件。

2．实施业务流程再造的方法

根据业务流程再造的思想精髓，可以将业务流程再造的实施结构设想成一种多层次的立体形式，整个业务流程再造实施体系由观念重建、流程重建和组织重建三个层次构成，其中以流程重建为主导，而每个层次内部又有各自相应的步骤过程，各层次也交织着彼此作用的关联关系。

1）观念重建

观念重建就是要在整个企业树立实施业务流程再造的正确观念，使企业的员工理解应用 ERP 必须以业务流程再造为基础，并建立企业由内部管理向上下游供需链延伸的思想方法。观念重建首先是高层管理者思想观念的重建，其次是前期的宣传准备工作。

2）组织重建

组织重建是指要给业务流程再造提供制度上的维护和保证，并追求不断改进。第一是从潜在的组织架构选择方案中选择最优的组织架构方案，并且确定组织架构中各部门的职责与作用、新组织架构中管理控制的跨度与层次、新组织架构中所需的专有技术，使之成为一种最为有效的管理汇报体系。第二是建立绩效考核与标杆，确认流程成功的关键因素，制定出一套平衡的指标体系。第三是组成能力最强的变革团队，好的团队比强势的个人更为重要，建立团队才能扩散理念并获得普遍支持。第四是建立长期有效的组织保障，只有这样才能保证流程持续改善。第五是建立能鼓励创新和强化沟通的气氛与环境，以使业务流程再造能被普遍接受。在实施业务流程再造的全过程中，反对保守作风与墨守成规，欢迎新建议；对不可行的建议也予以褒扬并说明原因，对可行的创新建议必须付诸实践。

3）流程重建

流程重建是指对企业的现有流程进行调研分析、诊断、再设计，然后重新构建新的流程的过程，使再造后的组织更加有效率。一是评价企业现有的业务流程状况。它是对企业现有的业务流程进行描述，分析其中存在的问题，进而给予诊断。二是业务流程的再设计。针对前面分析诊断的结果，重新设计现有流程，使其趋于合理化。三是在工作的过程当中设置质量检查机制。质量控制是工作过程的一个部分，只有工作的成果符合质量标准，工作才告完成。对于任何工作，在工作过程中发现质量问题比在工作完成后的返工成本要低得多，高质量的产品是做出来的，而不是检验出来的。四是业务流程再造的实施。这一阶段是将重新设计的流程，真正落实并应用到企业的经营管理中去。

3．ERP 与业务流程再造的结合方式

ERP 与业务流程再造的结合导入可以说是一个复杂而又漫长的系统工程，但是 ERP 与业务流程再造的结合导入是一种必然趋势，如何将 EPP 与业务流程再造结合才能发挥出最大效益，在对部分企业实施 ERP 及业务流程再造可行性的调查分析后认为，这两者的结合导入大致可分为以下两种模式。

1）串行方式

（1）先 BPR 后 ERP

对于那些原先管理制度不严、业务流程混乱的企业，在实施 ERP 之前，必须首先梳理清楚企业的业务流程，对其进行全面的重新设计，然后进行简化、再造，使之与 ERP 系统合拍，最后才实现操作自动化，即"先合理化，再自动化"。

这种方式的优点：一是避免过早地涉及 ERP 设计中的具体问题，减少烦琐细节，使管理者能保持清醒的思路制定 BPR 策略；二是 ERP 开发时，BPR 方案已定，使开发相对容易。

缺点：一是 ERP 的优点不能被 BPR 充分利用，ERP 被现实所限，资源优势得不到充分发挥，使 BPR 和 ERP 都较少有创造性；二是 ERP 开发过程中遇到的问题不能尽早反映到 BPR 中，对 BPR 的深度和效果有一定影响。串行方式对 BPR 支持能力有限，仅适于局部或部门级的 BPR。

（2）先 ERP 后 BPR

这种模式主要是用于那些初步调查结果显示企业并不存在与 ERP 不符合的管理思想、业务流程，而整体管理体制较完善、业务流程较清晰，此时可以暂且不考虑业务流程再造，而是对企业直接实施 ERP。

2）并行方式

ERP 与 BPR 同步展开，完全并行，实时反馈，使 BPR 能及时利用 ERP 的优势，做到对企业战略规划的充分支持，ERP 也能得到 BPR 的指导与调整，尽快向 BPR 反映问题，找到适合管理过程的解决方案。不利因素是 ERP 过早介入可能会扰乱管理者的思路，也使 ERP 处于经常变动的环境中，加大了 ERP 系统的开发难度。

（1）先串后并方式

先做出 BPR 的初步方案，再做出 ERP 的初步设计方案，然后 BPR 和 ERP 人员针对各自的方案进行充分交流，在此基础上进行开展 BPR 和 ERP。这种方式结合了串行和并行方式的优点，回避了它们的缺点，是比较好的一种方式。

（2）移植方式

把现有成功的 ERP 系统移植过来，企业要根据目标 ERP 系统进行设计，使业务流程尽可能适应 ERP。这种方式简单方便，但使用时需要满足一定的前提条件：企业的业务与目标 ERP 系统中的业务相当接近，目标 ERP 系统能较好满足企业的各种功能需要。这种方式适用于外购 ERP 系统产品。

以上方式适用于企业自行开发 ERP 系统和外包定制 ERP 系统。值得注意的是，上述 ERP 与 BPR 相结合的各种方式都是指 ERP 和 BPR 的设计开发阶段，在 ERP 系统投入使用时，必须同时实施 BPR 的方案。

3.2.2 组织结构变革

1. 企业组织的变革

企业 ERP 项目的实施是一个系统工程，涉及企业方方面面的管理。而这些管理又是通过企业的各个组织单元或各个部门互相协同来完成的。企业实施 ERP 项目不可能只靠企业信息技术部门独立完成，它必须是由企业履行各项管理职责的相关部门与 IT 部门共同来完成的。而且往往还要引入外部合作者参与 ERP 的实施，并提供指导和相关的项目管理咨询。所以有人说 ERP 工程是一把手工程，需由各个相关部门的骨干人员共同组成。为了保证实施工作顺利开展，要成立一个有一把手领导的专门机构。组建 ERP 项目实施团队，进行团队式管理，全面负责其运行。而成功的团队管理关键在于相互尊重与信任。高效实施团队的一项主要任务就是在项目组成员之间形成高度的信任感，彼此相信各自的工作能力、个性特点和正直的品格。同时加强内部的及时沟通、树立共同的奋斗远景以及培养组织的学习能力，对于构建高效的 ERP 实施团队也不可或缺。在 ERP 的实施进程中，必须确保有周全的保障措施，同时，每个子系统的实施都应依据总体要求精心制订实施计划。每个程序落实到人，按期对个人和团队考核，并将考核结果纳入晋升、培训及薪酬体系的设计之中。

2. ERP 对企业变革的影响

实施 ERP，引发的企业组织变革绝不是零星的，而是会发生全组织范围内的变革。我们把 ERP 分为两个层次，确定其在不同层面所引起的企业组织变革。一是从 ERP 的技术层面上，它作为计算机应用软件包对企业组织在硬件上的影响；二是从 ERP 的管理思想层面上，它对企业组织形成冲击而引发企业组织软件上的影响。在组织变革的过程中，这里所区分的硬件和软件之间是相互依赖、相互联系和相互影响的，如图 3.3 所示。

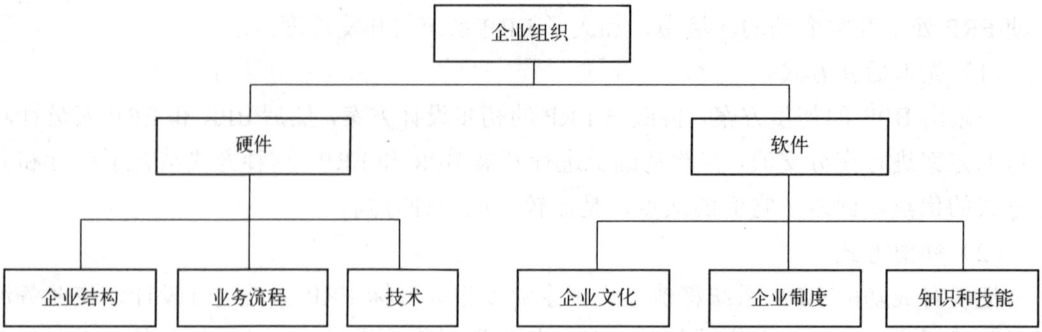

图 3.3 ERP 下的企业组织

3.3 流程管理

流程管理（process management）或称过程管理是一种新的管理理念。有专家指出，21 世纪企业间的竞争将是流程与流程之间的竞争，新流程技术将成为企业获得竞争优势的最主要因素，许多成功的或失败的案例已经充分显示了流程的力量。美国 AT&T 公司推行流程管理以后，一年内销售额增加了 10%、收益率增加了 42%；IBM 信用卡公司通过作业流程和生产流程的改进与再造，通才取代专才，变繁杂琐碎的工作为简单快捷的服务，将贷款申请由几个工作日缩短在 1.5 h 内完成。可见流程管理技术可以提升企业管理水平，增强企业应对未来不确定性的应变能力。

本节将对流程管理、企业流程再造的概念及其与 ERP 的关系进行阐述。

3.3.1 流程管理的概念

1. 流程管理理论的产生背景

自 20 世纪 80 年代以来，企业经营的外部环境发生了剧烈的变化，市场竞争日益激烈。在过去，那种仅凭物美价廉的商品就能在竞争中稳操胜券的简单竞争方式已被多层面的竞争方式所取代。市场由卖方市场变为买方市场，市场的主导权已转入客户手中，客户选择商品的范围大为扩展，不再有耐心为了某一企业的指定产品和服务而被动等待。随着经济一体化进程的加剧，资金、技术以及资源等同质性特征更加突出，企业也越难形成自身特有的竞争能力。怎样使客户满意，就成为企业的奋斗目标和一切工作的归宿。在这样的形势下，企业原先基于亚当·斯密的分工理论和泰勒的科学管理原理建立起来的分层式集权控制企业组织形式和管理模式已暴露出许多弊端。

① 由于分工过细，一个经营过程往往要经过若干个部门、环节的处理，整个过程运作时间长、成本高，企业处于这种迟缓的运作状态就直接导致了它在快速多变的市场环境中处境被动。

② 各部门按专业职能划分，无人负责整个经营过程，每个部门就如"铁路警察"各

管一段，结果是各部门只关心本部门的工作，并以达到上级部门满意为准，缺乏全心全意为客户服务的意识，企业的其他员工并不关心生产的产品或提供的服务是否能真正满足客户的需求。

③ 为了把企业内部各部门、各环节衔接起来，需要许多管理人员，这就不可避免地存在本位主义和相互推诿现象，这些都是不增值环节，也造成了经营过程运作成本提高。

④ 精细的分工增加了员工工作的单调性，致使工作和服务质量下降，员工缺乏积极性、主动性，责任感差。

这些问题严重阻碍了企业的生存与发展，使企业在速度、成本、质量和服务等反映企业整体水平和综合竞争能力的指标方面已无法动态地适应外部环境的变化。企业环境的变化和企业管理的实践成为企业管理理论发展的催化剂，流程管理理论由此诞生。

2．流程的定义

流程的定义尚无统一的描述，下面列出 4 个具有代表性的定义。

【定义 1】 根据牛津英语词典里的定义，流程是指一个或一系列连续有规律的行动，这些行动以确定的方式发生或执行，导致特定结果的实现。

【定义 2】 根据国际标准化组织在 ISO 9001：2015 质量管理体系标准中给出的定义，流程是一组将输入转化为输出的相互关联或相互作用的活动。

【定义 3】 美国麻省理工学院哈默博士认为，流程是把一个或多个输入转化为对客户有价值的输出的活动。

【定义 4】 流程是一套完整的端到端的为客户创造价值的活动。端到端是指流程是广泛的，它穿越组织和职能界限，包含从初始事件到客户期望的结果的所有活动。

从上述定义可以看出，在学术上，流程的概念也有多个版本，这些定义不一，但其实质都是流程在某一范围内具体应用的总结。

3．业务流程的定义与特点

1）业务流程的定义

企业经营过程中存在各种各样的业务，如采购、配送、销售、会员管理、市场推广等。业务流程指企业发生的一个业务行为，从起始到完成并由多个部门、多个岗位，经多个环节的协同、顺序工作才能完成的过程。

业务流程是带有方向性的业务流动过程，从起因开始，通过执行人（执行主体）的执行动作，逐级向下进行，最终形成业务成果。

例如，以"门店请货"为起点的采购业务流程如图 3.4 所示。

2）业务流程的特点

从图 3.4 中，可以看到业务流程具有以下特点。

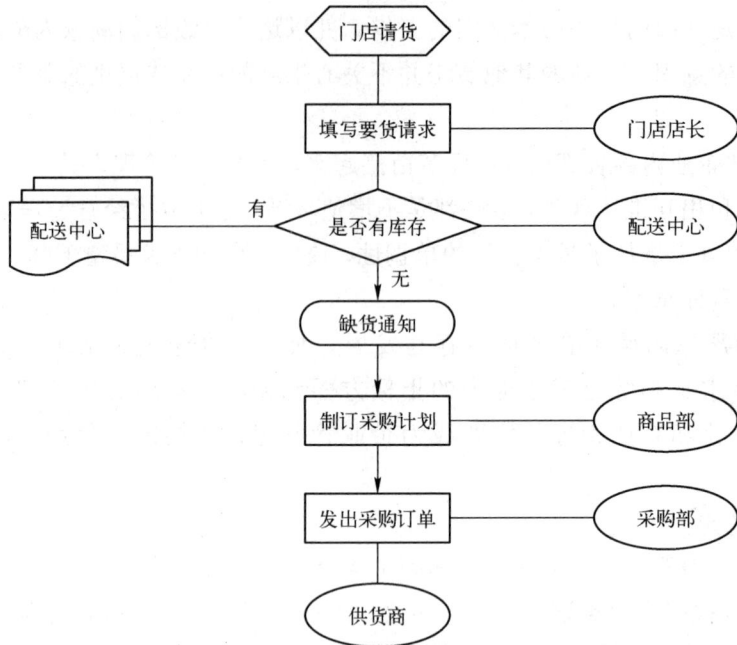

图 3.4 采购业务流程

● 每一个业务流程，都有一个发起的起点，如"门店请货"。

● 每一个业务流程，都至少有一个结束点，如"供货商"。

● 业务流程由"行为"节点组成，所谓行为节点，指像填写要货请求、制订采购计划这样的行为动作。每一个行为节点，都会产生结果资料，如"缺货通知"等。（图 3.4 中，制订采购计划、发出采购订单这些动作，并没有画出成果，但是，它们都会产生采购计划、采购订单这样的结果资料）。

● 每一步行为动作的结果，将会是下一个行为动作的依据。例如"判断是否有库存"的成果是"缺货通知"，它是"制订采购计划"的依据。制订采购计划的成果"采购计划"是"发出采购订单"行为的依据。

● 每一个行为动作节点，都有执行主体，执行主体指由谁来执行这个动作。例如"制订采购计划"的执行主体是商品部，"发出采购订单"的执行主体是采购部。执行主体就是业务流程所涉及的人、部门或岗位。

● 业务流程是多个人员、多个活动有序的组合。它关心的是谁做了什么事，产生了什么结果，传递了什么信息给谁。

4．流程管理的概念

1）流程管理的定义

对流程管理的定义尚无统一的描述，下面列出 2 个具有代表性的定义。

【定义 1】 流程管理是以客户为导向，不断改进或改造能够创造和传递客户价值的业务流程，实现企业效益的过程。

【定义 2】　流程管理是一种以构造端到端业务流程为中心，以持续提高企业与客户效益为目的的系统化方法。流程管理包括流程分析、流程定义与重定义、资源分配、时间安排、流程质量与效率测评、流程优化等内容。

2）流程管理的目的

每个企业都会根据各自不同的业务模式和业务特点制订不同的流程，例如财务报销流程、销售流程等，正是这些流程确保了企业业务的有效开展。流程是任何企业运作的基础，企业所有的业务都是需要流程来驱动的，企业依靠流程将不同的部门、不同的客户、不同的人员和不同的供应商协同运作。

不过，企业的流程存在着许多随意性和不确定性，这会大大降低企业的效率。流程管理便是通过对流程的分析、优化、简化，将企业的运作流程固化下来，使得业务的运作不会随意改变，从而保证企业在各种情况下都能按照已有流程正确地执行。流程管理的核心是流程标准化和程序化，就是让不同的人、在不同的时间和地点，做一样的事，得到相同的结果。

流程管理的目的是管理和优化企业的业务流程，通过优化的业务流程提高客户满意度和企业的市场竞争能力，为企业与客户创造更多的效益。

5．流程管理的 3 种不同层次

1）流程梳理

流程梳理只对目前的流程进行整理，界定业务流程各环节内容及各环节间交接关系，形成业务的无缝衔接，对现有的流程与流程体系进行分析，指出下一步的改进措施和方向，不做具体流程的优化。

流程梳理能够帮助企业建立起流程地图，把所有的流程都串起来，避免现在的流程各管一段、看问题的角度不在一个层面上的问题；通过对流程与流程框架的分析，发现业务模式存在的问题，发现业务管理与企业管控方面的问题，并指出解决的途径；完善每一个流程的输入、输出信息，明确流程开始和结束的条件；统一企业岗位名称，完善组织岗位，明确流程每一个节点的具体岗位是哪一个，指明缺少的岗位。

流程梳理适合所有企业的正常运营阶段。

2）流程优化

流程优化是在流程梳理的基础上，围绕流程要达到的目标，对现有流程进行深入分析，找出问题，提出流程改进方案，并对其做出评价，针对评价中发现的问题，再次进行改进，直至满意，最后设计出一个完善的、合理的企业流程体系的过程。

流程优化可能需要取消一些不必要的工作环节和内容，合并必要的工作，还要将所有程序按照合理的逻辑重排顺序，或在改变其他要素顺序后，重新安排工作顺序和步骤。

流程优化不仅指做正确的事，而且还包括如何正确地做这些事。流程优化是一项策略，通过不断发展、完善、优化业务流程来保持企业的竞争优势。

流程优化适合企业管理的任何阶段。

3）流程再造

流程再造是对企业的业务流程进行根本的再思考和彻底的再设计，从而获得在成本、质量、服务和速度等方面业绩的戏剧性改善。

流程再造强调以业务流程为改造对象和中心、以关心客户的需求和满意度为目标，对现有的业务流程进行根本的再思考和彻底的再设计，利用先进的制造技术、信息技术，以及现代化的管理手段，最大限度地实现技术上的功能集成和管理上的职能集成，以打破传统的职能型组织结构，建立全新的过程型组织结构。

流程再造适合于企业的变革时期与企业的变革阶段，例如企业发生治理结构变化、并购重组、企业战略改变、商业模式发生变化、新技术、新工艺、新产品出现、新市场出现等情况时进行。流程再造对企业影响较大，风险较大，要谨慎使用。

3.3.2 业务流程图

业务流程图是进行业务流程管理的有效工具，在构建业务流程图前需要对流程进行结构分析。

1. 业务流程结构分析

业务流程是由一系列相关的活动组成的。一个企业可以包含很多流程，在这些流程中，又可能包含若干子流程。因此有些企业流程可能相当复杂，由几十个甚至上百个活动构成，涉及许多职能部门和人员。分析和管理这样复杂的流程是非常困难的工作。为了便于分析和识别业务流程，可以将复杂流程按其活动的逻辑关系划分成几个阶段，并据此把业务流程分解成一组逻辑上相关的子流程，例如，订单处理流程包括签订单、采购原材料、产品制造、供货及财务结算等子流程。

子流程的目标为上一级流程的目标服务。根据流程的复杂程度，子流程可以继续分解为下一级子流程或活动，活动可以继续细分成一组具有较为规范的操作程序，一般是由个人或小组执行的任务。业务流程的层次结构如图 3.5 所示。

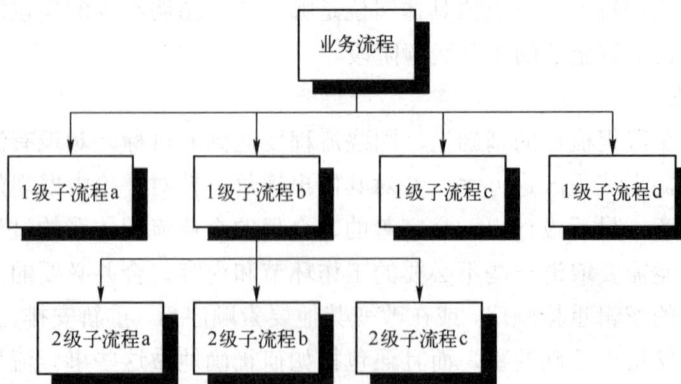

图 3.5　业务流程的层次结构

业务流程的这种层次结构使人们能容易地从总体上分析一个企业的所有业务流程，将其中的复杂流程分解成较简单的、易于管理的子流程和业务活动，并从中识别出"问题流程"或"问题活动"（如成本高、交货期长的流程或活动），为实施流程管理提供一种总体思路。

2．业务流程图概述

企业的各种流程，可以通过业务流程图来表达。业务流程图是按时间的先后顺序或依次安排的工作步骤，用标准化的图形形式表达流程的模型。在 ISO 9000 系列中，要求企业的运营流程或管理流程用这种方式来表达，这种模型在企业中称为"业务流程图"，或"管理流程图""作业流程图"。

1）业务流程图的基本符号及含义

不同的企业可能采用不同的符号来表达业务流程，业务流程图常用的基本符号如图 3.6 所示。

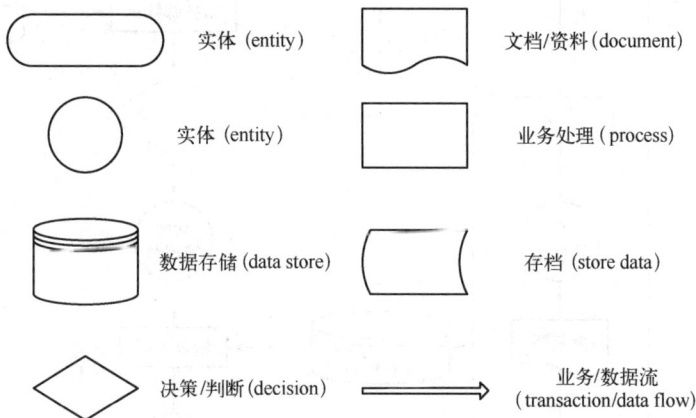

实体（entity）	文档/资料（document）
实体（entity）	业务处理（process）
数据存储（data store）	存档（store data）
决策/判断（decision）	业务/数据流（transaction/data flow）

图 3.6　业务流程图常用的基本符号

2）业务流程图的作用

业务流程图描述流程的方向，描述了谁做了什么事，产生了什么结果，给谁传递了什么信息。业务流程图可以清晰、全面地描述每个业务流程中各环节的业务信息联系、时间顺序、业务执行者，如实反映业务的客观情况。

业务流程图的优点是比较直观、简洁，对于流程的一些重要参数可以一目了然，在分析研究中具有很大的辅助作用。

由于业务流程图可以分层次显示业务从初始到最终形成的各个环节及其之间的相互关系，有利于对业务流程的合理性进行分析、评价，实现对业务流程进行设计与优化等。

3）业务流程图举例

图 3.7 为某出版社邮购图书业务流程图，清楚地表明了邮购图书业务流程的执行顺

序、处理内容和执行部门。

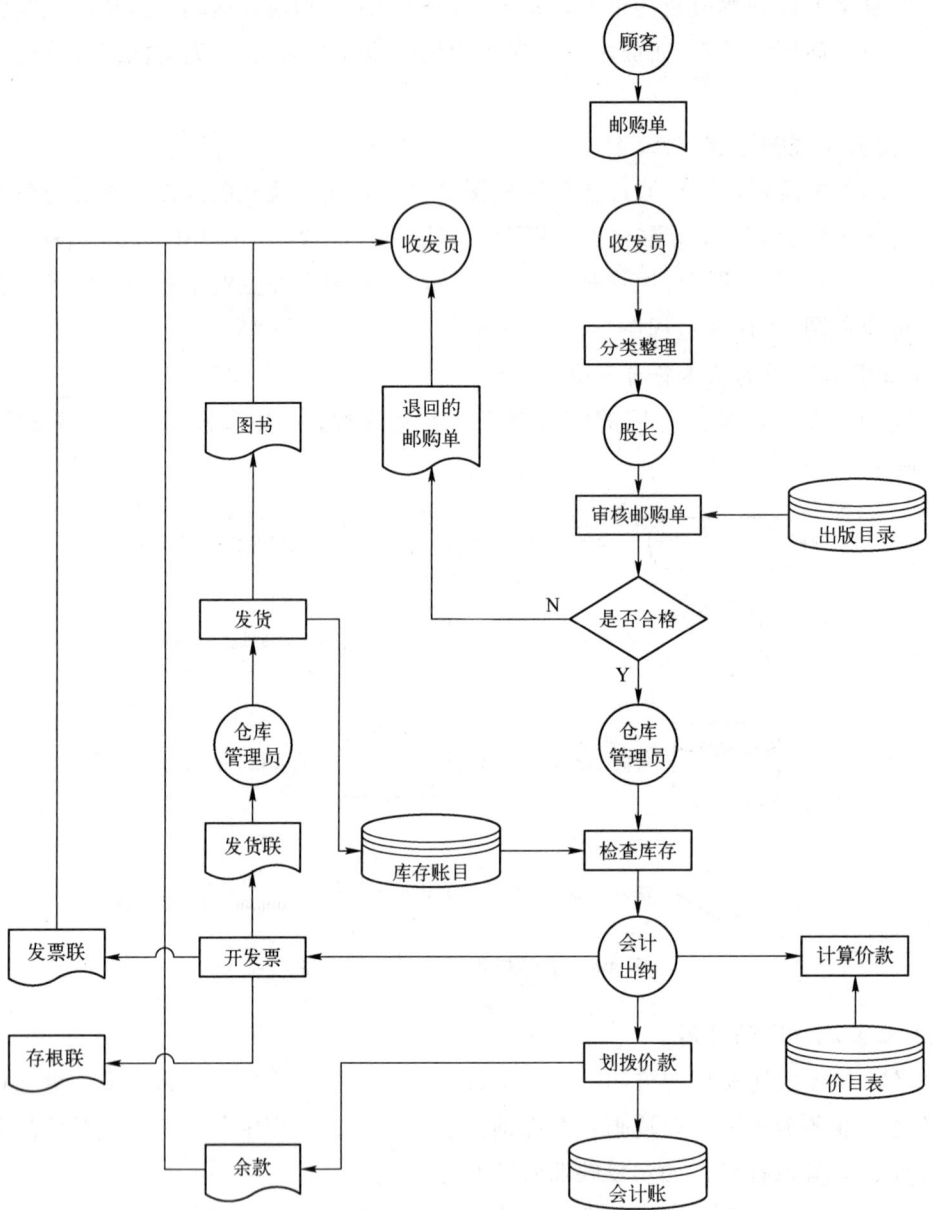

图 3.7　出版社邮购图书业务流程图

　　图 3.8 为某集团公司的预算编制业务流程图，清楚地表明了预算编制业务流程的执行顺序、处理内容和执行部门。

第一层次	第二层次		第三层次	
集团公司各 业务部门	职能部门		最高领导层	
	生产财务处	预算委员会	总经理	董事长

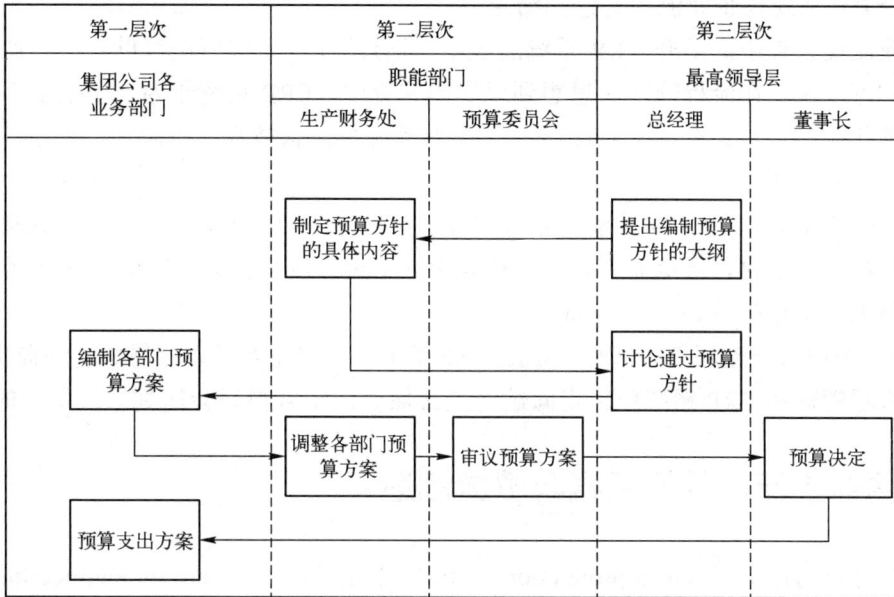

图 3.8　某集团公司的预算编制业务流程图

图 3.8 是表格模式的流程图，具有条理性强的优点，但这种表示方法具有局限性，对于复杂的流程，比如具有分支结构、反馈结构的流程，用这种表格的方法表示，将会很困难。

3.3.3　ERP 系统中体现的流程管理思想

1．ERP 系统固有的流程

从早期的订货点法开始到 ERP，在 ERP 的形成发展过程中，始终围绕着一个核心就是降低成本、增加利润。ERP 系统在设计过程中对原材料采购、产品研发、设计、生产、销售和储运等各个环节流程的合理性与可行性都进行了深入研究与不断优化，可见，ERP 系统本身固有的流程体现了流程管理的思想，是在企业业务流程深入分析研究的基础上对企业业务流程进行设计与优化的结果。

2．ERP 系统提供的柔性流程

企业的业务流程会随着企业的发展不断变化，在供应链管理、客户关系管理的业务活动中，业务流程会随着供应商、客户的需求而随时发生变化，企业处于不断的流程管理和优化中，对 ERP 系统的柔性适应性也提出了挑战和要求。

当前，不少 ERP 软件已经将工作流程管理作为系统的一部分，在此基础上建立流程管理子系统，支持构建新的业务流程，实现流程管理的思想，通过采用可视化的流程配置器对业务流程进行管理，灵活调整业务流程以满足新客户和新业务的要求。

3．ERP 系统与企业流程管理的结合

企业流程管理中离不开 ERP 系统的应用，通过 ERP 系统应用可以支撑企业新的业务流程。可以说，在流程管理从思想到现实的转变中，ERP 系统作为一个重要手段起到了一种催化剂的作用。不考虑 ERP 系统、信息系统与信息技术的应用，企业难以实现真正的业务流程优化。

而要想在企业中通过 ERP 系统应用实现企业信息化的目的，也需要对企业原有业务流程进行梳理和优化，甚至流程再造，可以说，不进行流程再造，ERP 系统应用很难达到预期效果，甚至失败。

因此，企业实施流程管理和应用 ERP 系统密切相关，互为对方取得成功的前提条件。因此，流程管理和 ERP 系统应用走向结合是必然的，结合得好会达到"双赢"的效果。

3.4　精益生产、并行工程与敏捷制造

本节将对精益生产（lean production，LP）、并行工程（concurrent engineering，CE）与敏捷制造（agile manufacturing，AM）的管理思想以及它们在 ERP 系统中的体现方式进行介绍。

3.4.1　精益生产

1．精益生产的产生背景

20 世纪 50 年代，汽车工业中统治世界的生产模式是以美国福特公司为代表的大批量生产方式，这种生产方式以流水线的形式少品种、大批量地生产产品。在当时，大批量生产方式代表了先进的管理思想与方法，专用设备、专业化的大批量生产是降低成本、提高生产率的主要方式。与处于绝对优势的美国汽车工业相比，当时的日本汽车工业处于相对幼稚的阶段，丰田汽车公司从成立到 1950 年的十几年间，总产量甚至不及福特公司 1950 年一天的产量。为了日本汽车工业的发展，日本派出了大量人员前往美国考察。在参观美国的几大汽车厂之后，丰田汽车公司的管理人员发现，采用大批量生产方式降低成本仍有进一步改进的余地，并提出由于日本企业面临需求不足、技术落后、国内资金匮乏等情况，在日本进行少品种、大批量的生产方式是不可取的，而应考虑一种更能适应日本市场需求的生产组织策略。

在丰田相佐诘、丰田喜一郎、大野耐一等人的共同努力下，经过不断探索，在 20 世纪 60 年代逐步创立了多品种、小批量、高质量和低消耗的精益生产方式。由于 1973 年的石油危机，市场环境发生了很大的变化，大批量生产所具有的缺点日趋明显。一是不灵活，难以按照客户要求的变化重新组织生产；二是造成大量的库存积压，而库存积压一方面占用资金，增加成本，另一方面掩盖了工厂的种种问题，使得管理者和工人不愿意对生产的各个环节进行改善，这就进一步导致了生产组织的僵化。但在新的环境中，丰田汽车公司的业绩却开始上升，在与其他汽车制造企业竞争中占据了显著的优势。在

市场竞争中遭受失败的美国汽车工业，在经历了曲折的认识过程后，终于意识到致使其竞争失败的关键原因是美国汽车制造业的大批量生产方式输给了丰田的精益生产方式。

1985 年，美国麻省理工学院的 Daniel T. Jones 教授等筹资 500 万美元，用了近 5 年的时间对 90 多家汽车厂进行对比分析，并在 1992 年出版的《改造世界的机器》一书中把丰田生产方式正式命名为精益生产方式，开始了对精益生产理论的研究。四年之后，该书的作者出版了它的续篇《精益思想》，进一步从理论的高度归纳了精益生产中所包含的新的管理思维，并将精益生产方式扩大到制造业以外的所有领域，尤其是第三产业。把精益生产方式外延到企业活动的各个方面，不再局限于生产领域，从而促使管理人员重新思考企业流程，消灭浪费、创造价值，接受精益生产的管理理念。

总之，精益生产集成了后勤保证体系、供应链与准时生产的思想，综合了单件小批量生产与大批量生产的优点，以实现用较少的投入生产出能满足客户多方面需求的高质量的产品。

2．精益生产的定义

对精益生产的定义尚无统一的描述，下面列出 2 个具有代表性的定义。

【定义 1】　精益生产就是准时制造，消灭故障，消除一切浪费，以零缺陷、零库存为目标，最终实现提高生产效益的一种新型的生产管理模式。

【定义 2】　精益生产是通过系统结构、人员组织、运行方式和市场供求等方面的变革，使生产系统能很快适应客户需求不断变化，并能使生产过程中一切无用、多余的内容被精减，最终达到包括市场供销在内的生产各方面最好的结果。

从字面意思来看，"精"表示精细、精简、精良、精确、精美，即投入精确的生产要素，在适当的时间生产必要数量的市场急需的精良产品（或下道工序急需的产品）；"益"表示利益、效益等，即所有经营活动都要有益有效，具有经济性。

"精"体现在产品质量上，追求"精简精确""尽善尽美""精益求精"；"益"体现在产品成本上，成本越低，企业与用户越能获益。

精益生产的目标不单纯追求成本最低或企业眼中的质量最优，而是追求客户和企业都满意的质量，追求成本与质量的最佳配置，追求产品性能价格的最优比。

精益生产把客户、销售代理商、供应商和协作单位纳入生产体系，按客户不断变化的需求同步组织生产，时刻保持产品的高质量、多样化和灵活性。精益生产要求杜绝浪费，合理利用资源，最大限度地消除一切对产品增值无效的劳动。精益生产高度重视人的作用和团队精神，要求人们进取不懈，永无止境地追求尽善尽美。

3．精益生产的核心思想

精益生产的核心思想就是在企业内部减少资源浪费，以最少的投入——最少的人力、最少的设备、最短的时间和最小的场地创造出最大的价值；同时对市场需求做出最迅速的响应，为客户提供最优质量和最低成本的产品。

精益生产的思想最初体现在对产品质量的控制中，即指不追求产品的成本优势和技术领先，只强调产品的成本与技术的合理匹配、协调。后来，企业界将精益思想逐步引伸、延展到企业经营活动的全过程，即追求企业经营投入和经济产出的最大化、价值最大化。

4. 精益生产的特点

1）精益生产以简化为手段，消除生产中一切不增值的活动

精益生产把生产中一切不能增加价值的活动都视为浪费。为杜绝这些浪费，它要求毫不留情地撤掉不直接为产品增值的环节和工作岗位。在物料的生产和供应中严格实行准时生产（just in time，JIT），即以"简化"为手段，简化组织机构，简化产品开发过程，简化与协作厂的关系、简化并消除一切无用的或不增值的环节，简化产品检验环节，强调一体化的质量保证体系。

2）精益生产强调人的作用，充分发挥人的潜力

精益生产强调人的作用，以"人"为中心，以小组的工作方式，充分发挥员工的主动性和创造性。精益生产把工作任务和责任最大限度地转移到直接为产品增值的工人身上。而且任务分到小组，由小组内的工人协作承担。为此，要求工人精通多种工作，减少不直接增值的工人，并加大工人对生产的自主权。当生产线发生故障，工人有权自主决定停机，查找原因，做出决策。小组协同工作使工人工作的范围扩大，激发了工人对工作的兴趣和创新精神，更有利于精益生产的推行。

3）精益生产采用适度自动化，提高生产系统的柔性

精益生产并不追求制造设备的高度自动化和现代化，而强调对现有设备的改造和根据实际需要采用先进技术，按此原则来提高设备的效率和柔性。在提高生产柔性的同时，并不拘泥于柔性，以避免不必要的资金和技术浪费。

4）精益生产不断改进，以追求"完美"为最终目标

精益生产把"完美"作为不懈追求的目标，以尽善尽美为最终目标，即持续不断地改进生产，不断降低成本，力争零库存、零废品和产品多样化，追求最少投入、最大产出、最多品种、最简单的过程、最高质量、最少浪费、最低成本、最具竞争力、最使客户满意。

从以上的特点可以看出，精益生产是一种适应现代竞争环境的生产组织管理方法。它有着极强的生命力，受到各国企业的极大重视。

5. 精益生产方式与大批量生产方式的比较

精益生产方式作为一种从环境到管理目标都是全新的管理思想，与大批量生产方式相比较，其管理思想的特点有以下几方面。

1）优化范围不同

大批量生产方式源于美国，强调市场导向，优化资源配置，每个企业以财务关系为界限，以自身内部管理为优化目标，相关企业，无论是供应商还是经销商，都被视为竞争对手。

精益生产方式以产品生产工序为线索，组织密切相关的企业供应链，一方面降低供应链中的交易成本，另一方面保证稳定需求与及时供应，以整个供应链为优化目标，相

关企业，无论是供应商还是经销商，都视为合作伙伴。

2）对待库存的态度不同

大批量生产方式的库存管理强调"库存是必要的"。精益生产方式的库存管理强调"库存是浪费的"。

精益生产方式将生产中的一切库存视为"浪费"，同时认为库存掩盖了生产系统中的缺陷与问题。它一方面强调供应对生产的保证，另一方面强调对零库存的要求，从而不断暴露生产中基本环节的矛盾并加以改进，不断降低库存以消灭库存产生的"浪费"。基于此，精益生产提出了"消灭一切浪费""零浪费"的理念。

3）业务控制观不同

传统的大批量生产方式的用人制度基于双方的"雇佣"关系，业务管理中以"达到个人工作高效"为分工原则，并以严格的业务稽核来促进与保证，同时稽核工作，还防止个人工作对企业产生的负效应。

精益生产方式在专业分工时强调相互协作及业务流程的精简（包括不必要的核实工作），消灭业务管理环节中的一切"浪费"。

4）质量观不同

传统的大批量生产方式将一定量的次品看成生产中的必然结果。

精益生产方式基于组织的分权与人的协作观点，认为让生产者自身保证产品质量的绝对可靠是可行的，且不牺牲生产的连续性，要通过消除产生质量问题的生产环节来"消除一切次品所带来的浪费"，追求"零不良"。

5）对人的态度不同

大批量生产方式强调管理中的严格层次关系。对员工的要求在于严格完成上级下达的任务，人被看作附属于岗位的"设备"。

精益生产方式则强调个人对生产过程的干预，尽力发挥人的能动性，同时强调协调，对员工个人的评价也是基于长期的表现。这种方法更多地将员工视为企业团体的成员，而非机器，充分发挥基层的主观能动性。

6．精益生产在 ERP 系统中的体现

精益生产方式强调的是在需要的时间内按需要的量在需要的地点生产、制造、供给客户需要的产品。追求的是车间生产布局、生产控制流程、原材料物流路径、人员结构都较为完美的生产系统。

1）ERP 系统对"精"的体现

基于成本控制和供应链管理的 ERP 系统正是对精益生产理念的具体体现，ERP 系统可以通过 CRM 子系统及时了解客户需要的产品，产生销售订单，能够通过 MRP 子系统基于销售订单或预测自动制订产品的主生产计划，将主生产计划进一步细化为生产顺序，通过物料清单（bill of material，BOM）产生物料需求计划，然后设定产品生产周期管理数据库，依据车间、生产线的能力，结合物料采购周期数据库、生产业绩与市场预测的修正自动制订出采购计划、生产计划、送货计划。

可见，在 ERP 系统中很好地体现了精益生产中"精"的思想，可以"在需要的时间内按需要的量在需要的地点"进行精益生产。

2）ERP 系统对"益"的体现

使用 ERP 系统可以使过去需要若干天才能办完的订货手续，在几小时内办完，使传统的物资生产完成时间由几个月或几周减少到几天或几分钟；使用 ERP 系统可以及时跟上不断变化的客户需求，一旦掌握了客户的真正需要，就可以及时设计、安排生产和制造出客户真正需要的产品，将产品送到客户手中。

可见，在 ERP 系统很好地体现了精益生产中"益"的思想，可以对市场需求做出最迅速的响应，减少生产环节中的浪费，为客户提供质量最优和成本最低的产品，使客户与企业都受益。

总之，ERP 系统不仅体现了精益生产的管理思想，而且可以指导企业在更高标准下进行精益生产。

精益生产的管理思想使得 ERP 系统更加完善，精益生产的管理思想也可以借助 ERP 的基本理念扩大其应用领域，在"精"与"益"两个方面提出更高的目标，二者相辅相成，二者的结合也促进了精益生产与 ERP 理论不断发展与进步。

3.4.2　并行工程

1．并行工程的产生背景

在知识经济时代，大量新知识的产生，促使新知识应用的周期越来越短，新技术的发展越来越快。如何利用这些新知识与新技术提供的可能性，抓住客户心理，加速新产品的构思及概念的形成，并以最短的时间开发出高质量及价格能被客户接受的产品，已成为市场竞争的焦点，而这一焦点的核心是产品的上市时间。在这种背景下，传统的产品开发模式已不能满足激烈的市场竞争要求，由此出现了并行工程的理论。

1988 年，美国国防分析研究所以武器生产为背景，对传统的生产模式进行了分析，首次系统化地提出了并行工程的概念，指出并行工程是一种集成化、协同化的产品开发方法，其核心是通过并行化流程、跨职能协作和早期问题预防，实现产品开发全生命周期的高效管理。它把传统的制造技术与计算机技术、系统工程技术和自动化技术相结合，在产品开发的早期阶段全面考虑产品生命周期中的各种因素，力争使产品开发能够一次获得成功。从而缩短产品开发周期、提高产品质量、降低产品成本、增强市场竞争能力。

近年来，并行工程在美国及西方许多国家十分盛行，已成为制造自动化的一个热点。一些著名的企业通过实施并行工程取得了显著效益，如波音（Boeing）、雷诺（Renauld）、通用电气（GE）等。

美国波音飞机制造公司在研制波音 777 型喷气客机时，投资 40 多亿美元，采用庞大的计算机网络来支持并行设计和网络制造。从 1990 年 10 月开始设计到 1994 年 6 月，仅花了 3 年零 2 个月就试制成功，进行试飞，一次成功，即投入运营。在实物总装后，用激光测量偏差，飞机全长 63.7 m，从机舱前端到后端 50 m，最大偏差仅为 0.9 mm。

这个例子表明，并行工程作为加速新产品开发过程的综合手段迅速获得了推广，成为制造企业在竞争中赢得生存和发展的重要手段。

2．并行工程的定义

并行工程又称为同步工程，它是针对传统的产品串行生产模式提出的一个概念、一种哲理和方法，其定义尚无统一的描述，下面列出 2 个具有代表性的定义。

【定义 1】　并行工程是集成地、并行地设计产品及其相关的各种过程（包括制造过程和支持过程）的系统化方法。这种方法要求产品开发人员与其他人员一起共同工作，在设计一开始就考虑产品整个生命周期中从概念形成到产品报废处理的所有因素，包括质量、成本、进度计划和用户的要求等。

【定义 2】　并行工程是一种企业进行新产品设计与制造的先进管理模式，它集中各学科的人才来组成产品开发群组协同工作，把传统的制造技术与计算机技术、系统工程技术和自动化技术相结合，使产品开发的各个阶段既有一定时序，又能并行，采纳上、下游的各种因素和有用信息，共同决策产品开发各阶段的工作方案，使产品开发的早期就能及时发现和纠正问题，从而缩短产品开发周期，提高产品的质量，降低产品成本，使产品开发能够一次获得成功。

并行工程的核心思想是提高产品质量、降低产品成本，以及缩短产品开发周期和产品上市时间。

3．并行工程的特征

1）并行交叉

并行工程强调产品设计与工艺过程设计、生产技术准备、采购、生产等种种活动并行交叉进行。并行交叉有两种形式：一是按部件并行交叉，即将一个产品分成若干个部件，使各部件能并行交叉进行设计开发；二是对每单个部件，可以使其设计、工艺过程设计、生产技术准备、采购和生产等各种活动尽最大可能并行交叉进行。

需要注意的是，并行工程强调各种活动并行交叉，并不是也不可能违反产品开发过程必要的逻辑顺序和规律，不能取消或越过任何一个必经的阶段，而是在充分细分各种活动的基础上，找出各子活动之间的逻辑关系，将可以并行交叉的尽量并行交叉进行。

2）尽早开始工作

正因为并行工程强调各活动之间的并行交叉，以及为了争取时间，所以并行工程强调人们要学会在信息不完备的情况下就开始工作。因为根据传统观点，人们认为只有等到所有产品设计图全部完成以后才能进行工艺设计工作，所有工艺设计图完成后才能进行生产技术准备和采购，生产技术准备和采购完成后才能进行生产。正因为并行工程强调将各有关活动细化后进行并行交叉，因此很多工作要在传统上认为信息不完备的情况下进行。

4．并行工程的特点

1）面向过程和面向对象

一个新产品从概念构思到生产出来是一个完整的过程。传统的串行工程方法认为分工越细，工作效率越高。因此串行方法是把整个产品开发全过程细分为很多步骤，每个部门和个人都只做其中的一部分工作，而且是相对独立进行的，工作做完以后把结果交给下一部门。西方把这种方式称为"抛过墙法"（throw over the wall），他们的工作是以职能和分工任务为中心的，不一定存在完整的、统一的产品概念。

并行工程强调要面向整个过程或产品对象，它特别要求设计人员在设计时不仅要考虑设计，还要考虑这种设计的工艺性、可制造性、可生产性、可维修性等，工艺部门的人员也要同样考虑其他过程，设计某个部件时要考虑与其他部件之间的配合。所以整个开发工作都是要着眼于整个过程和产品目标。从串行到并行，是观念上的很大转变。

2）系统集成与整体优化

在传统串行工程中，对各部门工作的评价往往是看交给它的那一份工作任务完成得是否出色。就设计而言，主要是看设计工作是否新颖，是否有创造性，产品是否有优良的性能。对其他部门来说，同样也是看他的那一份工作是否完成出色。

并行工程则强调系统集成与整体优化，它并不完全追求单个部门、局部过程和单个部件的最优，而是追求全局优化，追求产品整体的竞争能力。对产品而言，这种竞争能力是由产品的 TQCS 综合指标——交货期（time）、质量（quality）、价格（cost）和服务（service）共同决定的。在不同情况下，竞争能力的侧重点不同。在现阶段，交货期可能是关键因素，有时可能是质量或价格，有时也可能是它们中的几个综合指标。对每一个产品而言，企业都会对它有一个竞争目标的合理定位，因此并行工程应围绕这个目标来进行整个产品开发活动。只要达到整体优化和全局目标，并不追求每个部门的工作最优，因此对整个工作的评价是根据整体优化结果来评价的。

3）并行有序

并行工程作为一种哲理和方法，旨在产品开发的早期阶段利用系列方法和技术综合评估全生命周期的各个因素，做出正确决策。并行设计是并行工程的主体，它利用计算机仿真技术等系列工程工具，对产品开发的全生命周期进行并行而有序的设计，使传统在生产制造阶段才能发现的问题能够在设计早期予以修正。

4）群组协同

并行工程中突出了人才因素的第一性。这是因为现代产品越来越复杂，产品开发过程涉及的学科门类和专业人员相当多，如何取得产品开发过程的整体最优，是并行工程追求的目标，其中的关键是如何更好地发挥掌握现代先进技术的人的群体协作，组成集成产品开发团队和支持团队进行协同工作的环境（指包括计算机系统、各种软件工具、多媒体手段与设计工具的支持系统等），把产品开发过程看成一个有机系统，消除串行模式中各部门间的壁垒，使各部门协调一致，提高团体效益。

5）面向工程的设计

面向工程的设计是一种支持设计的工具总称，其概念覆盖了产品设计、制造、使用及报废回收整个的产品生命周期，使产品在设计阶段就能考虑到生产制造阶段的问题。面向工程的设计方法是提倡在设计中考虑后续阶段的问题，即通过各方信息综合，使其"第一次"就能正确的过程，而不是反复地、大循环地修改直到正确的过程。因此它是实现并行工程的支持工具。目前面向工程的设计主要包括面向装配的设计、面向质量的设计、面向可靠性的设计、面向拆卸的设计等。

6）计算机仿真技术的使用

计算机仿真技术在并行工程中占有重要的地位。产品开发中的设计、制造等大多都是靠计算机仿真来描述、检验和验证的，其主要内容有：装配过程仿真、加工过程仿真、生产计划调度仿真等。在计算机仿真中主要需要两类信息：各种实体建模；装配、加工、调度等的程序。进行仿真所需的软件主要有三维动画仿真、碰撞和干涉算法等。

5．并行工程在 ERP 系统中的体现

1）体现在实现的信息技术上

从 ERP 系统的实现技术上看，它具有过程建模/仿真技术、计算机网络技术和信息处理技术，因此，ERP 系统可以提供一个能够支持企业各部门协作的新型的协作处理系统，它包含各种类型的数据库和"代理人"子系统。数据库可以集成并行设计所需要的诸方面的知识、信息和数据，并且以统一的形式加以表达。"代理人"子系统可以根据模型和知识在工作中辅助或代替人的活动。这种协作处理系统还包括分布式人工智能的使用技术，包括冲突消解、共享等。

2）体现在对并行工程团队工作环境的支持上

在并行工程产品开发模式下，产品开发是由分布在异地的采用异种计算机软件工作的多学科小组共同完成的。多学科小组之间及多学科小组内部各组成人员之间存在着大量相互依赖的关系，ERP 系统可以提供协调系统支持团队异地协同工作。协调系统用于各类设计人员协调和修改设计，传递设计信息，以便做出有效的群体决策，解决各小组间的矛盾。ERP 系统构造的产品数据共享平台，在正确的时间可以将正确的信息以正确的方式传递给正确的人；ERP 系统基于客户-服务器结构的计算机系统和广域网络的环境，使异地分布的产品开发团队能够通过产品数据管理帮助设计人员和其他人员管理产品数据和产品研发过程的工具，以及通过群组协同工作系统进行并行协作产品开发。

3）体现在对计算机仿真环境的支持上

ERP 系统可以通过计算机辅助软件系统技术提供切合实际的计算机仿真模型功能，提供一个设计方案来预测、推断产品的制造及使用过程，发现产品所隐藏的问题。通过仿真环境可以实现并行工程降低成本的目标：将错误限制在设计阶段。通过软件仿真环境，省去昂贵的样机试制费用。由于在设计时已考虑到加工、装配、检验、维修等因素，产品在上市前的成本也会降低。还可以体现并行工程提高质量的目标，将所有质量问题消灭在设计阶段，使所设计的产品便于制造、易于维护。为质量的"零缺陷"提供了基础，使得制造出来的产品甚至用不着检验就可上市。

3.4.3　敏捷制造

1. 敏捷制造的产生背景

20 世纪 90 年代，信息技术突飞猛进，信息化的浪潮汹涌而来，许多国家制订了旨在提高自己国家在未来世界中的竞争地位、培养竞争优势的先进的制造计划。在这一浪潮中，美国走在了世界的前列，给美国制造业改变生产方式提供了强有力的支持，美国想凭借这一优势重造在制造领域的领先地位。在这种背景下，一种面向 21 世纪的新型生产方式——敏捷制造的设想诞生了。

敏捷制造是美国国防部为了帮助 21 世纪美国制造业发展而开展的一项研究计划。该计划始于 1991 年，有 100 多家公司参加，由通用汽车、波音、IBM、德州仪器、AT&T、摩托罗拉等 15 家著名大公司和国防部的代表共 20 人组成了核心研究队伍。此项研究历时 3 年，于 1994 年年底提出了《21 世纪制造企业战略》。在这份报告中，提出了既能体现国防部与工业界各自的特殊利益，又能获取他们共同利益的一种新的生产方式，即敏捷制造。

敏捷制造是在具有创新精神的组织和管理结构、先进制造技术（以信息技术和柔性智能技术为主导）、有技术和知识的管理人员这三大类资源支柱支撑下得以实施的，也就是将柔性生产技术、有技术和知识的劳动力，以及能够促进企业内部和企业之间合作的灵活管理集中在一起，通过所建立的共同基础结构，对迅速改变的市场需求和市场进度做出快速响应。敏捷制造比起其他制造方式具有更灵敏、更快捷的反应能力。

2. 敏捷制造的定义和核心思想

敏捷制造的定义尚无统一的描述，下面列出 2 个具有代表性的定义。

【定义 1】　敏捷制造是能在不可预测的持续变化的竞争环境中使企业繁荣和成长，并具有对由客户需求的产品和服务驱动的市场做出迅速响应的能力。

【定义 2】　敏捷制造是将柔性生产技术，有技术和知识的劳动力，以及能够促进企业内部和企业之间合作的灵活管理（三要素）集成在一起，通过所建立的共同基础结构，对迅速改变的市场需求和市场实际做出快速响应的生产方式。

从定义 2 可以看出，敏捷制造包括三个要素：生产技术、管理和人力资源。

当市场发生变化，企业遇到特定的市场和产品需求时，企业的基本合作伙伴不一定能满足新产品开发生产的要求，这时，企业会组织一个由特定的供应商和销售渠道组成的短期或一次性供应链，形成"虚拟工厂"，把供应商和协作单位看成是企业的一个组成部分，运用"并行工程"组织生产，用最短的时间将新产品打入市场，时刻保持产品的高质量、多样化和灵活性，这就是"敏捷制造"的核心思想。

3．敏捷制造的三要素

1）敏捷制造的生产技术

首先，具有高度柔性的生产设备是创建敏捷制造企业的必要条件（但不是充分条件）。所必需的生产技术在设备上具体体现为以下装置：可改变结构的、可量测的、由模块化制造单元构成的、可编程的柔性机床组；"智能"制造过程控制装置；用传感器、采样器、分析仪与智能诊断软件相配合，对制造过程进行闭环监视的装置等。

其次，在产品开发和制造过程中，能运用计算机能力和制造过程的知识基础，用数字计算方法设计复杂产品；可靠地模拟产品的特性和状态，精确地模拟产品制造过程。各项工作是同时进行的，而不是按顺序进行的。同时开发新产品，编制生产工艺规程，进行产品销售。设计工作不仅属于工程领域，也不只是工程与制造的结合。从用材料制造成品到产品最终报废的整个产品生命周期内，每一个阶段的代表都要参加产品设计。技术在缩短新产品的开发与生产周期上可充分发挥作用。

再次，敏捷制造企业是一种高度集成的组织。信息在制造、工程、市场研究、采购、财务、仓储、销售和研究等部门之间连续地流动，而且还要在敏捷制造企业与其供应商之间连续流动。在敏捷制造系统中，用户和供应商在产品设计和开发中都应起到积极作用。每一个产品都可能要使用具有高度交互性的网络。同一家企业中，实际上分散的、组织上分离的人员可以彼此合作，并且可以与其他企业的人员合作。

最后，把企业中分散的各个部门集中在一起，靠的是严密的通用数据交换标准、坚固的"组件"（许多人能够同时使用同一文件的软件）、宽带通信信道（传递需要交换的大量信息）。把所有这些技术综合到现有的企业集成软件和硬件中去，这标志着敏捷制造时代的开始。

敏捷制造企业将普遍使用可靠的集成技术，进行可靠的、不中断系统运行的大规模软件的更换，这些都将成为正常现象。

2）敏捷制造的管理技术

首先，敏捷制造在管理上所提出的最创新的思想之一是"虚拟公司"。敏捷制造认为，新产品投放市场的速度是当今最重要的竞争优势。推出新产品最快的办法是利用不同公司的资源，使分布在不同公司内的人力资源和物资资源能随意互换，然后把它们综合成单一的靠电子手段联系的经营实体——虚拟公司，以完成特定的任务。也就是说，虚拟公司就像专门完成特定计划的一家公司一样，只要市场机会存在，虚拟公司就存在；该计划完成了，市场机会消失了，虚拟公司就解体了。能够经常形成虚拟公司的能力将成为企业强有力的竞争武器。

只要能把分布在不同地方的企业资源集中起来，敏捷制造企业就能随时构成虚拟公司。在美国，虚拟公司运用国家工业网络——全美工厂网络，把综合性工业数据库与服务结合起来，以便使公司集团创建并运作虚拟公司，排除多企业合作和建立标准合法模型的法律障碍。这样，组建虚拟公司就像成立一个公司那样简单。

有些公司总觉得独立生产比合作要好，这种观念必须要破除。应当把克服与其他公司合作的组织障碍作为首要任务，而不是作为最后任务。此外，需要解决因为合作而产生的知识产权问题，需要开发管理公司、调动人员工作主动性的技术，寻找建立与管理项目组的方法，以及建立衡量项目组绩效的标准，这些都是艰巨的任务。

其次，敏捷制造企业应具有组织上的柔性。因为，先进工业产品及服务的激烈竞争环境已经开始形成，越来越多的产品要投入瞬息万变的世界市场上去参与竞争。产品的设计、制造、分配、服务将用分布在世界各地的资源（公司、人才、设备、物料等）来完成。制造企业日益需要满足各个地区的客观条件。这些客观条件不仅反映社会、政治和经济价值，而且还反映人们对环境安全、能源供应能力等问题的关心。在这种环境中，采用传统的纵向集成形式企图"关起门来"什么都自己做，是注定要失败的，必须采用具有高度柔性的动态组织结构。根据工作任务的不同，有的可以采取内部多功能团队形式，请供应商和客户参加团队；有时可以采用与其他企业合作的形式；有时可以采取虚拟公司形式。有效运用这些手段，就能充分利用企业的资源。

3）敏捷制造的人力资源

在动态竞争的环境中，关键的因素是人。柔性生产技术和柔性管理要使敏捷制造企业的员工能够实现他们自己提出的发明和合理化建议。没有一个一成不变的原则来指导此类企业的运行。唯一可行的长期指导原则，是提供必要的物质资源和组织资源，支持人员的创造性和主动性。

在敏捷制造时代，产品和服务的不断创新和发展，制造过程的不断改进，是竞争优势的同义语。敏捷制造企业能够最大限度地发挥人的主动性。有知识的员工是敏捷制造企业中唯一最宝贵的财富。因此，不断对员工进行培训，不断提高员工素质，是企业管理层应该积极支持的一项长期投资。每一个员工消化吸收信息、对信息中提出的可能性做出创造性响应的能力越强，企业可能取得的成功就越大。对于管理人员和生产线上具有技术专长的工人也都是如此。科学家和工程师参加战略规划和业务活动，对敏捷制造企业来说是带决定性的因素。在产品研究开发和制造过程的各个阶段，工程专家的协作是十分重要的。

敏捷制造企业中的每一个人都应该认识到柔性可以使企业转变为一种通用工具，这种工具的应用仅仅受限于人们对于使用这种工具进行工作的想象力。大规模生产企业的生产设施是专用的，因此，这类企业是一种专用工具。与此相反，敏捷制造企业是变化发展的制造系统，该系统的能力仅受人员的想象力、创造性和技能的限制，而不受设备限制。敏捷制造企业的特性支配着它在人员管理上所持有的、完全不同于大规模生产企业的态度。管理者与员工之间的敌对关系是不能容忍的，这种敌对关系限制了员工接触有关企业运行状态的信息。信息必须完全公开，管理者与员工之间必须建立相互信赖的关系。工作场所不仅要完全透明公开，而且对在企业每一个层次上从事脑力创造性活动的人员都要有一定的吸引力。

4．敏捷制造的特点

1）可由客户"自行设定"的产品

敏捷制造的产品开发面向客户，但需从为客户提供满意的产品过渡到由客户自行设定产品。所谓客户自行设定产品，是指客户能在自己家里或在销售商店利用制造企业提供的软件，在计算机上用模块化部件组成所希望的产品。客户甚至可以在一个虚拟环境中对产品的使用性能进行拟实操作和调整，直到满意为止。

2）可重构的模块化产品结构

敏捷制造企业的产品应是可以重构的模块化结构。不同的模块组合可以构成不同功能与性能的产品，改进一个模块，就可使产品上一个新的档次；更新一个模块，就能形成一个新品种。这不仅能适应千变万化的市场需求，而且能最大限度地缩短供货时间，抢先占领市场，还便于找合作伙伴分散制造。此外，模块化可重构的产品，还能延长产品的生命周期，客户可以更换某些模块，使产品更新换代，不必重新购买新产品。企业还能将市场上已滞销的产品收回改造后再销售，有利于实行可持续制造的策略。

3）可重组的生产系统

为了抓住多变的市场机遇，快速完成各类生产任务，敏捷制造企业的生产系统必须具有高度的灵活性（柔性）和可重组性，根据产品结构的相似性建立模块化的制造单元或智能加工单元，这种单元能根据生产任务的需要构成相应的生产系统，通过智能制造过程控制器、制造过程监测器、生产过程建模和仿真技术，快速可靠地执行加工任务。在这样的生产系统中，设备可重新编程、重组和连续改变，信息是集成控制的，使得生产成本与生产批量无关，即生产同一型号的 1 000 台产品与生产 1 000 台型号各异的产品的成本几乎是一样的。只有具有这种柔性生产系统的企业，才能真正做到按订单生产。

4）多变的动态组织结构

21 世纪衡量竞争优势的准则在于企业对市场反应的速度和满足客户的能力。而要提高这种速度和能力，必须以最快的速度把企业内部的优势和企业外部不同公司的优势集中在一起，组成灵活的经营实体，即虚拟公司。

虚拟公司这种动态组织结构，大大缩短了产品上市时间，加速了产品的改进和发展，使产品质量不断提高，也能大大降低公司开支，增加收益。虚拟公司已被认为是企业重新建造自己生产经营过程的一个步骤，预计一二十年以后，虚拟公司的数目会急剧增加。

5）灵活的管理体制

敏捷制造企业的优势表现在能以最快的速度把一个复杂的产品推向市场，而最快速的方法就是在全球范围内寻找可利用的优势资源和合作伙伴，将各种分布的资源、人力、设备和技术，通过互联网连起来，发挥各自的职能和职责。在每一个任务项目的组织上采用高度灵活的管理原则，有时采用有供货商和客户参与的项目专业组，有时采用与其他公司合资的形式。公司没有必要去做每一个零件、完成每一个制作过程，而是充分利用所有可用的资源。

另外，在管理中放弃中央集权的分级管理体制，权力下放，上级只控制若干关键点，许多决策下放给项目组，让他们能根据实际情况快速做出反应。

6）最大限度地调动和发挥人的作用

敏捷制造提倡以"人"为中心的管理，强调用分散决策代替集中控制，用协商机制代替递阶控制机制。它的基础组织是"多学科群体"（multi-decision team），是以任务为中心的一种动态组合。也就是把权力下放到项目组，提倡"基于统观全局的管理"模式，要求各个项目组都能了解全局的远景，胸怀企业全局，明确工作目标和任务的时间要求，但完成任务的中间过程则由项目组自主决定，以此来发挥人的主动性和积极性。

显然，敏捷制造方式把企业的生产与管理的集成提高到一个更高的发展阶段。它把有关生产过程的各种功能和信息集成扩展到企业与企业之间的不同系统的集成。当然，这种集成将在很大程度上依赖于国家和全球信息基础设施。

5．敏捷制造在 ERP 系统中的体现

1）体现在动态联盟的支持上

ERP 系统具有和其他应用系统紧密、动态集成的功能，可以支持异构分布环境下多功能小组内和多功能小组间的异地合作（设计、加工、物流供应等）。同时它可以迅速重构，以便和 SCM 子系统配合支持动态联盟的系统工作和资源优化目标。SCM 子系统则重在支持企业间的资源共享和信息集成。它可以很好地支持为了快速满足客户需求的变化而合作建立起来的动态联盟，支持不同企业在以动态联盟方式工作过程中对各个企业的资源进行统一的管理和调度，实现加盟企业之间信息的双向沟通，实现加盟企业共赢的目标，在考虑自身利益最大化的同时也要保证其他加盟企业的基本利益和底线利润目标。

2）体现在企业的快速反应机制上

在完全竞争的市场中，客户需求的多变性及对个性化的要求对企业的快速反应机制提出了更高的要求。ERP 系统的客户关系管理提供了企业的快速反应机制，并用以支持敏捷制造。敏捷制造最重要的贡献就在于将开发、生产产品所需的知识价值（产品成本、产品利润和竞争能力）全部用一种快速应对市场的方式表现出来，能够快速、准时地满足客户需求。

3.5　JIT、TOC、CC 与 TQM

本节将对准时生产（JIT）、约束理论（theory of constraints，TOC）、协同商务（collabortive commerce，CC）、全面质量管理（total quality management，TQM）的管理思想，以及它们与 ERP 系统的关系进行介绍。

3.5.1　JIT

1．JIT 的基本概念

JIT 是 20 世纪 70 年代中期由日本丰田汽车公司提出的一种先进的生产制造方式，

其核心思想是"在必要的时间，按需要的量生产所需的产品"。如果生产系统运行在准时生产制造方式的状态下，其库存将被减至最小的程度，因此 JIT 又被称为"零库存"管理。

JIT 的基本原理是以需定供，即供方根据需方的要求（或称看板），按照需方需求的品种、规格、质量、数量、时间和地点等要求，将物品配送到指定的地点。不多送，也不少送，不早送，也不晚送，所送品种要全部保证质量，不能有任何废品。

2．JIT 的作用

JIT 的作用主要有以下 3 个方面。

① 零库存。客户需要多少，就供应多少，不会产生库存，占用流动资金。

② 最大节约。客户不需求的商品，就不用订购，可避免商品积压、过时质变等不良品浪费，也可避免装卸、搬运及库存等费用。

③ 零废品。能最大限度地限制废品流动所造成的损失。废品只能停留在供应方，不可能配送给客户。

3．JIT 与 ERP

在许多成功运用 ERP 系统的企业中，都在考虑如何达到 JIT 的境界，以应对客户多变的需求及全球化的竞争。ERP 系统从生产计划、生产制造到产品配送，都能有效地帮助企业实现 JIT 的思想。ERP 系统提供了支持 JIT 的功能模块，如准时生产制造模块与柔性制造模块。

在 ERP 系统里，只要录入客户订单和记录发货，就能快速反映客户需求，同时产生相关的采购、生产和发货。ERP 系统提供对 JIT 的支持。在 ERP 系统中，JIT 生产会利用主生产计划（MPS）和物料需求计划（MRP）来生成 JIT 生产线的生产日程计划，同时还会生成生产线能力计划和物料计划，以确保生产能力和物流之间的平衡。平衡了这些要素后，系统就会得出一个可执行的 JIT 生产计划，也就是组装计划，并进行物料分配。随后，系统会生成各个工作中心（工序）的看板卡，以便在执行组装计划时，各工作中心（工位）能够将完成品存放在指定的货位优选区域，并根据需求向上一道工序领取物料。

3.5.2　TOC

1．TOC 的基本概念

TOC 理论是由以色列物理学家戈德拉特博士创立的。

戈德拉特提出，如果没有约束，系统的产出将是无限的。但现实中任何系统都不能无限地产出，所以，任何系统都存在着一个或者多个约束。而任何企业和组织均可视为系统，因此，要想提高企业和组织的产出，必须尽可能打破各种约束。

按照 TOC 理论，任何系统都可以想象成由一连串的环构成，环环相扣，整个系统的强度就取决于其中最弱的一环。相同的道理，可以将企业视为一条链条，其中的每一个部门都是链条的一环。如果企业想要达成预期的目标，必须从最弱的环节——瓶颈或约束的环节大力改进，才可能得到显著的成效。换句话说，哪个环节约束着企业达成目标，就应该从克服这个约束环节来进行改革。

2．TOC 与 ERP

在 ERP 系统中，根据 TOC 来定义供应链上的瓶颈环节、消除制约因素来扩大企业供需链的有效产出。因为约束是多方面的，有市场、物料、能力、工作流程、资金、管理体制和员工行为等，其中，市场、物料和能力是主要的约束。ERP 系统可以根据市场的约束制订物料的初步生产计划，同步地用能力约束修订生成主生产计划，企业级的生产计划中，计划周期可以为周；车间级的作业计划由 TOC 中的 DBR（drum-buffer-rope，鼓点-缓冲-绳索）来完成，计划周期的单位可以为天；对重点控制的环节还可以进一步细化。

TOC 把主生产计划比喻为"鼓"，根据瓶颈资源的可用能力确定物流量，作为约束全局的"鼓点"，控制在制品库存量；所有瓶颈和总装工序前要有缓冲，保证起制约作用的瓶颈资源得以充分利用，以实现企业最大的产出；所有需要控制的工作中心如同用一根传递信息的绳子牵住的队伍，按同一节拍（保持一定间隔，按同一步伐）行进。也就是在保持均衡的在制品库存、保持均衡的物料流动条件下进行生产。

3.5.3　CC

1．CC 的基本概念

协同商务（CC）被誉为下一代的电子商务系统，其基本思想最早是由 Gartner Group Inc. 于 1999 年提出的。

Gartner Group Inc.对协同商务的定义是将具有共同商业利益的合作伙伴整合起来，通过对与整个商业周期中信息的共享，实现和满足不断增长的客户需求，通过对各个合作伙伴的竞争优势的整合，共同创造和获取最大的商业价值以及提供获利能力。

"协同"有两层含义：一层含义是企业内部资源的协同，即各部门之间的业务协同、不同的业务指标和目标之间的协同，以及各种资源约束的协同，如库存、生产、销售、财务间的协同，这些都需要一些工具来进行协调和统一；另一层含义是指企业内外资源的协同，也就是整个供应链的协同，如客户的需求、供应、生产、采购、交易间的协同。

利用 Internet 技术，在企业的整个供应链内及跨供应链进行各种业务的合作，最终通过改变业务经营的模式与方式达到资源最充分利用的目的。

2．CC 与 ERP

供应链的基础赋予了 ERP 系统协同商务的功能。通过信息的有效沟通，突破不同企业之间的组织边界，协同对市场做出快速反应，原本就是 ERP 系统产生的一个重要催生剂，通过对企业内外部资金流、物流与信息流的一体化管理，各个企业实现了一个跨地区经营、及时性沟通的管理环境，在这个管理环境下，企业集团共赢思想占据了主导的地位，有了共赢思想的指引，协同商务也就顺理成章地出现了。基于 ERP 系统基础的协同商务将帮助企业及其合作伙伴共享业务流程、决策、作业程序和数据，共同开发新产品、市场和服务，大大提高企业决策的准确性和整体运作的高效率，逐步削减企业的信息孤岛效应的存在，提高竞争优势。

3.5.4　TQM

1．TQM 的基本概念

1）质量的定义

质量是客户对一个产品（包括相关的服务）满足程度的度量。质量是指"最适合于一定客户的要求"。这些要求包括产品的实际用途与产品的售价。

2）TQM 的定义

TQM 最先是在 20 世纪 60 年代初由美国的著名专家菲根堡姆提出的，它是在传统的质量管理基础上，随着科学技术的发展和经营管理上的需要发展起来的，现已成为一门系统性很强的科学。

对全面质量管理的定义尚无统一的描述，下面列出 3 个具有代表性的定义。

【定义 1】　TQM 是一种由客户的需要和期望驱动的管理哲学。

【定义 2】　TQM 是一个组织以质量为中心，以全员参与为基础，目的在于通过让客户满意和本组织所有成员及社会受益而达到长期成功的管理途径。

【定义 3】　TQM 是为了能够在最经济的水平上，并考虑到充分满足客户要求的条件下进行市场研究、设计、制造和售后服务，把企业内各部门研制质量、维持质量和提高质量的活动构成一体的一种有效的体系。

3）TQM 的内涵

（1）强烈地关注客户

从现在和未来的角度来看，客户已成为企业的衣食父母。"以客户为中心"的管理模式正逐渐受到企业的高度重视。TQM 注重客户价值，其主导思想就是"客户的满意和认同是长期赢得市场，创造价值的关键"。为此，TQM 要求必须把以客户为中心的思想贯穿到企业业务流程的管理中，即从市场调查、产品设计、试制、生产、检验、仓储、销售到售后服务的各个环节都应该牢固树立"客户第一"的思想，不但要生产物美价廉的产品，而且要为客户做好服务工作，最终让客户放心满意。

（2）坚持不断地改进

TQM 是一种永远不能满足的承诺，"非常好"还不够，质量总能得到改进，"没有最好，只有更好"。在这种观念的指导下，企业持续不断地改进产品或服务的质量和可靠性，确保企业获取对手难以模仿的竞争优势。

（3）改进组织中每项工作的质量

TQM 采用广义的质量定义。它不仅与最终产品有关，并且还与组织如何交货，如何迅速地响应客户的投诉，以及如何为客户提供更好的售后服务等都有关系。

（4）精确地度量

TQM 采用统计度量组织作业中人的每一个关键变量，然后与标准和基准进行比较以发现问题，追踪问题的根源，从而达到消除问题、提高品质的目的。

（5）团队协作

TQM 吸收生产线上的工人加入改进过程，广泛地采用团队形式作为授权的载体，依靠团队发现和解决问题。

4）TQM 的内容

TQM 过程的全面性，决定了 TQM 的内容应当包括设计过程、制造过程、辅助过程和使用过程等 4 个过程的质量管理。

（1）设计过程质量管理的内容

产品设计过程的质量管理是 TQM 的首要环节。这里所指设计过程，包括市场调查、产品设计、工艺准备、试制和鉴定等过程（即产品正式投产前的全部技术准备过程）。主要工作内容包括通过市场调查研究，根据客户要求、科技情报与企业的经营目标，制订产品质量目标；组织有销售、使用、科研、设计、工艺、制度和质管等多部门参加的审查和验证，确定适合的设计方案；保证技术文件的质量；做好标准化的审查工作；督促遵守设计试制的工作程序等。

（2）制造过程质量管理的内容

制造过程，是指对产品直接进行加工的过程。它是产品质量形成的基础，是企业质量管理的基本环节。它的基本任务是保证产品的制造质量，建立一个能够稳定生产合格品和优质品的生产系统。主要工作内容包括组织质量检验工作；组织和促进文明生产；组织质量分析，掌握质量动态；组织工序的质量控制，建立管理点等。

（3）辅助过程质量管理的内容

辅助过程，是指为保证制造过程正常进行而提供各种物资技术条件的过程。它包括物资采购供应、动力生产、设备维修、工具制造、仓库保管和运输服务等。它的主要内容有做好物资采购供应（包括外协准备）的质量管理，保证采购质量，严格入库物资的检查验收，按质、按量、按期地提供生产所需要的各种物资（包括原材料、辅助材料、燃料等）；组织好设备维修工作，保持设备良好的技术状态；做好工具制造和供应的质量管理工作等。此外，企业物资采购的质量管理也将日益显得重要。

（4）使用过程质量管理的内容

使用过程是考验产品实际质量的过程，它是企业内部质量管理的继续，也是 TQM 的出发点和落脚点。使用过程质量管理的基本任务是提高服务质量（包括售前服务和售后服务），保证产品的实际使用效果，不断促使企业研究和改进产品质量。它主要的工作内容有开展技术服务工作，处理出厂产品的质量问题；调查产品使用效果和用户要求。

2. TQM 与 ERP

ERP 系统中对产出产品的质量控制体现了 TQM 的思想，即每个产品开发阶段都不做不合格的工作，绝不把不合格的中间产品带到下一阶段，不是到产品最后阶段才由专门的质量检测人员检查并保证产品质量。通过这种思想的潜移默化，形成一种全体参与改善产品业务流程、产品质量和服务的企业文化，通过对上道产品质量的监测，提前预测可能出现的问题,从而达到在百分百的时间中生产出百分百合格的产品,在持续改善的过程中控制好产品的质量,以便满足客户需求,从而获取竞争优势和长期成功。

3.5.5　体现先进管理思想的 ERP 软件

当前的 ERP 软件产品都体现了先进管理思想,可以支持不同竞争环境、不同制造、不同商务模式,以及不同运营模式的企业生产经营活动;可以实现从企业日常运营、人力资源管理到办公事务处理等全方位的支持;可以帮助企业"优化资源,提升管理",实现面向市场的营利性增长;可以为高层经营管理者提供大量收益与风险的决策信息,辅助企业制定长远发展战略;可以为中层管理人员提供企业各个运作层面的信息,帮助做到各种事件的监控、发现、分析、解决、反馈等处理流程,帮助做到投入产出最优配比;可以为基层管理人员提供便利的作业环境、易用的操作方式实现工作岗位、工作职能的有效履行。

例如,用友的 ERP 软件产品,包括财务管理、供应链管理、生产制造、客户关系管理、集团应用、系统管理集成应用、决策支持、人力资源及办公自动化等功能模块,涵盖了企业管理的各个方面,如图 3.9 所示。

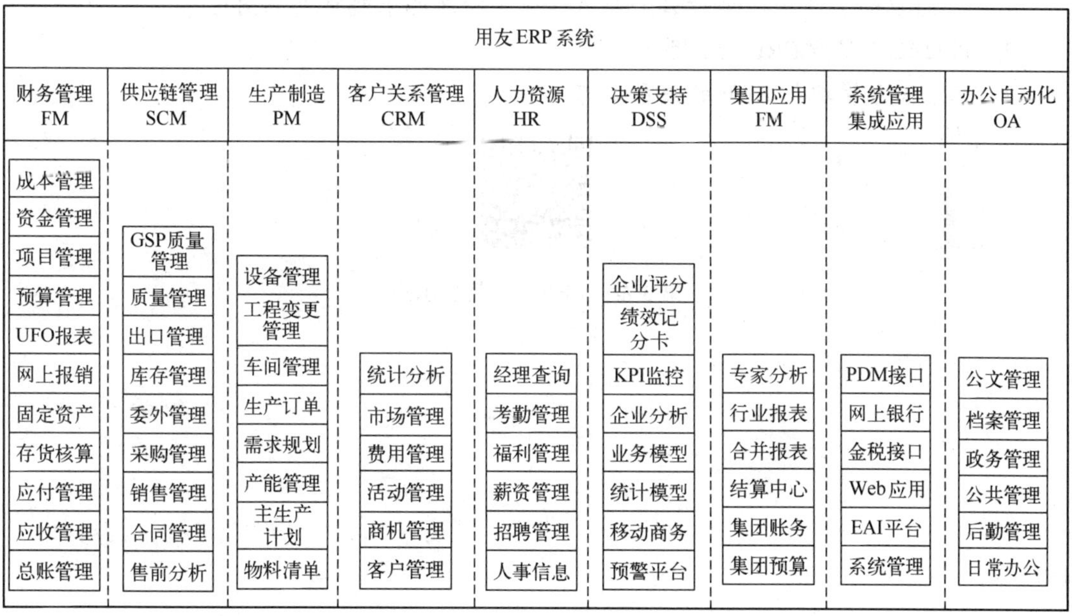

用友 ERP 系统								
财务管理 FM	供应链管理 SCM	生产制造 PM	客户关系管理 CRM	人力资源 HR	决策支持 DSS	集团应用 FM	系统管理 集成应用	办公自动化 OA
成本管理								
资金管理								
项目管理	GSP质量 管理							
预算管理	质量管理	设备管理			企业评分			
UFO报表	出口管理	工程变更 管理			绩效记 分卡			
网上报销	库存管理	车间管理	统计分析	经理查询	KPI监控	专家分析	PDM接口	公文管理
固定资产	委外管理	生产订单	市场管理	考勤管理	企业分析	行业报表	网上银行	档案管理
存货核算	采购管理	需求规划	费用管理	福利管理	业务模型	合并报表	金税接口	政务管理
应付管理	销售管理	产能管理	活动管理	薪资管理	统计模型	结算中心	Web应用	公共管理
应收管理	合同管理	主生产 计划	商机管理	招聘管理	移动商务	集团账务	EAI平台	后勤管理
总账管理	售前分析	物料清单	客户管理	人事信息	预警平台	集团预算	系统管理	日常办公

图 3.9　用友 ERP 产品的功能模块结构

📖 本章小结

通过本章的介绍,可以发现 ERP 是集众多管理思想于一体的"大成"者,大家应该对 ERP 体现的管理思想：供应链资源管理、客户关系管理、精益生产、并行工程、敏捷制造、流程管理等有深入的了解，它们将为进一步深入了解 ERP 奠定了良好的基础。

复习题

1. 什么是供应链管理？
2. 什么是客户关系管理？
3. 什么是精益生产？
4. 什么是并行工程？
5. 什么是敏捷制造？
6. 什么是流程管理？
7. 什么是流程再造？

讨论题

1. 在 ERP 的实施中，为什么企业流程管理扮演越来越重要的角色？
2. 供应链管理与 ERP 的关系如何？
3. 客户关系管理与 ERP 的关系如何？

第 3 章　ERP 中的管理思想

第4章 ERP 系统依托的信息技术

本章引言

ERP 系统是实现多种先进管理理论和思想的计算机软件系统，信息技术是实现 ERP 系统的技术基础，信息技术的发展与变化也将影响 ERP 系统的发展与进步。因此，要真正理解 ERP 系统还要了解信息技术的相关知识。

本章主要介绍 ERP 系统依托的几个信息技术，分别是数据库技术、大数据技术、物联网技术、云计算技术和人工智能与机器学习技术。

本章重点

◆ 数据库技术

◆ 大数据技术

◆ 物联网技术

◆ 云计算技术

◆ 人工智能与机器学习技术

4.1 信息技术

信息技术是用于管理和处理信息所采用的各种技术的总称。它主要是利用计算机科学和通信技术的专业知识来设计、研发、部署以及实施信息系统和应用软件。没有信息技术的支撑就没有 ERP 系统，ERP 系统从技术角度来说，就是一个企业使用的信息系统，就是一个企业采用信息技术的应用软件。

4.1.1 信息技术的定义

1. 技术的概念

技术是指根据生产实践经验和科学原理而形成的、作用于自然界一切物资设备的操作方法与技能。

方法就是把人的思考和行动使用结构化的方式来进行表示。操作方法需要明确告诉人们操作的步骤，包括做什么，为什么要这样做，如何做，什么时候做等。

技能是人在意识支配下所具有的肢体动作能力。由于劳动的本质是工具的运用，人在劳动时的肢体动作能力主要是对工具的操作，因此，技能也可称为操作能力。通常人们往往注意到了技能的动作性，而把这种动作能力包含的智能与体能两个要素分割开来，只看到其体能的一面，而忽略了其智能的一面。实际上，智能是构成技能的一个重要因素，它不可能离开技能而单独存在。技能的提高和智能的提高密切相关，而且只有通过智能的提高才能实现技能的提高。

技术既可表现为有形的工具装备、机器设备和实体物质等硬件；可以表现为无形的工艺、方法、规则等知识软件，还可以表现为虽不是实体物质而却又有物质载体的信息资料、设计图纸等。在作为物质手段和信息手段的现代技术中，技能已逐步失去原有的地位和作用，而只是技术的一个要素。

2. 信息技术的概念

对于信息技术，人们可以从不同的角度进行描述，有多种定义方式，这里介绍 7 种典型的定义。

【定义 1】 信息技术是指有关信息的收集、识别、提取、变换、存储、处理、检索、检测、分析和利用等方面的技术。

【定义 2】 信息技术是指利用电子计算机和现代通信手段获取、传递、存储、处理、显示信息和分配信息的技术。

【定义 3】 信息技术是指研究信息的产生、获取、传输、变换、识别和应用的科学技术。

【定义 4】 信息技术是使用计算机和微电子技术对信息进行加工、存储和通信的技术。

【定义 5】 信息技术是管理、开发和利用信息资源的有关方法、手段与操作程序的总称。

【定义 6】 信息技术是获取信息、传递信息、存储信息、处理信息，以及使信息标准化的经验、知识、技能与体现这些经验、知识、技能的劳动资料有目的的结合过程。

【定义 7】 可以扩展人的信息功能的技术，都称为信息技术。人的信息功能包括感觉器官（信息获取），神经网络（信息传递），思维器官（信息认知功能和信息再生），效应器官（信息执行）。扩展信息功能的信息技术有感测与识别技术（信息获取）、通信与存取技术（信息传递）、计算与智能技术（信息认知与再生）、控制与显示技术（信息执行）等。

由以上信息技术的定义为出发点，可以对它作如下理解：信息技术不仅是指"一系列与计算机相关的技术"，也是关于信息产生、发送、传输、接收、变换、识别及控制等应用技术的总称，是在信息科学的基本原理和方法的指导下扩展人类信息处理功能的技术、应用等。

4.1.2 现代信息技术

几千年前发明的指南针、烽火台、印刷术和纸张，18 世纪的光学望远镜，19 世纪的电报和电话，这些推动社会与文明前进的事物虽然都是信息技术发展进程中的里程碑，但是使信息产生质的飞跃，使社会步入"信息社会"，使我们真正进入"信息时代"的还是 20 世纪 80 年代以后由于前沿技术的突破所产生的现代信息技术。通常所说的信息技术是指现代信息技术。现代信息技术主要包括以下 4 种。

1．传感技术

传感技术主要包括信息识别、信息获取、信息变换，以及某些信息处理技术。通常认为它是人的信息感受器官功能的扩展。

传感技术是当代科学技术发展的一个重要标志，它与通信技术、计算机技术和微电子技术一起，构成信息产业的核心支柱。如果说计算机是人类大脑的延伸，那么传感器就是人类五官的延伸。

通常，人用眼、耳、鼻、舌、身等感觉器官捕获信息。随着光学技术和电子技术的发展，使用放大镜、显微镜、望远镜、照相机、摄像机和侦察卫星等可以观察微小的、遥远的或高速运动的物体；电话机、收音机、CD 机等可以看作是人耳功能的延伸；电子鼻以及其他测量各种气味的装置可以看作是人的嗅觉器官功能的延伸；温度表、湿度表，以及各种测量振动、压力的仪表可以看作是人的皮肤对温度和压力感觉功能的延伸。

目前，科学家已经研制出许多应用现代感测技术的装置，不仅能替代人的感觉器官捕获各种信息，而且能捕获人的感觉器官不能感知的信息。同时，通过现代感测技术捕获的信息常常是精确的数字化数据，便于计算机处理。

2．通信技术

通信技术主要包括信息的检测、变换、处理、传递、存储，以及控制和调节技术。它属于人的信息传输系统（即神经系统）功能的扩展和延伸。

信息只有通过交流才能发挥效益，信息的交流直接影响着人类的生活和社会的发展。人们可以使用电报、电话、电视、广播和互联网等通信手段传递信息。20 世纪以来，微波、光缆、卫星和计算机网络等通信技术得到迅猛发展，手持移动通信装置正以惊人的速度普及。"任何人可以在任何时间任何地方同任何人通信"的时代已经到来。

3．计算机技术

计算机技术主要包括信息处理、信息再生、信息存储、信息检索、信息分析、信息描述等。它是人的信息处理器官（即大脑）功能的延伸。

信息处理包括对信息的编码、压缩和加密等。在对信息进行处理的基础上，还可形成一些新的更深层次的决策信息，这称为信息的"再生"。信息的处理与再生都有赖于计算机的超凡功能。

计算机技术是信息处理的核心。计算机从诞生以来就不停地为人们处理大量的信息，而且随着计算机技术的不断发展，其功能也越来越强大。计算机不但能够处理数值信息，而且还能够处理各种文字、图形、图像、动画及声音等非数值信息。在人造地球卫星轨道的计算、天气预报、地震预测、自动控制、计算机辅助设计、数据处理、计算机辅助教学、计算机网络通信和电子商务等领域中，都要利用计算机来处理、加工信息。计算机处理信息的能力在不断地增强，并渗透到生活的方方面面，可帮助人们更好地存储信息、检索信息、加工信息和再生信息。再加上计算机网络技术的不断成熟，人们可以更广泛、快捷地获取信息、交流信息和传递信息，实现信息资源的共享。现代信息技术每时每刻都离不开计算机技术。

4．微电子技术

微电子技术是现代信息技术的基石，微电子技术的发展，使电子器件的尺寸不断缩小，集成度不断提高，功耗不断降低，性能得到大幅度提高。在短短的几十年中，微电子技术取得了突飞猛进的发展，它的每一次重大突破都给信息技术带来一次重大革命。今天，一切技术领域的发展都离不开微电子技术，尤其对于计算机技术来讲，它更是基础和核心。

现代信息技术的发展过程中，如果没有传感技术，信息的来源就会中断；没有通信技术，信息无法远程传递，信息就不能相互流通；没有计算机技术，信息就无法得到很好的保存、加工等。当然，信息技术的发展是与微电子技术、激光技术、空间技术、材料和能源技术等同样密不可分。

4.1.3　不同领域的信息技术

1．研究领域的信息技术

研究领域的信息技术包括科学、技术、工程及管理等学科，这些学科在信息的管理、传递和处理中的应用十分广泛，涵盖了相关的软件、设备及其相互之间的协同作用。

2．应用领域的信息技术

自计算机和互联网普及以来，人们日益普遍地应用计算机来生产、处理、交换和传播各种形式的信息（如书籍、商业文件、报刊、唱片、电影、电视节目、语音、图形和影像等）。

应用领域的信息技术包括计算机硬件和软件，网络和通信技术，应用软件开发工具等。

3．组织领域的信息技术

在企业、学校和其他组织中，信息技术是一个为达成组织战略目标而采用的综合结构，包括管理和技术两部分内容。管理内容包括使命、职能与信息需求、系统配置和信息流程；技术内容包括用于实现管理体系结构的信息技术标准和规则等。

4.2　数据库技术

4.2.1　数据库技术发展的趋势

数据库技术正面临前所未有的发展机遇与挑战，呈现出多模融合、智能化、安全可信、云端化、分布式及隐私保护等多元化发展趋势。这些趋势共同推动数据库技术的边界不断扩展，以适应日益增长的数据处理需求，提升数据处理效率、确保数据安全及满足多样化的应用场景。

1．多模数据库的崛起

多模数据库的崛起是数据库技术发展的重要趋势之一。随着数据类型的多样化，传统的单一模式数据库已难以满足复杂应用场景的需求。多模数据库能够同时处理结构化、半结构化和非结构化数据，提供统一的数据访问和管理接口。这种数据库不仅提高了数据处理效率，还降低了数据整合的复杂度，为企业提供了更加灵活和高效的数据解决方案。

2. 人工智能与数据库的深度融合

人工智能与数据库的深度融合也是数据库技术发展的重要方向。利用机器学习、深度学习等人工智能技术，数据库能够实现对数据的智能分析、预测和优化。例如，利用机器学习算法对数据库中的数据进行挖掘和分析，可以发现潜在的业务价值；通过深度学习技术，可以实现对数据的自动分类和标注，提高数据处理效率。这种深度融合将使得数据库在数据管理和分析方面发挥更大的作用。

3. 区块链技术与数据库的结合

区块链技术与数据库的结合为数据库技术带来了新的发展机遇。区块链技术具有去中心化、不可篡改等特性，与数据库的结合可以实现数据的可靠存储和高效访问。通过区块链技术，数据库可以实现数据的分布式存储和验证，提高数据的可靠性和安全性。同时，区块链技术还可以为数据库提供透明化的数据访问和交易记录，增强数据的可追溯性和可信度。

4. 云化架构的普及

云化架构的普及也推动了数据库技术的发展。随着云计算技术的广泛应用，越来越多的企业开始将数据库迁移到云平台上。云化数据库不仅具有弹性伸缩、高可用性等特点，还可以降低企业的 IT 成本和维护成本。同时，云平台还为数据库提供了更加灵活和便捷的数据服务，如数据备份、恢复和迁移等。

5. 分布式数据库系统的扩展

分布式数据库系统的扩展也是数据库技术发展的重要方向之一。随着数据量的不断增长和业务的不断扩展，传统的集中式数据库已难以满足高性能、高并发等需求。分布式数据库通过将数据分散存储在多个节点上，实现了数据的并行处理和负载均衡，提高了数据库的性能和可扩展性。这种扩展不仅提高了数据库的处理能力，还降低了单点故障的风险，提高了系统的可靠性。

6. 数据隐私和安全性的强化

数据隐私和安全性的强化是数据库技术发展中不可忽视的一环。数据泄露、黑客攻击等安全事件的频发，数据隐私和安全越来越受到企业的关注。数据库技术需要不断加强数据加密、访问控制、安全审计等方面的措施，保障数据的安全性和隐私性。同时，还需要加强与其他安全技术的协同配合，构建全方位的数据安全保障体系。

4.2.2　数据库技术在 ERP 系统中的应用

数据库技术作为 ERP 系统的核心支撑，实现了数据的统一存储、高效查询、整合处理、安全保护及报表分析等功能，为企业的运营决策提供了强有力的数据支撑。

1．数据存储与统一管理

数据库技术在 ERP 系统中的应用，特别是在数据存储与统一管理方面，展现出了强大的潜力。ERP 系统通过数据库技术，不仅实现了对企业各类数据如生产、销售、财务等信息的集中存储，还通过高效的数据结构和索引技术，确保数据能够快速、准确地被检索和访问。这种集中存储的方式有效消除了数据冗余和不一致的问题，大大提高了数据的准确性和可靠性。同时，数据库技术还赋予了 ERP 系统强大的数据管理能力，使得企业能够在一个统一的平台上对各类数据进行管理、分析和利用。无论是日常的业务操作还是复杂的决策分析，数据库技术都能够提供强大的支持。此外，为了保障数据的安全性和完整性，数据库技术还采用了数据加密、访问控制等多种安全措施，确保数据不被非法访问或篡改。

因此，数据库技术在 ERP 系统中的应用，不仅实现了对企业数据的集中存储和统一管理，还为企业提供了高效、安全、可靠的数据服务，为企业的运营和发展提供了有力的支持。

2．高效查询与检索

数据库技术在 ERP 系统中的应用，特别是在高效查询与检索方面发挥了重要的作用。通过先进的数据库设计和优化的索引机制，ERP 系统能够快速而准确地响应各种复杂的查询请求。企业人员可以根据具体业务需求，设置灵活的查询条件，包括关键字、日期范围、数值范围等，从而精确地定位所需信息。同时，数据库技术还提供了多种查询方式，如模糊查询、组合查询等，以满足不同场景下的查询需求。此外，数据库系统还具备智能优化功能，能够自动分析查询语句，选择最优的查询路径，避免不必要的资源消耗，进一步提高查询效率。这种高效、灵活的查询与检索能力，使得 ERP 系统能够迅速提供准确的数据支持，为企业的决策分析、业务运营和流程优化提供有力的支撑。

3．数据整合与处理

数据库技术在 ERP 系统中的应用，在数据整合与处理方面，同样发挥着举足轻重的作用。通过数据库技术，ERP 系统能够实现对不同来源、不同格式的数据进行统一整合，消除数据孤岛，形成完整的数据视图。系统利用高效的数据处理算法和强大的计算能力，对海量数据进行快速、准确的处理和分析，提取出有价值的信息。同时，数据库技术还提供了灵活的数据转换和映射功能，能够将不同业务模块的数据进行关联和融合，为企业的决策提供全面、准确的数据支持。此外，数据库技术还具备数据清洗和校验功能，能够自动识别和纠正数据中的错误和异常，确保数据的准确性和可靠性。因此，数据库技术在 ERP 系统中的应用，为数据整合与处理提供了高效、可靠的技术支持，为企业实现数据驱动的业务决策提供了有力保障。

4．事务处理与并发控制

数据库技术在 ERP 系统中的应用，为企业进行事务处理与并发控制提供了重要支持。ERP 系统通过数据库技术，能够高效处理各种复杂的业务事务，确保事务的原子性、一致性、隔离性和持久性，从而保障企业数据的完整性和准确性。同时，面对多用户并发访问和数据修改的情况，数据库技术通过采用锁机制、并发控制算法等手段，有效地管理并发操作，避免数据冲突和不一致问题的发生。此外，数据库技术还能够优化事务处理流程，减少资源争用和等待时间，提高系统的响应速度和吞吐量。因此，数据库技术在 ERP 系统中的应用，不仅保障了事务的正确性和一致性，还提高了系统的并发处理能力和效率，为企业的业务运营和决策提供了稳定可靠的数据支持。

5. 数据安全与保护

数据库技术在 ERP 系统中的应用，特别是在数据安全与保护方面，正展现出其显著的价值。通过数据库技术，ERP 系统采用了一系列严格的安全措施，确保企业数据的安全性。首先，数据库技术通过加密技术对敏感数据进行加密存储和传输，防止数据泄露和非法访问。其次，数据库技术实施了精细的权限管理，对不同的用户设置不同的访问权限，确保只有授权用户才能够访问和操作数据。此外，数据库技术还提供了审计和日志记录功能，记录数据的访问和修改情况，为数据安全和事故追溯提供了有力支持。同时，数据库系统还具备备份和恢复机制，能够在数据丢失或故障发生时迅速恢复数据，确保企业业务的连续性。因此，数据库技术在 ERP 中的应用，为数据安全与保护提供了全方位的技术支持，为企业的数据资产安全保驾护航。

6. 数据报表与分析

数据库技术在 ERP 系统中的应用，在数据报表与分析方面，同样发挥着举足轻重的作用。通过数据库技术，ERP 系统能够轻松生成各类数据报表，包括销售报表、财务报表、生产报表等，为企业提供全面、准确的数据展示。同时，数据库技术还提供了强大的数据分析功能，能够对数据进行深入挖掘和分析，帮助企业发现业务规律、预测市场趋势。系统还支持自定义报表和灵活的数据分析工具，使用户能够根据需求快速构建个性化的数据视图和分析模型。此外，数据库技术还具备高效的数据处理能力和优化的查询性能，确保数据报表和分析结果的准确性和实时性。因此，数据库技术在 ERP 系统中的应用，为企业提供了高效、便捷的数据报表与分析解决方案，助力企业做出更明智的决策。

4.3　大数据技术

4.3.1　大数据技术发展的趋势

大数据技术作为当今时代的重要驱动力，正呈现出一系列引人瞩目的发展趋势。从数据资源化的加速到物联网的广泛普及，再到人工智能与大数据的深度融合，这些趋势不仅塑造了大数据技术的崭新面貌，也为其在未来的应用中奠定了坚实基础。同时，数据跨境流动管理体制的完善，工业大数据的蓬勃发展，以及数据权属和法律问题的逐步解决，都标志着大数据技术正步入一个更加成熟、规范的阶段。这些发展趋势相互交织、相互促进，共同推动着大数据技术向更高的层次、更广的领域迈进，为社会经济的持续发展注入新的活力。

1．数据资源化

大数据技术发展的趋势日益显著，特别是在数据资源化方面。随着数据量的急剧增长，大数据技术逐渐由简单的存储和处理向资源化的过程转变。在这个过程中，数据被赋予了更高的价值，成为推动经济社会发展的核心驱动力。通过不断提升数据处理和分析的效率和精度，大数据技术能够更准确地从海量数据中提取出有价值的信息，为企业决策提供有力支持。同时，数据资源化也推动了数据的共享和开放，打破了信息孤岛，促进了跨领域合作与创新。此外，人工智能、机器学习等技术的融合应用，使得数据处理和分析更加智能化和自动化，进一步提升了数据资源化的效率和价值。总之，大数据技术正朝着数据资源化的方向不断迈进，为社会经济的持续发展注入新的活力。

2．物联网的普及

大数据技术发展的趋势与物联网的普及紧密相连，共同塑造着数字时代的未来。随着物联网技术的广泛应用，各种智能设备和传感器不断产生海量数据，这为大数据技术提供了丰富的数据资源。大数据技术则通过高效的存储、处理和分析能力，将这些数据转化为有价值的信息，为物联网应用提供智能决策和优化支持。二者的深度融合，不仅推动着智能家居、智能交通等领域的快速发展，还为工业制造、医疗健康等行业实现数字化转型助力。因此，大数据技术和物联网的普及相互促进，共同推动着数字化时代的进步与创新。

3．人工智能与大数据的深度融合

大数据技术发展的趋势正日益凸显在人工智能与大数据的深度融合方面。随着人工智能技术的不断突破，其与大数据的结合已成为推动数据价值转化的关键力量。具体而言，人工智能技术通过机器学习、深度学习等方法，能够高效地从海量大数据中挖掘出隐藏的模式和规律，实现数据的智能化分析和处理。同时，大数据为人工智能提供了丰富的数据资源，使得人工智能模型得以不断优化和提升。这种深度融合不仅推动了自然语言处理、图像识别等领域的快速发展，还在金融、医疗、教育等行业发挥了重要作用。通过精准的数据分析和预测，人工智能与大数据的结合为企业提供了更智能的决策支持，推动了各行各业的创新与发展。因此，人工智能与大数据的深度融合是大数据技术发展的重要趋势，将引领我们进入一个更加智能、精准的数据驱动时代。

4．数据跨境流动管理体制的完善

大数据技术发展的趋势正逐渐聚焦于数据跨境流动管理体制的完善。随着全球数字化进程的加速，数据跨境流动已成为推动国际合作与发展的重要驱动力。在这一背景下，完善数据跨境流动管理体制显得尤为重要。具体而言，这需要建立起一套科学、规范的数据跨境流动监管机制，确保数据在跨境传输和使用过程中的安全性、合规性和可追溯性。同时，还需要加强国际合作，共同制定数据跨境流动的标准和规则，推动数据在全球范围内的自由流动和共享。完善的数据跨境流动管理体制将为企业提供更广阔的市场机遇，促进全球经济的深度融合与发展。因此，大数据技术发展的未来趋势之一，便是不断提升数据跨境流动管理的水平，为构建开放、互联、共享的全球数字生态奠定坚实基础。

5．工业大数据的发展

大数据技术发展的趋势中，工业大数据的发展尤为引人瞩目。随着工业领域的数字化转型加速，工业大数据正成为提升生产效率、优化资源配置的关键力量。具体而言，工业大数据通过收集和分析生产过程中的各类数据，实现了对设备状态、生产流程、产品质量等方面的实时监控和精准预测。这为企业提供了更为全面的生产视图，有助于及时发现和解决问题，提升生产效率和产品质量。同时，工业大数据还推动了供应链的智能化管理，优化了库存控制和物流配送，降低了运营成本。因此，工业大数据的发展是大数据技术的重要趋势之一，将助力工业领域实现更高效、更智能的生产模式，推动工业经济的持续发展。

6．数据权属和法律问题的解决

大数据技术发展的趋势中，数据权属和法律问题的解决成为不可忽视的重要方面。随着数据资源的日益丰富和价值的不断提升，数据权属问题逐渐凸显，如何界定数据的所有权、使用权和经营权，成为亟待解决的难题。同时，随着大数据应用的广泛深入，数据隐私保护、数据安全等问题也引发了广泛关注。因此，完善大数据法律法规，明确数据权属和法律责任，保障数据的安全和隐私，成为推动大数据技术健康发展的重要保障。通过建立健全的数据权属制度，加强数据安全和隐私保护的法律监管，可以为大数据技术的可持续发展提供有力支撑，进一步推动其在各个领域的广泛应用和深度融合。

4.3.2　大数据技术在 ERP 系统中的应用

大数据技术在 ERP 系统中的应用，正逐渐成为推动企业数字化转型的关键力量。从供应链与采购的优化，到客户洞察与个性化服务的深化，再到生产效率的显著提升，大数据技术都在发挥着不可替代的作用。同时，数据分析与决策支持、数据可视化与报告，以及系统集成与数据管理等方面的应用，更是进一步提升了 ERP 系统的智能化和高效化水平。这些应用不仅加强了企业内部各个环节的协同与联动，还帮助企业更好地把握市场脉动，实现业务创新和价值提升。因此，深入探索大数据技术在 ERP 系统中的应用，对推动企业数字化转型、提升竞争力具有重要意义。

1．供应链与采购优化

大数据技术在 ERP 系统中的应用，特别是在供应链与采购优化方面，正展现出显著的价值。通过大数据技术，ERP 系统能够实时收集、整合并分析供应链与采购环节的海量数据，从而为企业提供更为精准和全面的决策支持。在供应链方面，大数据技术帮助企业实现供应链的透明化和智能化管理，通过精准预测需求、优化库存水平和提高物流效率，有效降低了运营成本并提升了客户满意度。在采购环节，大数据技术可以分析供应商的历史数据、价格走势以及市场供需情况，协助企业选择最合适的供应商，制订科学的采购计划，进而提升采购效率并降低采购成本。因此，大数据技术在 ERP 系统中的应用不仅优化了企业的供应链与采购流程，更为企业的可持续发展注入了新的动力。

2．客户洞察与个性化服务

大数据技术在 ERP 系统中的应用，对于客户洞察与个性化服务的提升起到了至关重要的作用。通过大数据技术，ERP 系统能够深度挖掘和分析客户数据，包括购买记录、行为偏好、反馈意见等，从而构建出详尽的客户画像。这些客户画像不仅帮助企业更准确地理解客户需求，还能为个性化服务提供有力支持。基于大数据的客户洞察，企业可以为客户提供定制化的产品推荐、优惠活动及售后服务，极大地提升了客户满意度和忠诚度。同时，大数据技术还能实时跟踪客户反馈，帮助企业及时调整服务策略，不断优化客户体验。因此，大数据技术在 ERP 系统中的应用，不仅增强了企业对客户的了解，更为企业提供了实现个性化服务的有力工具，推动了企业与客户之间的深度互动与共赢。

3．生产效率提升

大数据技术在 ERP 系统中的应用，对生产效率的提升起到了显著的作用。通过大数据技术，ERP 系统能够实时收集并分析生产过程中的各项数据，包括设备运行状态、生产进度、物料使用情况等，从而实现对生产过程的全面监控和优化。基于大数据的分析，企业可以精准预测生产需求，及时调整生产计划，避免资源浪费和库存积压。同时，大数据技术还能帮助企业发现生产过程中的瓶颈和问题，提出针对性的改进方案，优化生产流程，提高生产效率。此外，通过大数据对生产数据的挖掘和分析，企业还可以发现潜在的生产机会，进一步拓展生产领域，提升企业的整体竞争力。因此，大数据技术在 ERP 系统中的应用为企业的生产效率提升提供了有力支持，推动了企业的可持续发展。

4．数据分析与决策支持

大数据技术在 ERP 系统中的应用，为数据分析与决策支持带来了革命性的变革。通过大数据技术，ERP 系统能够实时收集、整合并深度分析企业运营过程中的各类数据，为企业提供全面、准确的数据支持。这些数据涵盖了销售、采购、生产、库存等各个环节，有助于企业更好地了解市场趋势、客户需求以及内部运营状况。基于大数据的分析结果，企业可以制定更为精准的市场策略、优化资源配置、提升运营效率。同时，大数据技术还能帮助企业在海量数据中发现潜在商机，为企业的战略决策提供有力支撑。因此，大数据技术在 ERP 系统中的应用，不仅提升了数据分析的效率和准确性，更为企业的决策提供了科学、可靠的依据，推动了企业的智能化、精细化管理。

5．数据可视化与报告

大数据技术在 ERP 系统中的应用，在数据可视化与报告方面展现出了显著的优势。借助大数据技术，ERP 系统能够将海量的数据进行深度处理和分析，并通过直观、易懂的图表、图像等形式展现出来，使得企业决策者能够迅速把握数据的核心信息。同时，ERP 系统还能够根据企业的实际需求，自动生成定制化的数据报告，包括销售趋势分析、成本效益评估、库存状况概览等，为企业的决策提供全面、深入的数据支持。这种数据可视化与报告的方式不仅提高了数据的利用效率，还大大提升了企业决策的科学性和准确性。因此，大数据技术在 ERP 系统中的应用，为企业提供了更为高效、便捷的数据可视化与报告解决方案，推动了企业决策的优化和升级。

6．系统集成与数据管理

大数据技术在 ERP 系统中的应用，在系统集成与数据管理方面发挥了重要作用。通过大数据技术，ERP 系统能够实现对不同业务模块的数据集成，打破信息孤岛，实现企业内部信息的共享和流通。同时，大数据技术还提供了强大的数据管理功能，包括数据清洗、整合、存储和分析等，确保数据的准确性和一致性。这使得企业能够更好地管理和利用数据资源，提高决策效率，优化业务流程。此外，大数据技术的应用还提升了 ERP 系统的灵活性和可扩展性，使其能够适应企业不断变化的业务需求。因此，大数据技术在 ERP 系统中的应用，不仅提升了系统的集成能力，还加强了数据管理的效率和准确性，为企业的发展提供了有力支持。

4.4　物联网技术

4.4.1　物联网技术发展的趋势

物联网技术的发展趋势呈现多元化和深入化特点。标准化与平台化加强，低功耗广域网络普及，垂直应用领域持续扩展，注重信息安全与隐私保护，大数据与人工智能的结合推动智能化发展，边缘计算崛起提升数据处理效率，这些因素共同推动物联网技术的广泛应用和深入创新。

1．低功耗广域网络的普及

物联网技术发展趋势日益显著，对低功耗广域网络的普及正成为关键一环。随着技术的不断进步，低功耗广域网络以其长距离通信、低功耗、低成本等优势，正逐渐渗透到智慧城市、工业自动化、农业物联网等多个领域。在智慧城市建设中，低功耗广域网络助力实现智能交通、环境监测等应用的广泛部署，提高城市管理的智能化水平。在工业领域，它促进设备间的无缝连接，实现生产流程的自动化和智能化。在农业物联网方面，低功耗广域网络则有助于实现农田监测、精准农业等应用，提升农业生产效率。可以预见，随着低功耗广域网络的不断完善和普及，物联网将在更多领域展现其巨大潜力，推动社会的数字化转型和智能化升级。

2．边缘计算的崛起

物联网技术发展的趋势中，边缘计算的崛起成为一个不容忽视的重要方向。随着物联网设备数量的激增和数据处理需求的增长，传统的云计算模式已难以满足实时性、安全性和效率等方面的要求。而边缘计算通过将计算能力和数据存储推向网络边缘，使得数据能够在设备端或局部网络内进行处理和分析，极大地提升了响应速度和数据处理效率。这不仅有助于降低网络带宽的消耗和减少延迟，还能增强数据的安全性和隐私保护。因此，边缘计算的崛起将有力推动物联网技术的进一步发展和普及，为智慧城市、智能制造、智能交通等领域带来更多的创新应用和业务价值。

3．人工智能的融合

物联网技术的发展趋势正逐渐与人工智能深度融合，引领着智能化新时代的到来。随着物联网设备数量的爆炸式增长和大数据的涌现，人工智能算法为海量数据的处理和分析提供了强大的支持。物联网通过收集各种传感器数据，将现实世界与数字世界无缝连接，而人工智能则对这些数据进行深度挖掘，提取有价值的信息并做出智能决策。两者的融合不仅提升了物联网应用的智能化水平，还催生了诸如智能家居、智能医疗、自动驾驶等领域的创新应用。未来，随着技术的不断进步，物联网与人工智能的融合将更加紧密，共同推动着社会的智能化进程。

4．安全性增强

物联网技术的发展趋势中，安全性增强是至关重要的一环。随着物联网设备的广泛应用，网络安全威胁也日益凸显，因此安全性成为物联网技术发展的重中之重。为确保物联网系统的安全稳定，业界正不断加强对物联网设备的安全防护，采用先进的加密技术和身份验证机制，防止数据泄露和非法入侵。同时，加强对物联网平台的监管和审核，确保平台的安全性和可靠性。此外，提升用户的安全意识，加强安全培训和教育也是关键所在。随着这些安全措施的逐步加强和完善，物联网技术的安全性将得到显著提升，为各行业的数字化转型提供更加坚实的安全保障。

5．标准化与平台化

物联网技术的发展趋势正朝着标准化与平台化方向不断迈进。标准化是物联网技术发展的基石，通过制定统一的技术标准和协议，促进不同设备和系统之间的互联互通，提高物联网应用的兼容性和可扩展性。同时，平台化则成为推动物联网技术发展的重要手段，通过搭建开放、共享的平台，为开发者提供便捷的开发工具和服务，降低物联网应用的开发难度和成本。随着标准化和平台化的不断推进，物联网技术将实现更加高效、智能的应用，为各行各业带来更多的创新机遇和发展空间。

6．产业内应用服务提供商的涌现

物联网技术发展的趋势中，产业内应用服务提供商的涌现成为一大亮点。随着物联网技术的日益成熟和普及，越来越多的企业开始意识到物联网在提升业务效率和创造新价值方面的巨大潜力。为满足不同行业对物联网应用的需求，一批专业的应用服务提供商应运而生。这些服务提供商不仅提供物联网设备的集成与部署，还根据行业特点开发定制化的应用解决方案，帮助企业实现智能化转型。他们的涌现不仅加速了物联网技术在各个行业的落地应用，还推动了物联网产业链的完善和发展，为整个产业的繁荣注入了新的活力。

7．大数据和机器学习的应用

物联网技术发展的趋势中，大数据和机器学习的应用正日益凸显其重要性。随着物联网设备的广泛部署和数据量的迅猛增长，大数据处理和分析技术成为挖掘物联网数据价值的关键。机器学习算法则通过深度学习和模式识别等技术，对海量数据进行智能化分析和预测，为物联网应用提供精准决策支持。大数据和机器学习的应用不仅提高了物联网系统的智能化水平，还促进了物联网技术在智慧城市、智能制造、智慧医疗等领域的深度融合和创新发展。它们共同推动着物联网技术的不断突破和进步，为社会带来更多的智能化应用和服务。

4.4.2　物联网技术在 ERP 系统中的应用

物联网技术作为连接物理世界与数字世界的桥梁，其在 ERP 系统中的应用正日益广泛且深入。通过实时数据收集与监控，物联网技术为 ERP 系统提供了更加精准、全面的业务数据，助力企业实现生产与供应链管理的精细化。同时，物联网技术的引入也极大地提升了客户体验与服务水平，使得企业能够更快速地响应客户需求，提供个性化的解决方案。此外，物联网技术还通过增强决策支持能力、推动系统整合与互操作性，以及提升安全与隐私保护等为 ERP 系统的升级与改进提供了有力支撑。因此，积极探索物联网技术在 ERP 系统中的应用，将有助于企业实现数字化转型，提升核心竞争力。

1. 实时数据收集与监控

物联网技术在 ERP 系统中的应用，特别是在实时数据收集与监控方面，展现出了强大的潜力。通过将物联网设备与企业 ERP 系统无缝集成，企业能够实时收集生产、物流、库存等关键数据，并进行精准监控。这些实时数据不仅提高了企业决策的准确性和时效性，还有助于优化资源配置，提升运营效率。此外，物联网技术还能实现对设备的远程监控和维护，减少故障停机时间，保障生产的连续性和稳定性。因此，物联网技术在 ERP 系统中的应用正逐渐成为企业数字化转型的重要驱动力，可助力企业实现更加高效、智能的运营管理。

2. 优化生产与供应链管理

物联网技术在 ERP 系统中的应用，为优化生产与供应链管理带来了革命性的改变。通过将物联网设备部署到生产线和物流环节，企业能够实时获取生产进度、物料状态、运输情况等关键信息，并将其与 ERP 系统无缝对接。这使得企业能够更精准地预测需求、调整生产计划、优化库存配置，从而提高生产效率、降低库存成本。同时，物联网技术还能实现供应链的透明化管理，提升供应链的可靠性和响应速度。因此，物联网技术与 ERP 系统的深度融合，正成为企业提升生产与供应链管理水平、增强竞争力的关键所在。

3. 提升客户体验与服务

物联网技术在 ERP 系统中的应用，为提升客户体验与服务开辟了新的途径。通过集成物联网设备，企业能够实时监控产品的使用状态、客户需求和反馈等信息，并将这些数据实时反馈到 ERP 系统中。这使得企业能够更准确地把握市场动态和客户需求，及时调整产品设计和服务策略。同时，物联网技术还能实现智能客服、远程故障诊断等功能，提升服务的响应速度和效率。因此，物联网技术与 ERP 系统的结合，不仅有助于企业更好地满足客户需求，还能提升客户体验，增强企业的市场竞争力。

4. 增强决策支持能力

物联网技术在 ERP 系统中的应用，显著增强了企业的决策支持能力。通过将物联网设备与 ERP 系统紧密结合，企业能够实时收集并处理海量的业务数据，包括生产、销售、物流等各个环节的信息。这些实时数据不仅提供了对业务运营的全面洞察，还通过高级分析算法转化为有价值的商业智能。企业决策者可以基于这些精准的数据和分析结果，制定更加科学、合理的战略和计划，提高决策的有效性和准确性。因此，物联网技术在 ERP 系统中的应用，为企业提供了强大的决策支持工具，可助力企业在激烈的市场竞争中保持领先地位。

5. 推动系统整合与互操作性

物联网技术在 ERP 系统中的应用，极大地推动了系统整合与互操作性的提升。通过将物联网设备与 ERP 系统进行深度集成，企业能够实现不同系统间的数据共享与交换，打破信息孤岛，提高数据的一致性和准确性。物联网技术的引入，使得企业可以实时获取生产、物流、销售等各个环节的数据，并将其与 ERP 系统中的数据进行比对和分析，进而优化业务流程，提升运营效率。同时，物联网技术还促进了企业与其他合作伙伴之间的信息互联互通，实现供应链的协同管理，共同推动业务的发展。因此，物联网技术在 ERP 系统中的应用，不仅提升了系统的整合性和互操作性，还为企业带来了更高效、更智能的业务运营模式。

6. 提升安全与隐私保护

物联网技术在 ERP 系统中的应用，显著提升了安全与隐私保护的水平。通过采用先进的加密技术和身份验证机制，物联网设备能够确保在数据传输和存储过程中的安全性，防止数据泄露和非法访问。同时，物联网技术还能够实时监控设备的运行状态，及时发现并应对潜在的安全威胁。在 ERP 系统中，物联网技术的引入使得企业能够更加严格地控制数据访问权限，确保只有授权人员才能访问敏感数据。此外，物联网技术还可以与 ERP 系统的安全审计功能相结合，对系统的安全状况进行定期检查和评估，及时发现并修复潜在的安全漏洞。因此，物联网技术的应用为 ERP 系统的安全与隐私保护提供了强有力的支持，确保了企业数据的安全性和完整性。

4.5　云计算技术

4.5.1　云计算技术发展的趋势

云计算技术的发展趋势日益显现出其强大的生命力和广阔的应用前景。随着生成式 AI 的崛起，它正引领着云计算迈向全新的发展阶段，为各行业带来前所未有的智能化变革。同时，云原生应用安全已成为备受关注的核心议题，确保企业在云环境下稳健运营。随着多云与混合云战略的重要性日益提升，它们为企业带来了更加灵活高效的资源管理和应用部署的新方案。此外，边缘计算的重要性也随之上升，满足着日益增长的低延迟、高带宽需求。当然，云安全性始终是企业关注的重点，其重要性不言而喻。最后，绿色计算和可持续性成为云计算发展的重要方向，推动着行业向着更加环保、节能的未来迈进。这些趋势共同推动着云计算技术的不断创新与发展，为社会经济的繁荣与进步注入新的活力。

1．生成式 AI 引领云计算新潮流

随着生成式 AI 技术的飞速发展，云计算正迎来一场全新的变革。生成式 AI，如深度学习模型、自然语言处理等，以其强大的数据处理和模式识别能力，正引领着云计算服务的创新。云计算平台不仅提供了强大的计算能力和存储资源，而且通过优化算法和模型训练流程，使生成式 AI 的应用更加高效和精准。这一趋势不仅推动了云计算技术的进步，也为各行各业带来了前所未有的机遇，推动了智能化、自动化的快速发展。

2．云原生应用安全备受关注

随着云原生技术的广泛应用，云原生应用的安全问题日益凸显，成为企业和开发者关注的焦点。云原生应用面临着诸多安全挑战，如容器安全、微服务安全、网络安全等。为了应对这些挑战，云计算平台正加强安全技术的研发和应用，推出了一系列安全加固方案。这些方案包括容器安全扫描、入侵检测与防御、数据加密等，旨在提升云原生应用的安全性能，保护企业的数据资产和业务安全。

3．多云、混合云成为主导

在云计算领域，多云和混合云正逐渐成为主导趋势。随着企业业务的不断扩展和复杂化，单一云服务已难以满足所有需求。多云架构允许企业根据业务需求选择不同云服务提供商的产品，实现最佳的资源匹配和成本效益。而混合云则将公共云与私有云结合，既保留了私有云的安全性和可控性，又充分利用了公共云的弹性和扩展性。这种灵活性和可定制性使得多云、混合云成为企业选择的主流，为企业的数字化转型提供了强大的支持。

4．边缘计算的重要性日益凸显

随着物联网设备的爆炸式增长和大数据处理需求的不断提升，边缘计算的重要性日益凸显。边缘计算将数据处理和存储能力从中心数据中心转移到离用户更近的边缘设备上，极大地减少了数据传输的延迟和带宽消耗。这使得实时性要求较高的应用场景，如自动驾驶、远程医疗等，得实现更快速、更高效的服务响应。边缘计算不仅提升了用户体验，还为企业带来了更多的商业机会和创新空间。

5．云安全性日益重要

随着云计算的广泛应用，云安全性问题逐渐浮出水面，成为企业和用户共同关注的焦点。云服务提供商深知安全性的重要性，不断加强安全技术的研发和应用，包括数据加密、身份认证、访问控制等，以确保数据和应用程序的安全。同时，企业也积极加强自身的安全意识和管理能力，建立完善的安全策略和流程，提升云环境的安全防护能力。只有确保云环境的安全稳定，才能为企业和用户提供更加可靠和高效的云服务。

6．绿色计算和可持续性

在可持续发展成为全球共识的背景下，绿色计算和可持续性成为云计算发展的重要方向。云服务提供商开始积极采用节能技术、可再生能源等环保措施，降低云计算的能

耗和碳排放。同时，企业也开始关注云计算的可持续性，选择具有环保认证和可持续发展策略的云服务提供商。这种绿色计算和可持续性的发展趋势不仅有助于降低企业的运营成本，也符合社会对环境保护的期望和要求，为云计算行业的健康发展注入了新的动力。

4.5.2 云计算技术在 ERP 系统中的应用

云计算技术在 ERP 系统中的应用已经渗透到各个层面，为企业带来了前所未有的便利与效益。在基础设施即服务（infrastructure as a service，IaaS）层面，云计算提供了强大的基础设施支持，确保 ERP 系统稳定运行，并随业务需求灵活扩展。而在平台即服务（platform as a service，PaaS）层面，云计算技术为 ERP 系统提供了丰富的平台服务，帮助企业快速构建、部署和优化应用，提升业务创新能力。至于软件即服务（software as a service，SaaS）层面，云计算则通过软件即服务的方式，将 ERP 系统变得更加易用、灵活，满足企业多样化的需求。这些层面的应用共同构成了云计算技术在 ERP 系统中的完整体系，为企业提供了全方位、高效能的信息化解决方案。

1. IaaS 层面

云计算技术在 ERP 系统中的应用，特别是在 IaaS 层面，为企业带来了前所未有的便利和效率。通过 IaaS，企业可以租用云服务商提供的基础设施资源，如服务器、存储设备和网络设备等，无须自行购买和维护。这种服务模式不仅降低了企业的硬件成本，还提高了资源的弹性和可扩展性。企业可以根据 ERP 系统的需求，灵活调整计算能力和存储空间，确保系统的稳定运行和高效处理。同时，IaaS 还提供了高可靠性和安全性的保障，确保 ERP 系统的数据安全和业务连续性。因此，云计算技术在 ERP 系统中的 IaaS 应用，为企业提供了稳定、高效且成本优化的基础设施支持，推动了企业数字化转型的进程。

2. PaaS 层面

云计算技术在 ERP 系统中的应用，在 PaaS 层面发挥着至关重要的作用。通过 PaaS，企业可以直接利用云服务商提供的开发平台和工具，快速构建、部署和管理 ERP 系统。这些平台通常预集成了数据库、中间件、开发框架等关键组件，大大简化了系统的开发和维护流程。企业可以专注于业务逻辑的实现，而无须担心底层技术的复杂性和运维的烦琐性。此外，PaaS 还提供了灵活的资源调度和扩展能力，确保 ERP 系统能够随业务的发展而弹性伸缩。因此，云计算技术在 ERP 系统中的 PaaS 应用，不仅提升了企业的开发效率，还降低了技术门槛和成本，为企业的数字化转型提供了强有力的支持。

3. SaaS 层面

云计算技术在 ERP 系统中的应用，在 SaaS 层面为企业带来了显著的优势和便利。通过 SaaS，企业可以直接使用云服务商提供的 ERP 软件，无须自行安装、部署和维护。这种服务模式不仅降低了企业的 IT 投入成本，还缩短了系统的上线周期。SaaS ERP 软件通常具备高度可配置性和可扩展性，能够根据企业的实际需求进行个性化定制，并随着业务的发展进行灵活调整。同时，SaaS 还提供了稳定、安全的运行环境，确保 ERP 系统的稳定运行和数据安全。此外，云服务商通常会提供持续的软件更新和升级服务，确保企业始终使用最新版本的 ERP 软件，享受最新的功能和性能优化。因此，云计算技术在 ERP 系统中的 SaaS 应用，为企业提供了高效、便捷、安全的软件服务，推动了企业数字化转型的进程。

4.6　人工智能与机器学习技术

4.6.1　人工智能与机器学习技术在 ERP 系统中的应用概述

随着科技的飞速进步，人工智能与机器学习技术正日益融入 ERP 系统，为企业的运营管理带来了前所未有的变革。这两种先进技术的融合，不仅极大地提升了 ERP 系统的智能化水平，还显著优化了企业的业务流程和决策效率，为企业带来了显著的竞争优势。

首先，人工智能在 ERP 系统中的应用广泛而深入。在自动化方面，人工智能技术能够自动化处理大量的业务流程，如订单处理、库存管理、财务报表生成等，大大减轻了员工的工作负担，提高了工作效率。同时，通过自然语言处理等技术，人工智能还能实现与员工的智能交互，提供更加便捷、个性化的服务。在预测分析方面，人工智能利用机器学习算法对大量历史数据进行分析，预测未来的市场趋势、销售情况、客户需求等，为企业制定战略提供有力依据。此外，人工智能还能通过智能决策支持系统，为企业提供基于数据的决策建议，帮助企业在复杂多变的市场环境中做出明智的决策。

其次，机器学习在 ERP 系统中的应用也展现出了巨大的潜力。通过对历史数据的深度学习和分析，机器学习算法能够不断优化 ERP 系统的运行效率，提升业务处理的准确性和速度。同时，机器学习还能根据企业的实际需求进行个性化定制，为企业量身打造符合其业务特点的 ERP 系统。此外，机器学习还可以用于识别潜在的风险和机会，帮助企业规避风险、抓住机遇，实现可持续发展。

总的来说，人工智能与机器学习技术在 ERP 系统中的应用为企业带来了前所未有的变革。它们不仅提升了 ERP 系统的智能化水平，还优化了企业的业务流程和决策效率。随着技术的不断进步和应用场景的不断拓展，人工智能与机器学习将在 ERP 系统中发挥更大的作用，推动企业的数字化转型和升级，为企业的未来发展注入强大的动力。同时，企业也需要不断适应新技术的发展，加强人才培养和技术创新，以更好地应对市场的挑战和机遇。

4.6.2　人工智能和机器学习技术在 ERP 系统中的应用

人工智能和机器学习技术在 ERP 系统中的应用，已经逐渐成为企业数字化转型的重要引擎。这些先进技术不仅推动了 ERP 系统的自动化流程优化与效率提升，使企业能够更高效地处理日常业务，还赋予了系统强大的数据分析与洞察能力，帮助企业深入挖掘数据价值，发现潜在商机。同时，智能决策与优化策略的制定，使得企业决策更加科学、精准，提升了整体运营效率。此外，人工智能和机器学习技术还在客户关系管理与提升满意度、风险预警与安全管理以及用户体验与界面优化等方面发挥着重要作用，为企业提供了全方位、智能化的支持。这些应用不仅提升了 ERP 系统的智能化水平，也为企业带来了更多的商业价值和竞争优势。

1. 自动化流程优化与效率提升

人工智能和机器学习技术在 ERP 系统中的应用，对于自动化流程优化与效率提升起到了至关重要的作用。通过利用先进的人工智能和机器学习算法，ERP 系统能够自动识别并优化烦琐、重复的业务流程，实现高度自动化的操作。例如，在订单处理环节，人工智能技术可以自动分析订单信息，智能匹配库存和物流资源，实现快速、准确的订单处理。同时，机器学习算法通过对历史订单数据的分析，能够预测未来的订单趋势，提前进行资源调配，避免瓶颈和延误。此外，人工智能和机器学习技术还能优化生产排程、物料采购等流程，确保资源的合理利用和成本的降低。这些自动化流程优化措施不仅提高了工作效率，减少了人工错误，还为企业节省了大量时间和成本，实现了业务流程的智能化和高效化。

2. 强大的数据分析与洞察能力

人工智能和机器学习技术在 ERP 系统中的应用，赋予了企业强大的数据分析与洞察能力。借助这些先进技术，ERP 系统能够深度挖掘企业运营中产生的海量数据，从中发现潜在的业务规律和趋势。通过机器学习算法对数据的训练和学习，ERP 系统能够自动识别关键指标和模式，为企业提供精准的业务分析。同时，人工智能的预测分析功能可以基于历史数据预测未来市场走向、客户需求等，帮助企业做出更明智的决策。这些强大的数据分析和洞察能力，不仅为企业提供了全面的业务视图，还帮助企业把握市场机遇，优化资源配置，实现可持续发展。

3. 智能决策与优化策略

人工智能和机器学习技术在 ERP 系统中的应用，为企业带来了智能决策与优化策略的重要支持。借助这些先进技术，ERP 系统能够通过对历史数据的深度学习和分析，为企业提供基于数据的决策建议。机器学习算法能够自动识别和预测业务趋势，帮助企业在市场变化中迅速做出反应。同时，人工智能的优化算法能够根据企业的实际需求和约束条件，为企业制定最优的资源配置和运营策略。这些智能决策与优化策略不仅提高了企业的决策效率和准确性，还为企业降低了运营成本，提升了市场竞争力。通过人工智能和机器学习技术的支持，企业能够更好地应对市场挑战，实现可持续发展。

4. 客户关系管理与提升满意度

人工智能和机器学习技术在 ERP 系统中的应用，对客户关系管理与提升满意度起到了显著作用。通过智能分析客户数据，ERP 系统能够深入了解客户的购买行为、偏好和需求，为企业提供精准的客户画像。基于这些洞察，企业可以制定个性化的营销策略，提供定制化的产品和服务，从而增强客户的满意度和忠诚度。同时，人工智能还能实现自动化的客户服务，如智能问答、自动回复等，提高了客户服务的响应速度和效率。机器学习算法则能够不断优化客户服务流程，预测并解决潜在问题，确保客户体验的持续改进。通过这些应用，企业能够建立更加紧密和有效的客户关系，提升客户满意度，进而增强市场竞争力。

5. 风险预警与安全管理

人工智能和机器学习技术在 ERP 系统中的应用，对于风险预警与安全管理具有重大意义。通过智能分析企业运营数据，ERP 系统能够实时识别并预测潜在的业务风险，为企业提供及时的风险预警。这些预警信息不仅帮助企业规避潜在风险，还能为企业的决策提供有力支持。同时，机器学习算法可以持续监控系统的安全性，自动检测并防御潜在的安全威胁，确保企业数据的安全和完整。此外，人工智能还能为企业的安全策略提供优化建议，帮助企业构建更加稳固的安全防线。通过这些应用，企业能够降低运营风险，保障信息安全，为企业的稳健发展提供坚实保障。

6. 用户体验与界面优化

人工智能和机器学习技术在 ERP 系统中的应用，极大地提升了用户体验与界面优化。借助人工智能技术，ERP 系统能够智能识别用户的操作习惯和需求，为用户提供个性化的界面展示和功能推荐。机器学习算法则通过对用户行为数据的持续学习，不断优化界面的布局和交互方式，使其更加符合用户的直觉和习惯。同时，这些技术还能实现智能提示和自助服务，帮助用户快速解决问题，提升使用效率。通过这些应用，ERP 系统不仅提供了更加便捷、高效的操作体验，还为用户带来了更加舒适、愉悦的使用感受，进一步增强了用户对系统的满意度和黏性。

4.6.3　人工智能和机器学习技术在 ERP 系统中的展望

展望未来，人工智能和机器学习技术在 ERP 系统中的应用将持续深化，展现出更加广阔的发展前景。

1. 更智能的决策支持

人工智能和机器学习技术在 ERP 系统中的展望，将聚焦于提供更智能的决策支持。随着技术的不断进步，未来的 ERP 系统将能够借助先进的人工智能和机器学习算法，对海量的业务数据进行深度挖掘和分析。通过构建精确的预测模型和优化算法，这些系统将能够为企业提供更加准确、全面的业务洞察和预测。同时，系统还将能够根据企业的特定需求和业务场景，提供个性化的决策建议和优化方案。这将使企业能够更好地把握市场机遇，规避潜在风险，制定更加科学、有效的业务战略和决策，进而提升企业的竞争力和可持续发展能力。

2. 更自动化的业务流程

人工智能和机器学习技术在 ERP 系统中的展望，将致力于实现更自动化的业务流程。随着技术的不断发展，未来的 ERP 系统将能够借助先进的人工智能和机器学习技术，自动识别并优化烦琐、重复的业务流程，实现高度自动化的操作。从订单处理、库存管理到生产计划、财务报表生成，一系列业务流程将实现智能化、自动化的处理，大幅减少人工干预，提高处理速度和准确性。同时，系统还将根据业务数据和实时反馈，自动调整和优化流程，确保业务运行的高效性和灵活性。这将极大地提升企业的运营效率，降低运营成本，并为企业创造更多的商业价值。

3. 更个性化的用户体验

人工智能和机器学习技术在 ERP 系统中的展望，将聚焦于打造更个性化的用户体验。未来的 ERP 系统将借助先进的人工智能和机器学习技术，深度分析用户的行为模式、偏好和需求，为每个用户定制独特的界面布局、功能选项和操作流程。通过智能推荐和自动化引导，系统将为用户提供更加便捷、高效的操作体验，同时减少冗余信息和不必要的操作步骤。此外，系统还将实时监测用户反馈，利用机器学习算法不断优化界面设计和交互逻辑，以满足用户不断变化的需求和期望。这种个性化的用户体验将极大地提升用户的满意度和忠诚度，为企业赢得更多竞争优势。

4. 更强大的风险管理能力

人工智能和机器学习技术在 ERP 系统中的展望，将带来更为强大的风险管理能力。借助这些先进技术，未来的 ERP 系统将能够深度挖掘和分析企业运营数据，实时监测并预警潜在的业务风险。通过构建智能风险评估模型，系统将能够对风险进行量化评估，帮助企业精准识别并规避各类风险。同时，机器学习算法能够不断学习和优化风险识别与预警机制，提升系统的风险预测准确性和响应速度。此外，系统还将提供风险应对策略建议，辅助企业制定风险应对措施，确保企业运营的稳健与安全。这种强大的风险管理能力将为企业提供坚实的保障，助力企业在复杂多变的市场环境中稳健前行。

5. 持续的技术创新与集成

人工智能和机器学习技术在 ERP 系统中的展望，将聚焦于持续的技术创新与集成。随着科技的日新月异，未来的 ERP 系统将不断引入新的人工智能和机器学习技术，以推动系统的功能升级和性能优化。这些创新技术将不仅提升系统的智能化水平，还将促进与其他企业系统的无缝集成，实现数据的共享和协同工作。同时，企业也将积极寻求与科研机构和技术提供商的合作，共同研发更先进的人工智能和机器学习算法，以满足不断变化的市场需求。这种持续的技术创新与集成将推动 ERP 系统不断向前发展，为企业带来更加卓越的业务管理和资源规划能力。

本章小结

通过本章的介绍，大家应该对 ERP 系统依托的计算机技术、通信技术和中间件技术有一定的了解，并了解到这些技术是如何辅助 ERP 系统实施及 ERP 软件的开发，可以从技术的角度了解 ERP 系统。

复习题

1. 什么是信息技术？
2. 什么是数据库技术？
3. 什么是大数据技术？
4. 什么是物联网技术？
5. 什么是云计算技术？
6. 什么是人工智能与机器学习技术？

讨论题

1. ERP 系统所依托的这些信息技术之间有什么联系？
2. 信息技术在 ERP 系统中起了什么作用？

原　理　篇

　　本篇从销售管理、生产管理、采购与库存管理及财务管理四大核心领域出发，全面系统地阐述了 ERP 系统中各关键模块的功能与流程。

　　通过对本篇内容的学习，读者能够掌握销售管理、生产管理、采购与库存管理、财务管理的核心概念及其在 ERP 中的应用，提升对企业整体运营流程的理解和把握。

第5章 销售管理

本章引言

销售是企业生产经营成果的实现过程，是企业经营活动的中心，销售作为企业主要经营业务和盈利的关键环节，在企业的经营管理过程中起着重要的作用。通过销售过程的实现，企业可以为客户提供产品及服务，从而实现企业资金向利润的转化，为企业提供生存与发展的动力。本章主要介绍 ERP 系统中销售管理的理论和方法。

本章重点

◆ 预测

◆ 销售订单管理

◆ 销售分析

5.1 销售管理概述

5.1.1 销售管理的概念

1．销售管理的定义

什么是销售管理？美国印第安纳大学的达林普教授曾经给销售管理作过这样的定义：计划、执行及控制企业的销售活动，以达到企业的销售目标。显而易见，销售管理是从市场销售计划的制订开始，管理和控制销售计划中的销售活动，并且负责主导和执行企业的销售计划，负责控制及管理销售人员的业务活动，为企业寻找、建立和维系满意的客户，以达到企业的销售目标。

2．销售管理的任务

企业所属行业和生产类型不同，销售形式也多种多样，但销售管理的基本任务是相同的，主要包括以下 8 项。

① 制订销售计划和产品报价。根据企业的经营规划制订销售计划，明确销售定价策略，制订产品的销售报价。

② 管理客户资源。对客户进行分类管理，维护客户档案信息，制定针对客户的合理价格政策，建立长期稳定的销售渠道。

③ 编制销售计划.销售计划的编制是按照客户订单、市场预测情况和企业生产情况，对某一段时期内企业的销售品种、各品种的销售量与销售价格做出安排。企业的销售计划通常按月制订，企业也可以制订针对某个地区或某个销售员的销售计划。

④ 销售订单管理。销售订单管理主要是根据客户的需求信息编制销售订单，确认销售订单，以及对销售订单进行相应的处理，并对订单进行跟踪与管理。

⑤ 销售发货管理。销售发货管理的内容包括根据销售订单中已到交货期的订单进行库存分配，下达提货单并组织发货。在工厂内交货的订单由客户持提货单到仓库提货，厂外交货的则按提货单出库并组织发运。

⑥ 销售发票管理。销售发票管理是对销售出去的产品开出销售发票，向客户收取销售货款，同时将发票转给财务部门记账。对于客户退货可以开红字发票冲减销售收入。销售货款结算是财务部门根据销售发票收取销售货款，将客户来款分配到未收款的销售发票上。对于拖欠货款的客户，销售人员要做好收款计划，同时要配合财务人员积极催款。

⑦ 销售服务。销售服务是指企业为客户提供售前、售中和售后服务并进行跟踪。销售部门解答售前客户对产品的技术咨询、跟踪合同，了解订单的交货情况，以及客户对产品质量、交货期的满意程度，提供售后服务支持，并向质量部门和技术部门提供产品的售后质量记录，为进一步稳固市场与开拓市场打下基础。

⑧ 进行销售与市场分析。销售分析是对各种销售信息进行汇总统计分析。对各种产品的订单订货情况、销售情况、订单收款情况、销售发货情况、销售计划完成情况，以及销售盈利情况等，企业需要按地区、客户、销售员及销售方式等多角度进行统计与分析。

5.1.2 销售管理的业务流程

销售管理的业务处理流程如图 5.1 所示。

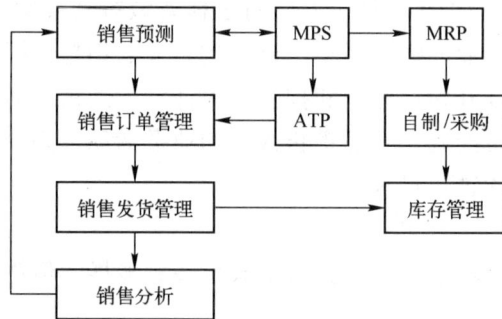

图 5.1 销售管理业务流程图

① 先由业务部门或企划部门做好销售预测。

② 主生产计划（MPS）人员依据销售预测来排定主生产计划，并针对主生产计划来检查材料和产能供应度的可能情况。若供应够，则向业务部门确认销售预测的内容，并提交可承诺量（available to promise，ATP）数据，作为接单的参考依据，另将主生产计划交给生产部门，作为其展开 MRP 之用；若不够，即产能不足或来不及采购，则需

要和预测单位协商以修改预测内容，并重新按新的预测展开主生产计划，直到确认供应量足够为止。主生产计划确定后，将可承诺量数据交给业务部门，同时将主生产计划日程交给 MRP 人员。

③ 业务部门依据可承诺量来承接客户订单，即在可承诺量范围之内可直接接单，而在订单超出可承诺量的范围时，必须先与生产部门协商，以确保能及时供货。

④ 生产部门依据客户订单需求排定出货日程，并依实际出货的数据来掌握客户订单的处理状况。

⑤ 业务部门按照所接的客户订单和出货数据进行销售统计分析，以掌握营业目标与利润目标的完成率，作为下次销售预测的重要参考。

5.1.3　销售管理模块与其他模块的关系

由销售管理的业务处理流程可见，销售管理功能的实现是与其他业务处理协同完成的。因此在 ERP 系统中，销售管理模块需要与其他相关功能模块进行信息集成，销售管理模块与其他功能模块的关系如图 5.2 所示。

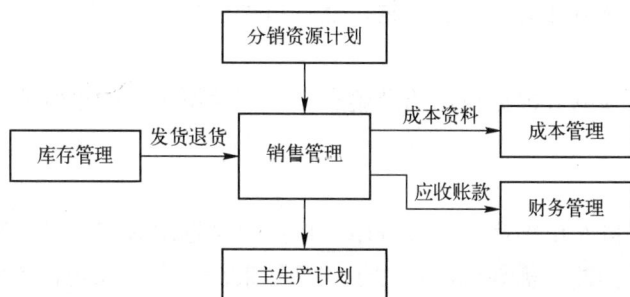

图 5.2　销售管理模块与其他模块的关系

5.2　预测

在竞争环境下，企业在接到客户订单时，客户所要求的交货提前期往往短于产品的生产提前期，因此，企业必须要根据预测先把许多工作做好。预测是一个具有特定责任的管理过程，信息技术可以在建立和更新预测方面提供有意义的帮助，最终由管理者评价和批准预测并建立销售计划。

5.2.1　预测的概念

1. 预测的定义

预测是指人们运用科学的方法和模型，根据历史的数据，对未来做出定性和定量的估计。简单地说，预测就是根据已知情况（包括主观经验教训、客观的条件和资料、事物演变的逻辑和推断等）来寻找事物发展的规律，从而推测未来情况。准确的预测能帮助管理者做出关于订单、库存、仓储等方面的决策。

2．预测的基本安全

从上述定义可见，预测应包含预测信息、预测技术、预测分析和预测判断四个基本要素。

1）预测信息

预测信息（或数据源）是预测的基础，是指调查研究收集得到的关于研究对象的背景资料、统计数据、动态情报及预测者的经验和认识。预测信息可分两类：一类是经过记录和整理的资料，如国家统计部门公布的统计资料或通过市场调查得到的经过数据处理后产生的信息；另一类是未经记录或未经过处理的资料，这些资料是不完整的，甚至掺杂有主观的成分。预测信息的质量直接关系到预测后阶段工作的有效性。

2）预测技术

预测技术是指在预测过程中对预测对象进行质和量的分析时所采用的各种方法和手段的总称。这些方法和手段主要有两类：一类是直观的方法，它是根据预测者凭借预测经验的积累，以及对预测对象发展动态的了解，直接对未来进行判断；另一类为统计的方法，它是运用统计方法处理历史数据，然后再做出预测。

3）预测分析

预测分析是指预测者根据自己的经验和有关理论所进行的思维研究活动，它贯穿于预测活动的整个过程。

4）预测判断

预测的过程中自始至终都离不开判断，例如收集选用哪些信息资料需要判断；选用何种预测方法进行预测也需要判断；对于预测结果是否合理或是否需要对预测结果进行修正等都需要判断。

3．预测的功能

预测和客户订单管理是高层计划过程的组成部分，预测和未交付的客户订单是制订经营规划、销售规划、资源需求计划及主生产计划的起点。一个好的预测系统应该具有以下基本功能。

① 产生预测值。可以通过人工输入预测值或系统生成预测值。

② 提供预测方法。预测系统能提供多种预测的方法。例如，平均值法、指数平滑法和线性近似法等。

③ 提供明细预测和汇总预测。预测系统能提供按大类产品线的预测和各种物料的明细预测，从而为决策者提供依据。

④ 模拟预测。预测系统能通过所选用的预测方法，可以对订单的历史数据进行模拟预测，并将模拟结果与历史数据进行比较，以便推荐一种最佳的预测。这个过程首先要选定预测方法，然后以实际销售量的历史数据来决定所测得的预测值的准确度，从而找出得到的预测值最接近实际历史销售量的方法，最后推荐预测的结果。

⑤ 输出预测结果。通常以报表的形式输出预测结果。

5.2.2 预测的基本步骤

预测的基本步骤如图 5.3 所示。

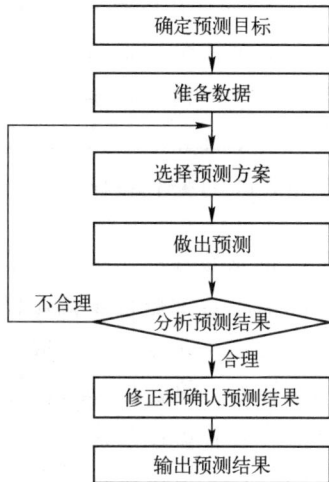

图 5.3 预测基本步骤

① 确定预测目标。首先应明确预测需达到一个什么样的目标,包括预测量、预测时间期限及数量单位等。

② 准备数据。根据确定的预测目标,尽可能全面地收集与预测目标有关的各种资料和数据,并进行认真的分析、整理和选择,以便去伪存真。

③ 选择预测方案。根据预测目标的要求及数据资料的分析判断,选择合适的预测方案,建立模型。

④ 做出预测。根据选择的方案及建立的模型,输入数据进行预测。

⑤ 分析预测结果。根据上述的模型及数据进行预测所得到的结果,需认真分析评价,看其是否合理。如果不合理则应另选预测方案,重新进行预测。

⑥ 修正和确认预测结果。如果根据上一步对预测结果分析评价认为合理时,仍需要根据过去和现在的有关资料数据及各种因素条件,对预测结果做必要的修正并最终确认,使预测结果更能反映实际情况。

⑦ 输出最后确认的预测结果。

5.3 销售订单管理

销售订单是反映由购销双方确认的客户要货需求的单据,是企业生产、销售发货和货款结算的依据,对销售订单的管理是销售工作的核心。

5.3.1　销售订单处理流程

销售订单的处理流程如图 5.4 所示。

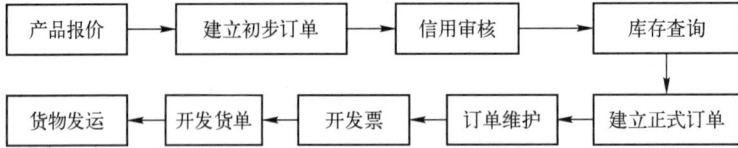

```
┌────────┐    ┌──────────┐    ┌────────┐    ┌────────┐
│ 产品报价 │ → │ 建立初步订单 │ → │ 信用审核 │ → │ 库存查询 │
└────────┘    └──────────┘    └────────┘    └────────┘
                                                  │
                                                  ↓
┌────────┐    ┌────────┐    ┌───────┐    ┌────────┐    ┌──────────┐
│ 货物发运 │ ← │ 开发货单 │ ← │ 开发票 │ ← │ 订单维护 │ ← │ 建立正式订单 │
└────────┘    └────────┘    └───────┘    └────────┘    └──────────┘
```

图 5.4　销售订单处理流程

首先，根据产品目录及报价，企业与客户初步建立了购买订单。然后，企业要根据已建立的客户档案资料，对客户的信用状况进行审核，核定其信用额度。当该客户的应收账款加上本次交易金额之和大于其信用额度时，一般不予进行交易。如果客户的信用审核通过，接下来需要进行产品库存的查询，以便决定库存的分配发货的选择，以及发货给客户的策略。当报价、信用及库存各方面信息均已得到之后，就可以与客户进行交易，签订正式订单。有了订单之后，也可以根据需要对订单进行修改、撤销及跟踪。产品完工之后，可以开出发票和发货单，并进行货物的发运。

5.3.2　销售订单管理的功能

销售订单管理提供了输入、修改和跟踪订单信息，自动进行产品报价，库存查询，管理客户的资料，审核客户的信用状况，开具发货单及发票，进行货物的发运等功能。

1. 产品报价

产品报价为客户提供了产品价格和价格历史记录的信息，以备查询及使用。产品报价可以从现有报价或销售单复制一份报价单，将价格数据传送至订单中，还可以控制报价的状态。

2. 订单处理

在订单的处理中，首先是输入完整的订单数据，包括货物发货日期、发往的目的地、可发货及承诺的发货量、发运方式、运输公司、提货仓库、库位、批号及有关业务员等。以上订单信息也可以随时进行修改，并且根据需要，可以随时跟踪订单，查询订单处理的进度，查看其处理的过程，查询未结订单的情况。

在订单处理中，还能对有折扣的订单做特殊订单的处理，这项处理包括选择不同的价格结构，说明计算折扣的方法，如按照金额数量的百分比计算折扣等。

在订单处理中，销售订单输入的同时也是对订单逐步确认的过程。只有被确认的订单才能作为最终需求纳入系统。通常情况下，确认包括以下几个方面。

一是可供货情况，即确认是否能按时提供客户所需产品、数量。ERP 系统一般都支持"可供订货量"等库存状态查询。

二是定价确认，即根据用户提供的价格意向，系统自动地对销售项目进行标价。标价通常是根据项目号、产品类型、客户类型及折扣百分比来确定，但有时也需根据特殊情况做出调整。

3．信用检验

确认客户的信用是订单处理中非常重要的项目。在订单处理中，可以按照应收账款来检查客户的信用情况、信用额度及信用保留。如果客户货款总额超过了信用额度，系统会自动将订单放入信用管制之中，并通知客户此次订单未被分配，因为有未付清款项。

4．库存查询

库存查询可以使仓库管理者迅速地了解仓库中库位的情况、库存的情况，以便更有效地进行作业的分配，做出发货的选择，决定发货的策略。

5．开具票据

订单管理中涉及的主要票据是发货单及发票。ERP 系统可以按照订单的要求开出货单，作为给发货部门的工作指令。发货单可以按照仓库、发货路径、发货日期进行发放。

当货物送出时，ERP 系统可以按照订单开出发票给客户。发票登录及打印之后，将会自动产生应收账款的登录及过账。

6．客户档案维护

ERP 系统中的销售管理是从客户需要出发来规划企业的生产经营活动，在分析大量的客户信息的基础上来回答生产何种产品、产品如何定价、产品如何销售、如何为客户服务，以及如何确定本企业最优的产品组合等诸多问题。因此，完整的客户信息不仅是销售活动的需要，而且是企业全部生产经营活动的需要。

客户的信息以客户档案的形式存在，建立客户档案不仅仅是为了进行客户信用的检验，同时也是为了更好地了解客户各方面的情况，特别是客户的需求，以便更好地为客户服务，按照客户个性来开展各项销售活动。

客户档案至少包括客户代码、客户名称、通信方式、地区代码、开户银行、信贷能力和客户类型等基本信息。

在有些 ERP 系统中，将订单处理，报价和库存查询，客户档案维护作为订单模块的内容，将票据开具作为出货作业模块的内容，也有的 ERP 系统将报价作为销售报价模块的内容。

5.4　销售分析

5.4.1　销售分析的概念

1．销售分析的定义

销售分析是通过对销售计划、销售产品、销售地区、销售客户的各种信息统计，进一步对销售数量、销售金额、销售利润和销售绩效做出全面分析，从而对企业实际销售效果做出评价。通过销售分析，企业不仅可判别实际生产经营是否已达到预期的目标，而且从中可以发现系统存在的各种问题，例如，策略是否正确、组织机构是否适应，以及措施是否得当等。

2．销售分析的目的

销售分析的目的体现在以下 3 个方面。

① 监督销售员在销售过程中所获得的利润、效率、效果。

② 提高产品销售的透明度，便于分析完成或没有完成的销售目标的原因。

③ 了解销售业绩、各种资源的利用状况，找出与现实最大利润目标之间的差距，从而进一步通过提高企业管理水平以提高经济效率。

5.4.2　销售分析的工作流程

销售分析的工作流程如图 5.5 所示。

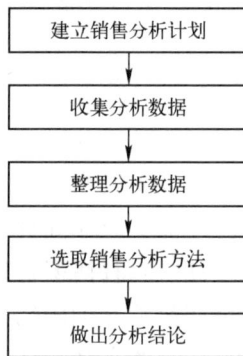

```
┌──────────────────┐
│   建立销售分析计划   │
└──────────────────┘
          ↓
┌──────────────────┐
│    收集分析数据     │
└──────────────────┘
          ↓
┌──────────────────┐
│    整理分析数据     │
└──────────────────┘
          ↓
┌──────────────────┐
│   选取销售分析方法   │
└──────────────────┘
          ↓
┌──────────────────┐
│    做出分析结论     │
└──────────────────┘
```

图 5.5　销售分析的工作流程图

① 建立销售分析计划。为了要确定分析的内容、范围、目的和要求、时间进度等，便于分析工作的顺利进行，必须先建立一份销售计划，其内容就是由以上各项所组成。

② 收集分析数据。数据是分析工作的重要依据。计划数据、核算数据、历史数据和同类企业数据等均是销售分析所需要的。

③ 整理分析数据。在正式做销售分析之前，还需要对分析数据进行正确与否的检查及核实，然后结合具体的分析方法对数据进行整理。

④ 选取销售分析方法。销售分析方法有很多种，一般可以分为比较法、比率分析法、差额分析法和平衡分析法，它们均属于数量分析方法。在比较法中，可以用本期实际指标与上年或上月的实际指标对比，也可以用本期实际指标与计划或定额指标相比。在比率分析法中，可以用不同时期的某项指标或各项指标之间的相对数进行分析。在进行销售分析时，可以根据需要，从以上各种方法中选取某种方法。

⑤ 做出分析结论。在选取了分析方法之后，可以根据已有的数据进行分析，并对分析的结果做出结论，然后再建立一份销售分析报告。

5.4.3 销售分析的功能

在 ERP 系统中，销售分析模块具有查询、分析及报告等功能。

1．查询

按照销售分析的流程，对从订单传送过来的有关数据进行收集和整理，以便能随时查询销售历史情况、销售当前情况、客户情况、销售员的销售业绩，以及库存销售数据等。

2．分析

销售分析模块提供了比较法及比率法两种分析方法来进行销售数量、销售金额、销售利润及销售绩效的分析。例如使用显示某一期间的销售数量及本年至今累计销售数量的百分比的比率法，以及使用销售员定额与实际销售比较的比较法。

销售分析可以根据需要采用不同的方式进行。

① 分类账目分析：将分类账目中所列各种销售费用账目的数值，例如差旅费、广告费、邮电费、运输、销售佣金和特殊费用（如接待费等）进行汇总统计，计算出各类费用占总销售额的百分比，然后进行分析对比，如：各类费用年内变化情况、各类费用比例与以往不同年度对比、各类费用比例与同行业对比，以及各类费用之间比例关系对比等。

② 销售功能成本分析：将分类账目所列销售费用账目按功能分类，然后再予以分析。至于功能如何划分则常因企业不同而异。

③ 市场单位销售成本分析：将销售费用按照不同的市场单位来进行分析，然后与上述两类分析进行联合对比，以分析各类市场对企业经营状况的影响。市场单位的划分可采用销售地区、产品类别、客户类型及订货量的大小等不同方法，要根据需要而定。

销售分析必须收集各种必要的统计资料。统计报表提供的主要信息包括交运地点、日期、交运额、销售数量、销售额、销售成本、税务信息、销售代理信息及销售物料信息等。统计的时间范围一般为1～3年，可以按年度进行汇总比较，也可以按时段（通常为月度）进行比较。

统计的口径根据不同的目标可选用按客户分类统计、按销售代理分类统计、按销售物料代码分类统计、按销售地区代码分类统计、按市场领域进行分类统计（如行业分类），以及按交运日期、地点等分类统计。分类统计的目的是进行横向比较分析，以利于进行市场研究决策、制定销售战略。

3．报告

可以提供销售分析的报告有销售员的排名报告、客户销售排名报告、产品销售排名报告等。

📝 本章小结

本章基于企业资源计划的业务处理流程，探讨了销售管理的理论及其方法。

销售管理 ERP 系统的一个重要作用，是实现对企业销售活动全过程跟踪管理。在 ERP 系统中，销售管理包括客户管理、销售合同管理、销售预测管理、销售订单管理、销售发货管理、销售结算和销售分析等内容。ERP 系统通过将客户、销售预测、销售订单和销售分析等信息资源充分集成，保证了销售管理工作的有效实现。使企业可从客户需要出发来规划企业的生产经营活动，为客户提供产品及服务，实现企业资金向利润的转化，为企业提供生存与发展的动力。

❓ 问题讨论

1. 销售管理的主要业务处理内容是什么？
2. 简述企业进行销售预测的作用。
3. 简述销售管理的业务处理流程。
4. 简述销售订单的处理流程。试举例说明。
5. 如何开展销售分析工作？
6. 简述销售管理模块和其他模块的关系。

第 5 章　销售管理

第6章 生产管理

本章引言

生产管理的主要功能是负责制造企业的产品和服务，其最终目标就是要找出如何做好并且领先同业的管理方法，以便建立企业特殊的竞争优势。生产管理包含的内容很多，但主要有三个部分，即生产计划管理、物料管理和制造管理。

生产计划管理的主要作用是计算未来的物料需求，通过销售数据和销售预测数据，对生产中所需的物料进行计算，产生物料需求表。根据物料需求表，还可以细分为加工件需求表、外协件需求表、外购件需求表和毛坯需求表等符合实际需要的物料分类需求报表。

生产物料管理主要是管理生产过程中的物料，包括领料、发料、外协、检验、返修、报废及入库等内容，这些内容会因为实际生产方式的不同而有很大的不同，这也是生产管理中最为困难的部分。

制造管理本质上是工艺管理，是关于产品怎么做的问题，工艺管理涉及的内容包括工艺路线、工时和设备等生产资源的管理。

生产管理是 ERP 系统的核心，本章主要介绍 ERP 系统中生产管理的理论和方法。

本章重点

◆ 主生产计划

◆ 物料需求计划

◆ 能力计划

◆ 车间作业计划

6.1 生产管理概述

6.1.1 生产管理的概念

1. 生产管理含义

生产管理是 ERP 系统的核心所在，它将企业的整个生产过程有机地结合在一起，使得企业能够有效降低库存，提高效率。同时各个原本分散的生产流程的自动连接，也使得生产流程能够前后连贯地进行，而不会出现生产脱节，耽误生产交货时间。

生产控制管理是一种以计划为导向的先进的生产、管理方法。首先，企业确定它的一个总生产计划，再经过系统层层细分后，下达到各部门去执行。即生产部门以此生产，采购部门按此采购等。生产管理的范畴如下。

  （1）计划管理：包括长期生产计划、中期生产计划、短期生产计划。

  （2）各种生产主体的管理：包括设备管理、工厂布置、工具管理等。

  （3）物料管理：包括物料档案、采购管理、外协管理。

  （4）作业管理：包括作业控制、作业标准。

  （5）成本管理：包括成本计算、成本控制、成本分析。

  （6）品质管理：包括品质标准、品质控制。

  （7）综合管理：包括其他总体性的管理。

2．生产管理的任务

  生产管理的主要任务是根据销售系统的市场需求或生产计划，对生产进行合理安排，以满足客户的需要。生产管理的主要职能包括制订各种层次的生产计划、在生产中执行计划，以及控制车间作业进度和质量等。由于市场环境的变化和现代生产管理理念的不断更新，一个制造型企业能否良性运营，关键是使"计划"与"生产"密切配合，企业和车间管理人员可以在最短的时间内掌握生产现场的变化，做出准确的判断和快速的应对措施，保证生产计划得到合理而快速的修正。

6.1.2　生产管理的计划层次

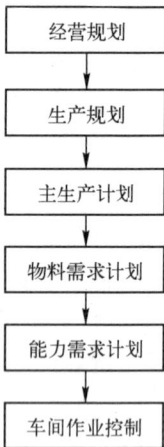

图 6.1　计划层次图

  生产管理目标的实现是在企业计划和控制的统一指导下，通过各种计划和控制的逐步落实来完成的。ERP 系统中对计划的管理有不同的计划层次，即经营规划、生产规划、主生产计划、物料需求计划、能力需求计划和车间作业计划等，如图 6.1 所示。划分计划层次的目的是体现计划管理由宏观到微观，由战略到战术、由粗到细的深化过程。在对市场需求的估计和预测成分占较大比重的阶段，计划内容比较粗略，计划跨度也比较长；一旦进入客观需求比较具体的阶段，计划内容比较详细，计划跨度也比较短，处理的信息量大幅度增加，计划方法同传统手工管理的区别也比较大。划分层次的另一个目的是明确责任，不同层次计划的制订或实施由不同的管理层负责。每一个层次都要处理好需求与供给的矛盾。做到计划既落实又可行，不偏离经营规划的目标。上一层的计划是下一层计划的依据，下层计划要符合上层计划的要求。如果下层计划偏离了企业的经营规划，即使计划执行得再好，也是没有意义的。企业遵循一个统一的计划，是 ERP 系统中计划管理最基本的要求。

  在计划层次中，经营规划和生产规划带有宏观规划的性质。主生产计划是宏观向微观过渡的层次。物料需求计划、能力需求计划是微观计划的开始，是具体的详细计划；而车间作业控制或生产作业控制是进入执行或控制计划的阶段。

6.1.3　生产管理模块与其他模块的关系

ERP 系统中的生产管理模块不是独立的部分，而是与其他模块实现"信息集成"，生产管理模块与其他功能模块的关系如图 6.2 所示。

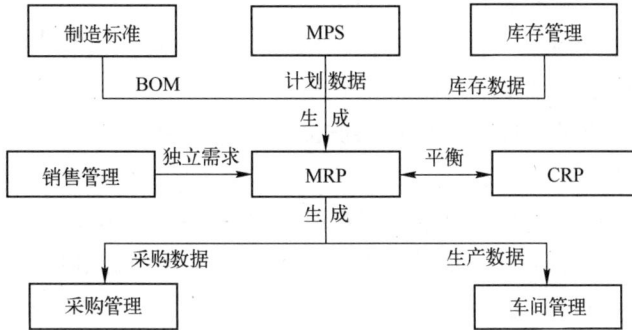

图 6.2　生产管理模块与其他功能模块的关系

（1）主生产计划（MPS）

主生产计划也叫产销排程或产品生产进度计划，制订主生产计划是为了合理安排生产任务，尽可能实现均衡生产。它根据生产计划、预测和客户订单的输入来安排将来各周期中提供的产品种类和数量，并将生产计划转为产品计划，在平衡了物料和能力的需要后，精确到时间、数量的详细的进度计划，是企业在一段时期内的总活动的安排。

（2）物料需求计划（MRP）

在主生产计划决定生产多少最终产品后，再根据物料清单，把整个企业要生产的产品的数量转变为所需生产的零部件的数量，并对照现有的库存量，就可得到还需加工多少、采购多少的最终数量，从而将主生产计划细化为零件生产进度计划和原材料的采购进度，确定产品的投产日期和完工日期。

（3）能力需求计划（CRP）

根据 MRP 的生产进度表，按进度计划的时间段，将工作中心的总工作负荷与工作中心的能力平衡后产生的详细工作计划，用以确定生成的物料需求计划是否为企业生产能力上可行的需求计划。

（4）车间管理

这是随时间变化的动态作业计划，是将作业具体分配到各个车间，再进行作业排序、作业管理和作业监控。

（5）制造标准

在编制计划中需要许多生产基本信息，这些基本信息就是制造标准，包括零件、产品结构、工序和工作中心，都用唯一的代码在计算机中识别。

6.2 主生产计划

6.2.1 主生产计划概述

1. 主生产计划的含义

主生产计划是确定每一个具体的产品在每一个具体的时间段的生产计划。主生产计划的对象一般是最终产品，即企业的销售产品。但有时也可能先是组件的主生产计划，然后再下达最终的总装配计划。

主生产计划是一个重要的计划层次，对应于 ERP 系统的五个计划层次，主生产计划处于第三层，也是宏观决策层的计划（参见图 6.1）。主生产计划以企业的生产和销售规划为依据，通过需求和供应的平衡，将宏观计划转变成为企业现实可以执行的计划，实现了从宏观计划向微观计划过渡与连接。在主生产计划的确定过程中伴随着能力计划的运行，只有经过按时段平衡供应和需求后的主生产计划，才能作为物料需求计划的输入，进一步形成企业的采购计划和车间作业计划。

2. 主生产计划的作用

主生产计划在生产管理中起着以下作用。

① 将宏观计划转换为微观计划的承上启下作用。主生产计划是 ERP 系统一个重要计划层次，是关于"将要生产什么"的一种描述，起到了从宏观计划到微观计划过渡的作用。

② 集成了市场信息与内部信息，起到了沟通内外的作用。主生产计划在 ERP 系统中的位置是一个上下内外交叉的枢纽。它需要联系市场的需求，使生产计划和能力计划符合销售计划的优先顺序，并适应市场需求的变化不断地适时调整。同时，它又需要向销售部门提供生产和库存信息，提供可供销售的信息，作为销售的依据，起到了沟通内外的作用。

3. 主生产计划的对象与方法

主生产计划的对象是把生产规划中的产品系列具体化以后的出厂产品，通称为最终产品。最终产品通常是独立需求件，但是由于对需求的响应策略不同，作为计划对象的最终产品其含义也不相同，如表 6.1 所示。

表 6.1　主生产计划的对象与方法

销售环境	主生产计划的对象	计划方法	说明
备货生产（MTS）	独立需求类型物料	单层 MPS、制造 BOM、计划 BOM	可与分销资源计划集成
订货生产（make to order，MTO）订单设计（engineering to order，ETO）	独立需求类型物料（产品、组件、备件）	单层 MPS、制造 BOM	ETO 环境下会用到网络计划技术，如关键路线法
订货组装（assemble to order，ATO）	通用件、基本组件	多层 MPS、制造 BOM、计划 BOM、总装计划（final assemble schedule，FAS）	

备货生产环境下，企业用很多原材料和部件制造出少量品种的标准产品，这种产品的市场需求预测的可靠性也较高。因此，通常是将最终产品预先生产出来，放置于仓库，随时准备交货。这种情况下，主生产计划要确定每一具体的最终产品在每一具体时间段内的生产数量。

订货生产环境下，企业用少量品种的原材料和部件，根据客户要求生产出各种不同品种的产品和组件，这种情况下，主生产计划以主要原材料和基本零件为对象来制订。

订货组装生产环境下，企业生产具有高度选择性的产品，产品是一个系列，结构基本相同，都是由若干组件和一些通用件组成的，每项基本组件又可有多种可选件，从而可形成一系列多种规格的变型产品。在这种情况下，最终产品指基本组件和通用件。编制计划时，先根据历史资料确定各基本组件中各种可选件占需求量的百分比，并以此安排生产，保持一定库存储量。一旦收到正式订单，只要再编制一个总装计划，规定从接到订单开始的一系列核查库存、组装、测试检验，包装发货的进度，就可以选装出各种变型产品，从而缩短交货期，满足客户需求。

6.2.2　主生产计划的编制

1．相关概念

在编制主生产计划之前，先介绍生产管理中涉及的一些基本概念。

1）计划展望期

计划展望期是主生产计划所覆盖的时间范围，也就是计划的时间跨度。

2）提前期

提前期是指某一项工作的时间周期，即从工作开始到工作结束的时间。提前期的概念主要是针对"需求"提出的，例如生产部门需要采购部门在某一时间提供需要的物料，则采购部门必须提前一段时间（提前期）进行采购，否则，不可能及时完成供货。

生产管理中有以下 6 种不同的提前期。

①生产准备提前期，指从生产计划开始到生产准备完成（可以投入生产）。

②采购提前期，指采购订单下达到物料完工入库的全部时间。

③生产加工提前期，指生产加工投入开始（生产准备完成）至生产完工入库的全部时间。

④装配提前期，指从装配投入开始至装配完工的全部时间。

⑤累计提前期，指采购、加工、装配提前期的总和。

⑥总提前期，指产品的整个生产周期，包括产品设计提前期、生产准备提前期、采购提前期，以及加工、装配、试车、检测和发运的提前期总和。

3）时段

时段就是时间段落、间隔或时间跨度。划分时段只是为了说明在各个时间跨度内的计划量、产出量和需求量，以固定时间段的间隔汇总计划量、产出量及需求量，便于对比计划，从而可以区分出计划需求的优先级别。

时段划分越细越能体现各个计划批次的优先级，便于控制计划，同时可有效地利用企业的资源。计划时段的划分可以按月、季、年或天等，例如主生产计划的计算，报表时段为月时，主生产计划的输出报表则按月进行汇总。

4）时区与时界

产品从计划、采购、投入到产出需要经历一个时间段，即存在提前期。对计划的下达、修改会受到这个时间的约束，而且随着时间的推移，在各个时间点对计划的影响力各有不同。因此，ERP 系统引入了时区（time zone）与时界（time fence）的概念。

时区用来说明某一计划的产品在某时刻处于该产品的计划跨度内的时间位置。在主生产计划中，根据计划编制的政策和过程的不同，将计划展望期由近至远依次划分为三个时区：需求时区（时区 1）、计划时区（时区 2）和预测时区（时区 3）。每个时区包含若干计划周期，不同时区的分隔点称为时界，其中需求时区与计划时区的分界点称为需求时界，计划时区与预测时区的分界点称为计划时界，如图 6.3 所示。

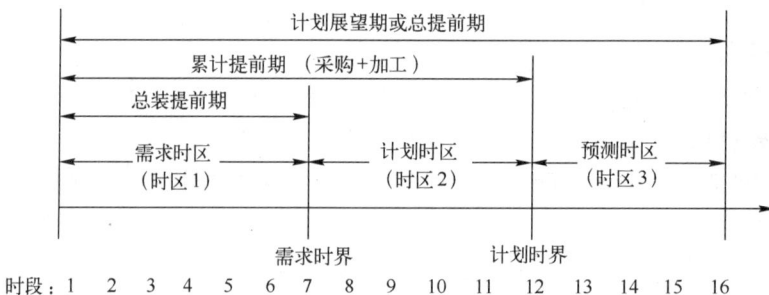

图 6.3　时区与时界

时区与时界对计划的影响表现为在需求时区内，车间的生产日程是不宜变动的，否则计划变动的代价极大。因此需求时界又称为冻结日期，把从当天到冻结日期这段时区称作冻结区。除非高层主管同意，否则业务部门是不能要求生产部门在冻结区内改变计划的。当然，如果冻结区内生产负荷还有空余，物料的库存够用或者还来得及采购，制造主管又同意业务部门变动计划的要求，就不必上报给高层了。在计划时区内，车间在此区内要做的产品，这时还未开始制造，因此就不会引发计划变动造成的额外成本，在物料供应状况允许的前提下，可以允许业务部门插单，以掌握更多商机。在预测时区内，原则上取决于业务需求，企业生产的内容主要是依据业务部门提出的市场需求，即客户订单与销售预测的内容而定。

2．主生产计划的编制原则

编制主生产计划应符合以下 5 项原则。

① 用最少的项目数进行安排。主生产计划应尽可能代表企业的产品系列。如果

项目数过多，预测与管理都会变得困难。因此需要根据不同的制造环境选取产品结构不同层次来进行主生产计划编制，使得在产品结构这一级制造和装配过程中，产品选型的数目最少。

② 只列出可构造项目，而不是一些项目组或计划清单项目。主生产计划应列出实际的、独立的、具有特定型号的产品项目，而不是一些项目组。这些产品可以分解成具有特定特征的且可识别的零件或组件，它是可以采购或制造的项目，而不是计划清单项目。

③ 列出对生产能力、财务或关键材料有重大影响的项目。这里的生产能力是指在生产和装配过程中有重大影响的项目；它们可能会成为生产能力的瓶颈，并且涉及关键工作中心的运作情况。财务是指为公司创造最高利润的项目，例如制造费高、含有贵重部件、原材料、高费用的生产工艺或有特殊要求的部件项目。关键材料是指提前期很长或供应商有限的项目。

④ 考虑预防性维修设备时间。可以把预防性维修作为一个项目安排在主生产计划中，也可以按预防性维修的时间，减少工作中心的能力。

⑤ 对有多种选择性的产品，用产品装配计划简化主生产计划的处理。

3．主生产计划的编制过程

1）编制步骤图

主生产计划来源于销售计划，其制订过程是一个不断反复的过程，制订过程不断平衡关键工作中心能力，即进行粗能力计划的运算，最后审批确认，进入物料需求计划的制订过程。主生产计划的编制步骤如图 6.4 所示。

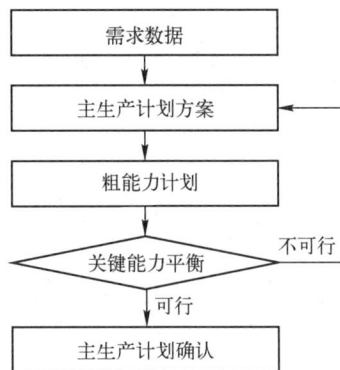

图 6.4　主生产计划的编制步骤

2）需求数据的确定

主生产计划的需求数据主要是指对产品需要的数量和时间，其计划对象是最终产品（指具有独立需求的物料），有时也指维修件、可选件或自备件。通常需求数量主要来源于以下 5 个方面。

① 客户订单，主要是指未交付的订单产品，可以是上期没有完成的产品，也可以是

新制订的在本期内要求供货的产品。

② 预测是指用现有的和历史的资料来估计将来的可能需求。

③ 备品备件是指销售给使用部门的一些零部件，以便满足使用维护时更换的需要。

④ 客户选择件及附加件是销售时独立于成品的，是根据客户的需要而配制的，这些选择件也是独立需求。

⑤ 其他，例如一些预防维修所产生的需求等。

需求数据可以根据不同的时区而定。例如，在需求时区内需求数据可以由客户订单确定，在计划时区内需求数据可由客户订单与预测中的最大值确定，而在预测时区内需求数据则由预测数据确定。

3）主生产计划需求计算模型

主生产计划需求计算是一个反复运算的过程，为了学习主生产计划需求计算的原理，下面先对主生产计划报表（如表 6.2 所示）及其相关术语做个介绍。

表 6.2　主生产计划报表

物　料　号：100000　　　　计 划 员：P01　　　　计划日期：2023/08/03

物料名称：A 产品　　　　安全库存：5　　　　提 前 期：1

批量规则：固定批量　　　　批　　量：10　　　　批量增量：10

现有库存量：8　　　　需求时界：3　　　　计划时界：8

时段	当前	1	2	3	4	5	6	7	8	9	10	11
预测量		5	5	5	5	5	5	5	5	5	5	5
合同量		12	8		2	7	6		13	5		2
毛需求量		12	8		5	7	6	5	13	5	5	5
计划接收量		10	（10）		（10）		（10）		（20）		（10）	
预计可用库存量	8	6	8	8	13	6	10	5	12	7	12	7
净需求量			7		2		5		13		3	
计划产出量			10		10		10		20		10	
计划投入量		10		10		10		20		10		
可供销售量		6	2	0	1		4		2		8	

注：毛需求量的确定规则是需求时界内按照合同量，需求时界与计划时界之间按照预测量与合同量最大者，计划时界外按照预测量。

上述报表中，相关名词的含义如下。

（1）批量规则

批量规则表示制订主生产计划或物料需求计划时，计算物料的计划下达数量所使用的规则，不同的批量规则表示计划下达量的取值方法，系统可依据批量规则计算需求量。批量规则通常分为两类：静态批量规则与动态批量规则。静态批量规则指每一批的批量都不变，大小相同；动态批量规则则指允许每批下达的批量都可以不同。

常见的批量规则如下所述。

最大批量：当计划下达数量大于此批量时，系统取此批量作为计划下达量。

最小批量：当计划下达数量小于此批量时，系统取此批量作为计划下达量。

固定批量：每次订货计划数量按一个固定值下达。一般用于订货费用较大的物料。

直接批量：完全根据计划（或实际）需求量决定的订货量。

固定周期批量：指每次订货（或加工）的间隔周期相同，但批量数不一定会相同，只是按定义的批量周期合并净需求，作为计划下达量。

倍数批量：指如果需求量小于批量，则按批量计算；如果需求量大于批量，则按批量的倍数计算。

周期批量：由固定周期批量演变的一种订货方法，指根据经济订货批量（economic order quantity，EOQ）计算间隔期（周期）决定每年订货次数。间隔期内的订货批量随需求量而变动，由于订货次数是根据经济订货批量推算的，因此是一个比较合理的次数。在一个订货周期内，系统取各时间段中物料净需求不为零的记录，将其净需求进行汇总，产生的计划量下达在这一订货周期内的第一个时间段上。

批量周期：指物料按周期批量订货时的周期。在主生产计划或物料需求计划的计算过程中，根据此处定义的批量周期（以天为单位）对周期批量合并净需求，将其作为计划量。

批量（或批量增量）：批量物料按批量订货时的数量，系统在作计划生成时，可根据批量规则和批量自动计算订货的数量。批量的增量是此倍数。

（2）毛需求量

毛需求量是指在任意给定的计划周期内对产品的总需求量。

值得注意的是，毛需求量是一个初步的需求数量，在 ERP 系统中，其确定的依据可参考预测量或订单量，系统会根据计划参数的设置值进行计算。如何取舍预测值与合同值从而确定毛需求量，是首先要确定的原则。各个时区取舍的方法是不同的，取舍的规则基本上有四种组合：按合同值、按预测值、按二者数值之和，以及按其中的最大值。

（3）计划接收量

计划接收量是指前期已经下达的正在执行中的订单，将在某个时段产出的数量。计划产出量若已经确认，也可以在计划接收量这一行显示，是否显示完全根据计划员的需要，在 ERP 系统设置中事先设定。表 6.2 中，括号里的数据表示是由计划产出量发生的计划接收量。

（4）预计可用库存量

预计可用库存量（projected available balance，PAB）指某个时段的期末库存量，是从现有库存中，扣除了预留给其他用途的已分配量，可以用于需求计算的那部分库存。预计可用库存量的计算公式如下：

预计可用库存量=（前一时段末的可用库存量 + 本时段计划接收量-本时段毛需求

量）＋本时段计划产出量

上述计算公式中，若前 3 项计算的结果为负值，说明如果不补充库存，将出现短缺。例如，在表 6.2 中，时段 2 前 3 项的计算结果为 6＋0-8=-2，系统在计算时会生成计划产出量来补足。

在表 6.2 中：

时段 1 的预计可用库存量 ＝（8＋10-12）＋0＝6

时段 2 的预计可用库存量 ＝（6＋0-8）＋10＝8

时段 3 的预计可用库存量 ＝（8＋0-0）＋0＝8

时段 4 的预计可用库存量 ＝（8＋0-5）＋10＝13

（5）净需求量

净需求量是指任意给定的计划周期内某物料实际需求的数量。计算净需求量要综合毛需求量和安全库存量，并考虑期初的结余与本期可以计划产出的数量，其计算公式如下：

净需求量=本时段毛需求量-（前一时段末的可用库存量＋本时段计划接收量）+安全库存量

若净需求量的计算值=0 或为负值，则无净需求。

若净需求量的计算值为正值，则净需求量=计算值。

（6）计划产出量

当有净需求量产生时（净需求量>0 时），为了满足净需求量的需要，系统根据批量规则计算得到的计划量被称为计划产出量。此时计算的是建议数量，不是计划的投入数量。

（7）计划投入量

根据计划产出量、物料的提前期及物料的成品率等计算出的投入数量称为计划投入量。

（8）可供销售量

在某一个时段内，当物料的计划产出数量可能会超出订单数量或合同数量，这个差值就是可供销售量（available to promise，ATP）。可供销售量的计算公式如下：

可供销售量=某时段的计划产出量（含计划接收量）-该时段的订单（合同）量总和

或者：

可供销售量=某时段的计划产出量（含计划接收量）-下一次出现计划产出量之前各时段合同量之和

在表 6.2 中：

时段 1 的可供销售量 ＝（10＋8）-12=6

时段 2 的可供销售量 ＝ 10-8＝2

时段 3 的可供销售量 ＝ 0-0＝0

时段 4 的可供销售量 ＝ 10-（2＋7）＝1

在对主生产计划报表的结构及其相关内容含义全面理解后，下面介绍主生产计划的计算模型。一般地，主生产计划的计算流程如图 6.5 所示。

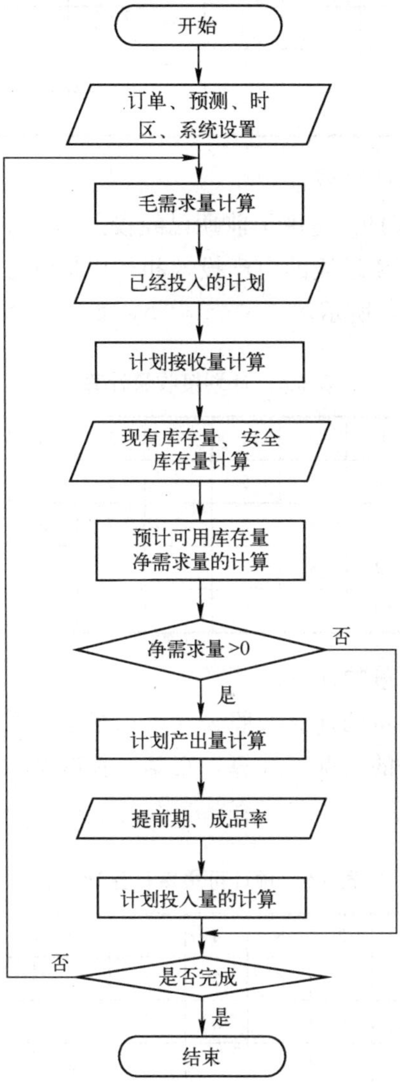

图 6.5　主生产计划计算流程图

按照图 6.5 的计算流程，下面给出表 6.2 主生产计划报表的计算过程。

第一步：毛需求量的计算。

因为毛需求量的确定规则为：需求时界内按照合同量，需求时界与计划时界之间按照预测量与合同量最大者，计划时界外按照预测量。因此根据基础信息可以计算出毛需求量，如表 6.3 所示。

表 6.3　毛需求计算表

时段	当前	1	2	3	4	5	6	7	8	9	10	11
预测量		5	5	5	5	5	5	5	5	5	5	5
合同量		12	8		2	7	6		13	5		2
毛需求量		12	8		5	7	6	5	13	5	5	5

第二步：计划接收量的计算或读入。

时段 1 的计划接收量为 10，是由于前期已经投入而在本期正好产出的数量。其他时段的计划接收量需要分析后续时段的生产投入和产出情况才能计算出。在第一步的基础上得到计划接收量，如表 6.4 所示。

表 6.4　计划接收量计算表

时段	当前	1	2	3	4	5	6	7	8	9	10	11
预测量		5	5	5	5	5	5	5	5	5	5	5
合同量		12	8		2	7	6		13	5		2
毛需求量		12	8		5	7	6	5	13	5	5	5
计划接收量		10										

第三步：预计可用库存量的计算。

时段 1 的预计可用库存量的计算按照公式可以求出，其他时段的预计可用库存量的计算在假定计划接收量为 0 的情况下计算。在第二步的基础上得到预计可用库存量，如表 6.5 所示。

表 6.5　预计可用库存量计算表

时段	当前	1	2	3	4	5	6	7	8	9	10	11
预测量		5	5	5	5	5	5	5	5	5	5	5
合同量		12	8		2	7	6		13	5		2
毛需求量		12	8		5	7	6	5	13	5	5	5
计划接收量		10										
预计可用库存量	8	6	-2	-2	-7	-14	-20	-25	-38	-43	-48	-53

第四步：净需求量及计划产出量的计算。

从时段 1 开始，在预计可用库存量的基础上，考虑安全库存量为 5 的要求，计算出该时段的净需求量，然后根据批量规则及批量决定计划产出量的大小，进一步决定出本时段预计库存量，计算结果如表 6.6 所示。

表 6.6 净需求量及计划产出量计算表

时段	当前	1	2	3	4	5	6	7	8	9	10	11
预测量		5	5	5	5	5	5	5	5	5	5	5
合同量		12	8		2	7	6		13	5		2
毛需求量		12	8		5	7	6	5	13	5	5	5
计划接收量		10	(10)		(10)		(10)		(20)		(10)	
预计可用库存量	8	6	8	8	13	6	10	5	12	7	12	7
净需求量			7		2		5		13		3	
计划产出量			10		10		10		20		10	

第五步：计划投入量的计算。

根据提前期和成品率计算出每个时段投入量，计算结果如表 6.7 所示。

表 6.7 净需求量及计划产出量计算表

时段	当前	1	2	3	4	5	6	7	8	9	10	11
预测量		5	5	5	5	5	5	5	5	5	5	5
合同量		12	8		2	7	6		13	5		2
毛需求量		12	8		5	7	6	5	13	5	5	5
计划接收量		10	(10)		(10)		(10)		(20)		(10)	
预计可用库存量	8	6	8	8	13	6	10	5	12	7	12	7
净需求量			7		2		5		13		3	
计划产出量			10		10		10		20		10	
计划投入量		10		10		10		20		10		

第六步：可供销售量的计算。

根据投入产出量计算出每个时段可供销售量，计算结果如表 6.8 所示。

表 6.8 可供销售量计算表

时段	当前	1	2	3	4	5	6	7	8	9	10	11
预测量		5	5	5	5	5	5	5	5	5	5	5
合同量		12	8		2	7	6		13	5		2
毛需求量		12	8		5	7	6	5	13	5	5	5
计划接收量		10	(10)		(10)		(10)		(20)		(10)	
预计可用库存量	8	6	8	8	13	6	10	5	12	7	12	7
净需求量			7		2		5		13		3	
计划产出量			10		10		10		20		10	
计划投入量		10		10		10		20		10		
可供销售量		6	2		1		4		2		8	

4）粗能力平衡

形成主生产计划方案后，需要进行粗能力计划的运算，形成最终的主生产计划方案。

关于粗能力计划的运算原理及其方法，读者可参见 6.4 节相关内容。

5）主生产计划的确认

形成主生产计划方案后，需要经过相关的审核和批准，保证主生产计划符合企业的经营目标。确认主生产计划的步骤如下。

① 提供对初步主生产计划的分析。需要分析生产规划和主生产计划之间的所有差别。主生产计划中产品大类的总数应约等于相应时期内销售计划的数量，如果不一样则需要改变主生产计划，使得主生产计划和销售计划尽量保持一致。

② 向负责部门提交初步的主生产计划及其分析。对主生产计划的审核工作应由企业高层领导负责，并组织市场销售部门、工程技术部门、生产制造部门、财务部门和物料采购部门参加审核。各部门要通过讨论和协商，解决主生产计划中的所有问题。

③ 批准主生产计划，将正式的主生产计划下达给有关部门。召开会议批准主生产计划，阐明解决主生产计划问题的方法及选用该方法的原因，批准后将正式的主生产计划发放给有关部门。

6.3　物料需求计划

物料需求计划是 ERP 管理思想和 ERP 系统的重要组成部分，物料需求计划的可执行性需要经过各种能力约束的检验、平衡，最终结果应该是可以执行的计划。本节介绍物料需求计划的原理及方法。

6.3.1　物料需求计划概述

1．物料需求计划的含义

物料需求计划（MRP）旨在确定主生产计划中各个项目自制零部件的制造订单下达日期，以及采购件的采购订单需求日期，同时对需求资源和可用能力进行进一步的平衡。

对应于 ERP 系统的五个计划层次，物料需求计划处于第四层，属于管理层计划（参见图 6.1）。物料需求计划是主生产计划的进一步细化，也是实现主生产计划的保证和支持。主生产计划所涵盖的全部制造件以及全部采购件的时间进度安排计划。根据主生产计划对最终产品的需求数量和交货期，推导出构成产品的零部件及材料的需求数量和需求日期，再导出最终产品，一个产品可能由成百上千的关联物料构成，如果把企业所有产品的关联物料进行汇总，其数量会更大。一种物料可能会用在几种产品上，不同的产品对同一种物料的需求量也不尽相同。此外，由于不同物料的提前期不同，需求日期不同，因此生产的投产期也不同。但是，无论企业产品品种的多少，也不管这些产品的结构多复杂，都应该保证其加工过程的均衡性，而这些就是物料需求计划需要实现的内容。物料需求计划的计划展望期一般为月、季度，计划周期可以是周、日，也可以细化到小时。

2．物料需求计划的作用

物料需求计划根据主生产计划的需求，展开物料清单，编制相关需求件的计划，把生产作业计划和采购计划统一起来。物料需求计划主要解决以下问题。

① 要生产（含采购和制造）什么？生产（含采购和制造）多少？这些信息来自主生产计划。

② 要用到什么？这些信息来自 BOM。

③ 已经有了什么？根据物料的库存信息、即将到货或产出的信息获得。

④ 还缺什么？这些信息需要根据物料需求计划计算结果获得。

⑤ 何时安排？这些信息依据物料的提前期，由物料需求计划计算获得。

6.3.2 物料需求计划的工作原理

1. 物料需求计划的逻辑流程

运算与制订物料需求计划的逻辑流程如图 6.6 所示。

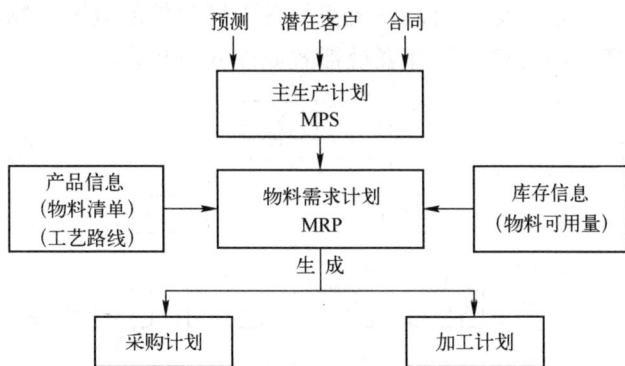

图 6.6 运算与制订物料需求计划的逻辑流程

由图 6.6 可见，物料需求计划需要集成主生产计划、产品信息和库存信息等，经过物料需求计划运算处理后输出采购计划和加工计划。

2. 物料需求计划的输入数据

物料需求计划的输入数据有以下 5 种。

① 主生产计划。主生产计划是物料需求计划最重要和最基本的数据，开始编制物料需求计划时，必须首先得到一个有效的主生产计划，从而得到何时产出、产出何种产品、数量是多少。

② 独立需求。独立需求解决的是生产什么、生产多少的问题，该数据也是由主生产计划生成的，只是计划的对象不是最终产品而是独立需求件，如维修件、备用件等。

③ 物料清单。由于对同一物料清单中的物料需求时间不同，因此物料需求计划要根据产品的物料清单对主生产计划进行需求展开。

④ 库存信息。库存信息作为物料需求计划的输入数据，主要解决已经有什么的问题，从而确定出各个物料的需求量。

⑤ 其他数据，如成品率等。

3．物料需求计划的输出数据

经过物料需求计划运算后，输出的数据主要是采购计划和加工计划。这两个计划都是系统的建议计划，其中采购计划主要包括采购什么、采购多少、何时开始采购，以及何时完成采购等信息；加工计划包括制造什么、制造多少、何时开始制造，以及何时完成制造等信息。上述两个计划需要经过计划人员的检查确认后才可以下达到采购部门和车间去执行。

6.3.3　物料需求计划的计算模型

1．相关概念

1）物料清单

物料清单（BOM）是描述产品结构的文件，它表明了产品组件、子件、零件直到原材料之间的结构关系，以及每个组装件所需的各下属部件的数量。物料清单通常用树形结构来表示，称为产品结构树，具体表现形式如图 6.7 所示。

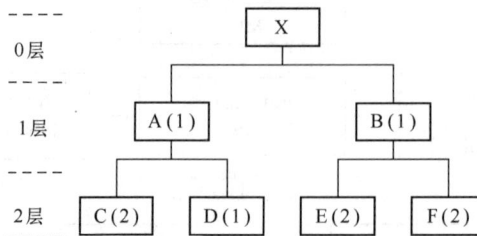

图 6.7　物料清单树型结构图

2）低层码

低层码（low-level code，LLC）是 ERP 系统分配给物料清单上每个物料的一个 0～N 的数字码。在产品结构中，最上层的层级码为 0，下一层的部件的层级码则为 1，以此类推。一个物料只能有一个物料需求计划低层码，当一个物料在多个产品中所处的产品结构层次不同或即使处于同一产品结构中但却处于不同产品结构层次时，则以处在最底层的层级码作为该物料的低层码，如图 6.8 所示。

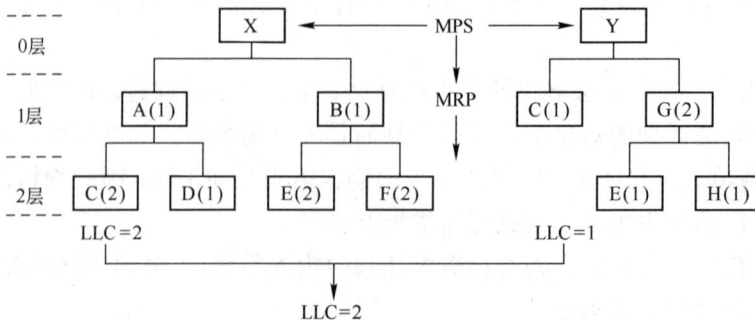

图 6.8　（C 物料）低层码的确定

低层码是物料需求计划的计算顺序。物料需求计划运算是从上而下展开的，对所有产品的通用件要汇总起来，合并计算它们在各个时段的需求量。图 6.8 中，当展开到 1 层遇到产品 Y 的 C 物料时，由于 C 的低层码为 2，就是说还会在其他产品中的 2 层出现，系统根据 C 的低层码，把展开到 1 层的运算结果暂存，等到展开到 2 层时，再把产品 X 对 C 物料的需求量合并到一起，显示运算结果。物料需求计划的这种运算可将可用的库存量优先分配给处于最低层的物料，保证了时间上最先需求的物料优先得到库存分配，避免了后需求的物料提前下达计划，并占用库存。

3）虚拟件

虚拟件通常是指出现在图纸上，但却不出现在实际加工过程中的一组零件。通常是在设计物料清单时出现，无提前期，是非库存物料。

虚拟件的使用可以起到以下作用。

① 作为一般性业务管理使用。为了达到一定的管理目的，如组合采购、组合存储、组合发料，这样在处理业务时，计算机查询时只需要对虚拟件进行操作就可以自动生成实际的业务单据。这种虚拟件甚至也可以查询到它的库存量与金额，但存货核算只针对实际的物料。

② 简化产品的结构。为了简化对物料清单的管理，在产品结构中虚构一个物料，达到管理的目标。

2．物料需求计划的编制过程

1）编制步骤图

物料需求计划的制订过程是一个不断反复的过程，制订过程不断平衡工作中心能力，即进行能力需求计划的运算，最后审批确认物料需求计划，具体编制步骤如图 6.9 所示。

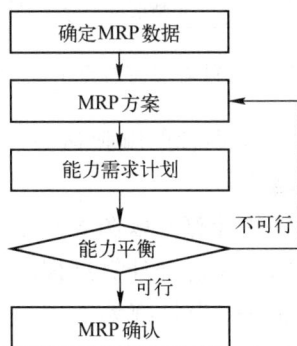

图 6.9　物料需求计划的编制步骤

2）确定物料需求计划数据

物料需求计划数据主要来源于审核确认后的主生产计划数据。物料需求计划根据主生产计划的需求，展开物料清单并编制相关需求件的计划。凡是有销售订单的计划，都可以由主生产计划集成过来。有时根据需要增加某些需求件的数量，可以通过人工直接录入到系统中，但这种方式不是主流方式。

3）物料需求计划的计算流程

物料需求计划的计算流程如图 6.10 所示。

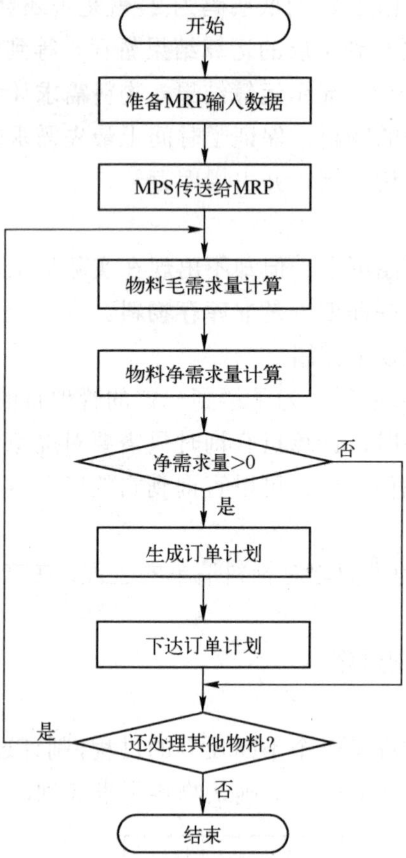

图 6.10　物料需求计划的计算流程图

下面按照图 6.10 的计算流程，举例说明编制物料需求计划的方法。

（1）单个产品物料需求计划运算

对于单个产品的物料需求计划的计算，以图 6.7 所示的产品 X 的物料清单为例，说明 X 产品到 A 物料再到 C 物料的逐级展开计算过程。为了说明问题，假定 X 产品、A 物料及 C 物料的提前期都为 1 个时段，批量都为 1，安全库存都为 0，现有库存量都为 0。

第一步：主生产计划传送给物料需求计划。这里主生产计划信息来源于确认后的主生产计划。X 产品需求数据如表 6.9 所示。

表 6.9　X 产品需求数据

时段	1	2	3	4	5	6	7	8	9	10	11	12
计划产出量			10		10		10		10		10	
计划投入量		10		10		10		10		10		

第二步：A 物料需求计算。根据各时段上 X 产品的计划投入量，触发了该时段上对 A 物料的毛需求，形成该时段对 A 物料的净需求，进而生成 A 物料计划产出量。由此可以计算出各时段上 A 物料的计划产出量和计划投入量，如表 6.10 所示。

表 6.10　A 物料的计划产出量和计划投入量

时段	1	2	3	4	5	6	7	8	9	10	11	12
计划产出量		10		10		10		10		10		
计划投入量	10		10		10		10		10			

第三步：C 物料需求计算。根据各时段上 A 物料的计划投入量，触发了该时段上对 C 物料的毛需求量，形成该时段对 C 物料的净需求，进而形成 C 物料计划产出量。由此可以计算出各时段上 C 物料的计划产出量和计划投入量，如表 6.11 所示。

表 6.11　C 物料的计划产出量和计划投入量

时段	1	2	3	4	5	6	7	8	9	10	11	12
毛需求量	20		20		20		20		20			
计划接收量	（20）		（20）		（20）		（20）		（20）			
预计可用库存量	0	0	0	0	0	0	0	0	0			
净需求量	20		20		20		20		20			
计划产出量	20		20		20		20		20			
计划投入量		20		20		20		20				

（2）多个产品物料清单运算

对于多个产品的物料清单的计算，我们以图 6.8 所示的产品 X 和产品 Y 的物资清单为例，说明 X 产品到 A 物料到 C 物料的逐级展开计算过程，以及 Y 产品到 C 物料的逐级展开计算过程。

第一步：主生产计划传送给物料清单。这里主生产计划信息来源于确认后的主生产计划。X 产品和 Y 产品的基础数据及需求数据如表 6.12 所示。

表 6.12　X 产品和 Y 产品的基础数据及需求数据

物料号	提前期	现有量	分配量	安全库存	批量	低层码	时段	当前	1	2	3	4	5	6	7
X	1	0	0	0	1	0	计划产出量 计划投入量		10	10	10	10	20	20	10
Y	2	0	0	0	1	0	计划产出量 计划投入量		20		20 20		20 20		20

第二步：A 物料需求计算。根据各时段上 X 产品和 Y 产品的计划投入量，触发了该时段上对 A 物料的需求，因为 A 物料的低层码等于计算的层次码（A 物料的 LLC=1），所以计算 A 物料的毛需求，形成该时段对 A 物料的净需求，进而生成 A 物料计划产出量和计划投入量。由于 C 物料的低层码不等于计算的层次码（C 物料的 LLC=2），因此

C 物料暂时不进行需求计算。由此可以计算出各时段上 A 物料的计划产出量和计划投入量，如表 6.13 所示。

表 6.13　　A 物料的计划产出量和计划投入量

物料号	提前期	现有量	分配量	安全库存	批量	低层码	时段	当前	1	2	3	4	5	6	7
X	1	0	0	0	1	0	计划产出量			10		10		20	
							计划投入量		10		10		20		10
Y	2	0	0	0	1	0	计划产出量				20		20		20
							计划投入量		20		20		20		
A	2	15	0	0	1	1	毛需求量								
							计划接收量								
							预计库存量	15	5	5	0	0	0	0	10
							净需求量				5		20		10
							计划产出量				5		20		10
							计划投入量		5		20		10		

第三步：C 物料需求计算。根据各时段上 A 物料和 Y 产品的计划投入量，触发了该时段上对 C 物料的需求，因为此时 C 物料的低层码等于计算的层次码，所以计算 C 物料的毛需求，形成该时段对 C 物料的净需求，进而计算出各时段上 C 物料的计划产出量和计划投入量，如表 6.14 所示。

表 6.14　　C 物料的计划产出量和计划投入量

物料号	提前期	现有量	分配量	安全库存	批量	低层码	时段	当前	1	2	3	4	5	6	7
X	1	0	0	0	1	0	计划产出量			10		10		20	
							计划投入量		10		10		20		10
Y	2	0	0	0	1	0	计划产出量				20		20		20
							计划投入量		20		20		20		
A	2	15	0	0	1	1	毛需求量								
							计划接收量								
							预计库存量	15	5	5	0	0	0	0	0
							净需求量				5		20		10
							计划产出量				5		20		10
							计划投入量		5		20		10		
C	2	40	5	10	50	2	毛需求量		30（50）		60（50）		40（50）		
							计划接收量								
							预计库存量	35	55	55	45	45	55	55	55
							净需求量		5		15		5		
							计划产出量		50		50		50		
							计划投入量		50		50		50		

（3）带有损耗率的物料需求计划运算

对于考虑成品率的物料需求计划的运算，在各时段上的计划投入量需要考虑损耗率的因素，因此物料的需求量应该加上损耗量，此时计划投入量会大于计划产出量。通常情况下，计划投入量=计划产出量×（1+损耗率），如计划产出量为 100 件，产品的损耗率为 5%，则计划投入量为 105 件。值得注意的是，实际中由于软件对损耗率的定义不同，可能有所差异，需要参考软件使用说明手册。

4）能力平衡

形成物料需求计划方案后，需要进行能力计划运算校验该计划的可执行性，形成最终的物料需求计划方案。关于能力需求计划的运算原理及其方法，读者可参见本书 6.4 节相关内容。

5）物料需求计划的确认

能力需求计划平衡后，对物料需求计划进行确认，由此企业由上往下形成了可执行的采购计划和加工计划。

6.4　能力计划

ERP 系统的出发点首先是满足客户和市场的需求，因此供需平衡成为 ERP 系统必须遵守的原则，需求由供应保证。但是，对企业而言，物料的供应在很大程度上受能力的制约，尤其是产成品和半成品的供应，因此，企业需要解决好能力资源的需求同物料需求的矛盾，这一切需要通过能力计划完成。本节介绍 ERP 系统能力计划的原理和方法。

6.4.1　能力计划概述

1．能力计划的相关概念

1）工作中心

工作中心（working center，WC）是用于生产产品的生产资源，包括机器、人和设备等，是各种生产或者加工单元的总称。工作中心属于能力的范畴及计划的范畴，而不属于固定资产或者设备管理的范畴。一个工作中心可以是一台设备、一组功能相同的设备、一条生产线，甚至是一个班组等。此外，工作中心还可以反映成本范畴的概念。

工作中心作用如下。

① 工作中心是物料需求计划与能力需求计划运算的基本单元。

② 工作中心是定义物料工艺路线的依据，因此在定义工艺路线文件前必须先确定工作中心，并定义好相关工作中心数据。

③ 工作中心是车间作业安排的基本单元。车间任务和作业进度安排到各个加工工作中心。

④ 工作中心是完工信息与成本核算信息的数据采集点。

在 ERP 系统中，对于那些生产能力的瓶颈是专门进行标识的，这样的工作中心称为关键工作中心。关键工作中心是运行粗能力计划的计算对象，主要是那些能力供应经常等于或小于能力需求的工作中心。

2）工艺路线

工艺路线是说明各项自制件的加工顺序和标准工时定额的文件，也称为加工路线。工艺路线是一种计划文件而不是工艺文件，它不说明加工技术条件和操作要求，主要说明物料实际加工和装配的工序顺序、每道工序使用的工作中心、各项时间定额及外协工序的时间和费用。

工艺路线的作用如下。

① 提供能力需求计划的计算数据。工艺路线文件中说明了消耗各个工作中心的工时定额，用于工作中心的能力运算，计算和平衡各工作中心的能力。

② 计算加工件的提前期。根据工艺文件的准备时间、加工时间和传送时间计算提前期。

③ 用于下达车间作业计划。根据加工顺序和各种提前期进行车间作业安排。

④ 用于加工成本的计算。根据工艺文件的工时定额（外协费用）及工作中心的成本费用数据计算出标准成本。

⑤ 跟踪在制品。根据工艺文件、物料清单及生产车间和生产线完工情况，生成在各个工序的加工进度的整体情况，以及对在制品的生产过程进行跟踪和监控。

3）工作日历

工作日历也称为工厂生产日历，它包含各个生产车间、相关部门的工作日历。日历标明了生产日期、休息日期和设备检修日，这样在进行主生产计划与物料需求计划的运算时会避开休息日。不同的分厂、车间及工作中心因为生产任务不同、加工工艺不同而受不同的条件约束，因而可能会设置不同的工作日历。

2．能力计划及其作用

能力计划是指根据物料需求计划中的加工件的数量和需求时段，在各自工艺路线中使用的工作中心及占用时间，对比工作中心在该时段的可供能力，生成能力计划报表。

能力计划需要回答以下几个问题。

① 生产什么？生产多少？何时生产？

② 使用哪些工作中心？工作中心负荷是多少？

③ 工作中心可供能力是多少？

④ 分时段的能力需求情况如何？

在解决上述问题的基础上，根据供应和需求进行平衡、校验，最终形成企业可行的能力计划。

3．能力计划分类

能力计划伴随着物料计划是一个由宏观到微观、由粗到细、由远至近分阶段运行的过程。在 ERP 系统中，能力计划通常分为粗能力计划（rough-cut capacity planning，RCCP）和能力需求计划（capacity requirement planning，CRP）。

粗能力计划是一种计算量比较少，比较简单粗略、快速的能力计划方法。通常只考虑关键工作中心及相关工艺路线。

能力需求计划是根据准备下达或已经下达和未结订单的任务进行的能力计划方法。通常要考虑全部相关的工作中心和工艺路线，按时段核查能力，有无超负荷或任务不足，能否满足需求的计划。

6.4.2 粗能力计划

1．粗能力计划的含义

粗能力计划是对关键工作中心的能力进行运算而产生的一种能力需求计划，它的计划对象只针对设置为"关键工作中心"的工作能力。

粗能力计划的运算与平衡是确认主生产计划的重要过程，未进行粗能力计划平衡的主生产计划是不可靠的。尽管主生产计划的计划对象是最终产品，但都必须对下层物料所使用到的关键资源和工作中心进行确认和平衡。

2．粗能力计划的编制步骤

粗能力计划的编制步骤如图 6.11 所示。

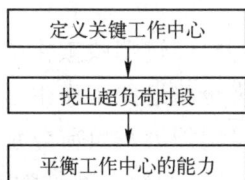

图 6.11 粗能力计划的编制步骤

（1）定义关键工作中心

首先需要定义关键工作中心，建立起关键工作中心的资源清单。资源清单主要包括各种计划产品占用关键资源的负荷时间（工时、台时），同时列出关键工作中心的能力清单进行对比。资源清单的建立有以下两种方式。

① 直接维护主生产计划对象的物料资源清单，说明完成该物料全过程加工所用的关键工作中心和占用关键工作中心资源情况。只有当能力发生改变时再进行修改和维护工作，该方法一般在小型的 MRPII 或 ERP 系统中使用。

② 在工艺路线中维护物料的占用资源和消耗资源，再根据工艺路线生成主生产计划对象物料的资源清单，同时根据相关的变动情况加以维护。一般的 ERP 系统都采取这种方法。

（2）找出超负荷时段

确定某工作中心的各具体时段的负荷与能力，找出超负荷时段。

（3）平衡工作中心的能力

确定各时段的负荷是由哪些物料引起的，各占用的资源情况如何，然后平衡工作中心的能力，同时要总体平衡主生产计划最终产品的各子件的进度。

6.4.3 能力需求计划

主生产计划是否可行是通过粗能力计划进行校验的，但是当主生产计划确定后，生成的物料需求计划是否可以执行、是否能最终保证生产计划切实可行，这些问题的回答需要能力需求计划来解决，本节介绍能力需求计划的理论与方法。

1. 能力需求计划的含义

能力需求计划是指对各生产阶段、各工作中心（工序）所需的各种资源进行精确计算，得出人力负荷、设备负荷等资源负荷情况，并做好生产能力与生产负荷的平衡工作，制订出能力需求计划。

能力需求计划用来检验物料需求计划是否可行，以及平衡各工序的能力与负荷。它根据物料需求计划和企业现有能力进行运算，根据各工作中心能力负荷状况判断计划的可行性。因此，该过程是考虑所有加工物料在工艺路线上所有工作中心上的能力与负荷情况，以便决定如何调整生产计划。

2. 能力需求计划的作用

能力需求计划主要作用如下。

① 在一定计划时段内，各种物料经过哪些工作中心进行加工？

② 各工作中心的可用能力是多少？这些工作中心的负荷是多少？

③ 各工作中心的各个时段的可用能力与负荷分别是多少？

能力需求计划与粗能力计划的功能相似，都是为了平衡工作中心的能力与负荷，保证计划的可行性。但两者之间又有区别，如表 6.15 所示。

表 6.15　粗能力计划与能力需求计划的区别

对比项目	粗能力计划	能力需求计划
计划阶段	MPS 制订阶段	MRP 制订阶段
能力计划对象	关键工作中心	全部工作中心
负荷计划对象	最终产品或独立需求物料	相关需求物料
订单类型	计划及确定的订单（不含已下达的订单）	全部订单（含已下达的订单）
提前期	以计划周期为最小单位	物料开始、完工时间，精确到天或小时
使用的工作日历	企业工作日历或工作中心日历	工作中心日历

3. 能力需求计划的分类

能力需求计划按照编制的方式可分为无限能力计划和有限能力计划。

1）无限能力计划

无限能力计划是在做物料需求计划时不考虑生产能力的限制，而是对各个工作中心的能力与负荷进行计算，得出工作中心的负荷情况，产生能力报告。当负荷大于能力时，对超负荷的工作中心进行负荷调整，采取的措施有加班、转移负荷工作中心、采用替代加工级别、替代工序、外协加工或直接购买。若这些措施都无效，只有延长交货期或取消订单。

2）有限能力计划

有限能力计划认为工作中心的能力是不变的，计划的安排按照优先级安排，先把能力分配给优先级高的物料，当工作中心负荷已满时，优先级别低的物料被推迟加工，即订单被推迟。该方法计算出的计划可以不进行负荷与能力平衡。现行的多数 ERP 系统均采用这种方式，体现了企业以市场为中心的战略思想。

4．能力需求计划的编制步骤

能力需求计划的编制步骤如图 6.12 所示。

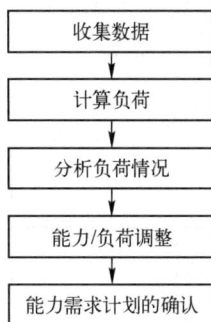

```
┌──────────────┐
│   收集数据    │
└──────┬───────┘
       ↓
┌──────────────┐
│   计算负荷    │
└──────┬───────┘
       ↓
┌──────────────┐
│  分析负荷情况 │
└──────┬───────┘
       ↓
┌──────────────┐
│  能力/负荷调整 │
└──────┬───────┘
       ↓
┌──────────────┐
│ 能力需求计划的确认 │
└──────────────┘
```

图 6.12 能力需求计划的编制步骤

1）收集数据

能力需求计划输入数据的主要来源有以下 3 个方面。

① 来自物料需求计划的订单任务，说明要加工什么？数量多少？何时加工？

② 来自工艺路线的工序信息，说明完成物料需求计划的任务要用到哪些工作中心？占用工作中心的时间是多少？

③ 来自工作中心的信息，并结合工作中心的工作日历，考虑工作中心的停工及维修等非工作日，确定各工作中心在各个时段的可用能力。

2）计算负荷

能力需求计划在计算时，要把物料需求计划的物料需求量转换为负荷小时数，即把物料需求转化为对能力的需求。

工作中心加工物料的负荷计算方法如下。

负荷=物料产量×占用该工作中心的标准时间，若能力-负荷≥0，则满足加工要求；若能力-负荷<0，则不能满足加工要求，说明能力不足。

计算负荷时，将所有的任务单分派到有关工作中心上，然后确定每道工序的负荷，每道工序在每个工作中心上的负荷，按计划周期计算每个工作中心负荷，以及计算每道工序的开工日期和完工日期，最后将负荷与能力数据进行比较，得出工作中心负荷和能力之间的对比，以及工作中心的利用率。

3）分析负荷情况

能力需求计划指出了工作中心的负荷情况及存在的问题。导致问题的原因是多种多样的，有主生产计划阶段的问题，也有物料需求计划阶段的问题，也有工作中心和工艺路线的问题等。对每个工作中心都需要进行具体的分析和检查，明确导致问题的原因，以便正确解决问题。

4）能力/负荷调整

根据负荷情况的分析，进行能力或负荷的调整，尽可能满足需求。

5）能力需求计划的确认

经过反复的分析和调整后，将确定的调整措施的有关修改数据重新输入到系统中。通过反复的平衡和调整，能力和负荷达到平衡时即可确认能力需求计划，正式下达任务单。能力需求计划的编制过程如图 6.13 所示。

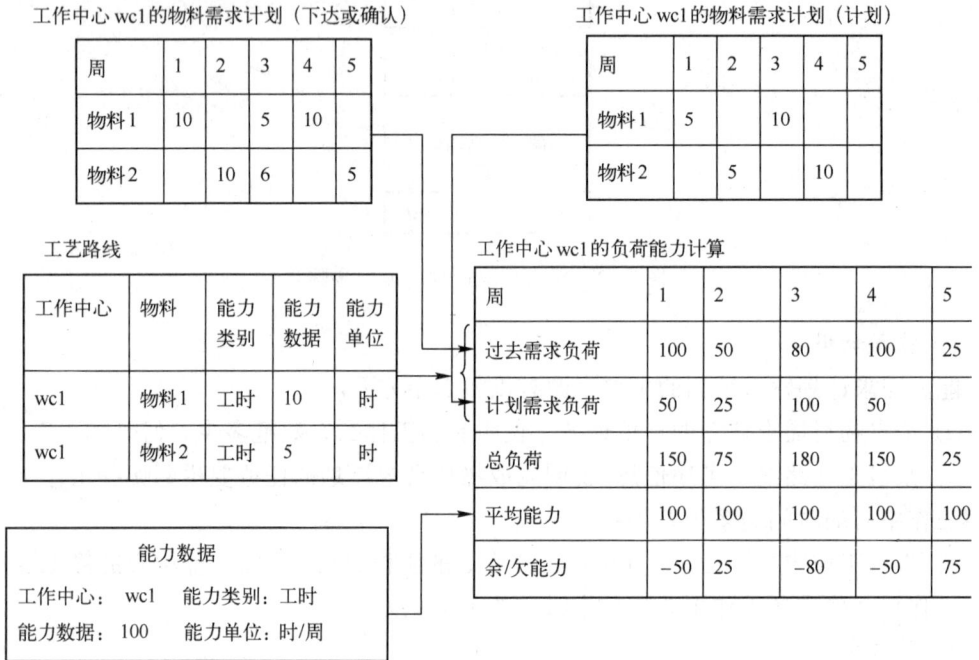

工作中心 wc1 的物料需求计划（下达或确认）

周	1	2	3	4	5
物料 1	10		5	10	
物料 2		10	6		5

工作中心 wc1 的物料需求计划（计划）

周	1	2	3	4	5
物料 1	5		10		
物料 2		5		10	

工艺路线

工作中心	物料	能力类别	能力数据	能力单位
wc1	物料 1	工时	10	时
wc1	物料 2	工时	5	时

工作中心 wc1 的负荷能力计算

周	1	2	3	4	5
过去需求负荷	100	50	80	100	25
计划需求负荷	50	25	100	50	
总负荷	150	75	180	150	25
平均能力	100	100	100	100	100
余/欠能力	-50	25	-80	-50	75

能力数据

工作中心：wc1　　能力类别：工时
能力数据：100　　能力单位：时/周

图 6.13　能力需求计划的编制过程

5．能力或负荷调整

经过能力需求计划的分析后，如果能力与负荷不平衡，则需要进行调整。能力和负荷调整的方式主要有调整能力、调整负荷、同时调整能力和负荷。其中调整能力的方法有加班、增加人员和设备、提供工作效率、更改工艺路线及增加委外等；调整负荷的方法有修改计划、调整生产批量、推迟交付期、撤销订单、减少准备时间及交叉作业等。

6.5　车间作业控制

车间作业控制（production activity control，PAC）是对生产车间的管理工作，它涉及生产加工计划的执行、现场物料管理、人员管理和质量控制等。在 ERP 系统中，车间作业控制处于计划执行层，确保按时、按质、按量与低成本地完成加工制造任务。

6.5.1 车间作业控制概述

1．车间作业控制含义

车间作业控制是指在物料需求计划所产生的加工制造订单基础上，按照交货期的前后和生产优先级选择原则，以及车间的生产资源情况，将零部件的生产计划以订单的形式下达给适当的车间。在车间内部，根据零部件的工艺路线等信息制订车间生产的日计划，组织日常的生产。同时，在订单的生产过程中，实时采集车间生产的动态信息，了解生产进度，发现问题及时解决，尽可能使车间的实际生产接近计划。

车间作业控制处于 ERP 系统中的层次中的最底层，属于计划的执行层。因此，车间作业控制只是执行计划，不能改动计划。它控制生产作业在执行中不偏离主生产计划或物料需求计划，如果出现偏离，则需要采取措施及时纠正偏差，如果无法纠正则需要将信息反馈到计划层。

2．车间作业控制的业务处理流程

车间作业控制的业务处理流程如图 6.14 所示。

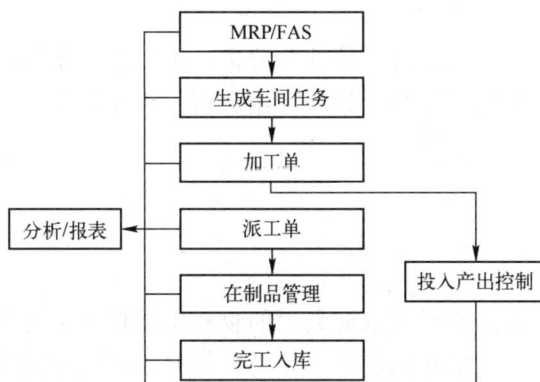

图 6.14　车间作业控制的业务处理流程

具体来说，车间作业控制的工作步骤如下。

（1）按物料需求计划（或 FAS）生成车间任务

车间接收的物料需求计划订单是生产计划员根据理想状态制订的，在投放前要仔细核实车间的实际情况，只有在物料、能力、提前期和工具都齐备的条件下才可以下达生产订单。

（2）生成各工作中心的加工任务与进行作业排序

工作中心的加工任务也称为工作中心进度表，工作中心进度表是根据工作中心正在加工的情况、已经进入该工作中心的情况，以及上道工序的加工情况，做出工作中心的任务计划，来控制生产过程中任务的流动和优先级的。它说明了在某个工作中心将要或正在生产什么订单的物料，已完成的数量和未完成的数量，计划生产准备和加工时间与订单的优先级。

（3）下达生产指令、进行生产调度、生产进度控制与生产作业控制

常见的生产指令有生产加工单和派工单。生产进度控制贯穿了整个生产过程，包括投入进度控制、工序在制进度控制和产出进度控制等。生产控制活动在制造业的生产管理中占据非常重要的位置。车间生产管理人员的大部分工作都在从事生产的控制活动。生产计划一旦下达并实施，生产制造的控制活动就同时开始运作。生产控制的主要内容是进度控制、质量控制、车间物流控制与成本控制。

（4）能力的投入产出控制

调度与控制投入产出的工作量，同时控制排队时间、提前期和在制品库存，保持物流平衡、有序。

（5）在制品管理

由于物料占用了企业的大量资金，是生产成本的主要构成部分，车间必须对车间原材料、半成品及成品加以严格的管理，要有科学合理的管理方法。对车间物料要定期组织盘点，对盘盈或盘亏的物料和在制品在得到有关部门确认后要及时进行调整，并要总结分析加以预防控制。

（6）统计分析

对车间生产过程的各种信息进行统计与分析，用以改进车间管理工作。统计分析的数据有进度分析、在制品物流分析、投入产出分析、工作效率分析、车间成本分析及车间人员考勤分析等。

6.5.2 车间工作任务

1. 车间任务建立

建立车间任务就是要把物料需求计划中的物料制造任务下达给车间。一般来说，由于企业的不同车间都可以完成相同的加工任务，而且不同的车间可能会有不同的加工工艺路线，因而必须把物料需求计划明确下达给某个车间加工，当然也允许同一个物料需求计划分配给不同的车间。车间任务可以由物料需求计划自动生成，也可以由手工建立或进行物料需求计划任务分配。

车间任务建立确认后，要对任务的物料再次进行落实，也就是对车间任务进行物料分配，完成物料分配后就可以下达任务，确保任务的执行。

2. 计划指令

无论是计划指令或反馈信息，都是以物料或以工作中心为对象的。就计划指令而言，面向物料的是加工单，面向工作中心的是派工单。

在建立车间工作任务后，系统生成该任务的工序作业计划，即面向物料的加工说明文件（加工单）。它用来说明某任务的加工工序、工作中心、工作进度及使用的工装设备等。

派工单是说明某时段工作中心的加工任务与各任务优先级别的文件。它说明哪些工件已经到达，正在排队，应当什么时间开始加工，什么时间完成，加工单的需用日期是哪天，计划加工时数是多少，完成后又应传送给哪道工序。它还说明哪些工件即将到达，

什么时间到，从哪里来。

3．作业排序

派工单上加工的优先级一般是按照供需开始日期的顺序排列的，而工序开始日期又是以满足加工单要求的完成日期或需求日期为基准的。多数情况下二者的优先顺序是一致的，但是也可能有例外，比如某个工件的工序加工时间很短，虽然开始日期在前，但即使略推后也不会影响加工的需求日期。确定优先级主要考虑订单完成日期、至完成日期剩余的时间和剩余的工序数。当在提前期上出现矛盾时，可以参考以下 3 种常用确定优先级的方法来判断。

1）紧迫系数（critical ratio，CR）

$$CR=（需求日期-今日日期）/剩余的计划提前期$$

其中：CR<0，说明已经拖期；

CR=1，说明剩余时间刚好够用；

CR > 1，说明剩余时间有富裕；

0≤CR < 1，说明剩余时间不够用。

显然，CR 值小者优先级高。一个工件完成后，其余工件的 CR 值会有变化，应随时调整。

2）最小单个工序平均时差（least slack per operation，LSPO）

$$LSPO =（加工件计划完成日期-今日日期-尚需加工时间）/剩余工序数$$

其中：LSPO 值越小，剩余未完工序可分摊的平均缓冲时间越短，优先级越高。

3）最早订单完成日期（earliest due date，EDD）

完成日期越早的订单优先级越高。

4．反馈信息

反馈信息的体现形式主要有工序跟踪报告和完工报告。工序跟踪报告是针对物料的报告，也称为加工执行状况报表或工序状态报告；完工报告的信息有基本信息、时间信息和数量信息。

5．常用调度措施

在需要压缩生产周期的情况下，一般 ERP 系统提供的处理方法有平行顺序作业，加工单拆分，压缩排队、等待和传送时间，替代工序或改变工艺等。

1）平行顺序作业

平行顺序作业说明了约束理论的一条原则：传送批量可以不等于甚至多数情况下不等于加工批量。平行顺序作业可以缩短加工周期，但是传送次数增加了，搬运费用会相应增加。如果增加了搬运成本，但是却缩短了交货期，按照约束理论也就是增加了"有效产出"，增加了利润，这才是企业追求的目标。

2）加工单拆分

加工单拆分就是把原来一张加工单加工的数量分成几批，由几张加工单来完成，以缩短加工周期。每批的数量可以不相同。

这一措施只有在几组工作中心能完成同样的工作时才有可能。每组工作中心都需要有准备时间，这就使准备时间增加了。此外，还可能需要几套工艺装备，成本也会增加。有时，上道工序由一组工作中心完成，下一道工序分为由两组不同的工作中心加工，然后又由一组工作中心来完成第3道工序。这种分合交替的作业经常会发生。有时还可能把一部分数量拿出去外协。如果拆分是部分外协，系统将会自动生成采购作业订单。

3）压缩排队、等待和传送时间

通常系统提供人为设定和系统按设定的比例压缩两种基本处理方式，减少这类非增值作业，需要有相应的管理措施。

4）替代工序或改变工艺

由于设备临时出现故障或类似原因，暂时由一个看来并不合理、加工成本较高但依然可以保证质量的工艺来完成。

6.5.3　投入产出控制

投入产出控制是衡量能力执行情况的一种方法。投入产出报告是一个计划与实际投入，以及计划与实际产出的控制报告，其计算主要生成的是某一时段内各工作中心的计划投入工时（台时、能力标准）和计划产出工时（台时、能力标准）等信息。投入产出报告具有以下两方面的作用。

① 通过报告来计划和控制排队时间和提前期。投入产出报告要用到的数据有：计划投入、实际投入、计划产出、实际产出、计划排队时间、实际排队时间、投入产出时数的允差等，这是一种需要逐日分析的控制方法。

② 通过报告分析物料流动和排队情况。排队时间相当于已经下达了订单但尚未完成的"拖欠量"，排队时间的变化可以用公式表示如下：

$$时段末的排队时间=时段初的排队时间-产出量 + 投入量$$

如果减少排队时间，就必须使产出量大于投入量。永远不要投入超过工作中心能力的工作量。当拖欠量增大时，不加分析地用延长提前期的办法，过早地下达过多的订单，增加投入只会增加排队时间，积压更多的在制品，人为地破坏优先级，从而造成更多的拖欠量。

📖 本章小结

本章基于企业资源计划的业务处理流程，探讨了生产管理的理论与方法。

主生产计划是 ERP 系统的一个重要计划层次，它处于 ERP 系统五个计划层次的第三层，起着由宏观计划到微观计划过渡的桥梁作用。主生产计划的计划对象主要是最终产品，其最终方案的确定一定需要经过粗能力计划的校验。

物料需求计划是 ERP 系统的重要组成部分，它处于 ERP 系统的五个计划层次的第四层，属于管理层计划。物料需求计划是主生产计划需求的进一步细化，也是实现主生产计划的保证和支持。物料需求计划的可执行性需要经过各种能力约束的检验、平衡，最终结果应该是可以执行的计划。

能力计划是制订可行的主生产计划和物料需求计划的基本保证。在 ERP 系统中，能力计划伴随着物料计划，是一个由宏观到微观、由粗到细、由远到近分阶段运行的过程。能力计划通常分为粗能力计划和能力需求计划。粗能力计划通常只考虑关键工作中心及相关工艺路线；能力需求计划是对各生产阶段、各工作中心（工序）所需的各种资源进行精确计算。

车间作业控制处于 ERP 系统的计划执行层，它是对生产车间的管理工作，涉及生产加工计划的执行、现场物料管理、人员管理和质量控制等，确保按时、按质、按量与低成本地完成加工制造任务。

问题讨论

1. 时区对计划有哪些影响？
2. 什么是主生产计划？主要解决什么问题？
3. 主生产计划的作用是什么？
4. 什么是物料需求计划？它主要是解决什么问题？
5. 简述物料需求计划处理逻辑流程。
6. 什么是 RCCP？它作用是什么？RCCP 是如何计算的？
7. 什么是 CRP？它的作用是什么？CRP 是如何计算的？
8. 当能力与负荷出现不平衡时，该如何处理？
9. 车间作业控制处于 ERP 系统计划的什么层次？
10. 车间的投入与产出有什么作用？如何控制？请解释能力的投入产出与车间物流的关系。

第 6 章　生产管理

第 7 章   采购与库存管理

本章引言

采购与库存管理是 ERP 系统的基本模块，其中采购管理模块主要实现由物料需求计划产生的采购计划进行从采购订单开始到收到货物全过程的管理；库存管理模块主要实现对企业物料的进、出、存进行管理，它是物料需求计划模块的重要信息来源。本章将介绍 ERP 系统中采购与库存管理的理论和方法。

本章重点

◆ 采购管理

◆ 库存管理

◆ 库存控制策略

7.1 采购管理

采购管理在企业经营管理中占据非常重要的位置，在 ERP 系统中，通过实行合理的采购流程管理，可以使企业实施有效的计划、组织和控制采购管理活动，合理选择采购方式、采购品种、采购批量、采购频率和采购地点，以有限的资金保证经营活动的有效开展，从而降低企业成本、加速资金周转和提高企业经营质量，保证供应链的协同运作，提高供应链竞争力。

7.1.1 采购管理概述

1. 采购管理的含义

采购管理主要是为企业提供生产和管理所需要的各种物料，就是对采购业务——从采购订单产生到货物收到的全过程进行组织、实施与控制。

对于企业来说，必须采购物料才能进行生产，生产订单的可行性在很大程度上要靠采购作业来保证，因此企业的采购部门必须适时、适量、适质、适价地完成采购任务，为生产部门提供生产所需要的原材料或外加工件。此外，由于物料的价值和费用在很大程度上影响产品的成本，因此采购作业管理直接影响着库存价值。大量物料库存积压，意味着物料的库存成本增加，资金占用增加，所以降低材料成本，提高采购作业的质量成为每个企业所追求的目标。

采购管理应实现如下目标：

① 在需要的时间和地点向需要的部门提供符合要求的物料；

② 以最经济合理的价格获得上述物料；

③ 物料的来源应该是稳定和可靠的；

④ 尽量缩短采购周期和降低库存，减少库存成本。

2．采购管理的任务

企业所属行业和生产类型不同，采购形式也多种多样，但采购管理的主要任务是相同的，主要包括以下 7 项。

① 有效管理供应商。首先需要对供应商进行分类管理，建立和维护供应商档案信息，建立长期稳定的采购渠道。其次，需要评估供应商的供货能力，对供应商在交付时间、质量和价格等方面进行评价，取消不合格供应商的供货资格，在供应商档案中增加审查合格的供应商。

② 对采购价格进行严格管理，降低采购成本。

③ 采购订单管理。根据物料需求计划制订采购计划，根据采购计划选择供应商，并下达采购订单，从而既保证生产的顺利进行和向客户的及时交付，又保持较低的库存，降低成本。

④ 采购订单跟踪。采购员发出采购订单后，为了保证订单按期、按质及按量交货，要对采购订单进行跟踪检查，控制采购进度。

⑤ 验收货物。采购部门要协助库存与检验部门对供应商来料进行验收，按需收货，不能延期也不能提前，平衡库存物流。

⑥ 接收供应商开具的采购发票，进行采购结算，并将结算单转给财务部门记账和及时支付货款。

⑦ 进行采购订单执行情况分析。对采购作业情况进行统计分析，维护采购基础数据，如采购提前期、订货批量等。

3．采购管理的业务流程

采购管理工作主要由企业的采购管理部门完成。采购部门是企业物流的主要部门，也是企业物资的重要入口部门，它与企业的其他部门有密切的业务关联。采购管理的业务流程如图 7.1 所示。

图 7.1　采购管理的业务处理流程图

① 制订采购计划。根据物料需求计划形成采购计划交采购部门，并依据采购计划生成用款计划交财务部门。

② 采购订单管理。根据采购计划编制（或生成）采购订单，并向供应商发出采购订单（合同）。

③ 采购到货管理。供应商按计划来料，仓库部门根据订单（采购计划）收料，安排检验，合格后办理入库业务。

④ 采购结算。材料办理入库后，入库单据提交财务部门，并根据发票形成应付账款。

4. 采购管理模块与其他功能模块的联系

采购管理功能的实现，需要与其他相关功能模块进行信息的输入与输出，采购管理模块与其他功能模块的联系如图 7.2 所示。

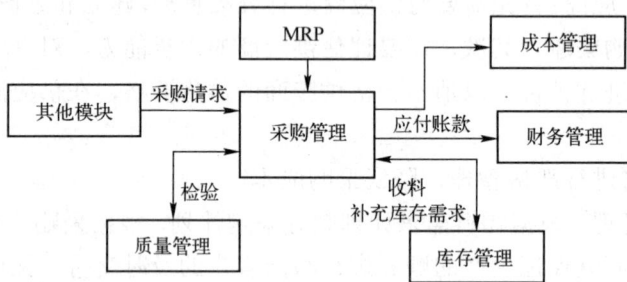

图 7.2　采购管理模块与其他功能模块的联系

可见，采购管理模块与物料需求计划、库存、应付账款管理和成本管理等功能模块有密切关系。由物料需求计划、库存等的需求产生采购需求信息；采购物料收货检验后直接按分配的库位自动入库；物料的采购成本计算和账款结算工作则由成本与应付账款子系统完成。

7.1.2　供应商管理

供应商管理是采购管理的基本工作之一，对供应商的管理主要涉及供应商的基础信息、供应商的评估、供应商的选择、供应商的计划和供应商谈判等内容。

1. 供应商的基础信息

供应商的基础信息包含的主要内容有供应商代码、名称、地址、电话，可供商品代码、名称、规格、价格、批量要求、付款条件、货币种类、发货地点、运输方式，以及供应商的业绩、履约情况等。

2. 供应商的评估

随着质量管理观念与水平的不断发展，产品从以事后检验为重点转移到以事前预防控制为重点的工作上来。产品从设计开发开始就纳入全面的质量管理过程。而产品原材料的质量直接影响着产品的生产、制造质量水平。因此，现代企业对供应商的管理进而纳入了规范、科学的管理过程。

现代管理认为，供应链管理成为关系企业生存和发展的关键。供应商评估则是其中一个重要环节，是供应链合作关系正常运行的基础和前提条件。在实际工作中，企业往往会有一定的工作重点。有的侧重于交货期，有的侧重于产品质量，有的侧重于供应商的资金能力等。但总的来说，评估供应商主要着重于对它们的技术、质量、交货、服务、成本结构和管理水平等方面的能力进行综合评定。

从质量管理的角度看，对供应商评估应该考虑以下 4 个方面。

① 对供应商进行基本情况调查。评定资料应包括该供应商的质量供应能力、供货及时性、财力状况，以及对质量问题处理的及时性等信息。

② 对供应商进行管理体系审核和保证能力评估。企业可选派有经验的审核员或委托有资格的第三方审核机构对供应商进行现场审核和调查。

③ 样品鉴定与验审。企业应对新开发的供应商提供的样品进行鉴定与验审。对样品的鉴定应有标准，这个标准可以是与国家标准、行业标准、国家强制性要求相一致的企业标准，也可以直接采用国家标准、行业标准等。

④ 供应商的确定。经过调查、论证、开发样品及小批试用等过程的选择，符合企业要求的即为备选的、合格的供应商。

3．供应商的选择

供应商处于企业供应链的供应端，从这种意义上说，供应商也是企业资源之一。供应商信息是采购管理的必要信息，采购管理中提供的这部分信息，可以为采购员及采购业务的管理者进行采购决策和建立采购订单提供及时、准确的数据。应该说，采购部门掌握越多的供应商，企业的供应来源就越丰富。

当然，供应商多但并不一定优，现代企业管理的管理思想已经趋向于"企业与供应商是合作关系"或"合作伙伴"的关系。一般来说，企业在考虑选择供应商时有三个要素：价格、质量和交货期。传统的企业与供应商的关系是一种短期的、松散的、竞争对手关系，这种关系容易产生价格上的波动、质量上的不稳定及供货期的不可靠等现象。

现代企业管理者们已经意识到供应商对企业具有重要意义，并采取了以下措施：将建立和发展与供应商的关系视作企业整个经营战略的重要部分，与供应商共同分析成本与质量因素，并向供应商提供技术支持。特别是在 JIT 的生产模式下，要求供应商在所需时刻按所需数量提供优质产品。因此，在 JIT 的方式下这种合作关系需要更加稳定、可靠。

ISO 9000 质量保证与管理体系，要求企业对供应商必须进行评估，并向供应商提供全部的质量与技术要求，帮助供应商进行质量改善。这本身也体现了企业与供应商的合作关系。但企业对供应商过于依赖也容易产生供应商缺乏竞争力的现象，并且企业的风险也会增加。一般来说，企业对每种物料的供应至少要保持两家供应商才较为合适。当然企业要根据自身的特点与市场的环境制订合作的策略。

4．供应商计划

按现代企业的经营观点，企业同供应商的关系不再是讨价还价的关系，而是一种合作伙伴关系，双方建立比较长期的供求协定，互惠互利。按照滚动计划的方法，近期的采购条件比较具体详细，远期的条件可以比较笼统，但有一个控制范围，把长期协定（半年至一年）和短期合同（月）结合起来，一次签约，分期供货。这就是所谓采购计划法或称供应商调度。

供应商计划也是 ERP 系统的一部分，用来维护采购订单的有效日期。使用物料需求计划能很容易地向供应商提供一份 6~12 个月的采购计划,而且在物料需求计划环境下,定期更新这些计划从而保持这些计划的有效性也是不成问题的。

即使一个企业不做供应商计划，它的供应商也要做超出它所报的提前期的计划。只不过这样的计划基本上是基于预测，可能很不准确。有了供应商计划，供应商可以提前看到尚未下达的计划采购订单。这使得供应商可以提前做好物料和能力的准备，一旦订单下达，则可以更好地履行计划。通常，可以把供应商计划的展望期分为以下 3 个时域。

① 在最近的第 1 时域中，是已经下达的采购订单。

② 在稍远一些的第 2 时域中的订单，在数量和日期上可能还会有些微调。

③ 在第 3 时域中的计划订单仅仅向供应商提供参考信息。

3 个时域的划分对于不同的公司、不同的供应商和不同的物料都会有很大的不同。但是基本的思想是一样的。

采购计划示例如图 7.3 所示。

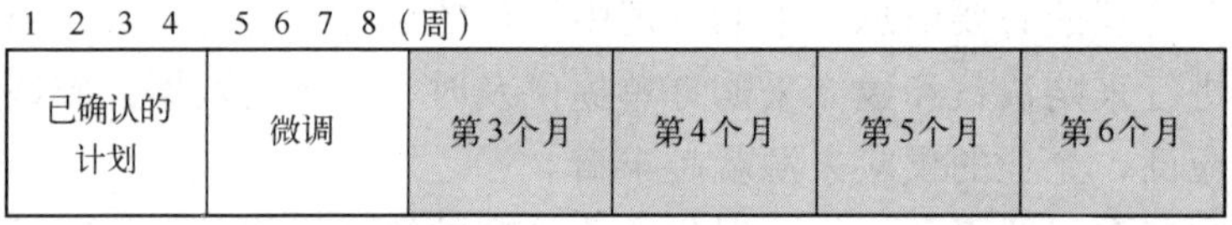

1 2 3 4	5 6 7 8 （周）				
已确认的计划	微调	第3个月	第4个月	第5个月	第6个月

图 7.3　采购计划

图中，最初的一个月（第 1 时域）以周为时区，其数量已经确定。供应商要确保每周提供这些物料。第 2 个月（第 2 时域）仍以周为时区，其数量还可以有细微的调整，但不能取消。对任何取消物料需求的计划改变，供应商将不承担所造成的损失。以后的 4 个时区（第 3 时域）按月表示，每个月包括 4 周（有的月是 5 周），在这些时区内，采购员仅要求供应商确认有能够满足采购需求的物料和能力。

这份逐步按时区展开的计划可以看作一个采购订单的发放计划。其中包括了已经向供应商下达的采购订单，而且向前看，超出供应商所报的提前期，显示了未来的计划采购订单。这使得供应商能够看到未来的需求，从而可以提前做好准备。

如果使用这种方法来处理和供应商之间的业务联系，那么，当供应商声明提前期从 6 周增加到 8 周时，则无须向供应商提供新的信息。因为已经提供了 6 个月甚至更长的采购计划，远远超过了供应商所报的提前期。

5. 供应商谈判

使用了 ERP 系统，对采购工作来说，最大的改善将出现在供应商谈判、价值分析和降低采购成本方面。物料需求计划系统所产生的计划采购订单信息说明了应当采购什么，以及什么时候采购，而每次运行物料需求计划这些信息都会得到更新。这些信息可以作为供应商谈判、价值分析和降低采购成本等工作的基础。通常的做法是把这些信息提取出来，做成一份供应商谈判报告。报告中显示未来一个季度、半年或一年的计划采购订单。根据这样的报告，采购员可以更好地关注采购费用多的物料，以及价格差异大的物料。

7.1.3 采购订单管理

采购管理中重点工作之一是采购订单的管理。采购订单并不等同于采购合同，它反映了企业对供应商的具体供货要求，对采购订单的管理是采购管理中的重要环节。

1．采购订单的处理流程

采购订单的处理流程如图 7.4 所示。

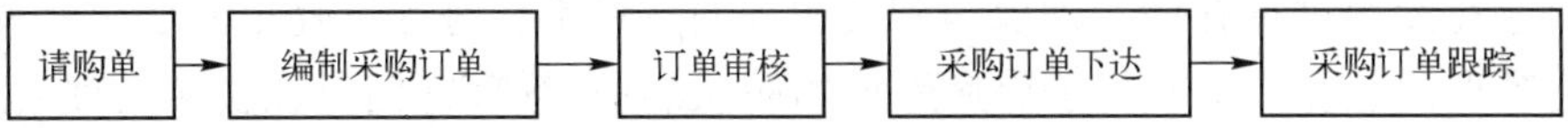

```
请购单 → 编制采购订单 → 订单审核 → 采购订单下达 → 采购订单跟踪
```

图 7.4 采购订单的处理流程

根据采购请购单或采购计划编制（生成）采购订单，然后对订单进行审核确认并将采购订单副本送交供应商，进一步对采购订单进行跟踪，查询供应商加工进展情况，控制采购速度，从而保证按期、按质和按量交货。

2．采购订单的管理功能

采购订单管理提供了输入、修改和跟踪采购订单信息，以及选择供应商等功能。

1）接受物料需求或采购请购

请购是指需求单位当有物料需求时，向采购部门提出请购的请求。在生产企业中，请购作业一般由计划人员来做，也有的企业设有专门的主管部门来负责。

请购单根据来源的不同，可以分为多种。一是由物料需求计划生成而来，这些物料都包括在产品的物料清单中，根据物料清单中的材料用量与销售订单或者生产计划的产品数量，计算出需求；二是根据安全库存模型，计算出来的库存补货单，这一般由仓库人员开立；三是一般请购，即没有来源的临时性物料需求。

一般来说，需求人员在开立请购单时，只需要关心如下问题：一是需要什么物料；二是需要多少；三是什么时候需要。向谁购买、以什么价格购买一般都不是他们需要关注的问题，这些问题采购员会解决。

2）选择供应商

选择供应商和安排交货方式是采购部门的职能，采购部门可以根据对供应商评价和对供应商报价分析等方面选择供应商。

3）下达采购订单

选择供应商后，可以编制采购订单并下达给供应商。这要求采购人员必须把物料的质量、数量及交货时间的要求准确无误地下达给供应商。

4）订单跟踪

采购订单发给供应商后，采购部门（采购人员）为了保证订单按期、按质和按量交货，往往需要对采购订单进行跟踪和催货。订单跟踪是对采购订单进行的例行追踪，以便确保供应商能够履行对货物发运的承诺。如果发生了问题，采购方就需要及时了解，以便采取相应的行动，避免影响企业正常的运营。催货是对供应商施加压力，使其履行最初所作出的发运承诺，提前发运货物或者加快已经延迟的订单所涉及的货物的发运。如果供应商不能履行合约，采购方会威胁取消订单或以后可能的交易。

7.1.4　采购到货管理

采购到货是采购订货和采购入库的中间环节。到货管理的基本目的是确保所采购的物料已经实际到达，以及检验到达的物料是否完好无损，确保收到所订购的物料数量，并将物料送往库房进行存储，确保与到货相关的文件都已进行了登记并送交有关人员。

到货管理的职能应该独立于库房管理的职能。到货管理部门可以直接处理采购订单，并将其与供应商送到的物料进行核对，对送到的物料进行独立清点并编制报告。清点过程可以使用独立盘点或盲点。盲点即清点货物的人员事先不知道采购订单上的采购数量，这样的方法可以使清点人员只能通过实物清点得到收货物料数量，而不可能仅仅从采购订单上抄袭有关数据。监督人员将盲点所得数量与采购订单上的采购数量进行核对后，可以编制相应的收货报告。收货报告的副本应该传递给相关部门供继续处理业务使用。

如果供应商很可靠，到货管理过程可以可省略。例如，很多日本企业与它们的供应商之间就可以做到货到无检验，直接送到生产线。

7.2　库存管理

库存是企业生产经营的基础，对企业而言，以较低的成本保证较高的供货率，不仅在理论上是成立的，而且在实践方面也是完全可以达到的，本节介绍库存管理的理论及方法。

7.2.1　库存管理概述

1．库存管理的含义

在 APICS（American Production and Inventory Control Society，美国生产与库存管理协会，现改名为美国运营管理协会）词汇中对库存的定义为：以支持生产、维护、操作和客户服务为目的而存储的各种物料，包括原材料和在制品、维修件和生产消耗、成品和备件等。

库存管理是指与库存物料相关的计划和控制活动，它主要是根据企业的生产经营计划，使物料管理工作标准化和高效化，实现降低库存成本和提高供货率。库存管理是企业物料管理的核心，其工作应该包括物料的存储、收发、使用、计划与控制等相关的各个方面的管理活动。

2．库存的分类

企业为了实现对库存物料的细化管理，需要针对不同物料采取不同库存管理策略，这也促使企业对库存物料进行分类管理。常见的库存物料分类方法有以下 4 种。

① 按照物料价值划分为贵重物料和普通物料。

② 按照物料在企业的产品成形状态划分为原材料库存、半成品库存和产品库存。

③ 按照库存物料的用途划分为安全库存、储备库存、在途库存和正常周转库存。安全库存是为了应对需求、制造与供应的意外情况而设立的一种库存。储备库存是指企业受季节供应约束的采购件，受季节市场需求约束的产品，或为休假日及设备检修需要实现储备的物料。在途库存是指由于材料和产品运输而产生的库存量。正常周转库存是指一般用于生产等企业经营需要而产生的库存。

④ 按照物料需求的相关性划分为独立需求库存和相关需求库存。独立需求库存是指某一物料的库存需求是独立的，与其他物料在数量、时间、结构上没有直接关系，库存量是独立的。相关需求库存是指某一物料的库存需求量与其他物料存在数量、时间和结构上的对应关系，即所需库存量可以由其他物料的需求量推导出来。

3．库存管理的作用

自从有了生产也就有了库存物料的存在，库存对市场的发展、企业的正常运作与发展起着非常重要的作用。库存的作用主要有以下 4 个方面。

（1）维持销售产品的稳定

销售预测型企业对最终销售产品必须保持一定数量的库存，其目的是应对市场的销售变化。这种方式下，企业并不预先知道市场真正需要什么，只是按对市场需求的预测进行生产，因而产生一定数量的库存是必需的。但随着供应链管理的形成，这种库存也在减少或消失。

（2）维持生产的稳定

企业按销售订单与销售预测安排生产计划，并制订采购计划，下达采购订单。由于采购的物料需要一定的提前期，这个提前期是根据统计数据或者是在供应商生产稳定的前提下制订的，存在一定的风险，因此有可能会拖后而延迟交货，最终影响企业的正常生产，造成生产的不稳定。为了降低这种风险，企业就会增加物料的库存量。

（3）平衡企业物流

企业在采购物料、生产用料、在制品及销售物料的物流环节中，库存起着重要的平衡作用。采购的物料会根据库存能力，协调来料收货入库。同时对生产部门的领料应考虑库存能力及生产线物流情况平衡物料发放，并协调在制品的库存管理。另外，对销售产品的物料库存也要视情况进行协调。

（4）平衡流通资金的占用

库存的物料、在制品及成品是企业流通资金的主要占用部分，因而库存量的控制实际上也是进行流通资金的平衡。例如，保持一定量的在制品库存与原材料会节省生产交换次数，但这两方面都要寻找最佳控制点。

4．库存管理业务流程

企业的库存管理工作主要由企业物资部或仓库部门完成，其主要业务就是对企业物料进行收货、存储、发货，并提供库存管理的各种统计报表。库存管理的业务处理流程如图 7.5 所示。

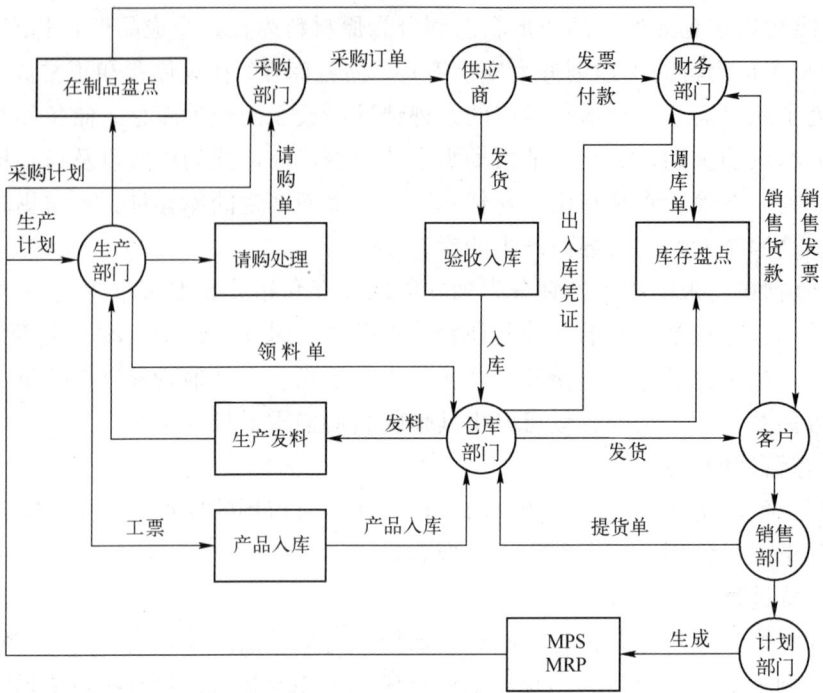

图 7.5 库存管理的业务处理流程

5．库存管理模块与其他功能模块的联系

库存管理功能的实现，需要与其他相关功能模块进行信息的输入与输出，库存管理模块与其他功能模块的联系如图 7.6 所示。

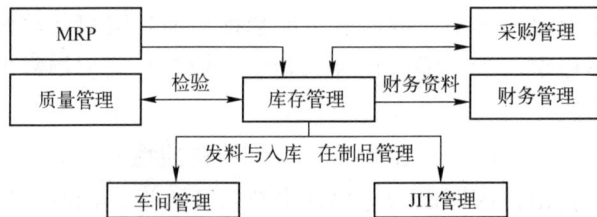

图 7.6 库存管理模块与其他功能模块的联系

可见，库存管理与物料需求计划、采购管理、生产管理和财务管理等模块有密切关系。由于物料需求计划的运行需要库存中相关物料的信息，采购的物料通过库存接收入库，生产所需原材料和零部件通过仓库发放，销售产品由成品仓库发货，库存物料成本及占用资金由成本和总账管理来核算等。

7.2.2 库存控制策略

1．独立需求物料库存的控制

独立需求物料是指物料的需求量之间没有直接的联系，也就是说没有量的传递关系。

这类库存物料的控制主要是确定订货点、订货量、订货周期等。独立需求物料的库存控制模型一般按定量库存控制模型或定期库存控制模型来控制,下面分别描述这两种模型。

1)定量库存控制模型

定量库存控制模型控制库存物料的数量。当物料的库存数量下降到某个库存值时,立即采取补充库存的方法来保证库存的供应。这种控制方法必须连续不断地检查库存物料的库存数量,所以又称为连续库存检查控制法。

假设每次的订货批量是相同的,采购的提前期也是固定的,并且物料的消耗是稳定的,那么定量库存控制模型如图 7.7 所示。

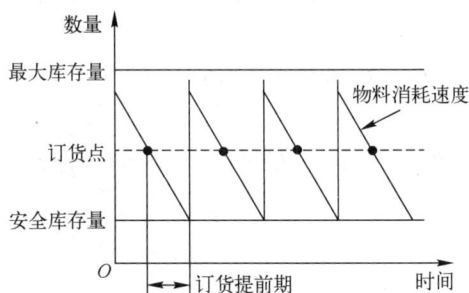

图 7.7 定量库存控制模型

使用定量库存控制模型必须确定两个参数:补充库存的库存订货点与订货的批量。订货批量按经济订货量(economic order querlity,EOQ)求解。

经济订货批量是在 1915 年就开始使用的一种批量法,它的主要思想是在寻求年度订货费与保管费保持平衡条件下,确定经济的订货批量,从而使采购费用和库存费用之和最小。由于库存的费用随着库存量的增加而增加,但采购成本却随着采购批量的加大而减少,因此这是一对矛盾,不能一味地减少库存,也不能一味地增加采购批量。这就是说要找一个合理的订货批量,使总成本为最小。经济订货批量就是对这个合理订货批量的求解。经济订货批量的确定模型如图 7.8 所示。

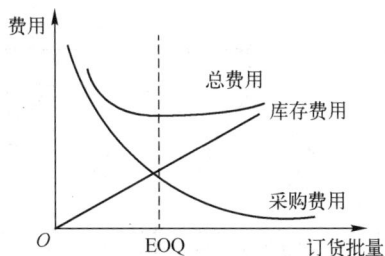

图 7.8 经济订货批量的确定模型

补充库存的库存订货点的公式为

$$R = L_T + A = d \times L + A$$

其中,R 为订货点;L_T 为订货周期内物料的消耗量;d 为日均需求量;L 为物料的提前期;A 为物料的安全库存。

经济订货批量的公式为

$$Q = \sqrt{\frac{2CD}{H}}$$

其中，Q 为订货批量，以单位计数；C 为每次订货的订购成本；D 为库存物料的年需求量；H 为单位库存保管费。

下面举例说明经济订货批量的确定模型的使用方法。

例题 1：假设某产品的年销售量 6 000 件，订货费用为每件 4 元/次，库存保管费用为 0.4 元/件，订货提前期为 6 天，安全库存为 60 件。求库存订货点和经济订货批量。

解：根据题意，D=6 000 件/年，C=4 元/次，H= 0.4 元/件，L=6 天，A= 60 件。

所以：

$$L_T = （6 000/365）×6 = 98.63 （件）$$

订货点：

$$R = L_T + A = 98.63 + 60 = 158.63 （件）$$

取整后为 159 件。

经济订货批量：

$$Q = \sqrt{\frac{2CD}{H}} = \sqrt{\frac{2×4×6\,000}{0.4}} = 346.41 ≈ 347 （件）$$

取整后为 347 件。

2）定期库存控制模型

定期库存控制模型按一定的周期 T 检查库存，并随时进行库存补充，补充到一定的规定库存 S。这种库存控制方法不存在固定的订货点，但有固定的订货周期。每次订货也没有一个固定的订货数量，而是根据当前库存量 I 与规定库存量 S 比较，补充的量为 $Q=S-I$。但由于订货存在提前期，所以还必须加上订货提前期的消耗量。定期库存控制模型主要是确定订货周期与库存补充量，该模型如图 7.9 所示。

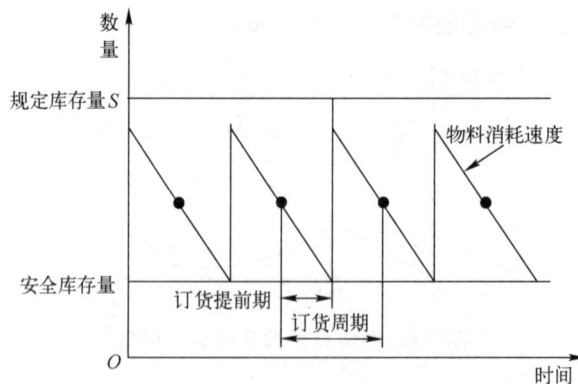

图 7.9 经济订货周期模型

可见，定期库存控制模型必须确定订货周期和订货量。具体计算公式如下。

经济订货周期公式为

$$T=365\sqrt{\frac{2C}{DH}}$$

订货量公式为

$$Q=(T+L)\times D/365$$

最大库存量为

$$S=D/T$$

上述公式中，T 为经济订货周期；C 为每次订货的订购成本；D 为库存物料的年需求量；H 为单位库存保管费；Q 为订货量；L 为订货提前期；S 为最大库存量。

下面举例说明经济订货周期模型的使用方法。

例题 2：假设某产品的年销售量 6 000 件，订货费用为每件 4 元/次，库存保管费用为 0.4 元/件，订货提前期为 6 天，安全库存为 60 件。求经济订货周期和订货量。

解：根据题意：D=6 000 件/年，C=4 元/次，H= 0.4 元/件，L=6 天，A= 60 件。

所以经济订货周期为

$$T=365\sqrt{\frac{2C}{DH}}=365\sqrt{\frac{2\times4}{6\,000\times0.4}}\approx21.07（天）$$

取整后为 21 天。

订货量为

$$Q=(T+L)\times D/365=（21+6）\times6\,000/365=443.84（件）$$

取整后为 444 件。

2．相关需求库存的控制

相关需求也称为从属需求，是指物料的需求量存在一定的相关性。一种物料的需求是由另外一种物料的需求引起的，这样物料的需求不再具有独立性。相关需求是物料需求计划的主要研究对象。

3．ABC 库存控制法

ABC 库存控制法的基本思想是对企业库存物料按其重要程度、价值高低、资金占用或消耗数量等进行分类、排序，以分清主次、抓住重点，并分别采用不同的管理措施。其要点是从中找出关键的少数物料（A 类）和次要的多数物料（B 类和 C 类），并对关键的少数物料进行重点管理，以收到事半功倍的效果。例如，通过 ABC 分类，只要对 20%的物料进行盘点，就可以使 80%的财务账目避免重大差错。

按照这一方法，任何库存物料可分为 ABC 三种不同的物料类型，各类物料具有的特征如表 7.1 所示。

表 7.1　ABC 物料特征

物　料		特　征
A 类物料	高值	价值占库存总值 70%～80%，是少数物料，通常物料种数占库存物料总数的 15%～20%
B 类物料	中值	价值占库存总值的 15%～20%。物料数居中，通常物料种数占库存物料总数的 30%～40%
C 类物料	低值	价值几乎可以忽略不计，只占库存总值的 5%～10%，是物料的大多数，通常物料种数占库存物料总数的 60%～70%

ABC 库存控制法简单、易用，长期以来为许多企业所采用。但应注意的是，构成产品的原材料和子件都是缺一不可的。对 C 类物料粗放管理的同时，一定要防止因数量和质量而影响计划的执行。

下面通过一个具体案例说明 ABC 库存控制法的使用，本例以 10 个物料的简化例子来说明如何做 ABC 库存控制分析。

第一步：物料排序。列出全部物料及其年度使用量，用单价乘年度使用量，从年度使用金额最高的开始将这些物料排序，如表 7.2 所示。

表 7.2 物料排序表

物料编码	每年使用件数	单位成本/元	年度使用金额/元	序号
F-11	40 000	0.07	2 800	5
F-20	195 000	0.11	21 450	1
F-31	4 000	0.10	400	9
F-45	100 000	0.05	5 000	3
F-51	2 000	0.14	280	10
F-16	240 000	0.07	16 800	2
F-17	16 000	0.08	1 280	6
N-8	80 000	0.06	4 800	4
N-91	10 000	0.07	700	7
N-100	5 000	0.09	450	8

第二步：确定 ABC 物料。按序数排列这些物料并计算出累计年使用金额与累计百分数，如果任意地决定 A 类物料将是这些物料中最前面的 20%，则 A 类将包括第 1 与第 2 两种物料。第 3 到第 5，这三类物料将属 B 类，它们占总物料个数的 30%，其余 50% 的物料将属 C 类，如表 7.3 所示。

表 7.3 确定 ABC 物料表

物料	年度使用金额/元	累计年度使用金额/元	累计百分比	类别
F-20	21 450	21 450	39.8%	A
F-16	16 800	38 250	71.0%	A
F-45	5 000	43 250	80.2%	B
N-8	4 800	48 050	89.3%	B
F-11	2 800	50 580	94.4%	B
F-17	1 280	52 130	96.7%	C
N-91	700	52 830	97.9%	C
N-100	450	53 280	98.9%	C
F-31	400	53 680	99.6%	C
F-51	280	53 960	100.0%	C

分类后的结果如 7.4 所示，从而得到 ABC 物料的确定结果。

表 7.4　ABC 物料确定结果表

分类	物料的百分比	每组的年使用金额	金额的百分比
A（F-20，L-16）	20%	38 250	71.0%
B（L-45，N-8，F-11）	30%	12 600	23.4%
C（所有其他）	50%	3 110	5.6%
总计	100%	53 960	100.0%

基于上述 ABC 分析可归纳得出，在管理库存时可以把最大精力集中于 A 类物料，可使其库存压缩 25%。这就是总库存的相当可观的一笔压缩，即使 C 类物料由于控制不严而增加了 50%也不要紧。

4．库存盘点

库存盘点是保证准确的库存记录的必要手段。盘点的目的是查找出错的原因，修正错误，高水平地维护库存记录的准确性，以便得到正确的财产报告。盘点的方法主要有永续盘点和定期盘点两种方法。

1）永续盘点

永续盘点是为库存物料在数量上保持一个连续不断的记录。每当库存物料出现时，就进行记录，然后将库存量与再订货点相比较，如果库存量等于或小于再订货点就发出一份固定批量的订单。如果库存量大，则不采取行动。永续盘点适用于价值高而需要严格控制的 A 类物料，因为它利用了一个有效和有意义的订货批量，仅在提前期内才需要有安全库存，对于预测和参数的改变不太敏感，库存的核对与其使用有关，对使用率低的物料不需要太多的注意。永续盘点需要不停地加以盘点，然后将盘点结果与计算机内的连续记录进行比较和分析。

2）定期盘点

定期盘点是每隔一定的时间间隔对库存物料盘点一次，补充批量的大小决定于该时间的库存量大小。因此，订货批量随时间而变化，并根据需求率的变化来改变订货量。

定期盘点在盘点时要进行某种形式的实际清点，在许多情况下，可以使用销售的记录，但信息系统的准确性可能要求做实际盘点，也可以使用连续的库存记录，但是否需要订货则可以在预先确定的基础上做出，而不需要经过实际清点。需要对重新入库的物料、业务计算的错误、丢失的物料，以及损耗物料做出处理。

通常，将物料看成是相关的，并认为将它们的订单统一处理是值得的。由于定期盘点库存检查的间断性和相关性，所以它适合用于统一订单的情况，尤其是那些供货较少或者比较集中的场合。集中订单场合下的定期盘点具有以下优越性。

① 由于多个物料是通过一份订单处理的，订货成本可能会降低。

② 对于超过一定金额的订单，供应商可能会提供折扣。而将几种物料集中成一份订单能增加折扣获得的可能。

③ 如果订货的体积比较合适，如正好放在一节车厢内，成本将会下降。而同时订购几种货物通常能做到这一点。

比较永续盘点法与定期盘点法，可以发现永续盘点法是固定批量系统，其安全库存是用来应对在提前期内需求量的波动的。在永续盘点法中，一旦库存量下降而发生补充订单时，不需要进行实际的清点，因为库存记录中包含了收到量、发出量和现有量，能连续和独立地对物料进行检查。定期盘点法是固定周期系统，其安全库存是用来防止在检查期和提前期内需求量的波动的，因此它的安全库存比永续盘点法的安全库存大。在定期盘点法中，仅在特定的时间间隔上对库存水平进行检查。

7.2.3　订货批量

1．确定订货批量的方法

确定订货批量的目标有两个方面，一是使得所涉及的成本之和最小，二是使客户服务水平最高。关于订货批量，如今人们的兴趣已经从经济订货批量的经典问题转移到离散需求环境下的订货批量问题上。这个变化是由于物料需求计划的出现而引起的。因为物料需求计划系统是通过计算按时间分段的总需求量和净需求量，并以间断的时间序列来表达对物料的需求。

下面介绍几种常用的确定订货批量的方法。

1）固定订货批量法

固定订货批量（fixed order quantity）法可用于物料需求计划控制下的所有物料，但在实践中，通常只限于订货费用比较大的部分物料。对这些物料，根据净需求量的大小变化而不断发出订货是不值得的，所以常采用固定批量的形式订货，订货的数量可以根据经验来决定。如表 7.5 所示，其中 9 个时区的净需求量数值将沿用于以下对各种订货量方法的讨论中。

表 7.5　固定订货批量法

时区	1	2	3	4	5	6	7	8	9	总计
净需求	35	10		40		20	5	10	30	150
计划订货量	60			60					60	180

2）经济订货量法

经济订货量（EOQ）法的原理可参照固定订货批量法。

如例题 1 所示，假设时区单位是月，有关费用为：单位订货成本 C=100 元/次，单位库存保管费 H=12 元/件，年需求量 D=200 件，由此求解出：

$$Q = \sqrt{\frac{2CD}{H}} = \sqrt{\frac{2 \times 100 \times 200}{12}} \approx 58$$

所以经济订货量法如表 7.6 所示。

表 7.6 经济订货量法

时区	1	2	3	4	5	6	7	8	9	总计
净需求	35	10		40		20	5	10	30	150
计划订货量	58			58				58		174

3）按需确定批量法

按需确定批量（lot for lot）法是指根据各时区的净需求量来决定订货量，需要多少订多少，也被称为直接批量法。每当净需求量改变时，相应的订货量也随之动态地调整。采用这种方法也可以降低物料存储费用，因而常用于价值较高和需求极不连续的外购件及制造件。如表 7.7 所示给出了按需确定批量法的例子。

表 7.7 按需确定批量法

时区	1	2	3	4	5	6	7	8	9	总计
净需求	35	10		40		20	5	10	30	150
计划订货量	35	10		40		20	5	10	30	150

4）按固定时区的需求量确定批量法

按固定时区的需求量确定批量（fixed period requirements）法是指，首先确定每批订货所要覆盖的时区数，然后由所覆盖的几个时区内的需求量来确定批量。这里时间间隔是常量，而批量是变量。如表 7.8 所示，给出了覆盖 2 个时区的需求量来确定批量。

表 7.8 按固定时区的需求量确定批量法

时区	1	2	3	4	5	6	7	8	9	总计
净需求	35	10		40		20	5	10	30	150
计划订货量	45			40		25		40		150

5）时区订货批量法

时区订货批量（period order quantity，POQ）法是指，首先根据各时区已知的净需求量数据，用标准的 EOQ 方法算出每年的订货次数，然后用一年的总时区数除以订货次数，即得到订货的时间间隔，而每次订货覆盖此间隔内的所有需求。由于 EOQ=58，年需求量 D=200，一年时区数为 12 个月，所以求得订货时间间隔为 3.5 个月，由此得到时区订货批量法确定的批量如表 7.9 所示。

表 7.9 时区订货批量法

时区	1	2	3	4	5	6	7	8	9	总计
净需求	35	10		40		20	5	10	30	150
计划订货量	85					35			30	150

6）最小单位费用法

最小单位费用（least unit cost，LUC）法与后面要讨论的两种方法有一些共同点。它们都允许订货批量和订货时间间隔有变动，它们都吸取了 EOQ 中关于使订货费用与保管费用之和最小的思想，但各自采用的手段多少有点不同。最小单位费用法实际上是一种试探法。为了研究订货批量，首先提出这样的问题：该批订货是应该等于第 1 时区的净需求量呢？或是应该等于第 1、第 2 两个时区的净需求量之和呢？还是应该等于第 1、第 2、第 3 这三个时区的净需求量之和？为解决这个问题，最小单位费用法要算出以上三种批量对应的单位费用（即单位订货费用+单位保管费用）。单位费用最小的那个批量将作为订货批量。

假设订货费用为 100 元/次，保管费用为每单位物料每时区 1 元，由此可以确定出第 1 时区订货批量，如表 7.10 所示。

表 7.10 单位费用计算表

时区	净需求	存放时区数	可能批量	保管费用		单位订货费用	单位费用
				整批	单位		
1	35	0	35	0	0	2.86	2.86
2	10	1	45	10	0.22	2.22	2.44
3	0	2					
4	40	3	85	130	1.53	1.18	2.71
5	0	4					

如表 7.10 所示，第 1 时区的订货批量为 45 件，同理推出其他时区的订货批量，由此得到最小单位费用法确定的批量，如表 7.11 所示。

表 7.11 最小单位费用法

时区	1	2	3	4	5	6	7	8	9	总计
净需求	35	10		40		20	5	10	30	150
计划订货量	45			60			45			150

7）最小总费用法

最小总费用（least total cost，LTC）法的原理是，当计划期内的订货费用越接近于保管费用，这个计划期内的所有批量的订货费用与保管费用之和就越小。这与 EOQ 方法所依据的原理是相同的。为了达到使总费用最小的目的，LTC 的具体做法就是选取尽可能使单位订货费用与单位保管费用相接近的订货批量。

由于最小总费用法的目的是使两种费用尽可能接近，在进行最小总费用法计算时，要用到经济单位库存时区量（economic part period，EPP）的概念。单位库存时区是一个度量单位，是指单位物料在仓库中存放一个时区。EPP 则是指存储一个时区时使订货费用与保管费用相等的库存量。这个数量可以直接用订货费用除以单位时区内存储单位物料的保管费用来求得，如表 7.12 所示为最小总费用法的订货批量确定表。

在例题 2 中，

$$EPP = \frac{100}{12/12} = 100$$

表 7.12　最小总费用法的订货批量确定表

时区	净需求	存放的时区数	可能的批量	单位库存时区
1	35	0	35	0
2	10	1	45	10
3	0	2		
4	40	3	85	130
5	0	4		

在最小总费用法中，选择单位库存时区量最接近 EPP 的订货批量。于是应选 85 为第一个订货批量，这是因为其对应的单位库存时区值 130 比较接近 EPP 的值 100，这批订货可以满足第 1 至第 5 时区的需求。用同样的方法可以确定第二个订货批量为 65 可以满足第 6 至第 9 时区的需求，如表 7.13 所示给出了最小总费用法确定的批量。

表 7.13　最小总费用法

时区	1	2	3	4	5	6	7	8	9	总计
净需求	35	10		40		20	5	10	30	150
计划订货量	85					65				150

8）瓦格纳-惠廷法

瓦格纳-惠廷（Wagner-Whitin）法包含根据动态规划原理制订的一系列优化步骤。这些步骤涉及许多数学问题。概括地说，这种方法的出发点是逐一评审能满足计划期内每个时区净需求量的所有可能的订货方案，以便找出对整个净需求量日程表总体最优的订货方案。瓦格纳-惠廷法的确能使订货费用与保管费用之和最小，所以可用作衡量其他针对间断性需求的批量确定方法的标准。这种方法的缺点，就是计算工作量大，原理也比较复杂。表 7.14 给出了瓦格纳-惠廷法确定的批量。

表 7.14　瓦格纳-惠廷法

时区	1	2	3	4	5	6	7	8	9	总计
净需求	35	10		40		20	5	10	30	150
计划订货量	45					65		40		150

2．批量调整因素

不管计划订货批量是采用哪一种方法确定的，在实际执行时，都会由于某些因素而必须加以调整。这时主要考虑的因素有订货的上限和下限（或最大订货量和最小订货量）、报废率及批量倍数。

前面介绍的任何一种批量确定方法在确定批量时都可能受到订货数量的下限和上限的约束。其中一种下限在前面已经提到过，这就是计算出的订货批量至少应该等于这批订货覆盖区间的净需求量总和。下限和上限可用绝对的数字来表示，也可以用所要覆盖的时区数来表示。订货的上限和下限通常由管理部门加以限定。

报废率，又称为损耗系数。在决定订货批量时，要按这个系数增加一定的余量，以便弥补在加工过程中可能会发生的报废或损失，从而保证有足够数量的完好成品满足需求。报废率既可以用数量来表示，又可以用相对于订货量的百分比来表示。

批量倍数，可能是出于加工工艺方面的考虑，也可能是出于包装方面的考虑，使得必须把按批量算法求得的批量向上调整到某一个数的倍数。例如，批量算法本身是不考虑原材料的下料方式的，因此，所确定的批量可能会在下料时产生问题。如果在为某种制造项目下料时，一定尺寸的钢板恰好切成9块料，而由批量算法算出的订货批量是30，那么，在下料时第4块钢板就会出现零头。为了避免这种情况，则应把订货批量调整为36（此时的最小订货量是9）。又如，在采购的情况下，对于要采购的某项物料，供应商是整箱卖的，25件装一箱，最少买两箱。于是，批量倍数为25（最小订货量是50）。

本章小结

本章探讨了采购和库存管理的理论和方法。

采购管理处于 ERP 系统的计划执行层，涉及采购计划的管理、采购订单管理、采购到货管理、采购结算管理等。在 ERP 系统中，通过实行合理的采购流程管理，可以使企业实施有效的计划、组织和控制采购管理活动。在采购业务处理流程中，采购计划管理、采购订单管理和到货管理是采购管理的三个核心组件。采购计划管理对企业的采购计划进行制订和管理，为企业提供及时准确的采购计划和执行路线。通过对采购计划的编制、分解，将企业的采购需求变为直接的采购任务。采购订单管理以采购单为源头，对从供应商确认订单、发货、到货、检验和入库等采购订单流转的各个环节进行准确的跟踪，实现全过程管理。到货管理是采购结算管理中重要的内容，采购货物是否需要暂估，非库存的消耗性采购处理、直运采购业务、受托代销业务等均是在此进行处理。

库存管理是企业物料管理的核心，企业通过对制造业或服务业生产、经营全过程的各种物品、产成品，以及其他资源进行管理和控制，使其储备保持在经济合理的水平上。在 ERP 系统中，销售信息、生产信息、采购信息、物料信息等信息集成，保证了库存管理目标的实现，使得采购、生产和销售部门之间的库存控制不一致也能得到了协调，从而使企业更好地避免了订货成本与储存成本之间的矛盾，有效地减少了不必要的库存，避免了因库存积压而掩盖企业管理过程中存在的种种问题，加快了企业的资金流动，减少了企业经营的机会成本。

问题讨论

1. 采购管理的工作内容是什么？
2. 什么是供应商计划？它的基本内容和作用是什么？
3. 画出采购模块与其他模块的关系图。
4. 举例说明采购业务处理流程。
5. 标准规范的采购流程对企业管理的意义是什么？
6. 库存对企业重要吗？
7. 什么是定量库存控制模型？请联系实际举例。
8. 什么是定期库存控制模型？请联系实际举例。
9. 举例描述 ABC 库存控制法。
10. 举例说明采购管理与库存管理如何实现业务集成。

第 7 章　采购与库存管理

第8章 财务管理

本章引言

财务核算与管理是企业管理中的重要组成部分，它是以货币作为主要计量单位，采用专门的程序和方法，进行完整、系统的核算和监督，为企业管理和决策提供必要的支持。本章介绍 ERP 中的财务管理基本理论和方法。

本章重点

◆ 财务会计的理论及方法

◆ 成本管理理论及方法

8.1 财务管理概述

8.1.1 财务会计与管理会计

财务管理是对会计工作、活动的统称，现代会计学把企业的会计分为财务会计与管理会计。主要为企业外部提供财务信息的会计事务称为财务会计，而主要为企业内部各级管理人员提供财务信息的会计事务称为管理会计。财务会计和管理会计共同使用一个重要的信息源，分别生成的财务会计信息和管理会计信息相互配合、相互渗透、相互利用，但两者又有各自的目标和相应的处理程序和方法。财务会计和管理会计的区别如表 8.1 所示。

表 8.1 财务会计和管理会计的区别

项　　目	财　务　会　计	管　理　会　计
性质	对外报告，行业、企业之间有可比性	对内报告，一般不公开
使用对象	企业外部	企业内部
范围目的	生成国家规定的财务报表，如：资产负债表、损益表及现金流量表等	生成企业管理决策用的各种报表，如：成本物料单、成本差异报表、事务处理凭证和各种分析报表等
时间性	按规定时间（年、季、月）报告已发生客观事实（事后）	按管理需要自行定义时间段报告历史、当前、未来信息
约束条件	受国家法令、公认会计准则约束	无强制约束，以满足成本/效益分析要求为准

ERP 中的财务管理涉及的会计事务既有财务会计又有管理会计。例如，ERP 系统中的总账处理、应收账款管理、应付账款管理和固定资产管理等均属于财务会计的内容，而 ERP 系统中的成本管理则采用了管理会计的方式。在 ERP 系统中，通过集成采购管

理、原材料管理、产成品管理、销售管理、生产管理、设备管理和固定资产管理等所有
与企业相关的财务活动，使得企业经营管理信息实现了高度集成和共享，因而它比单一
的计算机财务系统具有集成度高、信息处理及时等优点。如果信息集成度做得比较好，
企业财务会计的 70%以上的凭证是可以自动生成的。

8.1.2 财务管理业务流程

ERP 系统是一个以计划为主导的信息系统，其计划和控制功能伴随着企业的生产经
营活动而展开，是一个循环往复的过程。ERP 系统中的计划执行过程伴随着企业的物流
和资金流过程。ERP 系统的计划与控制是通过对信息流的控制来实现对物流和资金流的
控制的。

ERP 系统的执行过程从采购活动开始。采购部根据物料需求计划采购物料，物料采
购回来以后，经质检部门验收入库，录入库存系统。此时，库存增加，同时应付账款也
增加（或现金减少）。通过 ERP 系统的会计界面，生成会计凭证，过账后在总账系统中
同时更新应付账款和存货账户。从而在采购付款循环中实现了物流和资金流的统一。

生产车间根据生产订单从仓库中领取原材料，此时，存货减少，而在制品增加，即
生产成本增加。通过 ERP 系统的会计界面生成会计凭证，过入总账，更新相应的会计科
目数据。加工完成后，生产出可以向客户销售的产品并入库，通过 ERP 系统的会计界面，
生成会计凭证，过入总账，减少总账模块中生产成本账户的金额，增加存货账户的金额，
实现了生产循环中物流和资金流的统一。

销售部门接到客户的订单，通知仓库按照订单向客户发货，库存减少的同时，应收
账款增加。通过 ERP 系统的会计界面，生成会计凭证，过账后即可更新应收账款和存货
有关账户的金额。以后收到客户付来的货款，通过 ERP 系统的会计界面，生成收款凭证
并过账，总账系统中的现金和应收账款两个科目的数据同时得到更新。从而在销售和付
款循环中实现了物流和资金流的统一。

8.1.3 财务管理模块与其他模块关系

ERP 系统本身的集成性，决定其财务模块完全融入企业整体的流程中，实现了数据
高度集成化。财务管理模块与其他模块的联系如图 8.1 所示。

库存管理模块向财务管理模块传递的数据有出入库单据、盘点数据等信息，形成材
料、半成品、成品的数据账、金额账等。

计划管理模块向财务管理模块传递的数据有物料投入与产出计划等信息，主要用于
财务预算管理。

工程管理模块向财务管理模块传递的数据有标准工时定额成本等信息，用于成本核
算和分析。

生产管理模块向财务管理模块传递的数据有在制品、加工工时、工作台时、生产记
录等信息，用于成本核算和分析，工人工资计算。

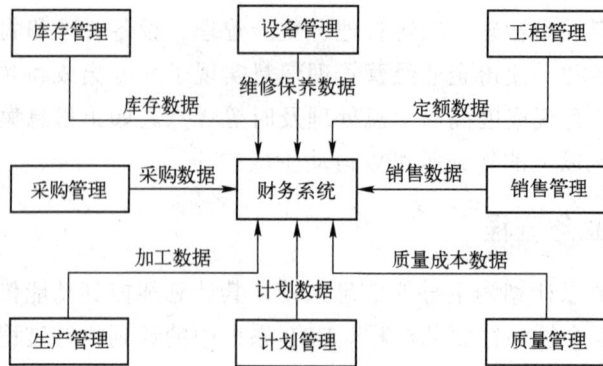

图 8.1 财务管理模块与其他模块的联系

质量管理模块向财务管理模块传递的数据有废品数、质量检验工时和台时等信息，主要用于成本核算和分析，工人工资计算。

销售管理模块向财务管理模块传递的数据有销售合同、销售发票、销售出库、销售费用等，并形成应收账款、销售收入账和销售成本账。

采购管理模块向财务管理模块传递的数据有采购订单、采购发票、采购到货单、采购费用等信息，采购到货单录入审核后，系统可以自动生成应付账款、材料采购账、原材料账等，并自动计算材料价格、成本。

8.2 财务会计

ERP 中财务会计所提供的信息来源是多方面的，因此财务会计的实现是通过多个模块协同作业完成的。比如，总账管理、应收应付账管理、固定资产管理、工资管理和现金管理等，本节介绍主要模块的原理及方法。

8.2.1 总账

1. 总账的作用

总账是会计核算的核心部分，它支持和统帅着其他各部分。会计核算各模块以总账为核心来进行数据的传递。总账的主要作用是处理记账凭证输入、登录并输出账簿、编制会计报表等工作。

2. 会计程序

企业的全部经营活动构成了一个经营活动的循环，而经营活动是离不开财务管理活动的。因此，企业在生产经营过程中的会计程序是一个周而复始的循环过程，这种会计循环由以下 4 个步骤组成，如图 8.2 所示。

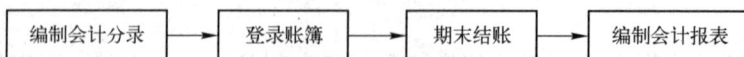

图 8.2 会计程序

① 编制会计分录。根据审核后合格的原始凭证,按照规定的会计科目和复式记账方法,编制记账凭证。

② 登录账簿。根据记账凭证中的借贷方账户和金额,登录日记账、明细分类账和总分类账。根据权责发生制的原则,调整有关账户的经济业务,处理会计期间需要递延或预计的收入和费用项目。

③ 期末结账。结账就是在会计期末计算并结转各账户的本期发生额和期末余额。当一个会计期间结束时,需要进行账目结算,结束有关账户,确定本期净收益的有关收入和费用账户,并将本期净收益转入权益类账户,同时编制试算表。

④ 编制会计报表。根据结账的账户余额及本期发生额编制会计报表,如资产负债表、损益表及现金流量表等。

3.总账的核算程序

从原始凭证到记账凭证,企业的经济业务信息都记录在记账凭证上。但是,这些信息是分散的、不系统的,无法为管理者提供系统完整的资料并为编制会计报表服务。因此,需要设置和登录账簿,把企业发生的一切经济业务,都按照一定的程序,由会计人员记入有关的账簿,既要记入总账,又要记入明细账。记账程序,是指从凭证的填制传递、登记账簿及编制会计报表为止的一系列工作程序和方法。记账方法,是根据企业规模大小、业务繁简程序而定的,但都必须在保证满足经营管理需要的前提下,力求简化手续,便于记账。

在会计手工记账程序中,有编制记账凭证、记账、算账、结账、对账、转账及制表等多项业务处理,有多种记账程序。下面以记账程序为例进行说明,如图 8.3 所示。

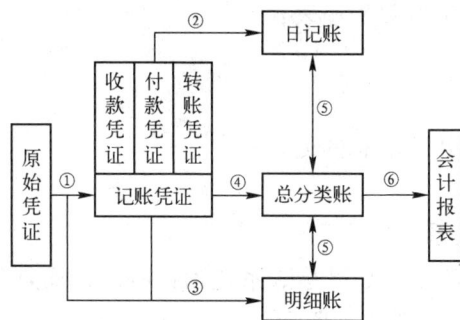

图 8.3 手工记账程序

上述手工记账程序主要包括以下处理步骤。

① 根据原始凭证,填制记账凭证。

② 根据记账凭证及所附的原始凭证,逐笔登记日记账。

③ 根据记账凭证及所附的原始凭证,逐笔登记明细账。

④ 根据记账凭证,定期编制科目汇总表或汇总记账凭证,定期登记总分类账。

⑤ 定期核对总分类账、日记账和明细账。

⑥ 根据核对无误后的总分类账、明细账编制会计报表。

由于 ERP 系统是一个高度集成的系统，因此手工条件下的一些记账步骤可以完全交由计算机系统自动处理。相应地，ERP 系统的记账程序更加简化，如图 8.4 所示。

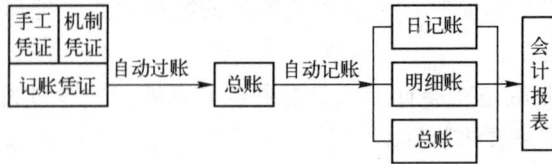

图 8.4 ERP 系统中的记账流程

图中，ERP 系统中总账的输入是记账凭证，这些凭证可以是手工凭证或机制凭证。机制凭证可以由其他系统自动传递到总账系统中。各种凭证经过审核无误后才可以记账，然后经过总账系统的过账处理自动登录到各种账簿中。月末进行结账，结算出各账簿的期末余额。最后根据总账和明细账编制会计报表。

4．总账的功能

ERP 系统中的总账具有以下功能：

● 定义会计核算单位；
● 定义会计科目体系和会计期间；
● 定义使用币种、使用税率及银行账号；
● 编制各类记账凭证，对凭证进行审核和记账处理；
● 建立账簿，自动建立和更新日记账、明细账与总账；
● 进行试算平衡，产生试算平衡表；
● 计算费用分摊；
● 编制会计报表；
● 提供多公司账务合并或汇总的处理；
● 可以计算汇兑损溢。

5．总账与其他模块关系

ERP 系统中的财务管理系统是以总账系统为核心的，而且各模块之间有信息传递。总账模块与其他模块的关系如图 8.5 所示。

8.2.2 应收账款管理

1．应收账款的概念

应收账款是指企业因销售商品、材料、物资或供应劳务等业务应向客户收取的账款。在应收账款的账务处理中，往往会产生各种应收票据，如期票、汇票和支票，这些应收票据要有收到和签发处理、到期收回和偿付处理、贴现处理、票据登记处理，还要有坏账处理及客户账龄报告和分析。

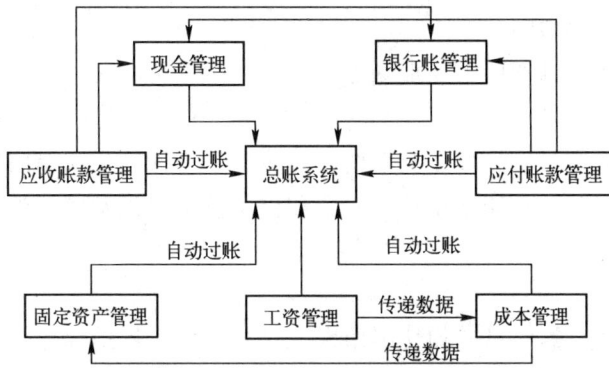

图 8.5 总账模块与其他模块的关系

应收账款主要用来进行应收款的核算和客户往来账的管理。对于那些比较复杂的销售业务，比较复杂的应收款的核算，需要跟踪其每一笔业务的收款情况，并核算到产品一级。应收款是根据发票来处理客户付款的，它可以更改存款账户余额，处理退款和借、贷款，区别逾期结算和催促付款。

由于在企业的应收项目中，应收账款的比重一般都很大，所以对应收项目的控制重点往往放在应收账款上。在总账中，需要设置应收账款账户，记录客户名称、地址、信用等级等内容，并在应收账款上汇总所有客户账款增减数，根据应收账款可以建立付款清单。

在各个会计期末，需要编制应收账款明细账户汇总表或记账凭证，过账到总账。

2．应收账款的作用

ERP 系统中应收账款系统的作用体现在以下 5 个方面。

（1）改善发票和付款处理的精度

应收账款和发票管理提供了每张发票，以及由贷方冲销的付款和账单调整的完整的会计核算方法。发票数据的自动传输功能避免了数据的重复录入工作。

（2）及时提供客户对账单

能方便而快速地生成客户对账单。不同的客户可使用不同的结算周期，调整以后能立即产生更正的客户对账单。

（3）改善客户查询响应

可以立即答复客户和销售人员关于账款的问题。可以对某一个客户的所有发票和付款，或对指定的发票和付款的去向进行跟踪。

（4）减少处理应收账款的时间

简化了客户发票和现金收入的处理过程，大大减少了计算费用、检查信贷额度、生成客户对账单，以及处理发票和支付的时间。

（5）改进现金收入的控制

对现金收入的控制保证了由供应商提交的付款已使用了适当的现金折扣并已正确地分摊到发票中去。

3．应收账款模块的功能

应收账款模块主要具有以下 5 项功能。

（1）发票管理

发票管理具有将订单信息传递至发票，并按订单查询发票和信用证的功能，列出需要审核的发票和信用证，打印已审核的发票和信用证，提供发票调整的审计线索，查询历史资料。

（2）客户管理

主要提供有关客户的信息，如使用币别、付款条件、折扣代号、付款方法、付款银行和信用状态等。此外，还有交易信息，如交易金额、折扣额等。

（3）付款管理

付款管理提供多种处理方法，如自动处理付款条件、折扣、税额和多币种的转换。能够列出指定客户的付款活动及指定时期内的信用证的应用情况。

（4）账龄分析

建立应收账款客户的付款到期期限，以及为客户打印结算单的过期信息，并打印对账单。

（5）借贷通知单管理

当发票过账至应收账款，产生汇票、计算财务费用或接受本指定用途的付款都会产生借贷通知单，并且所有的借贷通知单的金额将会汇总起来得出客户的余额。借贷通知单主要是为了修改已过账的发票信息，记录客户余额的调整，录入客户的未结余额。

（6）建立会计分录

应收账款系统能够自动地建立有关应收账款的全部会计分录，这些分录可以自动过到总账中去，当然在过账之前，需要经过认真检查会计分录是否准确无误。可以以每笔应收账款事务产生一个总账账务的明细方式表示，也可以以日期、类型等汇总方式表示。

应付账款的管理与应收账款的管理类似，这里就不再详细介绍。

8.2.3　固定资产管理

1．固定资产的概念

固定资产是指企业使用期限超过一年的房屋、建筑物、机器、机械、运输工具，以及其他与生产、经营有关的设备、器具、工具等。不属于生产经营主要设备的物品，单位价值在 2 000 元以上，并且使用年限超过 2 年的，也应当作为固定资产。

固定资产是企业为使用而持有的，使用年限较长，且在使用过程中将保持原有的实物形态。它是企业进行生产经营活动的物质基础，在企业的资产总额中占有相当大的比重。因此，固定资产的管理是企业一项重要的工作。

固定资产业务处理的流程如图 8.6 所示。

图 8.6 固定资产业务处理流程

2. 固定资产管理的作用

ERP 系统中固定资产管理系统的作用体现在以下 3 个方面。

（1）细化管理工作内容，提高固定资产管理水平

利用计算机强大的处理能力，可以实现固定资产的细化管理，及时准确地提供固定资产管理的详细资料，满足管理者的需求，促进企业提高固定资产的使用效率，保护企业财产的安全。

（2）及时完整地提供企业固定资产相关报表

固定资产作为企业资产的主要组成部分，是企业财务管理的重点，企业的财务和固定资产管理部门需要及时提供固定资产管理信息、反映固定资产的使用情况、分析固定资产的使用效率、挖掘固定资产的使用潜力，以及及时调配处理多余固定资产，促进企业合理配置和使用固定资产，为企业管理者对企业拥有的固定资产进行管理决策提供依据。

（3）保证数据的一致性，实现业务管理的协同

企业管理的固定资产数量大、种类多、保管和使用分散，固定资产管理工作由企业内多个部门分别进行处理。由此也会造成反映固定资产情况的各种账、表、卡片数据极易出现填写不全、数据不一致及账实不符等问题，ERP 系统通过固定资产模块与总账模块和成本模块的集成，比较好地实现了业务处理的协同，保证了不同模块之间数据传递一致性，准确反映了业务处理的实际情况。

3. 固定资产模块的功能

为了实现固定资产业务核算和管理的要求，ERP 系统中固定资产管理模块具有以下 4 项功能。

（1）基础数据维护

基础数据维护功能主要维护企业固定资产的基础数据。通常情况下，需要维护的固定资产基础数据有固定资产类别、固定资产原值、固定资产累计折旧、固定资产折旧方法、固定资产使用部门、固定资产使用状态、固定资产卡片类别，以及固定资产科目等。

（2）日常管理

日常管理主要实现固定资产增减管理、固定资产变动管理及固定资产的维修管理等管理工作内容。

（3）期末处理

期末处理主要实现固定资产的折旧、减值准备、工作量汇总、期末结账等业务处理。折旧处理主要针对固定资产的属性计算当期折旧，包括折旧计算、折旧分配表及折旧登记簿。

（4）报表管理

报表管理主要包括统计各部门各类固定资产的增、减、变动和结存情况；统计固定

资产的使用现状及其购建的经费来源情况，建立固定资产台账、分户台账等；编制折旧费用分配表；编制备查账表。

8.2.4　工资管理

1．工资管理的概念

工资是指基于劳动关系，企业根据员工提供的劳动数量和质量，按照劳动合同约定支付的货币报酬。工资核算与管理是企业财务会计核算和管理中最基本的业务之一。

工资业务处理的流程如图 8.7 所示。

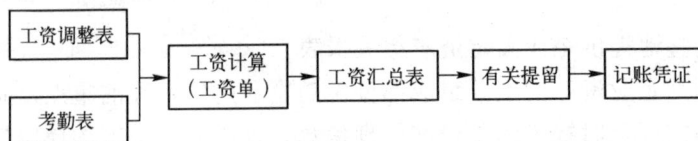

图 8.7　工资业务处理流程

上述业务处理流程具体实现过程如下。

① 对来源于企业各部门的考勤、加班和产量工时记录进行审核并计算病事假扣款、个人所得税和应发工资等，综合行政部门的代扣款计算员工实发工资。

② 根据以上原始数据和计算结果编制工资表。

③ 对工资表数据，按员工所属部门和工作性质汇总编制工资汇总表及工资费用分配表、个人所得税申报表、职工福利费计提表等。

④ 根据各汇总报表编制记账凭证并进行账务处理。

2．工资管理的作用

ERP 系统中工资管理系统的作用体现在以下 4 个方面。

① 细化工资核算与管理工作，提高工资管理水平。通过规范业务处理流程，企业可以及时掌握人员工资的基本情况，协同与其他业务部门的业务处理，保证系统数据的一致性和准确性。

② 及时处理员工调入、调出、内部调动及工资调整数据，保证工资计算的准确性。

③ 编制记账凭证以便进行账务处理和进行成本核算，为总账和成本模块及时提供业务数据。

④ 根据管理的需要提供有关的工资统计分析数据。

3．工资管理模块的功能

ERP 系统中的工资管理模块应具有以下 3 项功能。

（1）基础数据维护

基础数据维护功能主要完成系统工作必不可少的各种编码信息和初始数据。通常情况下，需要维护的工资基础数据有工资类别、工资项目、工资计算公式等。

（2）日常业务处理

日常业务处理主要实现工资日常业务数据录入、工资计算与分配、编制工资单、生成工资汇总表等管理工作内容。

（3）工资数据的输出

工资数据的输出包括工资数据的查询，工资单、工资汇总表的打印，以及向财务系统、成本核算系统输送规定格式的数据和工资管理所需要的各种管理信息等。

8.2.5 现金管理

1．现金管理的概念

现金管理是对硬币、纸币、支票、汇票和银行存款的管理的统称。由于现金在会计业务中占有极其重要的地位，因此必须建立健全管理体制，以防止现金被盗，从而保证账款相符，保证正常经营和日常支付。一个健全的现金收入和现金支出的管理体制主要表现在：

① 建立明确的现金事项的日常处理程序；

② 将现金的经营工作和有关的记账工作严格分开；

③ 将现金支出活动和现金收入活动分开，所有收入的现金必须每天存入银行，所有支出的现金必须使用支票。

2．现金管理模块的功能

现金管理模块能处理企业中的日常出纳业务，即包括现金业务处理、银行业务处理、票据业务处理等内容。此外，在现金管理模块中，会计人员可以根据出纳人员录入的收付款信息生成记账凭证传入总账模块。

（1）现金收入和支出管理

现金收入和支出管理是按照国家的政策和法规，对现金收入、支出和库存进行预算、监督和控制，是财务管理中资金管理的重要内容。现金收入管理主要是回收销售现金和应收账款。现金支出管理主要是对支票和付款单的控制，以及现金支出的会计处理、购货、退货及折扣的核算。

（2）零用现金及银行存款的核算

包括预付账款和预收账款的计算，提供国际通用的各种应收账款付款作业及付款形式。

（3）票据管理

这里提到的票据是一个广义的计算凭证概念，具体包括支票、本票、汇票等票据，也包括汇兑、委托收款、贷记凭证和利息单等结算凭证。票据管理功能主要包括票据维护管理、支票管理、票据备查管理，以及生成凭证的管理等。

8.3 成本管理

成本是一项综合经济指标，是生产过程中各种资源利用的货币表示，是衡量企业技术和管理水平的重要指标。企业运营过程中各方面的成效都在成本中有所反映，企业通过成本的有效管理，可以不断优化资源利用，努力降低成本，提高经济效益和效率。ERP系统为企业的成本管理提供了有力工具，为企业实现成本的科学管理和控制提供了基础，本节介绍 ERP 系统中的成本管理理论和方法。

8.3.1 成本管理概述

1．成本管理的基本概念

成本，即生产成本（或制造成本），是企业为生产商品和提供劳务所发生的各种耗费和支出。这里所说的成本，是一个狭义的概念，仅是指生产成本，是从会计角度来研究如何把为生产商品和提供劳务所发生的耗费和支出归集、计算出生产成本。所以这个定义主要是为成本核算服务的。

美国会计学会（AAA）所属的"成本与标准委员会"对成本的定义是：为达到特定目的而发生或未发生的价值牺牲，它可用货币单位加以衡量。这个定义主要是为达到特定目的从整个价值牺牲的角度去研究成本，不是单纯地从会计角度去看成本。所以，这个定义是广义的概念，它不仅是为核算服务，更主要的是为管理服务。

成本管理则是指对成本进行的预测、计划、控制、核算、分析、考核和采取降低成本措施等管理工作的总称。它是涉及企业各部门的一项综合性管理工作，是企业管理的重要组成部分。加强成本管理，对促进企业技术和经济结合、深化经济核算、挖掘降低成本的潜力、增进经济效益具有重要意义。

2．企业成本的构成

企业成本的构成如图 8.8 所示。

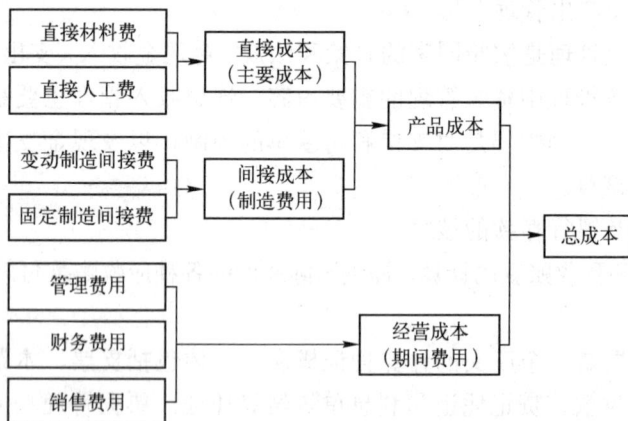

图 8.8 企业成本的构成

可以看到，企业总成本由产品成本和经营成本构成。

（1）产品成本

产品成本是指构成产品的费用，包括直接成本和间接成本。

直接成本是指可以明确分辨用于某个物料上的费用，与生产数量有关，无须分摊。

直接成本包括直接材料费和直接人工费。其中直接材料费是指制成产品的原料及其零件部分，它是构成产品的基本因素，包括原材料、辅助材料、备品备件、燃料及动力、包装等费用；直接人工费是指直接改变原料的形态或性质所用的人工费用，包括直接从事产品生产人员的工资、奖金及津贴等。

间接成本也称为制造费用，是指不能明确分辨用于某个具体产品上的费用，它是制造业所发生的但不能作为直接材料和直接人工的工厂成本，如间接人工、间接材料、房屋和设备的折旧，使用的动力、税金、保险费和维修费等。间接成本需要进行分摊，其中与产量有一定关系的称为变动间接费（如燃料、辅助材料等），与产量无直接关系的称为固定间接费用（如办公费、折旧、厂房采暖等）。成本管理中尽可能将间接成本与相关产品联系起来，体现谁受益谁分担的原则，使成本计算日益精确，有利于管理决策。

（2）经营成本

经营成本也称为期间费用，是指企业管理行政部门为组织和管理生产、销售、提供劳务等所发生的各项费用。这些费用因为与制造产品和提供劳务没有直接关系，因此不计入产品成本。

企业的经营成本包括管理费用、财务费用和销售费用。其中，管理费用是指行政管理部门为管理和组织生产经营活动发生的各项费用；财务费用是指企业在进行生产经营活动过程中，为筹集生产经营所需资金等而发生的筹资费用，如利息支出等；销售费用是指企业在销售产品或提供劳务服务等过程中发生的各项费用，如运输费、包装费及销售人员工资等。

3. 标准成本

产品实际成本的计算往往是以过去的会计事项为依据的，因此实际成本属于历史成本，当然从历史成本是不容易得到关于效率高低的正确结论的。同时，产品价格与成本有关。产品价格的宣布有时在生产之前。历史成本是事后的，为了克服以上缺点，以达到控制成本的目的，在生产之前就制定出产品在制造中所需要的直接材料、直接人工和制造费用的成本称为标准成本，它是一个企业在正常的经营条件下所应达到的"目标成本"。在这种成本下，产品的直接材料、直接人工和制造费用，都在生产开始以前，经过必要的研究和分析，预先确定每一单位产品所需耗用的标准数量和标准价格，作为核算产品成本的基础，然后根据这些标准成本来与实际成本相比较，分析成本的超支和节约，以加强企业的生产经营和成本控制，这种成本管理的方法称为标准成本法。

标准成本体系是 20 世纪产生和广泛应用的一种成本管理制度。该体系的特点是事前计划、事中控制和事后分析。事前计划是指在成本发生前，通过对历史数据的分析研究和反复测算，制定出来某个时期内生产条件处于正常状态下的标准成本。事中控制是指在成本发生过程中，将实际发生的成本与标准成本进行对比，记录产生的差异并进行适当的控制和调整。事后分析是指在成本发生后，对实际成本与标准成本的差异进行全面的分析和研究，发现问题并解决问题，制定新的标准成本。实施标准成本后，可以帮助企业有效地进行成本控制，促进和简化产品成本计算，并为产品定价提供依据，也便于企业编制预算。

标准成本是一个基准点，它公平地体现了在预计产出数量范围内生产某产品的成本。因此，库存中的物料被认为是按标准成本储存的资产。具有相同零件号的每一种物料都被认为具有相同价值，这与先进先出（FIFO）或后进先出（LIFO）正相反，后者根据采购某物料的实际费用，认为同一种物料具有不同的成本。在标准成本中，超出标准成本的部分一般是费用，计为逆差。同样，低于标准成本的部分则计为贷方，是顺差。按标准成本计价的销售成本加上成本差异等于实际成本。若仔细想一想，这些差异表明确实还有由系统指出的改进工作的机会。在效率高的单位，不仅仅是报告这些差异，还有许多其他工作可做。

标准成本是可变更的，有些企业每年考察一次标准成本，而且对评审结果非常满意，有些企业则频繁地修改标准成本。许多制造业企业因材料成本不稳定，或毛利很少，而造成记入"利润表"差异行中的产品销售成本的差异不成比例，所以会一个季度修改一次标准成本。许多客户则不断地通过计算净成本或部分成本来更新物料的标准成本，这适用于设计修改快于标准成本修改的情况。在确定修改标准成本的频率时，通常应与本企业的审计人员或其他相关人员商讨决定。

经过详细研究和分析所制定的各项标准成本只是企业在短期内的成本目标。为了适应企业条件的变化，还需继续不断地加以修订。换句话说，如果把标准成本作为目标成本来使用，是要以新的成本标准为其前提的。此外，企业所制定的各项成本标准，尽管是经过各方面的研究和分析而确定的，但实际成本总难免不与预定的标准发生偏离。这项偏离，或者说差数，称为"差异"（variance）。这项差异可以是正数的（实际成本超过标准成本），也可以是负数的（实际成本低于标准成本）。正数的差异表示"不利"，负数的差异表示"有利"。对于管理部门，差异是一种"信号"，管理人员可从各项差异中寻求其原因所在，便于必要时采取补救的措施。

由于标准成本制度的应用在会计记录中反映出预计成本和实际成本的差额，以便通过差异数据的研究，找出预计和业绩的差异原因。差异分析主要有：材料差异是由采购运输等原因所引起的；人工差异是由工资变动、加班加点等原因所引起的；制造费用是由季节变化等原因所引起的。以上内容可以通过业绩报告来表述。

4. 成本管理模块与其他模块关系

在 ERP 系统中，成本管理模块与其他模块的关系如图 8.9 所示。

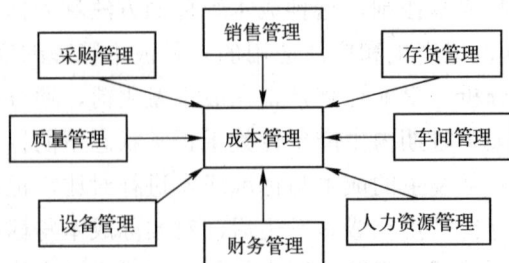

图 8.9 成本管理模块与其他模块的关系

8.3.2　ERP 中成本管理的实现

1.　成本计算的实现原理

在 ERP 系统中，成本计算是根据产品结构、工作中心、工序和采购等信息进行成本计算工作的，包括人工费、材料费和生产费用的计算，核算所需要的标准成本及估计所需要的新成本，并对成本差异做出分析。

在 ERP 系统中，成本计算采用的方法是成本累加计算法。即成本计算的过程是一个累积的过程，它是按照 BOM 的反向自底向上进行的。在 BOM 中有一种类型称为成本物料清单，如图 8.10 所示，它就是成本累积过程的一个说明。在成本物料清单上，除了最底层以外的每一层的成本值均为低层累积值，再加上本层增值成本，而本层的增值成本是由本层的直接人工费加上间接费分摊。而最底层的成本则是由最低层材料费加上采购间接费用。

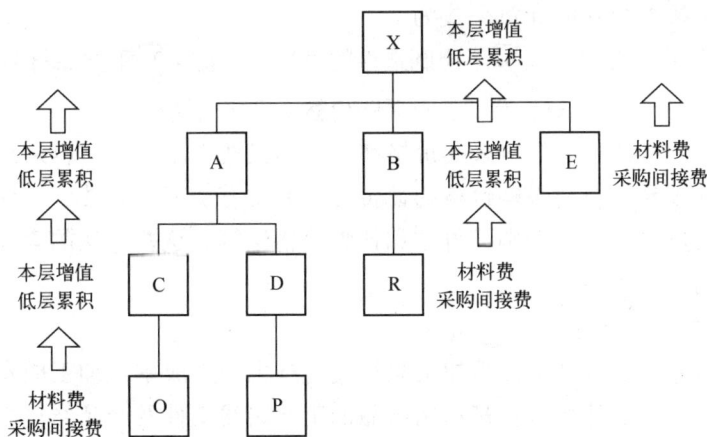

图 8.10　成本累加计算法

按照成本累加计算法，图 8.10 中的成本物料清单成本的累加过程如下。

零件 O、零件 P、零件 R 和零件 E 为最底层，它们的成本分别由各自的材料费加上采购间接费用而组成。零件 C 的成本由零件 O 的累积成本加上零件 C 的增值成本部分，零件 D 的成本由零件 P 的累积成本加上零件 D 的增值成本部分所组成。同理，零件 A 的成本由零件 C 的累积成本和零件 D 的累积成本加上零件 A 的增值部分，零件 B 的成本由零件 R 的累积成本加上零件 B 的增值成本部分所组成。而产品 X 的成本则由零件 A 的累积成本、零件 B 的累积成本、零件 E 的累积成本加上 X 的增值成本部分所组成。

ERP 成本计算的基本数据包括采购成本、材料定额、工时定额及各种费率等。它们分别记录在物料主文件、物料清单、工作中心和工艺路线等文件中。这些基本数据中有一些是数量性数据，如工时定额、材料定额；有一些是价格性数据，如材料价格和各种费率。这些基本数据的准确性是成本计算准确性的保证。

2．产品成本的计算

ERP 系统中产品成本的计算可划分为成本计算对象的确定、成本计算期的确定、材料实际成本核算、生产费用的归集与分配、产品成本在在制品和产成品之间的分配等内容。确定成本计算对象是为计算成本而确定的归集生产费用的各个对象。确定成本计算对象是设置产品成本明细账、分配生产费用和计算产品成本的基础和前提条件；成本计算期是指计算产成品成本时，生产费用计入产品成本所规定的起始日期，即计算产品成本的期间；材料实际成本核算是根据车间领用物料出入库情况，以及库房物料核算方法计算材料实际成本；根据车间工作中心信息，以及产品工艺路线进行生产费用归集和分配；最后需要根据物料基础资料设置、库房资料设置，以及产品工艺路线，在产成品和在制品之间分配产品成本。

1）直接材料费的计算

直接材料费的计算基础是产品结构，计算步骤通常是从最底层原料采购开始，逐层往上累加的。直接材料费的计算公式为

$$本层制造件的直接材料 = \sum 下层制造件的直接材料费 + \sum 下层原材料的材料费$$
$$材料费 = 材料采购价格 + 采购间接费$$

上述公式中，材料费由材料采购价格和采购间接费组成，但材料采购价格有不同的计价方法。会计核算中材料采购价格的计价方法通常有加权平均法、移动加权平均法、先进先出法、后进先出法、个别计价法和计划价格法等。这些方法的含义及其计算公式请参阅会计学的相关资料。

2）直接人工费的计算

在制品结构中，各层制造件的加工与组装会产生加工成本，加工成本主要是直接人工费。直接人工费用的计算过程是利用产品的工艺路线文件及产品结构文件从底层向上层累加，一直到产品的顶层直接人工费。计算公式如下：

$$各层直接人工费 = 人工费率 \times 工时$$
$$人工费率 = 生产人员工资总额 / 各种产品实际工时之和$$

3）间接成本的计算

间接成本不同于直接材料成本和直接人工费，它并不随凭证按物料分别实时记录，因此很难直接而准确地计算出来，需要按照一定规则进行分配。由于间接成本是在工作中心发生的，因此间接成本要分配到工作中心。间接成本的计算步骤如下。

（1）确定分配依据

根据企业的历史统计资料，预计会计期间生产部门的产能，结合产品、车间、工作中心、费用等情况确定分配依据，将间接成本分配到生产车间。

（2）计算工作中心的间接费率

分配到生产车间的间接费还需要进一步分配到工作中心，为此必须确定各工作中心的间接费率。

（3）产品间接费的分配

在上述工作的基础上，将间接成本分配到各产品上。

上述计算过程中的计算公式为：

工作中心的间接费率＝工作中心的间接费用总金额/工作中心的工时

间接费用额＝工作中心的间接费率×产品占用工作中心的工时

注意，上述间接成本的分配方法是传统的分配方法，它是以工作中心的工时或台时为基准的。但是随着产品成本结构中间接成本的比重增加，以比例较小的工时数为基准，分配一个较大的数量就会产生较大的误差，这种分配方法就无法满足管理决策的需要了。然而以作业为基准的成本计算方法，即作业成本法正受到企业的关注。关于作业成本法的理论和方法，请参阅 8.3.3 节相关内容。

3．成本差异分析与成本控制

实际成本与标准成本之间的差额，称为成本差异。成本差异分析是 ERP 中成本管理的重要内容。当实际成本低于标准成本的差异，称为有利差异，即成本节约，用负数表示，记在有关差异账户的贷方；反之，称为不利差异，即成本超支，用正数表示，记在有关差异账户的借方。不论差异是正值还是负值，只要超过了规定的容差限度，就要进行差异分析。有时出现负值不一定是好事，因为在某项差异上出现负值可能导致另一项差异出现更大的正值。

1）直接材料成本差异

直接材料成本差异等于材料的实际用量与实际价格的乘积减去标准用量与标准价格的乘积所得的差，即

直接材料成本差异＝材料的实际用量×实际价格−标准用量×标准价格

由上述计算公式可知，造成直接材料成本差异既有价差（实际价格与标准价格之差）的原因，也有量差（实际用量与标准用量之差）的原因。例如，采购价格和运输费用的变化，材料代用或变更，自制件改外购件或反之等皆为价差原因；而材料报废或损耗，材料利用率变化，以及产品结构变化等均为量差原因。

2）直接人工成本差异

直接人工成本差异等于工人实际出勤工时与实际工资率的乘积减去标准工时与标准工资率乘积所得的差，即

直接人工成本差异＝工人实际出勤工时×实际工资率−标准工时×标准工资率

由上述计算公式可知，造成直接人工成本差异的原因可能有以下几种。一是工资率差异，即差异是由工资率差异引起的，这种差异是价差，通常由工作中心的工人等级或工资的变动造成的；二是停工差异，通常是由设备故障、停电、缺料或任务不足等原因造成的；三是效率差异，通常是由工作效率、加工工艺或投料批量的变化等原因造成的，这种差异是量差。

3）制造费用差异

制造费用差异等于实际工时与实际制造费率的乘积减去标准工时与标准制造费率的乘积所得的差，即

制造费用差异=实际工时×实际制造费率−标准工时×标准制造费率

在上述公式中，如果计算可变制造费差异，则用可变制造费率；如果计算固定制造费差异，则用固定制造费率。

制造费用是期间成本。为便于在成本计算时进行分摊，要预先确定制造费率。预先确定制造费率时，会带有人为的因素，比如制造费率的差异、工作效率的变化，以及资源不足，市场疲软等，这些均是造成制造费用差异的原因。

上述各种差异，应各自独立设置账户，由系统自动入账。成本差异可以按标准成本的比例分配给各类库存物料，用实际成本计价，也可以结转到销售成本。后者比较简便，国外多采用此法。

ERP 的成本管理可以真正使企业做到事先计划、事中控制、事后分析。可以从根本上改变我国有些企业为填写成本数据，而在产品总成本产生后，再反摊到各个组成物料上去的不良做法。这种做法使得成本核算不是为了提高企业的经济效益，而是为了应付企业外部的报表而做的数字游戏。

4．成本模块的功能

成本模块主要有以下 6 项功能。

① 成本转换。成本集可以进行转换，成本信息可以从一个成本集自动地转移至另一个成本集之中，以便产生新的成本模型。

② 成本变更。利用总体成本变更来反映由于成本模型、制造费用分配方法等的变化所产生的后果。

③ 成本维护。允许将物料、人工和费用分配在成本栏目中，以便跟踪生产成本，对这些成本栏目的信息做好维护工作。

④ 成本物料清单和标准成本的查询。可以根据需要对成本物料清单中各层次的内容进行查询，也可以按照物料、人工和费用 3 个部分查询标准成本。

⑤ 成本差异。在计算机上，能显示出标准成本与实际成本的差异，使管理者了解生产过程和物料耗用偏离标准成本的情况。

⑥ 报表报告输出。可以从标准成本、成本差异、毛利分析、在制品及月末汇总等多个角度，按要求输出所需要的成本报表和报告。

8.3.3　作业成本法

1．作业成本法的概念

20 世纪 70 年代以后，西方许多制造企业的制造环境发生了重大变化。它们的生产经营活动在激烈的竞争中走入了所谓的"高级制造环境"，其特征是激烈的竞争、持续的改善、全面质量管理、全面顾客满意服务，以及尖端的技术。当处在高级环境之下的企业采用全新的竞争制胜策略时，成本会计制度也必须与之相适应。许多企业更加需要准确的产品成本信息，进而更加关注成本计算方法。过去看起来是合理的计算方法，在新的环境下，却出现了扭曲成本信息，不能满足决策及管理需要的现象。许多企业由于大量采用了计算机技术，直接人工成本比重日益下降，一般只占到企业成本的 10%～20%，而各种间接费用，如保证运转费、折旧费、维修费、技术费用，以及与产品制造相关的一般管理职能的费用等则大幅增加。而传统的成本计算法要求将直接材料、直接人工和制造费用全都追溯到产品中去，直接成本由于归属对象明确，可以做到准确分配，而间接成本的发生动因却比较多，笼统以单位水平动因来分配，在制造费用较多的情况下，将严重扭曲产品成本，不能正确反映产品的消耗，不能为企业管理和决策提供正确有用的会计信息，从而最终影响企业总体经营效果。

1987 年哈佛大学的 Rober Kaplan 和 Robin Cooper 两位教授所进行的研究使作业成本法（activity-based costing，ABC）赢得广泛的重视。作业成本法在精确成本信息，改善经营过程，为企业资源决策和产品定价等决策方面提供完善的信息都受到广泛的关注。目前，世界上许多先进的公司都已经实施了作业成本法以改善原有的会计系统，增强企业竞争力。

作业成本法是一种以作业为基础，对各种主要的间接费用采用不同的分配率进行费用分配的成本计算方法。它的基本原理是产品消耗作业，作业消耗资源，根据作业消耗的资源来归集各作业的成本。作业成本法把直接成本和间接成本都作为产品消耗作业的成本同等对待，拓宽了成本的计算范围，使计算出来的产品成本更加准确真实。作业成本法的基本原理如图 8.11 所示。

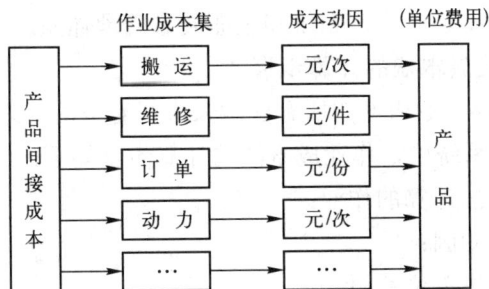

图 8.11　作业成本法的基本原理图

图 8.11 中，作业成本集是指引起计入间接成本的主要作业项目，如搬运费、维修费、订单事项费及动力费用等。ABC 法的理念是把间接成本与具体产品有关的费用对应一定的作业成本集，建立与产品成本之间的关系，或者计算出每项活动的单位成本，按照作业活动发生的次数计算费用，纳入与产品相关的成本中。

成本动因是指作业成本集与产品成本之间定量关系的计量方法。成本动因说明了作业的业务量与消耗的资源量之间的数量关系，是说明发生作业成本因果关系的主要因素。

作业成本法是按照各项作业消耗资源的多少把成本费用分摊到作业，再按照各产品发生的作业多少把成本分摊到产品。也就是说，作业一旦发生，就会触发相应资源的耗用，造成了账目上的成本发生；这些作业一一发生过后，才能历经营销、设计、采购、生产、分销，从而满足客户的最终需求。这里的作业，包括建立与供应商的关系、采购、入库、支付应付款、安装调整设备、对设备进行操作、安排工作流、更新产品设计，以及接受客户的订单等活动，贯穿在企业所处的整个供应链中。

企业实施作业成本法具有以下优势。

① 作业成本法从以"产品"为中心转移到以"作业"为中心上来，不仅克服了传统成本计算法在分配时扭曲间接费用的缺陷，而且引导管理者关注资源消耗的动因，分析成本发生的前因后果。可以说，作业成本法是一种实现前馈控制和反馈控制相结合、成本管理和成本计算相结合的全面成本管理系统。

② 作业成本法作为作业管理的重要组成部分，为业务过程价值分析打下了基础。作业成本法促使管理者先进行动因分析，弄清是什么引起作业成本，然后进一步进行作业分析，弄清要执行哪些作业、有多少人执行作业、执行作业所需时间和资源、作业对组织的价值等问题，使企业整个生产经营的价值链水平得到不断提高。

值得注意的是，作业成本法并不是对所有企业都适用。从国内外应用作业成本法的经验来看，具备以下特征的企业可采用作业成本法。

① 制造费用占全部制造成本的比重较大。

② 产品生产工艺复杂多变，经常发生调整准备成本，产品的技术含量差别较大。

③ 管理者对传统成本计算法提供的信息不满意，希望在企业中推行作业成本法。

④ 产品品种结构复杂，种类繁多。

⑤ 企业拥有现代化的计算机技术和自动化生产设备。

⑥ 企业较好地实施了适时生产系统和全面质量管理体系。

2．ERP 系统中作业成本法的计算步骤

ERP 系统是一个集合企业内部的所有资源来进行有效的计划和控制，以达到最大效益的集成系统。在 ERP 系统中，作业成本法的计算步骤如下：

① 定义用作业成本法计算的作业；

② 确定作业的成本动因；

③ 根据历史资料求出单位费用；

④ 确定发生作业成本的成本中心和作业集；

⑤ 测算每个产品发生的作业量，再乘单位费用得到总费用计入该产品成本。

下面以产品装车发运为例来说明作业成本法的步骤。

第一步：定义"装车发运"所包含的作业，如产品在配送中心装车、把产品从配送中心运至一个销货点等。

第二步：确定各作业的成本动因。我们可以确定成本动因为装运的车数或者运输的里程等。

第三步：确定各因素的单位费用。主要根据历史资料计算出装一车货的平均费用。

第四步：测算各产品耗用的成本发生因素的数目。

第五步：计算各产品应分摊的产品发运费用。

各产品应分摊的产品发运费用 $= \sum ($产品耗用的成本动因 $\times$ 该因素的单位费用$)$

例如，Y 产品装车发运，一共装车 2 车，100 元/车；运输了 50 km，20 元/km，那么 Y 应分摊的发运费用=2×100+50×20=1200（元）。

本章小结

本章基于企业资源计划的业务处理流程，探讨了 ERP 中财务管理的理论及其方法。

ERP 系统中的财务管理系统与一般的财务软件不同，作为 ERP 系统中的一部分，它和系统的其他业务模块有相应的接口，能够相互集成，协同解决业务事项的会计核算和管理。ERP 系统中的财务管理系统一般分为会计核算与财务管理两大部分。

会计核算记录、核算、反映和分析企业经济活动中的资金变动，涵盖总账、应收/应付账款、固定资产、工资管理、资金管理和多币制等模块。总账模块处理凭证、记账、报表编制等。应收账款模块管理发票、客户、付款和账龄，与订单、发票处理集成，自动生成凭证。应付账款模块管理发票、供应商、支票，与采购、库存集成。固定资产模块记录资产、计算折旧、编制报表，自动生成凭证。工资核算模块管理工资、费用计算和凭证生成，与总账、成本模块集成。资金管理模块管理现金、票据和银行存款，与应收/应付账款、总账集成。成本模块基于产品结构等信息计算成本，支持成本分析和规划。

财务管理主要是基于会计核算的数据，再加以分析，从而进行相应的预测、管理和控制活动。它侧重于财务计划、控制、分析和预测。

问题讨论

1. 什么是财务会计？什么是管理会计？
2. 试画出财务管理系统的业务处理流程。
3. ERP 系统中，集成化的财务管理是如何实现的？谈谈你的理解。
4. 简述总账的业务处理流程。
5. 简述固定资产业务处理流程。
6. 简述工资管理的业务处理流程。

第 8 章　财务管理

实 施 篇

ERP 系统的实施与运行管理对于推动企业高质量发展具有重要意义。

通过对本篇内容的学习，读者能够掌握 ERP 系统实施的基本理论、SAP ERP 系统实施步骤与策略，以及 ERP 系统的运行管理与效益评估方法，为企业的数字化转型和高效运营提供指导。

第9章　ERP实施方法论概述

本章引言

ERP为数字化企业提供了一个基本的通用框架，ERP实施通过对企业实际需求的分析，将企业的个性化特征填充到ERP企业模型之中，建立起企业的ERP管理系统。ERP实施是一个庞大而艰巨的系统工程，科学的项目管理方法能够保证其按期、按质、按预算完成。各种ERP实施方法将企业建模与项目管理有机地集成在一起。同时，ERP实施成功与否还需要科学的评价体系来判断。

本章重点

◆ 理解ERP实施的本质

◆ 掌握ERP企业建模的基本思想和主要方法

◆ 掌握ERP实施项目的基本过程和主要任务

◆ 了解ERP实施方法论及其特点

9.1　ERP实施基本理论

ERP项目包括组织、产品选型、管理流程优化、ERP实施和后期运行维护等多项内容，其复杂性远非普通IT开发和实施项目可比。ERP强调信息集成、功能集成，强调在统一的集成资源环境下运行，所以ERP项目实施过程中要讲究一定的方法。但由于企业家大多没有时间及时更新专业知识跟上技术发展的步伐，实施人员也缺乏训练而不够专业，因此在讨论ERP实施时，企业通常会面临以下一些问题：

● 什么是ERP实施的技术和管理基础？

● 如何将ERP与企业的运作接轨？

● 当前系统的特点是什么？在新环境中哪些部分可以得到保留？

● 如何安排实施人员培训并且制订软件配置计划？

● 现有数据如何移入新系统？

● 如何定义ERP实施的解决方案？

● 如何将理论上的实施方法论付诸ERP实施过程并投入使用？

● 如何加载初始数据？

● 如何开发、测试并试运行配置后的系统？

● 如何开发、测试并试运行接口系统？

● 如何记录与系统有关的过程？

- 如何测试新的工作环境？
- 如何培训系统操作人员？

ERP 实施并没有绝对的法则，因为它是科学与艺术或技巧与艺术的结合与运用。从 ERP 的发展与企业使用 ERP 的情况来看，大的软件供应商为客户提供自己的实施原则和步骤，同时还开发了相应的实施工具，如 SAP、Oracle（甲骨文）、金碟和用友等公司均有自己的实施方案与策略。除此之外，大的企业信息化方面的管理顾问、咨询公司和学术机构等均拥有一套相应的 ERP 实施方法和途径。ERP 实施方法论的基本框架如图 9.1 所示。

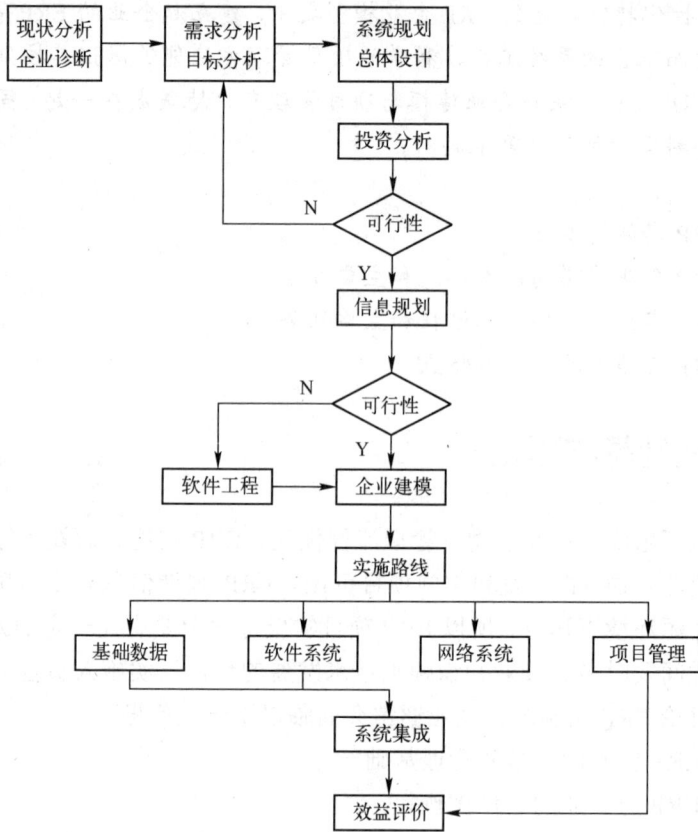

图 9.1　ERP 实施方法论的基本框架

9.1.1　一般意义的方法论

我们在处理问题时，首先要从整体把握来分析各个阶段，再从整体进入到各个细节，在不同阶段完成不同的主要任务。一般来讲，一个 ERP 系统的实施可以分为下面四个阶段，每个阶段都会产生一个可供评估、调整和改进的中间结果，使项目小组可以放心地将项目进行下去，从而确保项目没有偏离预定的目标。

1. 问题的理解

第 1 阶段的目的是建立 ERP 实施的基础，这个基础将使该项目以尽可能好的方式实施。我们非常有必要了解公司的业务是什么，ERP 怎样才能与公司的运作接轨，决策者和实施小组的每个成员需要确定当前系统的特点，以及在新环境中哪些部分可以得到保留，他们也需要安排实施人员培训并且制订计划来配置软件包，以及决定现有数据怎样移入新系统、系统操作员应接受何种培训，等等。任何工作，尤其是一个大型的、复杂的工作，必须要有计划，在整体把握工作的各项内容后，将其拆分为若干小任务，形成计划，因此，在实施 ERP 时必须要把握系统思维、整体思维，从整体出发，不断拆分并形成各个计划，否则，做事情就是杂乱无章的，所以，我们要有计划性，要在整个项目目标确认后，讲究计划性原则。

2. 定义解决方案

这是项目最关键的阶段，因为在这一阶段，所有与 ERP 操作相关的概念都会被定义出来。项目小组将会对实施过程进行模拟以确定当前工作流程和新的工作环境间的差别，在此期间，将会形成所有关于信息和数据模式的基本定义，企业的实际运作与软件包的具体功能之间的协调程度也会确立，未来运转模型通常在此期间创建。我们也要立足于客观情况及具体需要，关注 ERP 所解决的具体问题和需求，即这个 ERP 一定要为我所用、为企业所用，求真务实，而不是一味追求固定的标准或形式。

3. 付诸实施

这是最难的阶段，因为在此环节项目的计划常常会犯错误；在上一个阶段，项目小组只是"纸上谈兵"，而在本阶段项目小组将把它们付诸实现，主要工作有以下几项：

- 装载初始数据；
- 开发、测试并试运行配置后的系统；
- 开发、测试并试运行接口系统；
- 记录与系统有关的过程情况；
- 测试新的工作环境；
- 培训系统操作人员。

在整个实施过程中，与客户要紧密配合，实施人员与客户通力合作。ERP 实施是一个比较复杂和庞大的项目，我们单个个体或组织的力量往往难以很好地应对，需要项目相关人员之间通力合作或配合，相关人员和部门需要根据企业情况在各司其职的同时，发扬集体主义观念与团队协作意识，这样才能保证较好的项目效果。

另外，实施时还要考虑投入产出问题。在实施时，要从企业实际出发，客观辩证地对待企业的实际情况，进行选型时不能一味求大、求贵、求形式，而是要把握自身客观情况与真实需求，从多方面、多角度思考问题。

4. 投入使用

系统开始真正运转只能说是接近成功，而不是完全成功，因为这个阶段可能出现许多意外，通常原来的系统都要与新系统同时运行一段时间，在这段时间里，项目小组还要为仍心存疑虑的最终客户提供支持。此外，系统的最后调整也是在这一阶段完成的。一旦系统稳定下来，项目小组和相关执行人员对它的运行和使用都感到满意时，新系统就可以正常使用，而原来的系统也就可以停用了，企业彻底完成了从旧系统到新系统的变迁。

9.1.2　ERP 实施中的各种角色

1. ERP 系统软件供应商

供应商同时也是软件开发商，他们投入大量的时间和精力进行软件的研发。他们创建了能够解决某些特定商业运作环节的系统，随着企业 ERP 开发的不断深入，有许多因素会强迫 ERP 系统供应商对其产品精益求精并尽力扩展其功能，这些因素包括从具体实施中获得的经验、使用者的反馈、进入新市场的要求及竞争压力等。随之而来的是，ERP 内涵的丰富，各种新功能的引进以及好的想法的相互借鉴，等等。供应商们竭尽全力使系统更高效、更有弹性，更容易实施和使用，并且随着最新技术的引入，使产品不断升级。

首先，当企业与供应商签完合同后，供应商应该提供产品及一系列书面材料，并且有责任解决项目实施小组在实施过程中遇到的种种问题。

供应商同时也充当培训者，为企业将来系统实施过程中的关键人员提供培训，内容包括软件包的工作原理、主要组成部件、数据和信息的流动、存在哪些限制、优缺点何在，等等。

供应商的责任不止于培训，还要提供项目支持并在实施过程中实现质量控制。此外，供应商还负有其他的一些责任，例如，软件包与具体公司运作要求之间如果有距离，系统就可能要进行客户化，一旦做出决策，供应商就有责任提出必要的修正方案，在做出系统修正后，其余人应该与供应商签署一份保证书以保证尽管系统做过修正，企业仍有权享受软件升级改进的服务。

2. ERP 实施顾问

顾问专长于开发技术和项目实施的方法论，能够有效处理实施过程中出现的种种问题，他们是经营管理的专家，有过在不同行业实施不同 ERP 项目的丰富经验。

顾问要对项目实施的各个阶段负责，以确保要求的运作在规定的时间里按要求的质量水平完成，并使必须参与实施的人员真正高效地参与。为了实现承诺，顾问要把自己所掌握的技巧和方法转化到实际工作计划中来，方法要细化成任务并落实到具体个人。每个阶段、每个任务的时间安排也要决定下来，从而最终敲定项目计划。顾问给项目带来了额外的价值，他们的实际操作经验使企业受益匪浅，他们知道什么该做，什么不该做，从而避免了"出错—改正"的实施途径，一次性成功会给企业节省大量的人力、物力和财力。

顾问在评价现有企业流程时一定要保持公允的态度。他们应该尽全力改进企业现有流程使之适合初始的 ERP 系统软件包，这可以优化系统的实际绩效并最大限度地增大将来操作人员的满意度；顾问还有责任对客户系统进行分析和界定，详细说明每个领域某项做法的优劣并最终获得一个中肯的解决方案。

顾问必须对工作的大环境和可发展空间有高度的了解，清楚什么时候应该向公司管理层预警以保证不危及项目的顺利实施；此外，顾问还要留下技术文献资料，因为项目实施完成后，顾问最终会离开，然而他们的知识还要留在公司里，因此顾问要培训足够的公司员工使项目能够继续开展下去。

3．ERP 企业最终客户

一旦 ERP 项目落实，最终客户就要面临着从旧系统到新系统的转变，旧的工作流程将会改变，工作性质将会产生大的跃迁。人的本性是抵抗变化的，ERP 实施必定是一个大规模的变动，企业及其员工总会有这样或那样的顾虑，如果管理层不注意到这些问题、不提前设定解决方案，就一定会带来麻烦。

然而应该注意到，ERP 在取消许多既有的工作职位的同时又开辟了许多新的附带有更多的责任和价值的工作。显然，技术革新自动地取消了下述一系列工种：记录、控制、计算、分析、文档、准备报告等，但必须指出，失业的工人也由此可以得到更多的就业机会：离开单调乏味的职员岗位到一个新的充满挑战的环境中，以实现其自身价值。如果企业能让其员工清楚地认识到这一点并帮助他们完成这次转变，那么 ERP 实施的一个最主要的障碍就得到了解决。

9.2　ERP 实施中的项目管理

9.2.1　项目管理的构成

1．项目组织

项目组织主要是指执行项目各项任务的各个团队的结构。它要求确定各个团队的人员、指定团队领导者、对各个团队进度报告进行汇总，其中各团队进度报告逐层向上汇总不断形成更高层的报告。通常，一个项目要组织的团队有：基本技术团队、ABAP/4 编程技术团队，分别与 SAP 各个主要模块相对应的团队。其中，分别与 SAP 各个主要模块相对应的团队还需要包括分别负责分析与设计、文档处理及模块测试的子团队。

2．项目控制

在项目进行过程中，对各个团队或团队组的工作进行控制来确保工作进度是非常必要的。为此，需要每天记录和监控各团队的工作和花费的时间。这有助于检测项目进展过程中是否有延迟和是否出现不协调，从而在必要的时候重新组织团队或向团队提供额外的资源。

3．时间记录

时间记录主要是记录下团队中每个成员从事各种活动所耗费的时间。这对于外部顾问和企业内部成员来说都非常重要。对在各种活动中所花费的时间进行分析，有助于确定在识别差别、解决差别问题、同最终客户进行交流、系统配置、归档、进行功能和技术测试、排除业务和技术错误等方面的努力和开销。

4．会议

针对所有与项目相关的问题都应当召开会议，例如：项目范围、项目策略、项目团队的建立、项目时间进度和里程碑、需求及企业流程、差距问题、差距问题的解决、尚未解决的问题、标准流程的确定、测试计划和数据的准备、测试报告、测试和替代解决方案、文档和升级、软件升级、培训项目日程安排、推荐团队人员进行培训、资源可获得性及可用性、冲突及解决方案、客户账户、访问及授权、系统表现及可用性、硬件和网络供应商、项目实施过程中所需要的服务和咨询的供应商、账单支付、员工辞职等。

5．项目监控

所花费的努力和时间应当经常同预先的计划进行比较。所有的偏差都应当及时得到调整。项目计划的任何更改都要在项目审查中提到。

6．项目回顾

项目回顾的主要目标在于保证进度同计划相一致。在上一次回顾之后的任何进展都应当进行评估。和计划相比，任何的延迟或不足都应当分析其原因，所采取的任何弥补措施都应当进行记录。在回顾过程中，可以提出各种改变策略的建议，项目中突发的各种问题都需要进行分析。

9.2.2　三级项目组织

实施 ERP 有大量的工作要做，管理改革也要配合进行。为了保证项目按计划进度顺利实施，首先要组织落实。通常要成立三级项目组织，即项目领导小组、项目实施小组和职能组。

1．项目领导小组

项目领导小组简称领导小组，由企业一把手主持，与系统有关的副总监及项目实施小组组长（项目经理）为领导小组成员，共约 5～7 人，这里要注意人力资源的合理调配，如项目经理的任命、优秀人员的发现和启用等。

领导小组的主要工作是：制定方针策略，指导项目小组；设定项目目标、范围及评价考核标准；批准项目计划，监控项目进程；调配人力和资金；推动培训工作；解决项目小组不能解决的问题；研究企业管理改革措施；研究企业工作流程的调整与机构重组；审批软件二次开发方案并验收；审批新系统的工作准则与工作规程，保证项目能够正常进行；对项目成败全面负责。领导小组至少每两周举行一次例会，但是领导小组组长需要经常关心、参与和指导实施工作，及时处理各种问题。

实施 ERP，是一种对人的投资，可以把关注的重点放在以下几方面：

- 抓培训效果和人员素质的提高；
- 明确职责，树立尊重、信任、合作的团队精神，检查工作成果，赏罚分明；

- 监督数据的准确性，改革不利于数据准确性的各种因素；
- 转变员工的管理观念，推进企业管理深化改革；
- 把 ERP 用于实处，解决企业实际的业务问题，实现企业目标效益。

2. 项目实施小组

项目实施小组一般统称为项目小组，有时也称为核心小组，以示其重要性。项目小组的协同工作在公司范围内实施 ERP 系统软件，有可能会使组织、业务流程与功能发生变化，因此成立一个由企业最高管理层及各个业务部门人员组成的项目小组显得尤为重要，而不是单纯由 IT 部门去实施整个过程。项目小组由项目组长或经理负责，进行 ERP 实施的日常工作。项目组长是一个非常关键的岗位，人选非常重要，关系到项目的成败。项目组长的基本条件是：必须十分熟悉企业的管理情况，具备一些重要的基层部门的管理经验；有改革创新精神，孜孜不倦地学习现代管理思想和方法；思维敏捷，条理清楚，精力充沛，具有百折不挠的精神；善于表达和以理服人，有较强的组织能力，能与人合作共事，在企业中有一定的威望。

项目小组对总监和领导小组负责，人数 6～10 人，主要的工作是：制订实施计划，保证计划的实现；指导、组织和推动职能组的工作；负责数据准备，保证录入数据的准确、及时和完善；负责组织原型测试和模拟运行，对管理改革的问题提出解决方案和建议；组织和开展企业内部的培训，担负起教员的工作；主持制定新的工作准则和工作规程；提交各阶段的工作成果报告。

项目小组每周至少一两次例会，必要时每天召开短时间的碰头会。实施 ERP 被公认是吃苦项目，它相当于把企业的数据从头到尾整理一遍，特别是在项目启动初期，需要整理、分析、录入大量的静态数据，项目组成员要善于接受新思想、传播新思想，把 ERP 理论与企业的实际情况相结合，在手工系统和 ERP 系统中找到共同点，相互借鉴，相互补充，最后成功地完成 ERP 项目的实施任务。

3. 职能组

职能组有以下两种功能。

第一，与企业实施 ERP 系统有关的部门，指定几名骨干组成职能组，在部门主管指导下，研究本部门实施 ERP 系统的方法和步骤，掌握与本部门有关的软件功能，准备并录入数据，学会应用各种报表提供的信息，培训本部门的使用人员，参加制定工作准则与工作规程，做好新旧管理模式的切换，运行新系统。每个职能组的成员数 3～5 人，职能组要随时研究工作，并对项目小组负责。

第二，在研究一个专题时，如确定物料编码，由项目组长会同有关部门，组成专题组，在短期内完成某个专题研究。专题组的人数根据需要而定；工作完成后，专题组可以解散。领导小组、项目小组和职能组的关系是环环相扣的。下层的负责人是上层的成员，如职能组的负责人是项目小组成员，项目组长是领导小组的成员，如图 9.2 所示。

总之，ERP 系统首先必须由熟悉管理业务的人来主持和应用，同时，又要有计算机专业人员的通力合作才能取得成功。而当前应着重强调的是：必须有企业自己的管理人员投入。

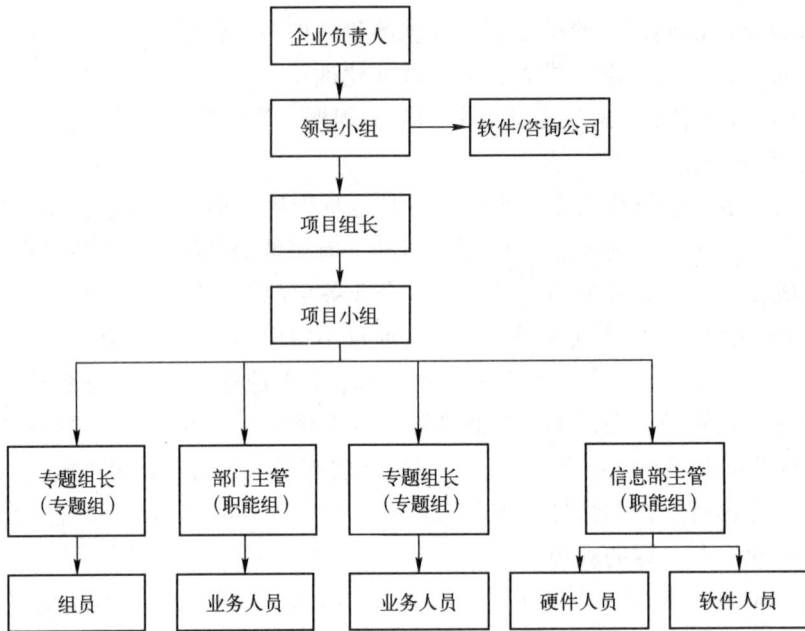

图 9.2　项目组织结构图

9.2.3　制订实施计划

项目的实施计划一般由经验丰富的咨询公司制订，或在其指导下由企业和 ERP 系统供应商共同制订。它由企业的项目实施组根据企业的具体情况讨论、修改，最后由项目的领导小组批准。

一个 ERP 系统的实施周期是根据企业规模、管理基础、人力资源的投入人数和人员素质、培训的质量和深度、数据量和基础工作的扎实程度、领导重视程度、解决问题的效率、软件的适用程度、软件公司的服务支持等多方面因素确定的。但是，实施周期绝不能太长，一般宜控制在 18 个月以内。时间拖延，见不到效益，会使人失去信心。实施 ERP 系统要有一个目标具体、内容详细、顺序合理、责任明确、进度积极可行、前后衔接有序的实施计划。

计划必须是可以检查的，没有使人无所适从的空洞言辞，应具体说明：做什么？什么时候做？什么部门谁来做？怎样做？要达到什么目标，完成什么阶段成果？项目实施总体计划（如表 9.1 所示）是在总监主持下由项目小组提出，经领导小组批准后执行的。可以在工作分解的基础上，用甘特图或用网络图来表达，指明关键路线。实施计划中还应包括管理体制改革的内容和进程。要使 ERP 系统提供的信息真正起到指导作用并见到实效，还要用到工业工程学多方面的原理和方法，如工作研究、物流分析、优化布置、生产能力平衡等。有关的改革措施及企业机构体制的调整等也都应列入实施计划，并在工作准则与工作规程中明确。这些都是 ERP 系统实施成功的必要保证。培训计划应穿插在实施过程中，要安排配合得当。

表 9.1　项目实施总体计划

序　号	项目实施内容	时　间　跨　度				说　　　明
		3 月	5 月	…….	11 月	
1	成立项目组织					历时 3 天，建立三级项目组织召开项目实施动员大会
2	制订实施计划					历时 1 周，经过企业确认的总体计划
3	调研与咨询					历时 3 周，形成确认的报告（含需求分析）
4	系统安装					历时 1 个月，建立企业网络等硬件、安装软件
5	培训					分部门、阶段，交叉进行，历时 1 个月
6	数据准备					历时 1 周，分阶段、同步进行
7	业务改革					历时 5 个月
8	原型测试					历时半个月，分模块、分业务（部门）同步测试，提出测试报告
9	客户化					根据需求确定
10	模拟运行					历时 1 周，并根据需求确定
11	建立工作点					分阶段、分业务建立，历时 3 天，产生工作准则
12	并行					历时 3 个月
13	正式运行					
14	总结工作					

要制订分阶段、分步实施的系统模块的细化计划，详细到各个业务的具体实施计划，并对负责人作出规定。

9.2.4　项目实施的主要任务

1．数据准备

基础数据是 ERP 系统运行的前提，对于基础数据的收集规范这个问题，必须在软件已选择确定及业务蓝图描述后进行，因为每种软件实现的模式要求不同。ERP 系统是建立在业务流程数据准确性和时效性基础上的企业管理软件，所以企业在 ERP 系统试运行前，要开始收集、处理有关业务数据，为 ERP 系统进入试运行业务处理做好数据准备。

2．数据的分类

根据数据的作用与处理状态不同，把 ERP 系统中的数据分为初始静态数据和业务输入数据、业务输出数据。

（1）初始静态数据

一般包括企业有关架构数据、代码、物品工艺路线、初始库存数据、工作中心数据等。根据企业所处客观环境的变化，对数据进行定期与不定期的维护，因此静态数据是相对的。

（2）业务输入数据

一般包括材料出入库数据，物品入、出库数据和销售订单数等日常业务处理数据。这些数据是企业日常生产活动中经常变动的数据，需要随时维护。

（3）业务输出数据

一般包括物品库存数据、可用库存量与物品的计划需求量和物品有关成本、预算对比分析等，是对有关业务数据处理、查询、汇总和分析结果的输出。

3．数据导入确认

（1）数据导入

数据导入工作主要处理两种数据的导入，一是静态数据，二是初期的动态数据。一般情况下，数据导入方法分为手工输入、直接导入和专用工具导入 3 种，如表 9.2 所示。

表 9.2　数据导入方法比较

数据方法	描　述	优　点	缺　点
手工输入	所有静态基础数据和期初动态数据均由手工逐条输入系统	对系统比较安全，即使有操作错误，可以及时更改，不会影响系统的稳定； 可以加强操作人员对系统的熟练程度	工作量太大，有些企业的物料数据就有近 10 万条，手工数据需要太长时间；输入过程比较枯燥，容易因操作错误而导致数据不准确
直接导入	将数据通过编写的接口直接导入底层数据表	运行速度快，占用时间少	对底层数据结构不熟悉的话，会造成系统出错，影响系统稳定； 需要安排专门的技术人员编写接口导入程序，需要占用一定的技术工作量
专用工具导入	采用导入工具（如 DATALOAD）将数据通过程序界面自动导入	模拟手工从 Form 输入，对系统和数据都比较安全； 自动导入，几乎不会造成数据的输入错误； 自动运行占用时间少	比手工输入的工作量要少很多，但是仍需要占用一定时间； 需要集中安排数台计算同时工作，可能会影响其他相关工作

在 ERP 系统实施中，通常在实施阶段导入数据后，会做一个测试库，同时做一个备份库，所有的测试在测试库中进行。在测试过程中必然会发现有些欠缺，应及时地记录并更新到备份库中。这样分库中就包括了最新的、也是相对准确的静态数据。

（2）数据确认

数据导入后需要进一步确认准确性。在该阶段可以利用企业已有的报表、账簿进行核对。

4．系统安装调试

在人员、基础数据已经准备好的基础上，就可以将系统安装到企业中来了，并进行一系列的调试活动。

5．软件原型测试

这是对软件功能的原型测试（prototyping），也称计算机模拟（computer pilot）。由于 ERP 系统是信息集成系统，所以在测试时，应当是全系统的测试，各个部门的人员都应该同时参与，这样才能理解各个数据、功能和流程之间相互的集成关系。找出不足的方面，提出解决企业管理问题的方案，以便接下来进行客户化或二次开发。

原型测试的目的概括如下：
- 通过实战模拟，进一步熟悉 ERP 系统的业务处理及操作的使用方法；
- 检验数据处理的正确性；
- 通过查询、分析业务数据，获得高效的处理成果，增强实施信心与兴趣，并为数据共享与数据报表的利用提供依据；
- 感性认识 ERP 系统业务管理方法；
- 对比 ERP 系统的处理流程与企业现行实际流程的异同，为业务改革提供依据；
- 理解各种数据定义、规范的重要性与作用，为制定企业数据规范提供依据；
- 如物品编码的使用、编码的方法与作用，为制定编码规则提供决策依据。

6. 模拟运行及客户化

（1）客户化

一般把不牵动程序的改动称为客户化，如修改报表格式。软件如果有报表生成功能，或采用第四代语言，任何业务人员不需要有很多计算机知识就可以自行设置。

（2）二次开发

通常把改动程序的工作称为二次开发。要增加或修改软件的功能，需要 ERP 系统提供支持二次开发的工具，还可能需要有软件的源程序，这些都要支付额外的费用，而且并不是每个 ERP 系统供应商都愿意提供源代码。此类问题一定要在签订合同前考虑到。

在进行二次开发前，要做认真的分析对比。究竟是修改软件，还是改革现行管理程序，或是两者都作一些修改。对修改的必要性、效果和代价要心中有数。经过分析和权衡，能不进行二次开发就不要进行。如果必须进行二次开发，则应尽量使得二次开发出的功能模块独立于原来的 ERP 系统。这样，当 ERP 系统版本更新时，二次开发出来的模块无须修改或者只需较少的修改就可以应用于高版本的 ERP 系统。

（3）模拟运行

客户化或二次开发以后，必须再进行一次模拟运行，这是带有实战性的模拟运行。就是说，模拟运行之后，就要投入实际应用。这是切换至 MRPII 系统前的试运行，一般仍有项目小组成员在计算机房进行，也称为会议室模拟（conference room pilot）运行。

7. 制定工作准则与工作规程

进行了一段时间的测试和模拟运行之后，针对实施中出现的问题，项目小组会提出一些相应的解决方案，在这个阶段就要将与之对应的工作准则与工作规程初步制定出来，并在以后的实践中不断完善。

8. 验收

在完成必要的客户化的工作、进入现场运行之前还要经过企业最高领导的审批和验收通过，以确保 ERP 系统的实施质量。

9.2.5　系统切换

1．并行

在相关的工作准备（如系统安装、培训、测试等）就绪后，则进入系统的并行阶段。所谓的并行是指 ERP 系统运行与现行的手工业务处理或原有的单一软件系统同步运行，保留原有的账目资料、业务处理与有关报表等。这是为了保持企业业务工作的连续性和稳定性，同时是 ERP 系统正式运行的磨合期（此阶段的业务改革仍然在继续进行）。

2．切换运行

到了系统切换时期，也就是并行运行过程的后期，系统正式运行的时候。在这个阶段，所有最终客户必须在自己的工作岗位上使用终端或客户机操作，处于真正应用状态，而不是集中于机房。如果手工管理与系统还有短时并行，可作为一种应用模拟看待（live pilot），但时间不宜过长。

3．新系统运行

一个新系统被应用到企业后，实施的工作其实并没有完全结束，而是将转入到业绩评价和下一步的后期支持阶段。这是因为有必要对系统实施的结果作一个小结和自我评价，以判断是否达到了最初的目标，从而在此基础上制定下一步的工作方向。还有就是由于市场竞争形势的发展，将会不断有新的需求提出，再加之系统的更新换代，主机技术的进步都会对原有系统构成新的挑战，所以，无论如何，都必须在巩固的基础上，通过自我业绩评价，制定下一目标，再进行改进，不断地巩固和提高。

以上是 ERP 系统实施过程的简要介绍。当然，这些阶段是密切相关的，一个阶段没有做好，绝不可操之过急进入下一个阶段，否则，只能是事倍功半。值得注意的是，在整个实施进程中，培训工作是贯彻始终的。且贯穿于实施准备、模拟运行及客户化、切换运行、新系统运行过程中的有关培训，如软件产品培训、硬件及系统员培训、程序员培训和持续扩大培训都是至关重要的。

9.2.6　ERP 项目的验收

ERP 项目的验收是保证合同完成、提高质量水平的最后关口，可以及时发现和解决一些影响正常运行的问题，确保项目能够按设计要求的技术、经济指标正常地交付使用。项目的验收阶段需要对项目工作范围进行确认，以及对项目相关文件做好准备。

1．对工作范围的确认

工作范围以合同中规定的项目工作内容和实际的工作成果、相关成果文件为依据，主要有两个方面：一是项目目标软件提供商是否按照要求完成，已经形成企业可接受的交付成果；二是项目的工作范围是否有大的变更或变化，这是项目最终审计的依据之一，也是合同履行情况的证明。

2．项目相关文件分阶段

实施 ERP 项目准备工作阶段的文件主要有项目的可行性分析报告、需求分析报告、企业信息化总体规划等；实施阶段的文件主要有项目的总体计划书、项目合同书、需求调研分析报告、二次开发记录、数据准备相关资料、各种现场会议纪要、项目进度报告等；验收阶段的文件有项目文件验收报告、项目验收确认报告、评价资料等。

9.2.7　项目后评价

项目的成功实施用怎样的标准来验证、衡量，对实施 ERP 项目的企业是非常重要的问题。对于如何评价一个 ERP 系统是否实施成功，验证的标准是多方面的。现针对企业的具体情况对验证的几个主要依据进行阐述。

1．系统运行的集成化

ERP 系统应推动企业资源的整合，以及系统运行的集成化。对于一个成功实施的 ERP 系统，软件的运作可以跨越多个部门甚至多个公司。评价 ERP 系统是否实施成功，要看它是否建立了不同部门、公司之间的信息交流通道，是否缩短了作业时间，减少了人力、财力和物力资源的浪费，以及是否维护了信息的一致性和增强系统的效率。

2．业务流程合理化

ERP 为企业进行业务流程再造提供了依据，所以首先要评估业务流程再造后效率的提升情况。其次，ERP 系统是以信息技术和管理技术为基础的企业资源规划系统，所以能否有效对企业的销售预测、订单、采购、制造、财务和人力等资源进行规划和监控，也是评价 ERP 实施情况的一个重要指标。

3．绩效监控动态化

一个 ERP 项目投入实施后，它是否能够让管理者及时有效地掌握企业运营状况，是否能够及时反馈管理中所存在的问题并加以纠正，从而实现绩效动态化，是评价 ERP 实施情况的重要指标。

4．管理改善持续化

实施 ERP 项目后，要看企业先前管理上的不足是否被改善，以及企业管理水平是否有效提高。如果成功实施了 ERP 项目，则企业响应市场的速度会得到显著提升，营业效益及市场竞争力也能够得到成倍地增加。

9.3　ERP 中的企业建模

9.3.1　企业建模简介

企业建模，是一种全新的企业经营管理模式，它可为企业提供一个框架结构，以确保企业的应用系统与企业经常改进的业务流程紧密匹配。企业建模以分析方法和建模工具为主体，其参考模型的建立以及建模工具的研制，是当前帮助企业不断缩短产品开发时间、提高产品质量、降低成本、提高服务层次的重要手段。

从企业组织形态上看，企业是由不同业务部门组成的；从企业业务环节上看，企业包括复杂的业务流转系统（由供应链子系统、客户关系管理子系统等构成）、设计系统、生产制造系统，企业的业务环节中存在大量的信息作为其运行基础，而不同的信息又在不同的业务部门中发挥不同的作用。

模型是实际事物、实际系统的抽象。它是针对所需要了解和解决的问题，抽取其主要因素和主要矛盾，忽略一些不影响基本性质的次要因素，形成对实际系统的表示方法。模型的表示形式是可以多种多样的，可以是数学表达式、物理模型或图形文字描述，等等。总之，只要能回答所需研究问题的实际事物或系统的抽象表达式，都可以称为模型。

企业模型是人们为了了解企业而经过抽象得到的对企业某个或某些方面而进行的描述。企业是一个非常复杂的社会、经济、物理系统，它一般不可能仅用一个模型描述清楚，因此企业模型的一个显著特点是它通常是由一组模型组成的，每个子模型完成企业某一个局部特性的描述，按照一定的约束和连接关系将所有的子模型组成在一起构成整个企业模型；企业模型的另一个特点是多视图特性，既需要采用多个视图相互补充，共同完成对企业的描述任务，比如用功能视图描述企业的功能特性，用信息视图描述该企业使用的数据之间的关系，用组织视图描述企业的组织结构，用过程视图描述企业的业务过程，等等。由于这些不同的企业视图描述的是同一个企业对象，所以这些视图之间具有内在的联系，它们相互制约又相互集成。

9.3.2 企业建模体系介绍

1. CIM-OSA 方法

计算机集成制造-开放式系统体系结构（computer integrated manufacturing-openness system architecture，CIM-OSA）是由欧共体的 21 家公司和大学组成的 ESPRIT-AMICE（ESPRIT 代表 European Strategic Programme for Research and Development in Information Technology，意为"欧洲信息技术研究与发展战略计划"，AMICE 代表 Advanced Manufacturing Information and Control Experiment，意为"先进制造信息与控制实验"）组织经过六年多的努力而开发出的一个计算机集成制造（computer-integrated manufacturin，CIM）开放体系结构。CIM 体系结构定义为一组不同层次的各种视图模型的集合。其目的是提供一个面向 CIM 系统生命周期的、开放式的 CIM 参考体系结构，从多个层次和多个角度反映 CIM 企业的建模、设计、实施、运行和维护等各个阶段，提供 CIM 系统描述、实施方法和支持工具，并形成一整套形式化体系。与其他 CIM 体系结构相比，CIM-OSA 具有全面性、完整性、开放性、标准化和形式化等优点，因而受到国际上的好评，并成为国际标准化组织的一项"预标准"。

2. ARIS 方法

整合性信息系统架构（architecture of integrated information system，ARIS）是由担任

德国萨尔大学（University of the Saarland）企业管理研究所所长及 IDS-Scheer 公司执行长的 August-Wilhelm Scheer 教授所提出的。其设计理念，是希望提出一个整合性的概念，把描述企业程序的所有基本观念统统纳入。由此可见，所描述出的模型必然是非常庞大与复杂的，为减少其复杂性，就必须依不同的观点来切割这个复杂的模型。在一种观点下，无数的交互关系就先将被省略，只专注于观点内的事物；之后各观点的模型会整合成完整的分析，而不会有任何的重复。

3．IDEF 方法

功能建模集成定义（integrated definition for function modeling，IDEF）方法是由美国基于知识的系统公司（Knowledge Based Systems Inc，KBSI）提出一系列建模、分析、仿真方法的统称。它主要由 3 种模型组成：功能模型（IDEF0），信息模型（IDEF1X）和动态模型（IDEF2）。

IDEF0 是一种基于功能分解的单元建模技术。在 IDEF0 中，一个盒子表示一个整体功能，该功能是相关功能的一个集合，而不只是一个单独的活动。

IDEF1 用于生成一个信息模型，描述在该环境（或系统）中的信息的结构和语义。IDEF1 模型的构件是实体、联系和属性。

IDEF2 用于描述产生制造系统随时间变化的各种行为，分析 IDEF2 描述可以获得制造系统用计算机仿真的系统执行情况。

4．GRAI 方法

结果-活动关联图表（graph with results and activities interrelated，GRAI）方法是由法国 Bordeaux 第一大学提出的，是专门为在生产系统制定决策而开发的。GRAI 由一个生产系统、一个物理系统和一个生产控制系统组成，物理系统是一组制造单元，其功能是将原材料或部件转变为完成的部件或一个完成的产品。生产控制系统制定决策，它由一个信息系统和一个决策系统组成。它基于诸如订货、资源和能源等方面的信息制定决策，以便物理系统执行其功能。GRAI 的概念模型描述在信息系统、决策系统和物理系统间的联系。信息系统是其他系统间连接的链条。GRAI 模型有一个层次化结构，因此在每一层，决策和信息都取决于执行的任务和制定决策过程所处的时间段。因此，必须构造信息以满足每一层决策的制定。

5．DEM 方法

BAAN 是一个为项目型、流程型以及离散型产业提供 ERP 系统和咨询服务的公司。它利用关键组件 Orgware 来实现动态企业建模（dynamic enterprise modeling，DEM）策略，进而实现较为灵活而有效的经营管理运作。

DEM 的目的是让客户用自己熟悉的方式，根据其公司内部和外界环境的变化，最快、最好地建立公司的业务控制模型、业务功能模型和业务过程模型，或对它们进行调整，节约时间、消除浪费、降低成本和提高效率，以期在无法预测的持续、快速变化的竞争环境中求得生存和发展。

DEM 是一种革命性的软件设计方法，其本质特征是通过使用动态的管理模型来建立一个新的信息系统。每个模型都是动态的，因为它允许而且便于企业规划和记录其发展和演变历程，因此支持业务过程的连续优化。DEM 主要体现了两个思想：一是在生成某公司的特定模型时，充分利用最好的实例知识和实践经验，表现在企业参考模型的使用；二是在动态公司中，公司的信息系统能够适应公司环境等的快速变化，表现在 DEM 工具——企业建模工具的使用。

9.3.3 企业建模在 ERP 实施中的运用

企业模型作为一项支持企业集成与优化的共性技术，是对企业系统中与给定目标有关的特性加以抽象表达的工具方法。无论采用哪种思想理论对企业进行优化改造，都必须以充分认识、完整表达和准确分析企业行为为基础。因此，企业模型是 ERP 成功实施的前提。现代企业的高度复杂性，已使人们认识到用全方位企业模型体系来描述企业对象的必要性。研究一种既能完整地表达企业结构，支持企业诊断优化，又能充分考虑 ERP 实施的要求，支持 ERP 快速正确实施的建模方法，具有重要的意义。

1. 从 ERP 产业分工看企业建模

把信息处理技术和计算机技术接口的开发工具作为直接面向企业管理的支撑工具，显然是存在鸿沟或者是称为跨度太大的问题，所以必须寻找一种基于企业管理抽象研究和信息处理技术的工具，作为面向企业管理的支撑工具。但由于企业存在不同行业的分布、企业管理个性等特点，导致企业管理的方式千变万化，如果不能对企业管理进行分行业和分管理领域的结构化，那么进入企业管理领域依然是蓬乱、难以梳理的。

要对企业管理进行研究，就必须对企业管理的对象企业进行描述，建立在企业建模基础上的分行业和管理领域进行研究分析的企业管理，才可能是有条理和可以梳理的。为此可以建立一个 ERP 产业分工模型，如图 9.3 所示。

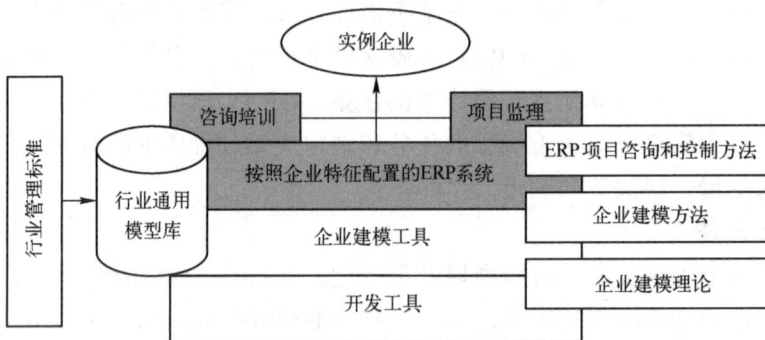

图 9.3　ERP 产业分工模型

图中，从开发工具到实例企业的管理推动，需要跨越企业建模工具，配置好的 ERP 系统，以及咨询培训和项目监理等三个台阶。显然带着开发工具直接面向企业管理软件开发的方式，存在着一种跨越性的知识缺陷，这是导致 ERP 项目高失败率的重要原因。而且也可以看到，对于一个实例企业，必须有行业通用模型库的支撑，才可能顺利地完成该实例企业的 ERP 项目，并且持续地推进该企业的信息化进程。

因此要顺利地实现从开发工具到实例企业信息化的跨越，必须要以企业建模工具为基础，基于行业通用模型库，创建企业个性化的 ERP 系统，然后在咨询和培训及项目监理的推动下，持续地推动企业的信息化进程和管理进步。如图 9.3 所示，我们至少需要四个标准：企业建模理论、企业建模方法、ERP 咨询培训和监理方法以及行业管理标准。在这四个标准中，企业建模理论是最核心和最根本的，没有企业建模理论就没有企业建模工具，就没有基于企业建模工具的企业建模方法和 ERP 实施方法，也就无法基于企业建模工具建立可以量化的行业管理精华——行业通用模型库。

企业建模理论是利用开发工具创建企业建模工具的基础；企业建模方法是基于企业建模工具的企业描述和业务流程描述的方法；ERP 咨询培训则规范了 ERP 项目的推动内容；ERP 项目监理方法明确了 ERP 项目推动的步骤以及各合作方的责任；行业管理标准则是对行业内各个企业管理精华的总结和升华，然后利用行业管理标准指导实例化企业的管理实践。

2. 从 ERP 实施阶段看企业建模

ERP 系统本质上是一个数据处理、事务管理和决策支持的企业信息系统，在系统的不同开发阶段，不同开发层次上表现出一套功能模型、信息模型、数据模型、组织模型、资源模型、控制模型和决策模型等有序的企业模型组合。所谓有序是指这些模型是分别在系统的不同开发阶段、不同开发层次上建立的，所以 ERP 系统的企业建模，支持了 ERP 系统实施的全过程。在企业实施 ERP 系统是一个复杂的系统工程，需要实施者有良好的理论、技术和丰富的实践经验。随着 CIMS 理论和实践的发展，针对 ERP 工程的实施，国外提出了多种系统建模、设计和分析方法论，如上文提到的 CIM-OSA、ARIS、IDEF、GRAI 等，这些方法论各有特色。

由于 ERP 实施分阶段进行，企业建模要支持 ERP 的实施，必须贯穿 ERP 实施的整个过程，因此企业建模也是分阶段进行的。在不同的阶段，ERP 实施对企业模型的需求不同，同一个企业的模型在不同阶段也是不同的。

在企业建模中，通过版本号来区分同一企业在不同阶段的不同模型。将企业不同版本模型按版本顺序依次列出，形成企业模型的时间维，清楚地把握企业模型于各个阶段之间的进度和变化，有利于总结建模经验，并应用在新一阶段的建模过程中。企业模型的时间维直接映射到 ERP 实施的生命周期，能更有效地指导 ERP 的实施，加快 ERP 的实施进度。企业模型以统一视图为核心，包括组织视图、资源视图、产品视图和信息视图，从不同的角度描述企业 ERP 的各个侧面。在通用层次维，采用构件和参考模型相结合的方法。可以利用构件生成参考模型，并在参考模型的支持下，快速生成企业模型，当参考模型不能满足企业建模需要时，通过增加新的模型构件和修改参考模型中的构件，快速准确地生成符合企业实际情况的专用模型。

📖 本章小结

    ERP 的实施是一个复杂的过程，涉及项目管理和企业建模两大核心部分。项目管理确保 ERP 实施能够按计划、按预算、按质量完成，而企业建模则关注如何将企业的个性化特征融入 ERP 之中。ERP 实施的成功依赖于科学的方法论和严格的项目管理，同时需要企业建模来确保系统与企业实际需求的紧密结合。

    在实施过程中，企业需要组建由多方面人员组成的项目组，包括软件供应商、实施顾问和企业员工等，他们共同协作，完成从需求分析到系统配置、再到培训和制定工作标准的一系列任务。ERP 实施不仅仅是技术的部署，更是管理和业务流程的革新，它要求企业在实施过程中不断进行自我评估和调整，以适应新的管理系统。

    此外，ERP 实施还包括了对项目成果的验收和后评价，这是确保项目成功和持续改进的关键步骤。通过验收，企业可以确认系统是否达到了预期目标，而后评价则有助于企业评估 ERP 带来的实际效益，并为未来的改进提供方向。总之，ERP 实施是一个动态的、持续的过程，它要求企业不断地学习、适应和优化，以实现管理的现代化和信息化。

❓ 问题讨论

    1. 简述 ERP 实施的基本思想。

    2. ERP 实施过程主要包括哪些步骤？各步骤的主要任务是什么？

    3. ERP 实施项目组应该由哪些人组成？各自的任务是什么？为什么？

    4. ERP 项目验收主要有哪些工作？企业在项目验收中会遇到哪些问题？针对后一个问题，上网寻找相关案例进行分析说明。

第 9 章　ERP 实施方法论概述

第 10 章　中小企业 ERP 实施及案例

本章引言

在中小企业的发展过程中,ERP 的实施是一项重要的技术革新。通过引入 ERP 系统,中小企业能够提升管理效率、优化资源配置,进而实现高质量发展。同时,ERP 系统的应用也促进了企业内部流程的规范化和标准化,有助于培养员工的创新意识和协作精神。积极推动中小企业 ERP 系统的广泛应用与深度实施,为构建现代化经济体系、推动经济高质量发展注入新的活力。

ERP 的传统应用集中在大型企业,我国的 ERP 实施也是从大型企业开始的。在当今市场的大环境之下,提高竞争力的主要方法就是加强管理,在管理、模式、手段和工具方面进行切实可行的改革。ERP 作为一种先进的管理体系,不仅大型企业需要,中小型企业同样需要。根据不同规模的企业不同的运营和管理的模式,灵活实施 ERP,使中小企业同样可以共享 ERP 的盛餐。本章从软件实施方法论的角度阐述中小企业的 ERP 实施方法,并给出一个实施案例。

本章重点

◆ 理解 ERP 实施的本质
◆ 理解中小企业 ERP 实施的方法
◆ 掌握中小企业 ERP 实施项目的基本过程
◆ 理解中小企业应用 ERP 项目管理的过程
◆ 了解中小企业 ERP 实施的评价体系

10.1　中小企业 ERP 实施方法论的基本框架

任何一个 ERP 要在中小企业获得成功,取得效益,最重要的是要落实到 ERP 的实施和应用上,实施的成败最终决定着 ERP 系统软件产品思想是否能充分发挥。由于 ERP 是信息技术与管理技术的结合,因此,在中小企业成功应用和实施 ERP 不能仅仅依靠软件系统,必须首先从中小企业的组织和管理问题出发,遵循 ERP 的应用规律和实施方法论。有关实施方法论的研究颇多,在实际工作中,各软件厂商和咨询公司也有自己特定的工作方法,一般来说中小企业 ERP 实施方法论的基本框架如图 10.1 所示。

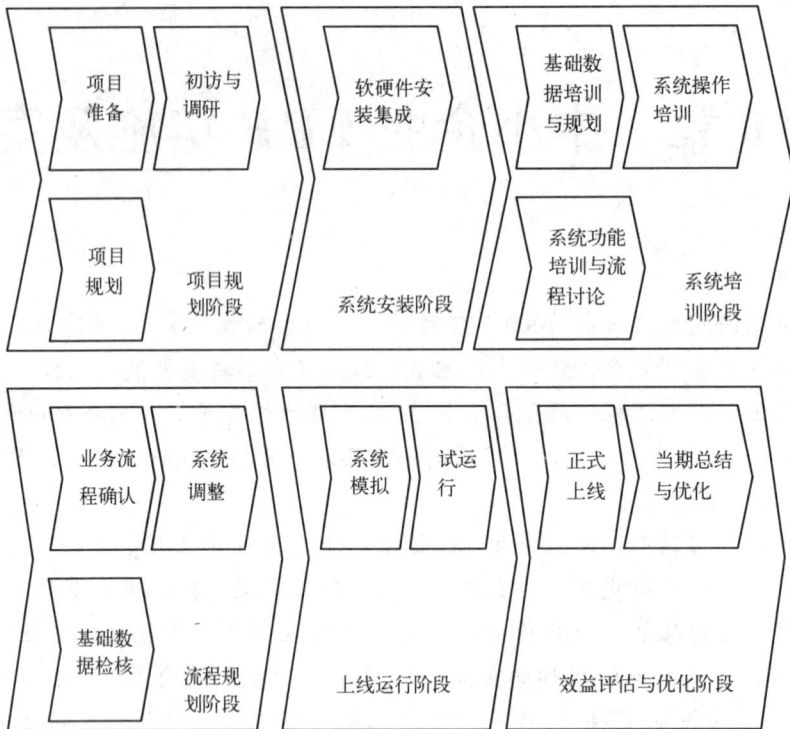

图 10.1　中小企业 ERP 实施方法论的基本框架

10.1.1　ERP 项目实施前期权衡与准备

ERP 系统是一项复杂的管理工程，中小企业是否需要 ERP 系统、需要什么样的 ERP 系统、如何准备实施以及如何进行投入，是中小企业需要考虑、权衡和规划的重要问题。

1. 中小企业是否需要 ERP 系统

每个中小企业都有各种管理问题需要解决，这些问题是不是通过实施 ERP 系统就能解决，只有明白 ERP 系统的基本原理和运行机制，并树立正确的观念和决心，才能做出判断。所以，最起码需要中小企业的高中层理解 ERP 系统的机理，即 ERP 系统是什么，会起什么作用，会给中小企业带来什么效益，又为什么会带来效益。具体来说有以下几个方面：

- 应当从何处入手来理解 ERP 系统；
- 核心业务之间的信息集成是如何实现的；
- ERP 系统的运营模式是什么，为什么它能为中小企业带来效益；
- 手工管理和信息化管理有哪些区别，为什么要更新观念和深化改革；
- ERP 系统的发展及其与供需链管理的关系是什么；
- 实施 ERP 系统的时机、条件、风险防范和实施要点。

对于中小企业而言，是否需要实施 ERP 系统是必须要考虑的一个问题。或许是外部原因的胁迫,或许是内部因素的驱使,或许根本就不需要 ERP 系统来帮助管理中小企业。到底属于哪一种情况,应从以下几个方面考量。

1）考虑竞争对手

讨论中小企业是否要实施 ERP 系统时,有一个重要理由是:不是该不该实施 ERP 系统,而是竞争对手有没有实施 ERP 系统。这个理由很好地诠释了外部环境在胁迫中小企业实施 ERP 系统的一种态势,反映了激烈的市场竞争环境已经使中小企业间的竞争不仅是产品方面的竞争,而是已经渗透到内部管理手段上的竞争了。当今社会生产技术的高速发展,已经使得产品的技术差异变得很小,中小企业间的差异更多地体现在运作模式上,而中小企业的内部管理方式就是中小企业运作模式的一个重要方面。特别在面对国际竞争的时候,已经出现了以是否实施 ERP 系统来决定中小企业能否成为供应商的情况,这是信息化时代带给中小企业运作模式带来的最直接变化。

ERP 系统是信息革命带给中小企业管理者的一个工具,如同人们不会拒绝使用互联网和计算机一样,中小企业管理者不应该拒绝接受 ERP 系统,特别是当竞争对手已经实施 ERP 系统的时候。

2）考虑中小企业规模

中小企业发展历程其实就是一个规模化和专业化的演进史。今天被世人公认的优秀中小企业,几乎无一不是规模化和专业化的典范。管理者对内部管理的要求,就是要不断地适应规模化和专业化发展的要求。规模化就意味着中小企业管理范围的扩大,专业化则意味着中小企业管理的深度或者是精细程度。

但规模化和专业化的演进结果给中小企业带来了一个负面的影响,那就是管理的分散化。特别在手工管理状态下,无论专业化管理做得有多到位,数据始终分散在数千种单据中。很少有中小企业能够每天对这些单据进行汇总统计,而几乎每一个中小企业管理者又总是想在最短的时间里掌握中小企业的各种状态。此时,除了 ERP 系统之外,还有什么更好的解决方法吗?如果把规模化专业化推演过程中的初始状态称为一种自然的集中管理的话,那么 ERP 系统的意义就在于使中小企业在规模化和专业化之后,借助计算机系统回归到了集中管理状态。因此,在考虑是否要实施 ERP 系统时,应确定中小企业的规模大小,看是否还基本能够做到集中管理,或者是否还能够忍受分散管理带来的种种不便。

3）考虑数据问题

在中小企业经营管理过程中肯定经常需要了解各种经营数据,而中小企业的状态每时每刻都在发生变化,手工管理必然存在滞后,所以就会给中小企业的管理经营带来麻烦,这时中小企业就需要一个 ERP 系统来帮助管理,它将通过实时管理和财务业务同步管理来解除这样的烦恼。

4）考虑成本困惑

在没有进行信息化管理的中小企业中,中小企业领导通常都是通过汇报这种方式来了解和掌握中小企业经营情况的。这种汇报方式的最大弊端在于很容易掩盖了隐患。

　　当中小企业生产的品种到了几十个甚至上百个的时候，手工管理已经很难将成本精确地核算到每一种产品甚至每一批产品上去了，特别是不能针对每一种、每一批产品准确计算其变动成本。在算粗账的情况下，能使用的最好手段就是将各种不明确的费用进行分摊。这种分摊的办法无疑抹杀了各产品对中小企业的贡献，所以很容易出现看起来很赚钱的产品，其成本却居高不下。在手工管理的条件下，类似的困惑也许还会出现在生产管理和采购管理中。如果中小企业经营中时常会出现一些类似的困惑，那么应该要选择 ERP 系统，因为 ERP 系统的精细化管理将最大限度地帮助中小企业领导释困解惑。

　　5）考虑中小企业扩展

　　在波涛汹涌的商海中，每一个中小企业管理者都非常清醒，大船一定比小船更经得起风浪，也更能够赚得更多的绝对价值。所以，尽快扩展中小企业规模几乎是每一个经营者的追求。然而，当中小企业要实现销售额急剧增长时，一定会面临一道特殊的门槛，这个门槛就是一次系统的管理变革，它是中小企业成长中必然的管理瓶颈。中小企业由原先几名创业者管理转变为需要若干部门管理和控制，由几张简单的单据记录管理转变成需要数百种单据才能完成，这需要更加规范的管理结构和程序、更加专业的技能。这是一个不容忽视的挑战，许多中小企业没有很好地过渡，只能在风浪中迷茫徘徊，更甚者则在风云变幻的商海中翻了船。

　　因此，如果中小企业已经有明确的扩展迹象，应该尽早考虑采用 ERP 系统来帮助中小企业尽快实行规范化和专业化的管理。ERP 系统是一种管理工具，当使用它时，就迫使中小企业管理逐步进入规范化和专业化。规范化和专业化管理能够使中小企业领导从创业初期身先士卒的烦琐事务中解脱出来，成为真正的舵手，为中小企业这艘航船把握方向。

　　2. 中小企业需要什么样的 ERP 系统

　　如果中小企业已经决定要实施 ERP 系统，接下来就要对需要什么样的 ERP 系统进行选择。

　　1）了解自身情况

　　中小企业在实施 ERP 系统之前，需要结合自身的情况和中小企业内外部环境进行分析。具体来说有下列几个方面：中小企业的销售与生产环境、竞争地位与影响竞争力的主要因素；中小企业对 ERP 软件功能的特殊要求；中小企业当前最迫切需要解决的问题，ERP 系统是否能够解决这些问题；ERP 系统的投资回报率或投资效益怎样；中小企业有没有财务支持 ERP 系统的实施；希望 ERP 系统到底解决哪些问题和达到哪些目标；基础管理工作有没有理顺；人员的素质够不够高；等等。然后，将分析的结果写成需求分析和投资效益分析正式书面报告，根据中小企业生产经营目标制定 ERP 项目的目标，并根据问题的轻重缓急确定项目实施方案。

　　2）ERP 系统的选型

　　ERP 系统的选型是一件非常重要而又细致的工作，选型是否适用得当，直接关系到项目的成败。选型主要是选择解决方案和长期合作伙伴。选型的主要步骤如下：

- 了解同行业客户的应用情况;
- 初访软件公司;
- 带着问题观摩演示;
- 访问软件公司的客户;
- 请咨询公司参谋;
- 用中小企业的数据上机操练;
- 招标与专家评审;
- 洽谈与签约。

中小企业选择 ERP 系统产品和选择信息系统不同。信息系统选型只重视计算机、网络基础设施等硬件设备,而这些产品相对来说,品牌高度集中、技术成熟、价格透明度高,选型难度不大。包括现在的操作系统、数据库等系统软件也是如此。而 ERP 系统等应用软件则与客户需求密切相关,决定着信息系统的成败,涉及中小企业管理的方方面面,需要相当的实施周期。因此,应该把 ERP 系统作为中小企业信息系统选型的重点来抓。

客户选择 ERP 系统产品和供应商时一般应该考虑以下因素。

(1) 识别真正的 ERP 软件产品

ERP 系统是从制造资源计划 MRPII 发展过来的,所以,非制造业的管理软件不能称为 ERP 系统。例如,民航订票系统,银行系统,供销存加财务的软件系统不能称为 ERP 系统。ERP 系统一定要包括符合国际公认的算法逻辑的生产计划控制系统,如主生产计划、物料需求计划、车间作业计划、能力需求计划 RCCP 和 CRP,或者先进计划调度系统 APS。

(2) ERP 系统供应商的选择

ERP 系统选型不仅是选购一件商品,也是选择一个值得信赖的长期合作伙伴,因此品牌效应值得关注。一般从以下几方面进行考察。

① 行业背景:即便是国外知名公司,介入各行业的程度也有深有浅,往往只在特定的行业有优势,中小企业要去权衡而定。

② 系统功能与性能质量:中小企业需详细询问并查询各供应商软件功能模块说明书等宣传资料和软件演示。详细了解 ERP 系统的系统功能和性能质量。

③ 价格:除了要考虑软件产品的价格外,还应重视咨询实施、售后服务的费用。

④ 实施队伍:供应商的实施顾问也是影响 ERP 项目成功的关键因素。

⑤ 售后服务:供应商应拥有完善的售后服务机制,可及时响应和满足中小企业各类及异地服务需求。

⑥ ERP 系统厂商:中小企业必须对 ERP 系统供应商有一定的了解:了解 ERP 系统供应商的历史、ERP 系统供应商发展的持续性、ERP 系统供应商的本地化程度、ERP 系统供应商的响应速度、技术支持的获得、ERP 系统供应商在中小企业所在的行业市场中是什么态势、ERP 系统供应商的员工是什么状态、ERP 系统供应商的技术能力和 ERP

系统产品、ERP 系统供应商的实施成功率。

⑦ 服务：ERP 系统产品的实施服务是产品的延伸，是产品服务质量的重要组成部分。完善的实施规范是实施服务质量的保障，包括系统的提供软件操作说明书、实施指导书、实施方案等文档资料，以及现场的项目管理机制和成熟的标准化的实施方法。ERP 系统供应商服务包括：

- 技术力量支持。优秀的 ERP 系统供应商可向客户提供技术转移服务，即将优秀的 ERP 系统软件的设计技术、开发技术、源程序、所有的技术文档和客户文档等都提供给客户，使客户能够真正全部拥有自己所购买的软件，并掌握二次开发和维护的技术和能力。
- 系统维护支持。为客户提供长期的软件维护服务，提供长期的技术支持和升级更新的软件产品服务等。
- 文档。软件商能提供的书面资料，包括产品使用指南、客户手册、培训教材、教学演示光盘、帮助文本等。
- 售后服务。ERP 系统的售后服务是实施服务的后续工作。ERP 系统产品在客户那里通过实施服务得到成功应用，通过验收，进入售后服务阶段。一般来讲，ERP 系统的售后服务应该提供如下服务：电话咨询服务、电邮咨询服务、远程登录服务、软件版本升级、技术交流会及必要的现场服务等。

3. ERP 实施的前期准备

在中小企业决定实施 ERP 并且初步判断了要上什么样的 ERP 后，接下来需要考虑的问题就是应该怎样实施。因为 ERP 应用的成功与否，实施方法是否恰当起着最决定性的作用。一般而言，应用软件通常是固定的，但在其应用中，或许会涉及非常细致的功能，或许处理一项管理事务的方法有多种方式，常常认为不能适应的地方，可能会有多种变通万法——这就是固定的软件，灵活的应用，能否做到这一点直接关系到实施的成败。因此，实施前要有所准备，以便保障实施的成功。

1）专家咨询

对于实施 ERP 的中小企业来讲，最大的困难在于中小企业内部往往找不出既懂管理又懂计算机应用特点的人才。有一定规模的中小企业中常常会有信息中心，而信息中心的人员通常只掌握一定的计算机技术，但不太熟悉业务管理。而长期从事业务工作的人员对业务相当熟悉，又不太清楚计算机的处理特点。在这种情况下，几乎无法从 ERP 应用的角度对中小企业内部管理的现状进行透彻的分析，从而提出合理、切实可行又符合中小企业今后发展的应用需求。因为 ERP 的应用绝对不是对手工管理的模仿，这种高效率的管理工具应用后必将简化管理，完全消除管理人员的四则运算，最理想的情况是消除中小企业手工管理时用的成百上千种单据。所以，要达到简化的结果，反而要经历一个复杂的过程。为此，中小企业最好向 ERP 专家进行咨询，避免摸着石头过河所要付出的昂贵代价。

向 ERP 专家进行咨询，可弥补中小企业没有 ERP 专门人才的缺陷。专家可以帮助中小企业进行详细的 ERP 应用需求分析。当然，中小企业也要确定所请的专家到底是不是真正的 ERP 专家，如果仅仅是一个计算机技术的权威，或许其在 ERP 应用上的作用比信息中心主任大不了多少。如果请到的是一个管理理论权威，或许其在 ERP 应用上所起的作用与业务部门经理在伯仲之间。所以，只有向真正的 ERP 专家进行咨询，才能对 ERP 应用进行科学的指导。同时，还有一个必要条件，就是这个专家还必须了解中小企业所从事的行业。

2）整体规划

整体规划、分步实施是 ERP 应用中必须遵循的原则，要根据中小企业的具体情况，为保证 ERP 的整体性及适用性做出全盘的计划。由于每个具体的中小企业解决问题的方式和实施 ERP 的目标不同，这里着重指出整体规划应该体现的价值。

（1）符合中小企业管理改善的渐进性

具有一定规模的中小企业在多年的经营管理过程中，一般都会形成一套固有的管理思想。这种思想在多年的实践中被证明是行之有效的，否则中小企业不可能发展到今天的规模，也不可能有实施 ERP 的能力。但社会进步的日新月异促使中小企业必须要改善管理工具，管理工具的改善将使行之有效的管理思想更加发扬光大，这个过程是中小企业持续发展必不可少的一步。尽管如此，这一过程只能是一个渐进的过程。所以整体规划要体现管理改善的渐进性，不应轻易进行"中小企业流程再造"，因为再造后的流程需证明比让中小企业取得以往成功的固有流程更好，这个证明过程是需要付出代价的。而做好整个中小企业的数据标准化工作，按管理专业化分工的要求对管理职能进行细分，就不至于造成太多的突变和中小企业内部冲突。

（2）适应中小企业在管理技术进步过程中的不稳定性

中小企业在实施 ERP 的过程中，必然会发生一些机构的变动，同时也伴随着一些业务流程的改变。这些是造成中小企业在管理提升过程中的不稳定因素。在做 ERP 总体规划时，要考虑到这些因素，可以用两种方式来适应中小企业的这种变化。其一，系统按照管理要素来设计。管理要素的组合是可以改变的，因为任何一个管理要素都与基本的数据基础是一致的，因此这些管理要素放在哪一个部门来执行并不会影响到系统结构的改变。其二，在管理要素中的流程是部分可以由使用者来定义的。如通过使用工作流和审批流技术，各种单据走向和审批过程，都可以由中小企业管理者根据机构改革后的权限重新分配和定义。

（3）体现目标确定、过程可控的稳步实施策略

ERP 的实施目标，最终是要使中小企业达到集中管理和各项业务的可控性。尽管从原则上可以按步骤建设管理信息化系统，但是，在每一步选择的扩展应用和增值应用的时机和条件仍然是整体规划的重要内容。好的整体规划使 ERP 的每一步实施中都能清楚地知道距离目标还有多远，是否偏离了目标，最大限度地减少了失败的风险。

（4）体现 ERP 系统所要求的整体性

与整体性相对的就是系统的分散性，而分散的系统往往就是目前所说的信息孤岛。

以往管理信息化系统建设不成功最终都形成了信息孤岛。那是一种按不同的管理职能设计不同子系统的设计开发方法，在这种方法指导下开发出来的是一堆子系统，每个子系统之间不能进行交流，最多勉强做成了数据接口，通过这种数据接口所进行的交流往往也只是单向的。这都是因为没有一个统一的中小企业经营管理平台和一个统一的软件技术平台造成的，在这种情况下必然会形成信息孤岛。因为没有共同的应用平台，也就没有完备的数据基础。所以，总体规划要强调统一的经营管理平台和技术支持平台，从而保证系统的整体性。

（5）实现数据的可追溯性

只有实现了数据的可追溯性，才能真正做到对各项管理职能的监控。将财务业务同步管理作为 ERP 系统的重要基础内容，就是为了保证数据的可追溯性。例如：当财务部感到某张凭证有问题时，可以根据凭证号对应查询出最详细的业务发生情况；当某部门费用超预算的时候，可分析出其超预算的原因。信息化管理将以最快的速度澄清事实，数据的可追溯性是 ERP 系统整体规划中自始至终要遵循的原则。

3）人员培训

ERP 系统是管理工具，管理由人来进行，能否用好这个工具取决于使用者对这个工具的认识，取决于管理者对信息化管理方法所持有的观念。中国改革开放所取得的成就可谓令世人瞩目，而总结取得成就的原因时，唯有"观念的改变"是最具说服力的缘由，率先改变观念的中小企业家们总是成为改革大潮中的弄潮儿。实施 ERP 系统就是中小企业内部的管理改革，要取得成就同样取决于管理观念的转变。ERP 系统是一个中小企业内部的具体改革，它不能像一个国家的改革那样用数十年的时间来进行观念的逐步改变。要缩短改变的时间，唯有通过人员的培训来解决。

在实施 ERP 系统前就开始对中小企业管理人员进行培训，有很多好处。首先，人的观念的转变并不是一种突变，需要有一个过程；其次，ERP 系统实施的过程是外部实施人员与中小企业内部管理人员频繁交流的过程，中小企业内部管理人员对 ERP 系统的处理方式理解得越多，双方的实施人员就越容易沟通，而好的沟通是成功实施的重要保证；最后，好的 ERP 系统将完整记录中小企业的所有管理操作，为中小企业构造一个完备的数据基础，这需要中小企业所有相关操作人员严格按手册操作。而达到了这个目的，就为管理者提供了全面丰富的中小企业运作数据，同时也对管理者的管理水平提出了更高要求，即要学会从以前没有的各种角度、用以前不能用到的各种指标来透视中小企业。因此，对管理人员的培训十分必要且须尽早施行。

10.1.2 ERP 实施周期管理

1. 成立项目实施小组

实施 ERP 有大量的工作要做，管理改革也要配合进行。为了保证项目按计划进度顺利实施，首先要组织落实。通常要成立项目实施小组，由中小企业最高管理层及各个业务部门人员组成。一般来说，项目组长最好是中小企业领导，以利于从中小企业整体高度考虑问题和指导工作，便于协调各业务部门在 ERP 项目实施中的工作，在 ERP 项目成功实施前不轻易变动。项目组长必须熟悉管理业务，了解中小企业情况，明辨是非，办事公正，一切从中小企业利益出发，不以个人好恶得失为重，这对选好软件、保证项目成功至关重要。因此项目组长是一个非常关键的岗位，人选非常重要。

项目小组的成员应包括各主要业务部门的主管或业务骨干，这些人员不仅熟悉本部门的工作，也了解其他相关部门的情况及相互关系。他们应当是热心管理改革并能为实施 ERP 而勤奋工作的人员。经验表明，没有得力的人员参与 ERP 的实施，只能是延误进度，严重的甚至导致项目流产。

负责计算机信息工作的人员也应是小组成员，这样有利于选择系统时考虑技术发展的因素。实施 ERP 项目需要中小企业领导、管理人员和计算机专业人员全力投入，三方面缺一不可。项目小组的成员除包括以上三方面的人员外，还有一个必不可少的是专业的管理咨询专家，这对于大型管理软件的实施来说更为重要。中小企业应用 ERP 需要制定明确、量化的应用指标，建立项目管理体制和运作体制，做好项目前期准备工作，实行业务流程再造，选择 ERP 软件和制定项目实施方法等等，这一切仅靠中小企业自己的力量是不能完成的，必须引入管理咨询才能确保项目的成功。从对 ERP 应用过程的每一个工作环节来看，ERP 的成功应用离不开专业的管理咨询公司，这需要中小企业决策层建立起 ERP 应用的咨询理念，即中小企业在准备应用 ERP 之前请专业咨询公司进行专家咨询，将 ERP 的实施交给咨询专家组织，系统交付运行后由专业咨询顾问进行不定期审核。

2．实施准备

这个阶段要完成培训和数据录入。主要工作是：安装系统，对系统员进行硬件使用和维护培训，对项目实施人员进行应用培训；在实施顾问的指导下，按照系统的要求，整理、准备和录入数据。

在整个 ERP 实施过程中，培训永远是第一位的。相对于手工管理，ERP 是一项全新的管理模式，是做"从来没有干过的事"，要弄懂全新和不熟悉的知识，只有靠培训。培训工作要注意以下一些事项：

- 中小企业必须建立自己的培训教师队伍；
- 管理思想与信息技术应用并重；
- 联系中小企业实际，解决实际问题；
- 专业与全局结合；
- 注意考核；
- 温故知新；
- 培训合作伙伴。

系统中准确、及时、完整的数据，是保证 ERP 成功运行的必要的条件。数据录入一般从静态数据（如物料清单、工艺路线、会计科目等；各类数据项的代码等；各种参数设置也属于静态数据）开始，逐步扩展到动态信息（库存信息、订单信息等）。数据准备要注意一些事项：

- 先培训，再准备数据；
- 区别数据准备的难度；
- 先"静态数据"再"动态数据"；
- 投入人力直接影响项目实施进度；
- 发扬团队精神，协同整理数据；
- 分析数据的合理性；
- 建立保证数据准确的激励机制。

3. 原型测试

原型测试的目的是充分掌握 ERP 产品的功能，分析与中小企业现行管理的异同。

数据和参数设置录入后，在实施顾问指导下，按照 ERP 产品的培训教材给定的测试产品和知识步骤，照猫画虎地了解 ERP 产品的功能。在掌握产品功能后，再次用根据需求分析提出的理想流程和实际数据，从细节上同 ERP 产品的流程进行对比，判别其是否完全满足中小企业管理的需求。如果还有差异，一般有三种解决办法：一是按照 ERP 产品的流程；二是按照中小企业的流程进行二次开发；三是双方都做一些让步，业内一般称为"双向位移"。

4. 二次开发

ERP 产品如果不能满足中小企业个性化需求时，才会进行二次开发。

一般来说，应尽量选择适用的 ERP 产品，避免二次开发，这样可以缩短实施周期，减少日后产品升级时可能造成的麻烦。一些情况是把 ERP 产品上的数据下载到计算机上，开发一个程序进行处理，然后把处理的结果再返回到系统中去。

如果一定要二次开发，必须慎重设计和严格测试，不要破坏原有系统的完整性和集成性。这时的测试，要完全用中小企业生产的产品，带着真实的管理问题上机实验，进行模拟运行。

5. 切换应用

切换就是从手工管理转换到信息化管理系统。

系统切换是一个非常艰难的阶段，如果新旧两套系统同时运行，不仅会给业务人员加大工作量，而且当在新旧系统得出的结果不一致时，会使人无所适从。如果还是采用旧系统的结论，会使新系统得不到贯彻执行，拖延实施进度。

必须对具体操作的一线业务人员进行充分的培训和考核，新旧系统并行，可以看成是一种特定的鉴别性质的模拟，使业务人员明白为什么会出现差别，学会正确对待和处理的方法，从而在最短的时间内完成新老系统的全面切换。

6. 巩固提高

进入新系统后，会有一个"磨合"期，新老观念和工作习惯都会经过冲突、协调、理解、适应和转变的过程。此后，新系统逐渐成为中小企业人员须臾不可或缺的必要手段和工具，又会出现新的问题，需要提供更高层次的解决方案。如果螺旋上升，不断巩固提高。

10.1.3　ERP 项目验收与评价

1. ERP 项目验收

ERP 项目验收是中小企业实施 ERP 项目的终点,同时又是 ERP 运行维护和持续优化的开始,也是 ERP 项目发挥功效的起始点。这一阶段的主要工作如下。

1) 项目验收

ERP 项目的验收是保证合同完成和提高质量水平的关键环节,能及时发现并解决影响正常运行的问题,确保项目按设计要求交付使用,对中小企业而言可使其快速投入使用发挥投资效益。验收阶段需对项目工作范围进行确认,依据合同规定的工作内容、实际工作成果及相关成果文件,包括确认软件提供商是否按要求形成可接受交付成果以及项目工作范围是否有大的变更,这也是项目最终审计的依据和合同履行的证明。同时要对项目相关文件做好分阶段准备,上 ERP 前要准备可行性分析报告、实施阶段要有总体计划书、验收阶段要有项目文件验收报告等。

2) 分阶段验收

项目实施采用的是分阶段提交成果和验收的方法。在得到本阶段成果的确认以后,再开始下一阶段的实施工作,以保证项目始终在实施双方意见一致的前提下进行。

项目分阶段验收将根据双方确认的本阶段实施目标、工作计划和提交的阶段工作完成报告并做出结论。

3) 项目终验

在项目终验之前,项目经理要安排实施顾问整理项目实施文档、二次/外延开发程序代码等。待准备工作完成后,项目经理向客户方提出终验申请,确认终验时间、地点、与会人员等,一般地,终验需客户方高层领导、实施方项目总监和项目组全体成员等参加。终验会上,需介绍项目实施的历程、各阶段性成果、系统运行状况,并对项目实施结果做出评估,最终完成项目终验报告,双方确认签字。

2. 项目实施评价

不论是 ERP 系统供应商,还是中小企业的项目团队,在 ERP 项目验收阶段都要做的一个重要工作就是项目的实施评价工作,评价的目的是评估项目绩效,总结项目的得与失,以确定预期应从项目中获得的收益是否达到,并确定为改善将来的项目绩效采取的措施。对实施评价应关注以下几个方面:

- 实施评价是中小企业的自我检查;
- 评价是进取不懈的推动力;
- 评价必须与目标对比;
- 按计划实现目标就是成功;
- 用数字说话——量化;
- 效益永远是主要标志。

那么中小企业在实施 ERP 后，对 ERP 项目实施成效的评价标准是什么，怎样才能准确、客观、全面地评价 ERP 项目实施成效，国内目前对此尚无科学、完整的评价标准。美国的一些专家学者对 ERP 实施成效和中小企业评级提出许多考证的指标和方法，虽被广泛地学习和借鉴，但这些指标和方法主要涉及中小企业实施 ERP 过程中应该做哪些工作，做了没有，是否按规范去做、准确性如何，以及 ERP 应用软件所具有的功能等方面的问题，而很少涉及中小企业实施 ERP 后获得的成效的具体表现形式和表现内容，以及怎样去量化分析评价实施成效这方面的问题。此外，这些指标和方法至今也还没有成为国际标准。

针对目前研究的评价标准的成果，就共性而言，有以下几方面。

1）系统应用状况

ERP 实施后，一个最基本的要求是人人都使用这个系统来处理日常工作，"用起来"是最基本的要求，也就是"上线"是否成功。这方面主要有以下两条标准。

① ERP 系统已经成为全体员工日常工作不可缺少的有力工具，中小企业管理高层也在应用系统监控中小企业的运行，并作为管理决策的依据。

② 作为完整 ERP 系统的标志，必须实现了中小企业内部核心业务的信息集成。

2）效益

ERP 项目用起来了，效益怎样？这是一个必须考察的内容。

① 解决了预期目标中提出的问题，达到了预期的各种指标。由于每一个中小企业的情况不同，会有各种不同的指标。

② 投资回报。有实际效益，在预期的时间收回了投资。

3）项目进程

ERP 项目实施既要看结果，更要看过程，要考察 ERP 项目是在怎样一个过程中实现的。如果这个过程是规范的，最后的结果必然是扎实可靠的；否则，可能会是昙花一现的表演。

4）巩固措施

中小企业实施 ERP 的成果能不能坚持下去，必须有相应的巩固措施，其中最主要的两条是：

① 建立一支复合型人才队伍；

② 制定工作准则和工作规程。

10.2　案例分析：某机器人公司的 ERP 实施过程

10.2.1　激烈探讨

2018 年 11 月的一天，晚上 8 点多了，A 公司各个部门办公室仍灯火通明，员工们神情严肃，紧张、认真、激烈地讨论着是否实施 ERP 审查。

A 公司是一家专业从事家庭服务机器人研发、设计、制造和销售的公司，自 1998 年成立以来，还没有出现过这样全公司集体加班的事情。

A 公司致力于"让机器人服务全球家庭"的使命，通过科技创新，为更多家庭带来智慧生活的体验。A 公司在家庭服务机器人领域拥有较高的知名度和市场份额，其产品在市场上受到广泛好评，是该领域的领军企业，但为什么还在彻夜开会商讨实施 ERP 的相关事宜呢？究其原因在于激烈的市场竞争和同质化商品，让该公司面临前所未有的挑战。

8 点，A 公司信息部：

"刚才真的是因为粗心，这段日子每天这样都这样连续加班，大家都有些吃不消，脑子已经变得很混乱了，现在看着这些图纸眼睛都花了，有错真是难免的，要是为了这点错误，再让我找钱总签字，扣工资不说了，这来回折腾真的没必要，在你这就直接改一下吧！"小王哀求道。

"这次真的不行，这可是总监亲自下了死命令的，谁都不能通融，我们也知道，这些图纸之间的变动非常小，大家稍不留意，就会输错，可是我们最终都是按照 BOM 表打印出来的，一一对照，如果有问题的话，从那张表上是可以看出来的，真的对不起，要是我们对你通融，那其他人怎么办，我们的工作真的很难进行下去啊，希望你能体谅我们。"信息部辛工语气委婉地拒绝了。

"你…… 你们也太不讲情面了！"小王气愤地摔门而出。

"哎！又得罪了一个，我看等咱们这个 ERP 项目上线完成，咱们把公司里的同事得罪的也差不多了。"辛工苦笑道。

8 点，A 公司会议室：

远远的，从大会议室里又传出一阵争吵的声音。

"物资部的一些员工对上 ERP 还是有一些抵触的，他们不太愿意接受培训，而且觉得 ERP 改变了原有既成的习惯，大家操作起来不方便。"ERP 实施项目经理岳工说道。

"我知道这一段时间大家会非常辛苦，但是为了我们这次上 ERP 能一次成功，基础工作我们不得不做得十分细致，咱们厂的产品情况特殊，制造图纸从 98 年公司成立到现在，已经积了很多，但是又不能完全摒弃，原来的业务多少年都是口口相传下来的，家具机器人的这些技术资料不能丢啊。必须细化到各个相关环节，比如电阻老化前、老化后，是不是一个品号，等等，这些都要及时向我汇报，我要亲自走流程，哪里有问题我们一起讨论！"总监非常坚定地说。

"对图纸变种的问题，我们需要将这些变化都一一反映出来，让信息部门一张张重画吗，这样的话效率很低啊！"信息部提到。

"不错，虽然只有一张图纸，变种却有几百种，技术部门需要大量做图与实际符合。21 世纪的企业，生产的组织方式却是 20 世纪 50 年代的，我们要把厂子原来相对粗放型的管理，转化为精细化管理。做完图纸进入 PDM 数据库，再从 PDM 传入 ERP 成为正式的 BOM 才算完了。必须牺牲一部分效率，换来管理的规范性。ERP 效益要想发挥，要先把短板补上。"钱总回答着。

"员工对于根据 BOM 签字有些意见，犯错误是难免的，可是因为错了一次，再找钱总签字，还要扣工资，大家有点难接受。"

"定这样的规矩是有些为难大家，但是这次上 ERP 我们企业的全体员工都要拧成一股绳，确保能一次到位，不管我们做什么，都不是针对某个人，而是为了我们能够不重蹈覆辙，这次能全力以赴的成功。"

……　……

10 点，A 公司：

时间已经来到晚上 10 点多，会议终于结束了，A 公司各级领导个个精神疲惫地离开了会议室，各个部门的员工也终于离开了伏案一天的办公桌，A 公司恢复了往日的宁静，但是明天等待他们的又将是繁忙工作的一天。

其实像这样的会议 A 公司这三个月来每个月都会开七八次，上到总监，下到每一个员工，都经历了这痛苦难熬的三个月。总监狠下命令，项目总监配合咨询顾问执行、协调，各部门部长亲自操作，在这三个月中，A 公司基本上每天有 50~60 名员工加班，相当于 5 000 人次加班；正是由于这样的精神，使得 A 公司在这次上 ERP 时对基础资料、上线初期有了充分的准备，通过全员共同努力，最终使 ERP 成功实施，这都是后话了。如果现在再问 A 公司的员工，还想不想再来一遍，他们都会回答：打死也不干了。确实，那段日子的艰辛劳累，使得 A 公司的员工现在想起来还有些后怕，难道说实施 ERP 的过程就是这么艰难吗，还是对于 A 公司来说又有它特殊的地方，到底是什么原因呢？这还得从 A 公司的产品特点以及 1999 年企业上 PDM 说起。

10.2.2　PDM 与 ERP 集成

A 公司从 1998 年成立至今，一直保持着良好的经营运转状况，20 多年里积累下来的图纸和资料一直是以纸质形式保存，以人工管理的方式管理。随着时间的推移，产生了很多亟待解决的问题，例如纸质图纸不易保存，共享性差；一张图纸凭着生产人员的经验可以生产不同变种的产品的"一张图纸满天飞"状况非常普遍，但这对长期的数据资料保存和产品后期维护都造成了很大的不便，无法追溯来源，影响对客户的后期维护服务。

在当时电算化环境刚起步的环境下，虽然大家对这样一个概念都还很模糊，但都清楚产品的信息数据是一个制造企业的源头数据，而 PDM 系统有相当一部分工作是根据企业具体要求将产品信息数据标准化、规范化，保证源头数据的统一、正确、规范。从这一点来说，PDM 系统对 A 公司是具有吸引力的，且从长远来看对企业管理水平具有很大的提升作用。最后领导决定试试 PDM 系统，毕竟这不是坏事。大家对 PDM 系统充满了期待。

与此同时，A 公司根据整个行业发展趋势，也提出了对整个企业进行整体的信息化管理的规划，决定在实施 PDM 之后启动 ERP 的实施。经过调研和系统选型，选择了当时的 ERP 系统，并于 2016 年开始进行系统的需求调研分析。

通过吸取和借鉴其他公司的经验，希望能够找出一个准确的定位和预期目标，A 公司首先分析了自身的业务特点。

① A 公司的产品研发主要是电路设计和结构设计，这就需要 PDM 系统能够很好地收集和管理车间生产的工艺文件和图纸数据，并结合技术管理模式实现 PDM 系统与二维 CAD 的紧密集成，提供准确的产品数据信息。

② 服务机器人专业化程度较高，很多情况下都是根据客户的需要专门为其定制产品。因此，PDM 系统需要能够提供从基本的原型产品图纸数据到定制产品的参数化配置管理，明确产品与零部件之间的相互关系，能够通过节点类型定义，例如可选件、必选件等，比较灵活地管理和存储产品以及零件的数据。

也就是说，即将实施的 PDM 系统需要将之前的产品数据进行整理归类，通过计算机系统的高效率弥补和完善手工管理中的缺陷。再有就是对 PDM 系统的实施要求选择具有良好实施服务和良好合作精神的 PDM 供应商。综合以上因素，在市场调研、分析对比后，A 公司决定选用 B 公司的 PDM 系统。

2000 年，A 公司引进并成功实施了 B 公司 PDM 系统的图档管理模块，实现了 PDM 与二维 CAD 的集成。同时，经过将近一年的需求分析和实施，并捷 ERP 系统（一款面向制造业的信息化管理系统，涵盖多种功能，支持企业从生产计划到实际控制的全面数字化转型）也顺利上线，上线的模块包括生产、经营、财务和库存。实施并捷系统也基本是需求厂方需要什么供应商就开发什么，但是往往解决一个问题又冒出新的问题；由于实施模块较少且较简单，大部分问题基本都能顺利解决。

两个系统上线并投入使用之后，为进一步提升新产品研发能力，为 ERP 系统提供统一、稳定、准确的产品数据信息，工厂管理者决定将 PDM 系统和 ERP 系统进行集成，希望能够充分发挥两个系统的作用。

但是在系统上线使用之后，A 公司的管理人员在实际工作中逐渐发现了许多问题。

首先对于 PDM 系统来说：

① 由于 PDM 供应商是按照以往的手工作业流程进行的模拟，并对管理模式和业务流程进行梳理，基本上是需求厂方提出什么要求就尽量满足，考虑以往流程在信息化后的合理性和标准性，这造成了 PDM 系统实施应用之后，其对产品图纸的管理只是一种从属管理方式：管理人员把图纸存入系统中，将之与实际生产很好地结合在一起，充分利用系统。生产人员依然按照以前的经验进行生产加工，很多老图纸没有整理出来，PDM 成为存储图纸的数据库，没有达到预期设想的目标，生产人员发现不依靠系统照样可以生产，反而造成了员工对 PDM 的抵触情绪。虽然表面看不出问题，而实际上很混乱。归结起来，这是对信息化实施的认识不清晰造成的，由于当时缺乏对信息化的认识和实践经验，对系统理想化，预期目标也过高。只把过去的随性化的手工管理进行标准化处理，表面上看着很好，但是效果不明显，系统利用率不高。

② 实施过程中，由于当时管理上存在的问题：人事调动比较频繁，造成项目管理不及时；没有准确地实施记录，人员离开后有些问题只有当事人知道，而其他人都不清楚，

这就造成了接手工作的困难。在这种情况下，第一版的 PDM 虽然成形，但仅保持了与手工业务流程相适应，只能算是基本成功。

其次，对于 ERP 系统上线后的使用，实施模块较少，只包括了生产、经营、财务、库存几个主要模块。其中，运用得比较好的是财务和库存模块，能够满足业务需求，但仅限于各部门内部的使用，管理层也没有利用 ERP 来获取想要的信息。形成了信息孤岛。

最后，在将 ERP 与 PDM 进行接口集成的时候出现了之前未预料到的情况。由于供应商对 PDM 的实施大多是按照以前的工作习惯进行设计的，基本上只是工作模式的电子化，造成对接口修改的无规矩、随意性，改造过多，且 PDM 在实施过程中没有将与 ERP 的集成考虑进去，造成 PDM 中的图纸数据和 ERP 中的数据无法互相传递：PDM 中的图纸无法在传输给 ERP 后将转化成相应的 BOM，ERP 无法根据 BOM 进行生产。为了解决这个问题，厂方、PDM 供应商和 ERP 系统供应商经过多次讨论提出各种解决方案，仍然不能实现这个接口。最终，A 公司只好放弃这个集成方案。并捷 ERP 系统的生产模块也因此没有得到充分利用。生产人员仍然按照以前没有系统时的模式进行生产，无法将系统应用于实际生产。

总的来说，企业第一次信息化并不成功，只实现了局部信息化，形成了信息孤岛，高层无法得到综合的数据信息。PDM 系统与并捷 ERP 系统的接口集成失败，也使得这两个系统不能发挥预期的作用。但是通过这一次的信息化实施给 A 公司带来了大量的经验和信心以及对企业自身和信息化的清晰认识，为二期的 ERP 系统实施，以及与 PDM 的集成奠定了坚实的成功基础。

10.2.3 二次实施

第一次信息化的失败并没有使企业对信息化失去信心，在 2015 年 A 公司开始了第二次信息化的实施，在吸取了第一次 ERP 项目的经验和教训的基础上，企业通过对多家软件供应商的对比选型后，决定选取 B 公司 SAP 系统，因为第一次信息化失败的主要原因是系统不能很好地实现对接，所以第二次的主要目标是消灭信息孤岛，实现系统的无缝对接。选择易飞的主要原因正是看中了易飞的标准化程度高，同时又能够满足企业长期发展和未来多样化的需求，并且具备了质量稳定、维护容易的特点。

但是当企业准备开始实施 ERP 的时候才意识到很多前提条件并不具备，如果直接上 ERP 系统，之前技术系统与生产系统各自独立运作的问题依然得不到解决，所以企业提出了解决 ERP 与 PDM 接口问题的目标，使系统做到数出一处，并要求实施过程必须坚持以稳为重的基本原则。既然要求以稳为重，推倒重来的方式肯定是行不通的，因为现行 PDM 系统中已经存有大量的图纸，并且员工对现行系统的操作比较熟悉，换新系统的工作量和风险都太大，所以决定沿用原来的 PDM 产品进行升级，不破坏大环境，同时又能保证生产。

但是 PDM 与 ERP 对接这种情况在信息化实施的过程中是非常少见的，接口必须要三方（PDM 供应商、B 公司、A 公司）一起设计，两个软件供应商必须都做开发并紧密配合，单凭一方无法完成系统的顺利对接。在考虑了以上诸多因素后，A 公司将 PDM 和 ERP 系统供应商召集在一起，三方共同讨论，起草协议，最终达成共识，以中间表的方式实现，就是 PDM 先将定额数据写入一个临时表，ERP 再从临时表里将需要的数据读出写入 ERP 中，成为正式的 BOM。这种方式的优点在于避免 PDM 直接将数据写入 ERP 可能带来一些无法预料的后果。PDM 产品主要进行版本升级，ERP 系统产品则需要为 A 公司进行专门的改进。但是实施的过程往往较预期要复杂得多，在经过多次认真地分析和研讨后，决定采取根据现有定额修改图纸的方案，关键是接口本身问题，图纸是千变万化的，接口是不动的，所以接口的设计需要满足各种图纸的正确传输，而接口又是与业务模式相关联的，只有将业务模式简单化接口才能简单。正因为有这些实现企业信息化的强烈愿望与既有目标，当 A 公司决定再上 ERP 的时候，公司才会从上到下，团结一心，出现第一幕里的场景。

经过全公司员工的齐心协力，新 ERP 系统成功地与 PDM 系统对接，主要模块全部上线，包括基本信息设置、采购、存货、销售、BOM、LRP、工单、财务等 13 个模块。随着新系统的上线，在组织结构上也进行了相应的变革，将基础部门分成生产安全部、财务部、物资供应部、经营部等几个部门，并且在各部门设置 ERP 节点。A 公司作为创新型企业，在信息化过程中结合自身特色创造了属于自己专有的生产方式，先由经营部门按传统方式手工作计划，再向系统里录入订单，然后通过 ERP 系统将订单传递给生产安全部，由生产部门利用系统进行排产计划，采购、库存均由物资供应部负责，所以在生产部门排产后，物资供应部对请购单进行维护，并生成为采购单，然后发给车间一级的调动员。新系统的实施使企业的成本库存控制更加严格。

10.2.4　发现信息化带来的优势

新系统的实施给企业带来了生机，但是新事物的出现往往会有不同的呼声出现，大家对 ERP 给企业带来的效益也是众说纷纭。

由于在手工生产的模式下，多数产品是由少数几张图纸变种而来，只在原有图纸稍作改动后生产新品，工厂里流传着"一张图纸满天飞"这样的话，多数情况员工对改进的图纸不做记录，以"几句话就可以生产""先生产再说"的方式进行生产，但是在实施 PDM 和 ERP 后，要求严格按执行规范化操作，PDM 传输过来的图纸不可以有任何差错，原来的一张图纸变种为几十张，甚至几百张，基础数据量非常大，技术部门需要做出大量与实际相符的图纸。所以在 ERP 实施的过程中大家的意见是不统一的。

生产人员不需要再对图纸进行改进，直接从 PDM 系统中调取图纸，按图纸进行生产，他们认为 ERP 使他们的工作量减少，操作更加规范。但是技术部门对此意见很大，因为原有手工状态下，工人之间图纸改进的方法作为一种知识，并没有得到翔实的记录，知识转移都是以口头方式或非结构化的文字通知方式进行的，而不是以结构化、可共享的文件形式进行的。现在 PDM 与 ERP 对接需要标准化操作，要求技术部门把图纸全部录入系统，工作量非常大，而且有些图纸变化的来源已经随着工人的离开而无法获得。而且有些人认为，现在生产任务这么重，为了把图纸弄规范，经常使得生产开不了工，不像以前，一句话，什么事都解决了。

企业的领导层，他们坚信而且已经看到了 ERP 的实施会给企业带来效益，短期内，以牺牲部分效益为条件，将为企业真正实现流程导向的规范化管理打下坚实的基础。现在，技术管理完全与生产管理联通，技术部门制作的图纸和 BOM 真正成为企业生产、采购的唯一依据，整个企业的物流、生产、财务全部纳入一套管理系统，经营管理数据具有了唯一性、可共享性，利用 LRP 批次需求计划加速和优化了生产计划的排产和采购计划的制定，再有就是甩掉了手工账，系统替代了记账人员大量的重复工作量，使工作人员能够进行对企业效益更大的管理工作。

A 公司以前是计划成本体系，总监明确要上实际成本，但以前财务部的两三张报表对于企业管理者来讲并不是十分有用的。邢总监说："2000A 由六七个产品组成的系统，哪个产品赚钱我要知道，我们要把赢利低的甩给别人。"在实施 ERP 后，生产模式的转变较为明显，在传统手工模式下企业以自主生产为主，很少涉及委外生产。而现在，账算清了，委外也可以放手做了。

不仅如此，委外管理也比以前规范多了。在手工状态下，委外生产经常存在交接不清的情况，资产流失现象严重，"委外给出 500 套的散件，但是回来的成品往往只有 450 件，双方纠缠不清"，"在手工状态下，入库五个，出库三个，库存管理员图省事，直接改为入库两个，效率是提高了，但是希望得到库存的详细记录时就会出现差错"。ERP 的上线杜绝了此类现象的再次出现，使企业外协交接非常清楚，操作更加规范，由此使得企业可以更多地进行外协，将自身能力放在核心竞争力上。2006 年，A 公司利润额从 2000 年的 2 亿元增加到 4.5 亿元，2007 年的目标为 5.3 亿元，但员工数量却始终未增加，行业需求增大是其中的主要原因，但毋庸置疑的是，信息化的实施也是其中不可忽视的重要因素。

A 公司作为以服务型机器人为业务主线的企业，在当今高端制造业高速发展的新形势下，机遇与挑战并存。过去，A 公司的主要产品均为机器人及相关产品，企业具有产品特殊、客户稳定的特点。企业产品不需要预测，市场态势较为明显，前期可预见性强，所以在做 ERP 需求分析时，并没有将决策支持等模块列入实施的范围内，现在管理层对 ERP 的利用还相对较少。然而，随着制造业的快速发展和国外厂商的进入，如何在未来几年内迅速提高企业的创新能力和竞争能力，已经摆在领导者的面前。今后企业的路怎么走、企业还能从信息化中挖掘出哪些潜力，A 公司的领导进入了更深的思考之中——

📖 本章小结

中小型企业因规模小、人数少、运作流程简单，很多人认为 ERP 与他们无关。实际上，随着市场竞争加剧，中小型企业同样面临如何利用信息技术加强管理、提高效率的问题，上马 ERP 完全有必要列入议事日程。

虽然业界流传着"上 ERP 找死，不上 ERP 等死"这句话，但还是有越来越多的企业选择了走信息化的道路，作为 ERP 供应商，除了进一步优化软件，还有必要对实施的具体过程总结、研究，以提高 ERP 软件的实施水平。尤其是对于广大的中小企业，软件提供商的实施水平是企业在 ERP 选型决策中很重要的一个考虑方面。所以说，迅速提高 ERP 的实施水平，提供更好的实施服务和取得更优的实施应用效果都是非常重要的。

　　本章分别从软件提供商的角度和实施方的角度阐述了 ERP 实施方法。但不同的企业有其各自不同的特点，标准的实施方法的指导还需要结合企业的实际情况，适度变通、有所创新才能有良好的效果。

问题讨论

　　1. 调查三个以上中小型企业的实施方法论，比较分析它们的主要特点有何异同。

　　2. ERP 选型主要考虑哪些因素？针对一家中小型企业，通过调查了解，编制一份 ERP 选型报告。

　　3. 数据准备工作在 ERP 实施中具有什么样的地位，会出现哪些问题？

　　4. 了解 ERP 评价的理论和实践发展。

第 10 章　中小企业 ERP 实施及案例

第 11 章　ERP 运行管理与效益评估

本章引言

ERP 实施是一个项目，项目总有结束的时间，但是一个"企业系统"是永无休止的，总会有新的发展和业务需求出现，所以企业和系统之间需要一次又一次的整合。因此，维护和管理 ERP 的长期稳定运行，在系统应用中不断实现 ERP 与企业管理的协同，实现企业管理的持续优化，是获取 ERP 企业价值的根本保证。在此过程中，如何认识和评价 ERP 的效益，同样是一个重要课题。

本章重点

◆ 理解 ERP 运行管理与持续优化的重要性
◆ 理解 ERP 运行管理的内容和组织
◆ 理解 ERP 持续优化的主要内容和基本方法
◆ 了解 ERP 应用与企业变革的关系
◆ 理解 ERP 评估的基本理论和方法

11.1　ERP 运行管理

ERP 的实施需要付出艰苦的努力，需要投入大量的资源和精力关注，但企业应该认识到实施阶段完成后并不是大功告成了，在运行的过程中仍然需要持续的维护和经常的信息反馈，未来运行过程中的不断改进也是决定成功的重要因素之一，只有当企业成功吸收并高效运行该系统时，所有的投入才会有最大的产出。可以说，企业已经开始面临 ERP 实施终身化的过程了。

11.1.1　企业资源的持续规划

企业信息化建设是一个不断完善的过程，需要按照 ERP 的实施方法论按部就班的实施，在这个过程中，基本会保证在最大程度上实现知识的转移，企业在此基础上就可以驾驭 ERP 来为企业服务。对于企业来讲，实施 ERP 阶段性地结束后，仍然有很多调优的工作要做，比如说，由于企业经营特点的调整需要 ERP 的业务流程做相应的调整，各业务部门会提出更高的业务管理需求。ERP 的实施并非一蹴而就，而是一个阶段性的过程。

ERP 的实施通常经过五个阶段之后，开发任务虽然结束，但对于系统来说却是刚刚开始，企业在实施完 ERP 之后，需要考虑的是 ERP 的长远性，需要做好持续规划的准备。ERP 的实施无疑对业务流程、效率乃至组织结构等方面都会产生相当的影响，随着市场的不断变化，企业往往会对信息系统上提出新的功能需求，要进行持续优化、改进，ERP 实施呈现出螺旋发展的状态，如图 11.1 所示。

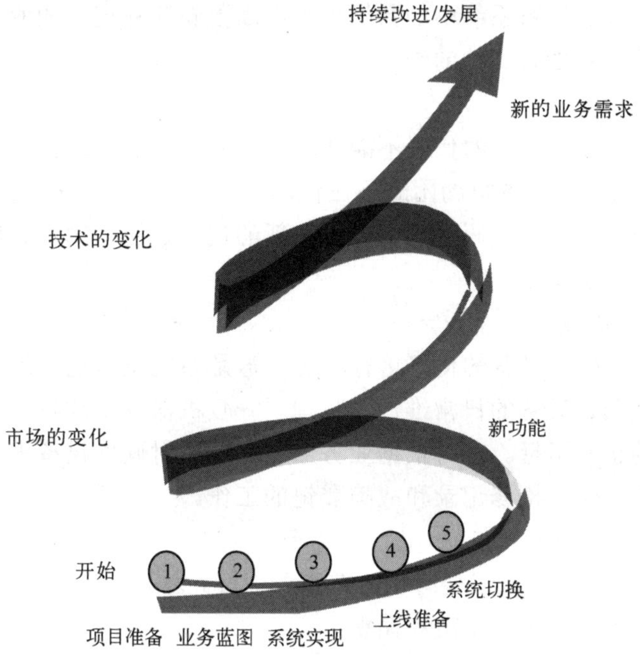

图 11.1　ERP 的螺旋发展

11.1.2　ERP 运行管理的内容

ERP 系统的日常运行管理绝不仅仅是机房环境和设施的管理，更主要的是对系统每天运行状况、数据输入输出情况，以及系统的安全性与完整性及时如实记录和处理。本节将从系统维护、系统升级和组织变革三个方面来阐述 ERP 运行管理的内容。

1. 系统维护

在 ERP 系统实施完成后，在其运行期间常常会暴露某些隐含的错误，需要及时排除。同时客户可能会提出一些新的要求，这就需要对程序进行修改或扩充，使系统进一步完善。因此，系统维护的主要任务就是保证系统的正常运转，使系统的资源得到有效运用，并使系统的功能在运行中不断得到完善和扩充，以提高系统的效率和延长系统的生命周期。

由于对系统的维护工作贯穿于系统整个运行期，维护工作的质量将直接影响到系统的使用效果。系统维护的内容包括以下几方面。

（1）程序的维护

程序维护是指修改一部分或全部程序。在系统维护阶段，会有部分程序需要改动。根据运行记录，发现程序的错误并改正；或者是随着客户对系统的熟悉，客户有更高的要求，部分程序需要修改；或者是环境的变化，部分程序需要修改。

（2）数据文件的维护

数据是系统中最重要的资源，系统提供的数据的全面、准确、及时程度是评价系统的决定性指标。因此，要对系统中的数据进行不断更新和补充，如业务发生了变化，就要建立新文件，或者对现有文件的结构进行修改。

（3）代码的维护

随着系统环境的变化，旧的代码不能适应新的要求，必须进行改造，编制新的代码或修改旧的代码体系。代码维护的困难不在代码本身的变更，而在于新代码的贯彻使用。当有必要变更代码时，应由代码管理部门讨论新的代码系统。确定之后用书面形式写清交由相关部门专人负责实施。

（4）机器、设备的维护

保持计算机及其外部设备的良好运行状态，这是系统正常运行的物质基础。机器、设备的维护包括机器、设备的日常维护与管理。一旦机器发生故障，要有专门人员进行修理，保证系统的正常运行。有时根据业务需要，还需对硬件设备进行改进或开发。同时，这项工作也应该做好检修记录和故障登记的工作。

（5）机构和人员的变动

信息系统是人机系统，人工处理也占有重要地位。为了使信息系统的流程更加合理，有时有必要对机构和人员进行重组和调整。

2. 系统升级

在 ERP 系统的运行期间，由于客户新的需求的出现，不仅要对程序进行修改，有时还要进行系统的升级换代，而系统的升级一般包括软件与硬件的两个方面的升级，所以 ERP 系统需要做好相应的调整和移植。

ERP 系统软件供应商会定期提供版本升级服务，企业可相应地采取一些措施接受升级服务。例如 SAP 主要提供两种类型的升级服务[①]：一种是纠正性版本升级，SAP 针对系统报告的问题在版本中增加了相应的补丁；另外一种是功能性版本升级，主要是在相关领域对 SAP 功能模块的拓展。

企业可以采取的 SAP 升级措施包括：评估与计划升级项目的技术停工期；整体范围内各系统的全面升级；计划和执行升级后的有关事项；与升级有关的技能准备及所需的资源。

升级并不仅仅是一个技术意义上的过程，而是很可能涉及企业大量的人力、物力资源。SAP 的升级很可能改变了数据表结构，增加了新的功能模块，或改变了现有业务流程，改变了代码，甚至整个系统的外观都会发生变化。因此，在需要升级的时候，可能需要考虑一些额外的措施，例如：对业务流程、报告、接口的集成测试；识别和解决由 SAP 升级所造成的报表、接口、企业高级应用编程、授权的变化与修改等问题；配置与测试在升级版本中发布的新功能模块；由升级所引起的一系列客户文档的建立和客户培

① 凯乐. SAP 软件实施. 朱岩，谢明，译. 北京：中国人民大学出版社，2018.

训的开展。

3．组织变革

传统的企业组织结构是层级制金字塔式的，这种传统的组织结构在以知识经济、网络经济为背景的电子商务时代，问题日渐增多，比如自上而下的众多管理层影响了信息传递的速度和质量，进而影响决策的准确性和时效性；企业资源被各管理层控制。完整的业务流程被人为地分散割裂，必然导致组织绩效低下，对市场反应迟钝，竞争力下降，这就迫使企业要寻求新的出路，变革组织管理，使组织结构向扁平化、网络化方向转变，变换企业业务运作模式。

ERP 的出现实现了交易链的扁平化。与之适应的企业组织结构也应作相应的变革，改革的基本思路应当适应交易链的扁平化、网络化要求，遵循"精简、统一、效能"的原则，即减少管理层次，增加管理幅度，企业高层领导与基层执行者直接联系，及时、全面地把握信息，灵活应变，从而使组织更具灵活性、适应性和创新性，节约人力资本，降低管理费用，增强企业市场竞争力。比如伊利集团，在实施 ERP 系统之前，其管理方式是金字塔式的逐级汇报，信息从代理点传到总部至少要两三天；采用 ERP 系统后，其组织结构日趋扁平化和网络化，实现了实时数据的输入和查询；而且通过后台数据库支持，多数经营数据可以在数据库内直接查询，将事后控制变成了过程控制，有效降低管理风险，增强了集团适应多变环境的能力。

ERP 采用软件功能模块，不同的企业可以根据需求差异选择不同的功能模块，利用 ERP 的这种灵活性与适应性构建出企业组织结构的灵活性。在 ERP 实施中，企业组织结构的设计虽是趋向于扁平化横向组织结构，但仍不能忽视企业纵向结构与横向结构的合理组合。只有企业组织结构协调运作，才能使组织有效性得到最大限度的发挥。

想借助 ERP 系统加快信息化进程，增强市场竞争力的企业，必须对组织自身有一个清醒的认识。熟知组织各个方面的资源。推行过程要按部就班。切实实现高层管理人员的投入和承诺，给项目实施团队充分的授权。同时进行良好的培训。高度重视知识的转移和应用，使各方面资源充分互补。在此基础上审时度势，恰当选取进入时机，使组织变革与 ERP 系统的实施彼此促进，最终完成预期目标。

11.1.3　ERP 运行管理的组织形式

ERP 系统运行管理的组织形式主要有以下 3 种。

1．分散平行式

这是指将计算机分散在各职能部门，各职能部门对机器的使用权力相等。采用这种组织方式在开发时需要进行统一规划，以利于系统的标准化和规范化，减少各子系统在数据通信上的困难。这种方式一般和实际结合较好，但由于信息系统为部门所有，不能成为整个组织的共享资源，因此数据的综合处理能力和支持决策能力较差。分散平行式的组织方式如图 11.2 所示。

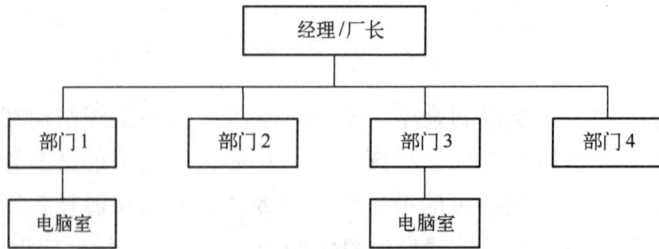

图 11.2　分散平行式

2．集中式

这种方式是将所有的计算机系统集中在信息中心进行统一管理，各职能部门只是一个服务对象；采用这种集中管理的组织形式，充分强调了信息在企业中的重要作用，有利于信息共事和支持决策，但容易造成与职能部门脱节。因此要慎重处理信息部门与各部门的关系，保证企业信息渠道的畅通，为企业的各级管理和决策提供及时、准确的信息。集中式的组织方式如图 11.3 所示。

图 11.3　集中式

3．集中-分散式

另外一种织织方式是以上两种形式的结合，即集中-分散式的组织管理方式。这种方式是在计算机局域网络的基础上，在企业设置信息中心，而在行职能部门又建立相应的子系统并通过线路连接起来形成网络。这种组织方式吸收了集中式与分散平行式的优点，又弥补了各自的不足，所以是一种较为理想的方式。

不管系统管理与维护的组织采取什么样的形式，从系统管理与维护本身的规律和要求出发，都必须有一支完整得力的运行人员队伍。系统运行人员的结构和配置数量一般要依据系统规模和复杂程度来确定。

11.2　ERP 持续优化

持续改善已经成为很多企业关心的主题。持续改善的实质就是不断寻求更好的做事方式。当这一原则成为公司哲学时，它将会涉及每一个人。这种探索通常被组织成一系列公司范围内的活动计划。这些计划通常被冠以全面质量管理的名义开展，并且被视为质量领域的问题。

11.2.1　管理持续优化

ERP 的实施过程需要付出艰苦的努力。很多完成 ERP 实施的企业，或者成为 A 级客户的 ERP 实施企业都认为革命已经成功，可以坐享"太平盛世"了，但实际情况并非如此。ERP 系统是一个以人为主体的系统，A 级的 ERP 系统并不能自行维护并保持 A 级标准，在运行过程中，仍然需要持续的维护和经常的捕获信息反馈。

ERP 系统的运行和管理要达到两个目标：基本目标是保持已有的水平不要降低；更高目标是渐有所思、渐有所进，争取越来越好。企业若想保持优势并越来越好，需要不断地提升管理水平。

1．保持清醒的认识

一个企业必须清醒地认识到，ERP 系统实施成功，仅仅是一个好的开端。而且，今天的成功并不能意味着未来的辉煌。一个企业要在激烈的市场竞争中保持优势，就必须确保真正强于竞争对手，ERP 系统是一个工具，它是不能自行维护的，企业稍有松懈应用水平就会降低。

2．坚持有效的组织

在 ERP 系统的实施获得成功以后，不要解散 ERP 项目小组。可以考虑将项目小组更名为"ERP 运行管理小组"或其他类似的名称。"ERP 运行管理小组"的规模、工作方式与工作内容与以往相比有所区别，主要表现在以下三方面。

首先，不再有专职的工作人员，因此，小组规模可以略小些。

其次，小组会议由每周 1 次改为每月 1 次，小组的工作主要在于关注 ERP 系统的运行情况，向企业高层领导汇报结果并不断进行改进。

最后，每年更换组长 1～2 次，组长在小组成员中产生。市场部门经理、生产部门经理、财务部门经理、工程技术部门经理和采购部门经理均可以成为组长。这样做可以增强"ERP 运行管理小组"成员的集体感，同时强调了 ERP 是一个全企业范围的系统。

3．进行认真的检测

检测 ERP 系统的效果需要用到运营和财务两方面的指标，其中运营指标又可以分为明细指标和综合指标。

1）运营明细检测

运营明细检测用来不断地检查 ERP 系统的运行情况，它可以起到早期报警的作用——当某些事物开始出错，它就会给出提示，从而帮助人们不断地改进系统的性能。

2）运营综合检测

通过对 ERP 系统运行情况的综合检测可以确定企业所处的等级，便于改进提高。

3）财务情况检测

ERP 系统运行管理小组每年应至少就财务方面进行一次系统运行情况检测，把用货币单位表示的实际结果和在成本论证中预计的效益相比较，分析存在的问题，并进行纠正，以期得到更大的效益，并将结果报告指导委员会。

4. 继续教育和培训

若缺乏针对 ERP 继续教育的周密规划，长期成功运行并管理 ERP 系统将面临潜在风险。ERP 的继续教育是一个伴随企业经营的长过程，在这个过程中，人们可以维护他们的工具，适应新的形势，迎接新的挑战。因此，ERP 的继续教育应当紧密地和企业的运行机制相结合，应当对企业中的每个岗位建立最基本的 ERP 教育标准，并纳入岗位工作规范。

11.2.2 流程持续优化

对持续改善进行研究的一种方法认为，流程从失控状态逐步转向优秀，中间会存在一系列标志这种转变的阶段。这种假设的开端是流程处于失控状态。

流程改善的第一步就是要使流程达到可控状态。质量管理方面的文档利用流程评估的统计方法，提供了有关流程处于可控状态的精确定义。一个更加普遍的观点认为，当流程产生了可以接收的结果时，可以被视为处于可控状态。

流程改善的第二个阶段，就是使流程逐步转向改善的状态。现在的关注点是，如何使流程更加有效地产生可接受的结果，是否还有比现有方式更好的做事方式。然而，在 ERP 实施时，企业已经识别和实施了一个较好的做事方式。但在最终情况下，这或许不是最佳的做事方式。在一个持续改善的环境中，通过组建改善团队，让客户参与流程的改善，会比在一个实施的环境中，直接运用最佳做事方式更容易取得成功。

流程改善的第三个阶段，就是使流程转向优秀阶段。本阶段重点关注的是最佳实践，最佳实践是在特定行业或领域内，经过实践验证并被广泛认为是最有效、最优秀的工作方法、操作流程或管理策略。它代表该领域内的最高水平，是行业内其他组织或个体学习和效仿的榜样。这个阶段所采用的方法一般是标杆法。标杆法就是寻找最佳实践，并将最佳实践中可转移的因素引入到自己的流程中。随着寻找最佳实践的范围扩大，找到完全新鲜的见解的机会就会增多，所以，运用标杆法为取得流程的重大改善和最佳业绩水平提供了机会。

以上所介绍的三阶段流程，为指导企业进行持续的改善提供了一个简单的框架。通过直接采用标杆法作为改善流程的方法，减少第二阶段和第三阶段，这可能是合适的。但是，如果忽视了第一阶段，可能就难以理解"为什么会产生不可接受的结果"，还可能导致该结果的特征被忽视或转移。

持续改善是项目实施的进一步扩展。在项目团队下的模拟环境中所开发出来的原始流程通过实施持续改善，将会在日常运营的真实环境中，由那些最适宜进行改善的人员进行精炼与优化，而这些人正是直接参与相关工作的人员。作为一项公司范围内的实践，尽管持续改善也需要组织、承诺和计划，但是，它能够在任何时间开始。从项目团队到持续改善团队的转变，应该提前计划。实施持续改善的结果，就是 ERP 应用与其利益从实现的潜在性向实现的可能性转变。

11.2.3　系统持续优化

ERP 系统的实施无疑对业务流程、效率乃至组织结构等方面都会产生相当大的影响，那么，随着市场的不断变化，企业除了在管理上要做到持续改善之外，往往会对信息系统功能提出新的需求，为提升 ERP 系统的效率和产生的效果，还需适应企业中不断出现的变化。

ERP 系统的实施有效地整合了企业内部资源，然而，企业并不是自给自足的社会，在社会化大生产的今天，企业处于整个价值链的某一个环节，需要与上下游的伙伴密切合作，才能获得更大的效益。因此，仅仅管理好内部是远远不够的，还需要从整个价值链的角度考虑资源的整合。

1．ERP 无法解决的问题

原有的 ERP 系统主要目的是内部资源的整合，从信息集成的角度看，该系统存在明显的不足，即缺乏与外部信息流畅交换的接口；而从业务集成的角度看，它无法实现内部业务与外部业务的无缝对接。

1）外部信息集成缺失，内部业务效率受阻

由于 ERP 系统未能与企业外部其他部分信息系统实现接口无缝对接，与外界的信息交换仍依赖于传统方式，如人工数据录入。对于频繁与外界交换信息的业务环节，信息系统在此类场景下并未展现出其应有的优势。

2）缺乏与外界交互的电子化平台

对于需要与外界合作伙伴协同完成的业务，如招投标、议价等，由于系统缺乏相应的功能扩展，其现有功能仅限于报表打印。

2．系统升级与整合

1）ERP 系统升级与整合的内容

系统的升级是指由于信息技术的发展，原有的支撑系统（硬件系统、网络系统、操作系统、数据可管理系统等）需要升级到新的版本或采用新的技术，通常情况下，升级是在同类产品间进行的。

系统的迁移是指系统的功能需求和信息存储结构没有变化，但需要将原有系统转换为其他产品，通常是不同厂商提供的产品。

系统的整合往往伴随有系统的重构，在这种情况下，支撑系统的环境往往没有变化，由于客户业务流程的变化等因素，需要系统功能和信息资源存储结构进行相应的调整，就产生系统整合的需求，这个过程中往往伴随有数据库结构的改变和应用软件程序的修改。

系统的扩展是指在系统内部需求保持稳定以及支撑系统环境未发生变动的情况下，系统需要与外部系统进行数据交换或功能集成，与其他系统一起构成更大的系统。

2）系统升级与整合的特点

导致 ERP 系统发展变化的原因很多，如它所服务的组织的业务目标和业务过程的变化、组织外部环境的变化、组织内部对信息系统需求的发展、信息技术的进步以及原有系统存在的不足，等等。系统升级与整合是为了有效地利用现有信息资源、降低成本、保护已有的投资，因此，应用软件系统的整合与扩展是我们需要关注的重点，也是企业实施 ERP 后一个长期需要关注的问题。

11.3　ERP 的效益及效益评估

ERP 能为企业带来效益吗？哪些是企业真正认可的效益呢？在有些人眼里也许只有赚钱或者减少成本才能算作效益，然而，企业生存的根本是具有与对手同等或更强的竞争能力，这却是很难通过经济效益量化的。

11.3.1　ERP 的管理效益

1. 促进生产管理的转变

1）走出困境，实现生产管理专业化

在 ERP 实施前，由于缺乏公认的专业工具和确定的知识体系及有效的系统，所以很难准确地衡量工作的成绩。ERP 的出现，使得生产管理有了完整的知识体系。越来越多的生产管理知识进入了学院的课堂，传授给未来的生产经理，使他们的知识不再只是来自实际工作经验的摸索，而是上升到理论的高度。

2）为生产管理专业化提供了工具

ERP 的产生可以使企业利用有效的工具制订生产计划并检测执行情况。例如，通过 ERP 中的资源计划来估算为生产一定数量的某类产品所需的资源，以保证生产规划的合理性；在制订主生产计划时又通过粗能力计划来指出在关键的工作中心上所需的标准工时数，以保证主生产计划是切实可行的；主生产计划作为物料需求计划的关键输入，指出将要生产什么产品或最终项目；在正确的管理之下，物料需求计划可以预见缺料，生产部门的人员从而可以防止其发生。可以说，ERP 的出现为企业提供了专业化的工具。

2. 促进市场销售工作的转变

1）ERP 为市场销售管理提供了工具

许多企业只把 ERP 作为生产和库存控制技术，而不是作为企业整体计划系统来使用。事实上，ERP 为市场部门和生产部门提供了从未有过的联合机会，市场部门不但负有向 ERP 提供输入的责任，而且可把 ERP 作为他们极好的工具。

要提高市场竞争力，既要有好的产品质量，又要求有好的计划，迅速响应客户需求。这就需要市场销售和生产制造两个环节很好的协调配合。但是在手工管理的情况下，销售人员很难对客户做出准确的供货承诺。一方面，由于企业缺少一份准确的主生产计划，对于正在生产什么以及随时发生的变化很难得到准确及时的反应；另一方面，部门之间的通信也不通畅，按时供货率得不到保证，这在激烈的市场竞争中是非常不利的。有了

ERP，供货承诺问题可以得到很好的解决，市场销售和生产制造部门可以有效地进行通信协调。

2）预测

预测作为向经营规划、销售与运作规划和主生产计划提供输入信息的环节是十分重要的。主生产计划决定生产什么，决定将要采购和制造的物料量和人工量。

在某些面向订单生产的企业中，产品的可选项很多，这种情况，预测工作看起来很难进行，然而却没有必要这样做。ERP 是计划编制和调整的一种好方法。如果预测完美无缺，也就不需要 ERP 了。但 ERP 的意义就在于可以及时调整计划以反映真实发生的情况，弥补预测的不足之处。

3）ERP 模拟和市场策划

从长远来看，生产部门必须设法得到物料、人力和设备，去生产市场部门可以销售的产品。从短期来说，市场部门必须致力于推销生产部门可以生产的产品。ERP 系统为此提供了工具，使得生产部门和市场部门的人员能够在一起制定长期的和短期的市场策略。这方面强有力的工具就是 ERP 的模拟功能。

在制造企业中，管理人员往往想知道，如果在主生产计划中作某些改变将会如何。这时，就可以利用 ERP 来模拟这些改变将要产生的影响。还可以预测这类变化对企业总体财务目标、销售与运作规划，以及公司高层领导所关心的获益能力的影响。由于有了可靠的生产信息，市场部门就可以制定正确的市场策略了。

3．促进采购管理的转变

当供应商的未完成订单增多时，采购人员对客户报较长的提前期，而这样一来，客户为满足他们在较长提前期中的物料需求，采购人员就将订购更多的物料。这就导致供应商进一步增加积压订单，并再次增长提前期。

使用 ERP 系统，企业能够很容易地建立一份短期的采购计划。在建立采购计划之前，先对供应商进行培训，因为供应商已习惯认为客户订单给出的日期并非真正有效的需求日期，而客户还会打电话告诉他们真正的需求日期。所以，必须告诉供应商，在 ERP 环境下，订单所给出的日期就是有效的日期。同时，如果供应商发现自己不能按时供货，应提前向客户发出通知，否则，即认为他能按时发货。

如果客户和供应商能够很好地合作，他们就能找到使双方都能获益的方案。许多年前形成的一条经验至今仍是采购活动中的一条真理，即通过明智的客户与供应商之间的合作，可以实现更大的利润增长。过去，在客户和供应商之间进行通信的典型过程如图 11.4 所示。

通过使用 ERP 系统，情况得到了改变。前面提到的采购计划或称为供应商计划成为客户和供应商双方的生产控制人员直接通信的工具，而采购人员

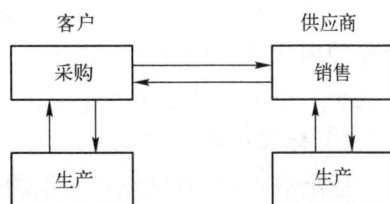

图 11.4　客户和供应商之间的通信

则可以从烦琐的事务中解脱出来，使他们有更多的时间去选择供应商、进行合同谈判、

价值分析、同工程部门讨论标准化问题，从而把采购工作提高到一个前所未有的专业水平上。这是把 ERP 系统用到采购管理的重要结果之一。

4．促进财务管理的转变

1）发挥计划和控制作用

企业管理者希望通过成本核算对生产管理的某些方面加以控制，然而多数企业没有所需要的详细计划与控制手段，其主要的问题在于，生产管理方面使用的各种数据是不准确的，而财务人员又必须使用这些数据，因而自然地导致更大程度的失真。

现在，ERP 系统可以把企业的生产和财务管理集成在一起。由财务管理系统驱动生产管理系统非常困难，而由生产管理系统驱动财务管理系统则容易得多。由于个体是准确的，总体必然准确。ERP 系统需要有好的物料控制作为基础，这对财务人员的工作自然也会大有好处。

ERP 系统将生产系统与财务系统集成为一体。关键的财务子系统将包括总账、应付账款、应收账款、工资管理、库存事务处理和库存状态更新、成本管理和发票处理等。一旦实现了这些功能，管理人员将能从中获得许多过去不可能得到的非常实际有效的可靠数据来进行企业的经营管理。

2）确定合理的库存投资水平

使用 ERP 系统可以很容易地回答如何确定合理的库存投资水平的问题。事实上，计算一个产品类的所有子项的现有库存余额的成本即可得到为支持生产计划所需的现有库存的金额。计算所有子项的需求量的成本可以表明在各个时区中将要消耗的物料金额。计算预计入库量的成本可以表明进货价值。而计算预计可用量的成本则按时区表明了所需要的物料金额，而这正是"合理"库存的金额。

有三个因素可以对上述金额产生影响，它们是订货批量、安全库存量和主生产计划的改变。由于 ERP 系统可以模拟不同的订货批量和安全库存量所产生的影响，所以，重要的事情不在于订货批量和安全库存量的调整，而在于按计划运营企业的能力。通过在关键工作中心实际队列的取样分析可以确定出安全库存的实际需要量。最大值和最小值之差即为避免该工作中心停工所需的排队安全库存量。另外，在制品队列的长短自然影响到提前期的长短，而当提前期缩短时，物料需求计划系统将会推迟下达订单，这样就减少了在制品的数量。因此，通过提前期分析，ERP 系统可以用于计划和监控在制品的水平。由于有了新工具，库存投资水平已成为一个过时的概念。我们应当学会使用库存流量的概念来考虑问题。由于可以用具有合理数据的计划来监控实际库存价值，从而管理人员可以真正驾驭库存投资了。

3）标准成本

标准成本是 20 世纪初出现的一种技术。其目的在于更好地衡量生产执行情况，从而更有效地控制生产。过去一直很难计算产量的变化对标准成本的影响。标准成本系统是一个在动态环境下运作的静态系统。为了使标准成本可用，财务人员将其复杂化，以使之能够应对各种变化。当把标准成本置于计算机系统时，情况就不同了。ERP 系统本质上是一个模拟系统。财务数据进入系统之后，很容易计算出各种变化的影响。这就大大简化了标准成本方法的使用。

11.3.2　ERP 的直接经济效益

安装 ERP 系统有很多好处——有直接的，也有间接的。直接的好处包括：提高效率、信息综合以及为决策提供更好的支持、对用户的需求快速反应，等等。间接的好处包括：树立更好的企业形象、用户满意度的提高，等等。

通常来说，直接经济效益是可以量化的，可以采用"差异方法"来进行评估。所谓"差异方法"是通过考察实施 ERP 和培训前后的关键绩效指标（key performance indicator，KPI）的差别来度量其回报。其优势在于它采用统计上非常严格的方法来估计影响，同时提供了一个定量的模型来预测 ERP 投资的影响及发生的回报。"差异方法"的定量模型也通过建立变量和影响程度之间的数学关系进一步提升了理论——也就是说，它可以衡量如果投资水平增长 10%，净利润将发生怎样的变化。

1．缩短订货提前期

从发出订单到接到货物称为订货提前期，其在采购活动和库存控制中扮演重要的角色。企业应该尽可能缩短订货提前期，应当促使供应商及时交货而不是简单的提高订货提前期。

ERP 系统可以帮助企业完成这项任务，并且对库存进行更有效的管理。与此同时，由于 ERP 系统的特性，材料管理模型与其他模型（销售、生产、采购等）有紧密的联系，当企业接到一个订单并将其输入 ERP 系统时，对每一种零部件的需求就可知了。当系统确认订单之后，生产计划子系统就会制订出生产计划，那么材料管理系统就得到了在何时需要什么原材料及多少的详细信息，从而可以在必要的时间发出材料订单。同时，系统还可以进行有关材料的价格、供应商选择等功能。

2．准时运输

在目前这个客户需求多样化的时代，企业必须能够应对客户的特殊要求，以标准的订货提前期来完成生产这些个性化产品的任务。为此，企业必须将传统的为库存进行生产的生产方式改变成为订单进行生产，这种改变还可以节约成本和时间。ERP 系统提供了根据实际需要改变生产制造模型的能力，并且不需要重新配置生产能力、系统产出等参数。由于 ERP 系统管理整个生产全过程，于是在制订生产计划的时候，预测和销售模块可以用来支持库存生产方式，而订单生产模块可以支持订单生产方式。

缩短产品开发过程的另一方面就是提高开发效率。ERP 可以缩短数据传输耗费的时间，减少错误，通过提供工艺和产品性能之间的关系来提高设计能力；并且可以和大多数流行的 CAD 软件包相连接，数据交换功能、零件、BOM 等各方面的信息。这样，通过融合各方面的功能并且自动进行处理，ERP 可以保证按时交货给客户。

3．减少生产循环时间

生产循环时间指的是从接到订单到生产完成之间的时间。在进行订单生产时，由于生产或者设计是从接到订单开始的，于是其涉及的相关材料、零部件的生产也是在接到订单之后开始的。而在库存生产时，产品是在接到订单之前就被生产出来了，并且保存在仓库中。

上面两种情况都可以通过 ERP 系统来减少生产周期，但是相对来说，库存生产缩减的余地较大。在 ERP 系统中，当订单被输入系统后，将由系统来自动判断库存是否足够，从中选出最合适的仓库，将订单信息发送过去，安排必要的工作（例如包装），制订运输计划。同时，财务模块会进行相应的财务处理。所有这一切工作只是在公司员工按下了一个按钮之后自动完成的。这样就减少了时间耗费，缩短了生产循环时间。

4．提高资源的利用率

大多数 ERP 系统提供了规划生产能力的功能，包括制订各个层次的生产能力计划。系统将自动对资源进行调度，以满足主生产计划、物料需求计划、车间管理的要求。所有的生产计划都必须符合相关资源和生产能力的限制，而能力需求是与订单相关的。所有的工作中心都可以作为衡量生产能力的标准，这就提供了一个简单有效的寻找系统中瓶颈的方法。当"瓶颈"改变了之后，就可以按照同样的方法寻找新的工作重点。

ERP 系统还具备模拟生产的能力，通过对各种场景的模拟，观察其资源和生产能力的使用情况，从中寻找出最优方法，由此帮助企业提高资源和生产能力的利用率。

5．减少有关质量方面的费用

产品质量的定义可以分为很多层次——完美的、适用的、值得的，等等。生产厂商和负责设计的人员通常为产品的技术问题负责。企业的管理者通常将分析与质量有关的费用看成一项很重要的工作，而这种分析对项目是否进行提供了一些判断依据。一般来说，这方面的费用在成本中大约占 20%。对相关活动进行仔细计划，不仅可以提高产品质量，还可以减少相应的费用。

事实上，为了让产品达到一定的质量等级，企业必须将相当多的精力投入到生产之前的产品设计和工艺方法设计中，尽量在设计阶段不犯任何错误，而不只是关注原材料的质量等问题。ERP 系统中的质量管理系统就是用来对有关质量的工作进行支持的，它通过采用多种产品设计方法和流程设计，确保所有职能部门都能保证本部门活动的质量。同时，该系统还定义了基本操作规范，并进行全面质量分析，以持续不断地改善生产过程。借助这一系统，企业能够更有效地达到 ISO、GMP 等质量等级标准。

11.3.3 ERP 的间接经济效益

一般来说，直接经济效益的衡量相对直接且易于量化，而衡量 ERP 项目的间接效益时，"过程理论"则主张应关注投资的过程本身。如果考察回报的对象是一个公司或者少量几个组织，"过程方法"则具有更大的适用性，它可以针对某一个具体的案例进行分析。

这种分析有助于研究信息技术投资的实际背景、对投资成功的期望，以及其他一些不太明显的可能会影响到结果的因素。"过程方法"还有一个优点是，在不能明显地观察到信息技术的回报时，能够对回报进行深入的分析。

Soh 和 Markus 建立了一个采用过程方法来衡量信息技术投资的框架[①]。在研究结果的基础上，他们提出：信息技术的花费加上正确的管理能够创造出信息技术资产，信息技术资产的合理使用能够带来信息技术的影响（如图 11.5 所示），只有在实现了这种影响之后，才有可能为组织带来回报。我们不妨来仔细分析一下组织创造价值的过程中创造资产、使用资产、进而收到回报的过程。然而，信息技术投资对组织业绩的影响，相对行业的竞争状况和组织在市场中的地位来说是暂时的。

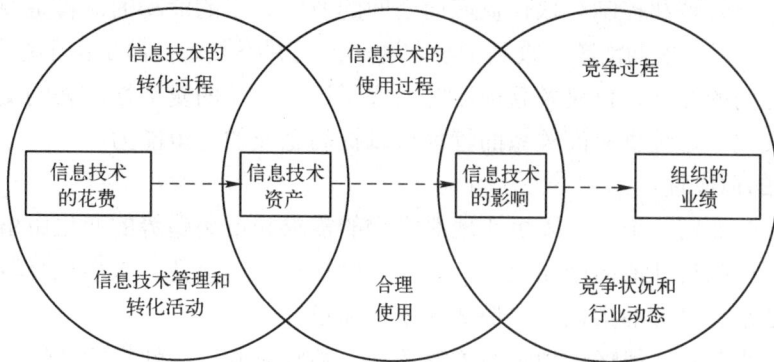

图 11.5　信息技术对组织影响的过程示意图

1. 客户满意度的提高

客户满意程度主要体现在其需求是否被及时满足上，可分为以下 3 种程度：

- 产品或服务中是否包含了客户最需要的部分；
- 公司能否及时满足客户的需求；
- 产品或服务是否没有缺陷，像客户预期的一样。

ERP 系统已经证明，可以进行订单生产，并且不会增加费用和生产周期。这意味着客户的个性需求可以得到充分的重视，并且可以得到其所需的个性化产品，而不需要支付额外的费用或是等待更长的时间。随着互联网的发展，客户可以在家中进行订货，跟踪产品的生产情况及进行网上支付。客户可以在企业的技术支持部门得到帮助，由于客户的所有信息都被存放在系统中，可以被任何部门获取，于是企业可以对客户进行更好的服务。ERP 系统中应用的先进技术，对于满足客户需求，提高客户满意程度有很大的帮助。

2. 提高供应商的表现

从供应商那里订购的原材料和零部件，其质量水平以及能否及时得到，对于任何企

---

① SOH C, MARKUS M. How IT creates business value: a process theory synthesis. Proceedings of the Sixteenth International Conference on Information Systems, 1995: 29-41.

业的生产都有很大的影响。因此企业必须认真仔细地挑选供应商，并且对其活动进行监督，尽量尽早发现并解决那些可能影响公司生产的问题。为了达到这个目的，企业可以应用供应商管理和控制系统来帮助企业计划、管理、控制那些复杂的与全球各地的供应商相关的业务流程。

　　ERP 系统提供了供应商管理和采购支持工具来对采购活动进行控制，从而有效地监督、控制采购费用和日程安排，并且保证订购的原材料的质量。供应商管理和控制系统可以帮助企业处理和供应商之间的关系，监督供应商的活动及提高供应商的表现。

　　当前，企业与供应商建立一种伙伴关系已成为一种趋势，通过这样的伙伴关系，在产品质量、交货期以及价格方面对企业都有好处。为了实现这些好处，企业将依赖采购支持系统来帮助管理和控制与伙伴供应商之间的协定。采购活动的流程主要是请求报价单、商业会面、开出采购清单、收到货物。这一流程并不复杂，但是由于商品数量众多，价格与质量之间的冲突，协议条款问题等造成了这一活动的复杂性。采购支持系统可以提供及时的反馈，通过供应商关系的管理可以提高企业的竞争能力。

3．更好的适应性

　　由于竞争的加剧，企业必须更快地对客户的需求和市场趋势的变化做出反应。需要更快地进行新产品设计或旧产品改造，才能及时抓住市场机会。市场机会转瞬即逝，所以生产过程必须有足够的柔性以尽快适应新产品设计。

　　柔性是企业在制订战略计划时的关键之一。某些时候，柔性指的是快速适应新产品生产需求的能力；在其他情况下，柔性指的是进行小批量生产的能力，进行小批量生产是为了生产一个相对丰富的产品组合用来满足客户的不同需求，并且减少半成品。不管柔性到底是什么，传统的生产自动化尽管在一些场合下效率很高，但是其生产方式是刚性生产。ERP 不仅提高了生产的柔性，同时提高了整个企业的适应能力，从而使企业可以快速地适应环境的变化。ERP 通过信息在企业中自由的流动以及很多业务的自动化来帮助企业保持一个很好的适应性，从而增加企业生存的可能。

4．提高信息准确性，提供更好的决策支持

　　为了在竞争中生存并且打败竞争对手，企业不能只考虑眼前的情况，还要为未来打算，这就意味着对各种信息的管理。为了有效地管理信息，并且将高质量的信息提供给决策者，必须将信息的收集整理过程自动化，于是必须充分利用 IT 技术的潜力和最恰当的方法。

　　我们已经认识到，在当前这样激烈的竞争环境中，信息是企业最宝贵的资源。如果企业没有一个有效的为决策者提供其所需信息的机制的话，企业能否在竞争中生存就成为一个大问题。信息的三个基本属性是准确性、相关性和时限性。任何能将信息收集、整理和分析自动化的机制都将提高企业在竞争中生存的机会。传统信息系统的一个主要缺点就是没能将企业作为一个系统整合起来，所有系统是相互孤立的，可是在现实中，企业是一个整体，而不是互不相关的部门的集合，因此信息系统应该是整合的，而这种整合型的信息系统带来的系统表现的改观将是巨大的。信息系统应该将整个企业看成一

个总体，以总体的视角来处理信息。这样的话，系统提供的信息就应该是准确的、相关的、及时的，这对于明确企业目标、完成企业任务有很大帮助。而这正是 ERP 的强项，这也是为什么 ERP 系统能够帮助企业获取更准确的信息，以及提供更好的决策支持能力的原因。

11.3.4　ERP 效益评估

ERP 效益评估是一个长期的过程。在项目管理阶段，外包厂家每年将为客户做一次项目评估，检查现行系统运行情况，及时发现和解决项目存在的问题。结合客户新的管理目标及管理需求，提出下一步 ERP 管理的实施建议。

1. 效益评估的意义

对于现代企业管理者，任何投入都需回报，否则即利润损失。因此，企业决策者极为关注信息化投入，尤其是 ERP 项目的回报，这也是围绕 ERP 实施争议的核心。ERP 项目投入是一项特殊投资，不仅涉及软硬件购置，还包括长期维护、服务及人员培训成本，常用总拥有成本（total cost of ownership，TCO）来衡量。

信息化项目综合性强，回报难以量化，易让人误以为只有投入无产出，导致管理者决策迷茫，或盲目投入，或不愿投入。此外，信息化建设周期长，企业需经历转变阵痛，旧模式与新模式的磨合增加工作量，产生额外成本。若管理者投资初未做好充分准备，易致项目拖延或失败，需投入更多来弥补。

为避免不良结果，决策时应明确所需信息回报，建立项目评价体系，以量化基准指导决策。对价值的评价或许会有多种方法，看待 ERP 也会有各种视角，然而有一点是不可否认的，那就是：ERP 代表目前最先进的管理工具，它是科学管理之集大成者。所以实施 ERP 就意味着向最新的管理技术领域迈出了坚实的一步。

ERP 系统的市场需求旺盛是毋庸置疑的。那么，为什么有如此多的企业将它们原有的核心商务系统改换成 ERP 系统呢？原因是 ERP 系统的实施可以为企业带来以下好处。

- 提高企业的商业运作性能：加快资金的周转，更快速的反应，减少库存，提高订单执行情况。
- 支持企业的发展：新产品/产品线，新用户；全球战略的需求，包括多语言支持和信息的流通。
- 提供适应性强的、综合的、实时的决策支持：提高组织内部的响应速度。
- 去除原有系统的限制：千年虫问题，数据和过程的碎块，不易修改，不支持的技术。
- 开发中型规模组织的市场：更好的性价比，客户-服务器结构，纵向的市场解决方案。

随着越来越多的公司加入这场竞争，ERP 系统的供应商将注意力逐渐从那些大企业上转移到了更为细致的不同的细分市场上（中小型企业等）。将来会出现市场份额的激烈竞争，以及为了战略需要或获取竞争优势而进行的企业合并和兼并。这场竞争的最终受益者将会是用户，他们将会以可以接受的价格得到更好的产品和服务。

2. 效益评估方法

实施 ERP 的企业应将其视为战略重点，将 IT 战略作为企业战略的支撑，通过效益评估连接企业战略、IT 战略与日常经营，确保战略目标落实。随着 ERP 对企业发展的推动，战略目标变化时，效益评估指标和体系也应动态调整。ERP 作为企业巨额投资，能带来多方面效益。经济利益是 ERP 成功评价的关键指标，但 ERP 效益需要时间积累，常见的 ERP 效益曲线如图 11.6 所示。

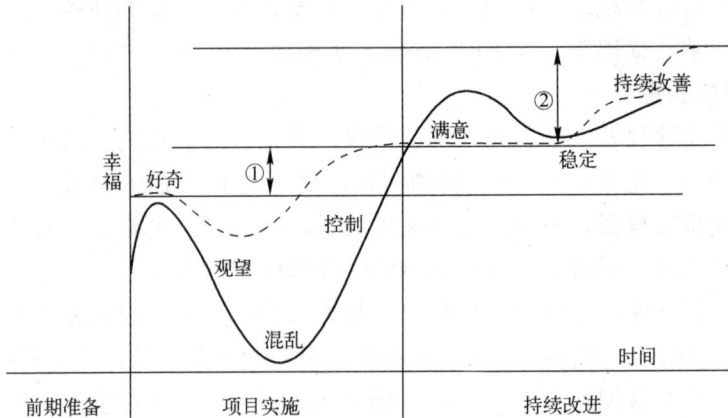

图 11.6　常见的 ERP 效益曲线

（注：图中的效益位置考虑 ERP 实施因素，而忽略其他因素所产生的效益）

图中，实线代表 ERP 的效益，虚线代表 ERP 实施过程中人员的心态变化。①②为实施 ERP 所获得的效益。ERP 实施过程中，由于硬件和软件费用、咨询和实施服务费用的增加，企业的收益实际上是减少的。当系统正式开始运行后，一方面，系统客户对系统的认同程度已由原来的不知所措、抵触逐渐转为接受甚至满意。另一方面，随着 ERP 基本功能对企业的提升作用，其效益也逐渐体现了出来，效益增加额表现为①部分。②部分的效益，需在企业进行持续改善的前提下，即动态、循环进行战略规划、效益评估与激励、计划与控制、创新与持续改进，才能有效获得。

从图 11.7 可以看出，ERP 的应用效益在实施、运行的各个阶段是不断变化的，所以，应该用动态的效益评价方式来评估 ERP 的收益。本节主要介绍平衡计分卡（balanced score card，BSC）法。

平衡计分卡法由 Robert Kaplan 和 David Norton[①]于 1992 年首次在《哈佛商业评论》上提出，它超越了传统的仅从财务角度来衡量企业绩效的评测方法，创新地从"财务、客户、内部流程以及成长与学习"这四个不同的视角提供了一种考察价值创造的战略方法，清楚地列出了长期的价值和竞争业绩的驱动因素，克服了单纯利用财务手段进行绩

---

① KAPLAN R S, NORTON D. Using the balanced scorecard as a strategic management system. Harvard business review, 1996(1): 75-85.

效管理的局限。平衡计分卡从 4 个维度来建立关键绩效指标（KPI），可量度的 KPI 是创造企业价值的基础[①]。

① 财务指标：主要考核提供给股东的最终价值，即对销售收入的增长、降低成本和提高资产利用效率等的衡量，如销售收入、应收账款周转率、坏账比率、净资产收益率、存货周转率、产成品周转率、固定资产利用率等。

② 客户角度：从客户的角度来看待企业的经营活动，使企业对为客户提供什么价值形成清晰的认识，如客户满意度、产品退货率、客户回头率、新客户比率、及时交货率等。

③ 内部流程：关注的是能提升企业经营水平的关键流程或对客户满意度有最大影响的业务程序，如合格品率、产品可靠性、研发投入回报率、生产线成本、订货交货时间等。

④ 学习和成长：是前三个指标取得出色成果的基础，即对人力系统和组织程序的衡量，如员工培训参加率、员工满意度、员工流动率、员工生产率、员工获提升比率等。

据 Gartner Group Inc.调查，财富全球 1000 强企业中，40%采用了平衡计分卡来控制企业的绩效，平衡计分卡成为应用最广泛的绩效管理工具。哈佛商学院教授卡什等曾指出，IT 本身并不能够促成企业的任何优势，它只是企业运行的必要条件，关键是 IT 的应用如何与企业战略、组织、流程和管理控制系统结合起来。企业的战略决定了 IT 应具备的能力和 IT 在企业中的角色，绩效评估是为了评估 IT 对企业效率、绩效和生产力的提升作用具体有多大。

📓 本章小结

ERP 运行管理与持续优化是一个长期工程，是企业获取 ERP 价值的根本保证，企业必须从思想、组织、资金等各方面给予重视。

ERP 运行管理需要与企业的长期发展战略一起进行规划，不仅在 ERP 系统的维护和升级方面，还要在企业自身发展和变革上给予更多的关注，建立长期稳定的运行管理组织。ERP 持续优化是企业日益关心的复杂系统问题，涉及业务流程、高层决策等大量的企业管理问题。在这些管理中，企业流程、企业文化、企业组织结构等变革都需要从理论和实践两个角度进行分析和研究。

ERP 应用无疑为企业带来巨大效益，但如何认识和获取这些价值，不同角色有不同的观点。总体上包括管理效益和经济效益，而大多数效益是无法用定量方法进行描述的，直接经济效益往往被企业管理者关注，但在实际管理中并不是显而易见的，企业经营管理中的因素是非常复杂的。ERP 效益评估的研究对于企业认识 ERP 价值有着重要的帮助。

---

① 余伟萍，金卓君，胡豪. 组织变革：战略性 ERP 价值实现的保障. 北京；北京交通大学出版社，2004.

问题讨论

1. 为什么说 ERP 运行管理与持续优化非常重要？
2. ERP 运行管理主要包括哪些工作？
3. ERP 持续优化主要涉及哪些问题？
4. 企业在 ERP 运行管理和 ERP 持续优化这两方面会碰到哪些问题？请上网调查。
5. ERP 应用为什么会带来企业变革，企业变革主要表现在哪些方面？
6. ERP 对生产、市场销售、采购和财务等会带来哪些管理效益？请举例说明。
7. ERP 的直接效益有哪些？请举例分析说明。
8. ERP 的间接效益有哪些？请举例分析说明。
9. ERP 效益评估的意义何在？有哪些效益评估方法？请上网调查。

第 11 章　ERP 运行管理与效益评估

实　践　篇

　　ERP 系统是一个复杂的、集成的信息系统，蕴含着众多的管理思想和信息技术应用成果，其功能覆盖了企业运营和管理的方方面面；从管理角度来看，ERP 系统又是一个解决方案，其核心问题是如何将 ERP 系统应用于企业特定需求的设计与实现之中。只有将 ERP 系统的功能与先进的管理理念相结合，才能更好地提升企业的竞争力和市场适应能力。通过深入挖掘和利用 ERP 系统的潜力，我们可以不断推动企业向质量更高、效率更高、更加公平的方向发展。

　　通过对本篇内容的学习，读者能够掌握 ERP 系统的多维度分析方法与实践方案，并了解实践设计的整体思路与要求，为 ERP 项目的实施提供有力支持。

第 12 章　企业经营沙盘演练

本章引言

　　沙盘演练是指将企业资源、企业组织、企业的外部环境等企业基本元素清晰、直观地展现在一个沙盘和教室之中，然后将学员分配在若干个基本元素相同、相互竞争的模拟公司里，根据市场需求预测和竞争对手的动向，亲自制定公司产品、市场、销售、融资，以及生产方面的长、中、短期策略，体验公司的各种经营活动，在年末用会计报表结算经营结果，并通过经营状况的分析，制定新的一年的经营方案，完成下一年的经营任务。

　　沙盘演练使学员在学习过程中独立进行企业经营决策模拟，推演公司实际运营状况，并且在参与企业经营的过程中体会企业运营的管理思想。

本章重点

◆ 理解企业生产经营的基本内容和过程

◆ 从高层管理者的角度了解企业资源运营状况，并寻求最佳的利润机会

◆ 掌握财务结构，解读财务报表

◆ 从中级管理者的角度了解整个公司的运作流程，从而可以和不同部门达成更有效的沟通

◆ 从企业全局的角度理解部门沟通的重要性和业务流程的基本思想

◆ 从团队成员的角度理解团队合作中沟通的重要性

12.1　演练背景介绍

　　企业经营过程随着企业经营模式以及管理思想的不同而千差万别。为了模拟企业经营过程，本节从最简单的模拟企业入手，通过一个模拟企业及模拟企业管理层组织结构两个方面介绍沙盘模拟演练的背景。

12.1.1　模拟企业简介

　　该企业是一个典型的制造型企业，一直专注于某行业 P 系列产品的生产与经营。目前企业拥有自主厂房——A 厂房，其中安装了 3 条手工生产线和 1 条半自动生产线，运行状态良好。所有生产设备全部生产 P1 产品，一直在本地市场进行销售，有一定知名度，客户也很满意。概念模型如图 12.1 所示。

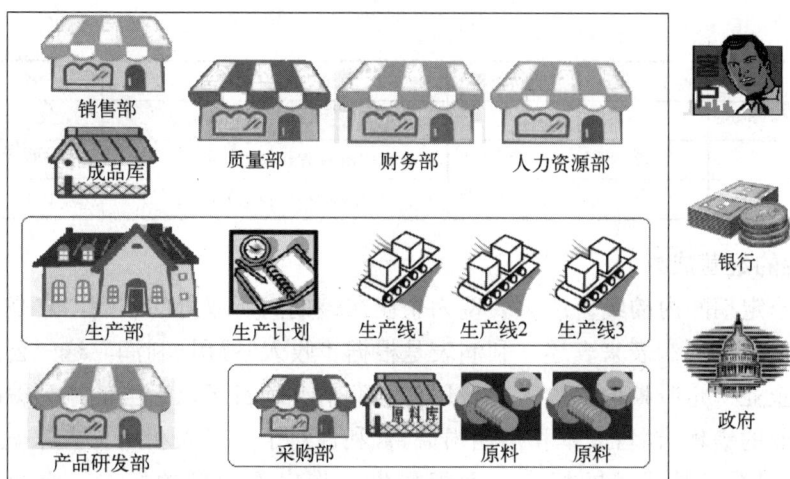

图 12.1　企业概念图

1．企业财务状况

财务状况是指企业资产、负债、所有者权益的构成情况及其相互关系。企业的财务状况由企业对外提供的主要财务报告——资产负债表来表述。

资产负债表是反映企业在某一特定日期内资产、负债和所有者权益构成情况的财务报表。它根据"资产=负债+所有者权益"这一基本公式，依照一定的分类标准和次序，把企业在某一特定日期的资产、负债和所有者权益项目予以适当的排列编制而成。资产负债表显示企业当时的财务健康状况，这是企业债权人和所有人考虑的重要因素。通过资产负债表，可以了解企业所掌握的经济资源及其分布情况；了解企业的资本结构；分析、评价、预测企业的短期偿债能力和长期偿债能力；正确评估企业的经营业绩。

在沙盘演练中，根据课程设计所涉及的业务对资产负债表中的项目进行了适当的简化，初始年的资产负债表如表 12.1 所示。

表 12.1　初始年的资产负债表

资产	上一年	起始年	负债和所有者权益	上一年	起始年
流动资产：			负债：		
现金	20	47	长期负债	40	40
应收款	18	0	短期负债		0
在制品	8	8	应付账款		0
成品	8	8	应交税金	2	2
原料	4	2			
流动资产合计	58	65	负债合计：	42	42
固定资产：			所有者权益：		
土地和建筑	32	32	股东资本	45	45
机器与设备	10	6	利润留存	9	13

续表

资产	上一年	起始年	负债和所有者权益	上一年	起始年
在建工程			年度净利	4	3
固定资产合计	42	38	所有者权益合计：	58	61
资产总计：	100	103	负债和所有者权益总计：	100	103

2．企业的经营成果

企业在一定期间内的经营成果表现为企业在该期间所取得的利润，它是企业经济效益的综合体现，由利润表来表述。利润表是根据"收入－费用＝利润"这一公式，依据一定的标准把企业一定时期内的收入、费用和利润情况项目予以适当的排列编制而成。利润表显示企业的销售、销售成本和当期损益。营利性对于债权人和所有人来说非常重要。管理者把利润看成是成功的标志，而把损失看作出现问题的标志。企业初始年的利润表如表 12.2 所示。

表 12.2　企业初始年的利润表

		上一年	起始年
销售收入	+	36	32
直接成本	−	14	12
毛利	=	22	20
综合费用	−	9	9
折旧前利润	=	13	11
折旧	−	5	4
支付利息前利润	=	8	7
财务收入/支出	+/−	−2	−2
额外收入/支出	+/−	0	0
税前利润	=	6	5
所得税	−	2	2
净利润	=	4	3

3．董事会决议

目前企业的运营状况并不十分理想，所以全体股东召开会议，会议得到以下结果。

① 由于在某种程度上，原来的管理层在企业发展上存在决策失误，特别是市场开拓与新产品研发等方面，所以决定解雇原来的管理层，将企业交给一批优秀的新人去发展，希望在以下方面有良好表现：

● 投资开发新产品，使公司的市场地位得到进一步提升；

● 开发本地市场以外的新市场，进一步拓展市场领域；

● 扩大生产规模，采用现代化的生产手段，获取更多的利润。

② 目前企业财务状况良好，为了帮助新的管理层接过将企业继续向前发展的重任，公司将聘请一家声誉良好的市场调研机构针对未来 P 产品的市场发展做一些预测。

③ 股东希望将新管理层分到基础条件、市场环境完全一样但名称不同的公司展开竞争，取得优胜者考虑接任本企业。

12.1.2 设置组织结构

企业经营管理涉及企业的战略制定与执行、市场营销、采购与生产管理、财务管理等多项管理内容。在企业中，这些管理内容是通过不同的业务部门履行的。企业经营管理过程也是各职能部门协同工作，共同努力实现企业目标的过程。下面详细描述各组织机构及相应职能。

1. 首席执行官

首席执行官的主要职责有：

（1）了解企业内部资源与外部资源，在预测的市场趋势基础上，制定长、中、短期企业经营目标。根据不同经营年实际情况，调整既定的企业经营目标；

（2）建立不同部门人员的共同价值观与经营理念，建立以整体利益为导向的组织；

（3）负责对各部门计划进行决策；

（4）负责在立场不同的各个部门间沟通协调；

（5）根据不同管理部门工作任务，及时调整企业管理人员岗位与任务、保证企业经营质量（有序无误、按规则经营）；

（6）负责根据任务清单程序化地按经营年度与生产季度进行企业经营活动。

2. 营销总监

营销总监的主要职责有：

（1）制订每年的广告与营销费用计划，争取销售订单，与客户签订销售订单合同；

（2）制订新产品研究与开发规划，执行新产品研发任务，必要时修订研发计划，甚至提出中断研发的决策；

（3）制订市场开拓与定位决策，开发并维护市场、必要时做出退出市场的决策；

（4）制订企业品牌与 ISO 认证建设决策，开发并维护 ISO 认证。

3. 生产总监

生产总监的主要职责有：

（1）制订改善生产环境（购买或租赁厂房）的计划，并负责实施。必要时做出清偿生产能力（出售厂房）的计划；

（2）制订设备更新与生产线改良的计划，并负责实施；

（3）制订全盘生产调度的计划，制订匹配市场需求、交货期和数量及设备产能的生产进度计划；

（4）负责生产领料、产品加工制造、产品入库的各项具体任务。

4. 财务总监

财务总监的主要职责有：

（1）编制现金预算表，评估应收账款金额与回收期。预估长、短期资金需求，需求资金来源；

（2）掌握资金来源与用途，编制现金收支明细表，妥善控制成本；

（3）洞悉资金短缺前兆，以最佳方式筹措资金；

（4）分析财务报表、掌握报表重点与数据含义，运用财务指标进行内部诊断，协助管理决策；

（5）编制并提交财务报表、结算投资报酬、评估决策效益。

5．物流总监

物流总监的主要职责有：

（1）根据产、销、库存情况，制订采购计划；

（2）根据市场情况，做出采购与销售预警报告，根据控制货仓库存成本、保证生产正常运行的需要制订库存计划；

（3）根据生产需要，适时下原材料订单，向供应商提交原料订单；

（4）负责购买原材料、生产半成品、成品入库，原材料、生产半成品、产品出库，按销售订单向客户提交合格产品，收回产品收入；

（5）负责对现有库存货物进行盘点。

12.1.3 演练规则

从资产负债表和利润表两张主要财务报告中虽然可以了解企业的财务状况及经营成果，但不能得到更为详细的内容，如贷款何时到期，应收款何时回笼等，我们为企业设定一个初始状态，虚拟了企业的各种运营状态，为以后的企业运营奠定了基础。

在企业模拟过程中，各种生产要素均由道具替代，具体规则如下：1个灰币代表100万现金，用1M表示；每单位原材料R1、R2、R3、R4分别由一枚红币、黄币、绿币、蓝币代替，价值均为1M。下面按照资产负债表上各项目的排列顺序将企业资源分布状况复制到沙盘上，复制的过程中各岗位人员需要各司其职，从熟悉本岗工作开始，每项在沙盘上的摆放位置如图12.2所示。

1．流动资产

流动资产包括现金、应收账款、存货等，其中存货又细分为在制品、成品和原料。企业在初始状态下的流动资产如下。

① 现金47M：请财务总监拿出47枚灰币装在空桶中，放置于现金库位置。

② 应收账款：企业目前应收账款为零，无须操作。

③ 在制品8M：在制品是指在加工过程中未完工入库的产品。A厂房中有3条手工生产线和1条半自动生产线，每条生产线上各有1个P1产品。手工生产线有3个周期，3个在制品分别在第1、2、3周期，半自动生产线有2个生产周期，在制品在第1个周期。每个P1产品成本由两部分组成，R1原料费1M和加工费1M，取1个空桶放置1个红币和1个灰币构成1个P1产品。由生产总监、采购总监与财务总监配合制作4个

P1 在制品并摆放在生产线的相应位置上。

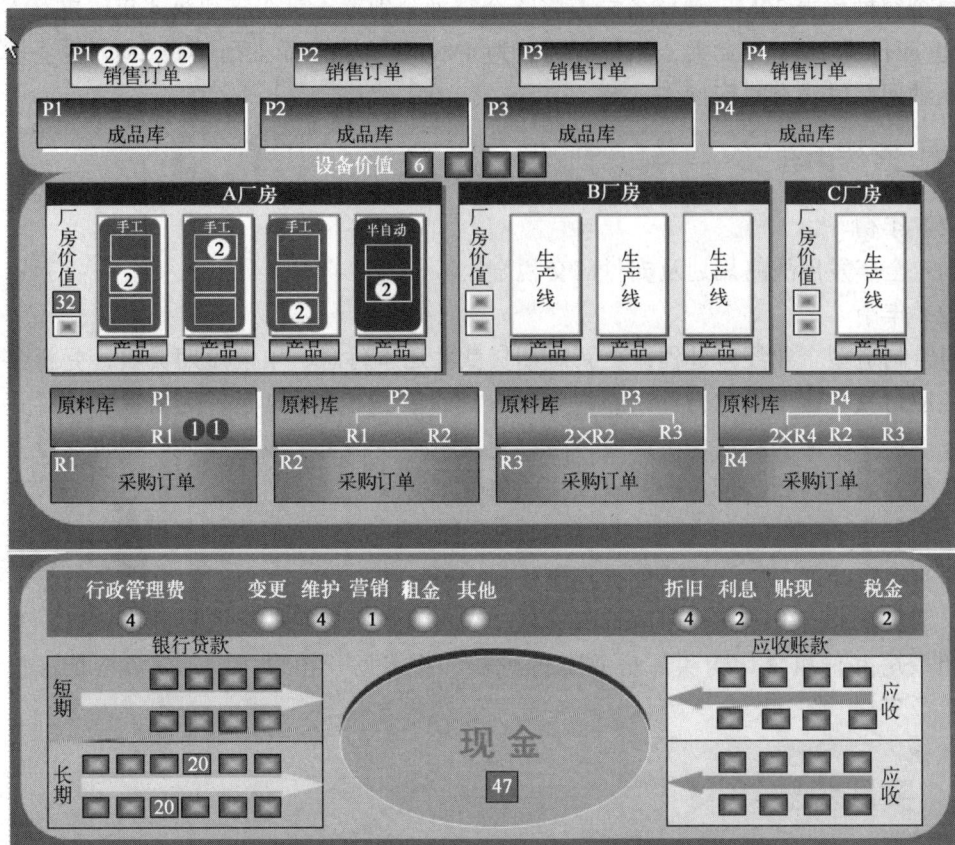

图 12.2　沙盘全景图

④　成品 8M：P1 成品库中有 4 个成品，每个成品同样是由 1 个 R1 原料费 1M 和加工费 1M 组成的。由生产总监、采购总监与财务总监配合制作 4 个 P1 成品摆放到 P1 的成品库中。

⑤　原料 2M：R1 原料库中有 2 个原料，每个价值 1M，由采购总监取 2 个空桶，每个空桶中放置 1 个 R1 原料，并摆放到 R1 原料库。

2．固定资产

固定资产包括土地及厂房、生产设备等。企业在初始状态下的固定资产如下。

①　A 厂房 32M：企业拥有自主厂房，价值 32M，请财务总监将等值的资金用桶装好放置于 A 厂房的价值处。

②　设备 6M：企业已购置了四条生产线，扣除折旧，目前手工生产线账面价值为 1M，半自动生产线账面价值为 3M，请财务总监取四个空桶，分别置入 1M、1M、1M、3M，并放置于生产线下方的生产线净值处。

3．负债

负债包括短期负债、长期负债及各项应付款。企业在初始状态下的负债如下。

① 长期负债 40M：企业目前有 40M 长期借款，分别于长期借款第 3 年和第 4 年到期。每个空桶代表 20M，请财务总监将 2 个空桶分别置于第 3 年和第 4 年位置；

② 应付税 2M：企业上一年税前利润为 4M，需交当年企业所得税 2M，税金是下一年度缴纳，此时没有对应操作。

12.1.4 演练内容

（1）年初

制定全年发展战略规划及支付应交税金。

（2）年中

日常制造型企业经营过程；更新短期贷款并还本付息、申请短期贷款、更新应付款并归还应付款、购买原材料并入库、更新原料订单、下原料订单、更新生产并对完工产品入库、员工上岗和辞退、生产线转型、变卖生产线、生产线转产、产品研发投资、更新应收款并对应收款收现、产品出库按销售订单交货。

（3）年底

企业年底经营工作及总结今年收益和制订下一年计划，支付行政管理费用和工资、更新长期贷款并支付利息、申请长期贷款、支付设备维修费，提取设备折旧费、变卖厂房、租厂房并付租金、购买厂房并支付房款、新市场开拓投资、ISO 资格认证投资、结账。

12.2 实践步骤

12.2.1 年初经营

企业运营流程代表了企业简化的工作流程，其中的各项工作需要遵守执行的顺序。全部工作分为年初工作、按季度执行的季度工作和年末需要做的工作。执行企业运营流程时由首席执行官主持，团队成员各司其职，每执行完一项任务，首席执行官在相应方格中打钩作为完成的标志。在本实践中，企业一共经营 6 年，而且每年的经营流程都是相同的，本章实践只介绍 1 年的经营流程，其他各年与本章流程相同，请自行完成。

1. 实践目的与要求

1）实践目的

了解企业经营决策制定过程；掌握应付税的计算方法；掌握销售预算的编制方法；了解在销售会议中影响订单分配的因素。

2）实践要求

① 根据董事会决议制定企业的各种发展规划；

② 根据上一年的利润表计算应付税；

③ 确定广告投放种类和数量，参加销售会议获取订单，并进行订单登记。

2. 实践内容

在年初的经营过程中，首先要召开年度会议，制订今年的生产、采购、销售计划，并做好广告投放的预算，合理的计划是企业一年顺利运营的基础；同时企业需要缴纳上一年的应付税，依法纳税是每个企业及公民的义务；另外，企业年初还要参加市场销售会议，获取销售订单，这将直接影响企业本年的效益。

在本实践中主要完成以下内容的训练：

首先，召开新年度规划会议，制定企业中长期和近期的各项发展规划；其次，营销总监按照会议结果参加市场年度销售会议，获取并登记订单；同时，财务总监需要支付上一年度的应付税。

3. 实践解析与操作步骤

1）实践解析

根据实践内容，年初需要完成以下工作。

① 首席执行官召集召开年初会议，讨论并制定本年度经营策略。新的一年开始之际，企业管理团队要制定企业的战略，做出经营规划、设备投资规划、营销策划方案等。在参加销售会议之前需要计算企业的可接单量，企业可接单量主要取决于现有库存和生产能力。

② 支付应付税：每年年初需要缴纳上一年度的应付税，应付税计算的方式是查看上一年度的利润表中"所得税"一项，根据数值缴纳应付税。

③ 参加新年度市场销售会议：在销售会议中，会按照企业的市场地位、广告投放、竞争态势、市场需求等条件分配客户订单。

2）操作步骤

第 1 步：CEO 召集召开年初会议。

① 制定企业的经营战略。

② 制定企业经营规划、设备投资规划、营销方案等。

③ 计算本年度可接单量。

☞ 企业召开年初会议的目的在于明确本年度的生产、销售、开拓任务，需要以销售为龙头、结合企业对未来的预期，编制生产计划、采购计划、设备投资计划、市场开拓计划及认证开拓计划并进行相应的资金预算，将企业的供产销活动有机地结合起来，使企业各部门的工作形成一个有机的整体。

第 2 步：财务总监支付上一年的应付税。

① 财务总监查询上年资产负债表，根据上年税前利润，计算应付税。

② 财务总监根据计算结果到现金库提取相应现金，得到应付税费用。

③ 财务总监将现金交与政府税务机关，支付应付税。

第 3 步：参加新年度销售会议，在获得订单后登记销售订单。

① 市场总监根据公司战略目标、市场开拓及认证开发情况，填写广告申请单。

② 市场总监根据广告申请表向财务总监申请广告费用。

③ 市场总监向市场管理员提交广告申请表和广告费用。

④ 市场管理员按广告申请表分配产品订单。

⑤ 市场总监在订单登记表上登记订单。

☞　争取客户订单前，应以企业的产能、设备投资计划等为依据，避免接单不足，设备闲置或盲目接单，无法按时交货，降低企业信誉。

思考：在参加年度销售会议之前，企业需要对哪些要素进行统计计算？

3）实践小结

通过本节实践使读者了解了企业年初的经营流程，制定了一年的营销战略及计划，为后期的采购、生产、销售工作做好了准备工作。

通过本次实践，制定了新一年的各项营销战略，同时支付了上一年的应付税，根据生产能力及企业现行状况投放广告，获得了相应的订单，为后期生产奠定了基础。

12.2.2　年中按季度经营

在企业运营流程中，年中的所有业务需要按季度进行，每项工作在各个季度都需要有序地执行，这是企业运营的核心部分，包括了采购、生产、完工入库、销售的全部过程，所有任务均在首席执行官的监控下，逐项完成。本节只给出一个季度的经营步骤，其他三季度的经营与本节一致。

1．实践目的与要求

1）实践目的

掌握短期贷款额度的计算方法；掌握采购计划的制订方法，了解原料采购及付现流程；了解生产管理的方法；理解产品研发投资的方法与意义；理解产品销售及收现流程；了解人力资源管理的方法。

2）实践要求

① 更新短期贷款，对到期的贷款进行还本付息；

② 在有贷款需求时申请新的短期贷款；

③ 更新应付款，对到期的应付款进行还款；

④ 根据原料订单领取原材料并对原材料入库；

⑤ 更新原材料订单；

⑥ 每个季度根据采购计划下新的原料订单；

⑦ 对生产线上的在制品进行更新生产，生产完成的成为成品，入成品库；

⑧ 为新进员工和离职人员办理上岗和离职手续；

⑨ 在产能不能满足需要时，进行生产线转型；

⑩ 在生产线转型之前需要对原生产线进行变卖，获取报废残值；

⑪ 在市场产品需求发生变化时，进行生产线转产；

⑫ 进行产品研发投资，确保企业产品在市场中处于领先地位；

⑬ 更新应收款，对到期的应收款进行收现；

⑭ 按照订单进行产品出库交货。

2. 实践内容

在年中按季度经营的过程中，严格按照年初的各项计划完成生产任务，合理采购原材料是控制库存的有效手段，有计划地更新生产线可以进一步提高企业的生产效率，适当的贷款可以确保企业现金流的顺畅，等等。本节实践的内容是企业核心的业务，实践的步骤是企业经营的主流程，是企业经营能否获利的关键。

在本实践中需要完成的主要训练内容是：更新短期贷款并还本付息、申请短期贷款、更新应付款并归还应付款、购买原材料并入库、更新原料订单、下原料订单、更新生产并对完工产品入库、员工上岗和辞退、生产线转型、变卖生产线、生产线转产、产品研发投资、更新应收款并对应收款收现、产品出库按销售订单交货。

3. 实践解析与操作步骤

1）实践解析

根据实践内容，年中需要按季度完成以下工作。

① 更新短期贷款并还本付息：如果企业有短期贷款，则向现金库方向移动 1 格，移至现金库时表示贷款到期。

② 申请短期贷款：短期贷款只有在这一时点上可以申请，申请的最高额度为上一年的所有者权益 ×2－（已有短期贷款 ＋1 年内到期的长期负债）。

③ 更新应付款并归还应付款：应付款同样是由财务总监每个季度向现金库方向移动 1 格，到达现金库时从现金库中取出相应现金付清应付款，做好现金收支记录。

④ 购买原材料并入库：供应商发出的订货已运抵企业时，企业必须无条件接收货物并支付料款。

⑤ 更新原料订单：采购总监将原料订单区中的空桶向原料库方向推进 1 格，到达原料库时向财务总监申请原料款，支付供应商换取原料。如果现金支付，财务总监要做好现金收支记录。如果启用应付账款，在沙盘上做相应标记。

⑥ 下原料订单：采购总监根据年初制订的采购计划，决定采购的原料种类及数量，每个空桶代表一批原料，将相应数量的空桶放置于对应品种的原料订单处。

⑦ 更新生产，完工入库：由运营总监将各生产线上的在制品推进 1 格。产品下线表示完工，将产品放置于相应的产成品库中。

⑧ 员工上岗和辞退：按照实际需要对本企业员工进行上岗、辞退处理。

⑨ 生产线转型：投资新设备时，运营总监首先领取新生产线标识，翻转放置于某厂房相应位置，其上放置与该生产线安装周期相同的空桶，每个季度向财务总监申请建设资金，额度=设备总购买价/安装周期，财务总监做好现金收支记录。在全部投资完成之后的下一个季度，将生产线标识翻转过来，领取产品标识，可以开始投入使用。

⑩ 变卖生产线：当生产线上的在制品完工之后，可以变卖生产线。如果此时该生产线净值小于残值，将生产线净值直接转到现金库中；如果生产线净值大于残值，从生产线净值中取出等于残值的部分置于现金库中，将差额部分置于综合费用的其他项，财务

总监做好现金收支记录。

⑪ 生产线转产：生产线转产是指某生产线生产其他产品。不同生产线类型转产所需的调整时间及资金投入是不同的。如果需要转产且该生产线需要一定的转产周期及转产费用，请运营总监翻转生产线标识，按季度向财务总监申请并支付转产费，停工满足转产周期要求并支付全部的转产费用后，再次翻转生产线标识，领取新的产品标识，开始新的生产。财务总监做好现金收支记录。

⑫ 产品研发投资：按照年初制订的产品研发计划，运营总监向财务总监申请研发资金，置于相应产品生产资格位置。财务总监做好现金收支记录。

⑬ 更新应收款，应收款收现：财务总监将应收款向现金库方向推进 1 格，到达现金库时即成为现金，做好现金收支记录。

⑭ 产品出库按销售订单交货：营销总监检查各成品库中的成品数量是否满足客户订单的要求，满足则按照客户订单交付约定数量的产品给客户，并在订单登记表中登记该批产品的成本。客户按订单收货，并按订单上的列明的条件收支货款，若为现金付款，营销总监直接将现金置于现金库，财务总监做好现金收支记录；若为应收账款，营销总监将现金置于应收账款相应账期处。

2）操作步骤

第 1 步：更新短期贷款并还本付息。

① 财务总监每季度（即 1 个生产周期）检查一次短期贷款是否到账，短期贷款到账，财务总监去现金库领取现金，向银行偿还短期贷款。

② 偿还银行利息。

第 2 步：申请短期贷款。

财务总监向银行申请短期贷款，银行查询企业上一年的财务报表中的所有者权益以及企业的贷款情况，贷款总额最大为所有者权益的 2 倍，银行根据规则决定是否给予贷款。

☞ 企业随时可以向银行申请高利贷，高利贷贷款额度视企业当时的具体情况而定，如果贷了高利贷，可以用倒置的空桶表示，并与短期贷款同样管理。

第 3 步：更新应付款并归还应付款。

① 财务总监审查应付款，确认应付款到期。

② 财务总监去现金库领取现金，向供应商缴纳应付款。

第 4 步：购买原材料并入库。

① 物流总监领取到期需要领料的订单，向财务总监提取现金，财务总监取现金库提取并支付。

② 物流总监向供应商提交订单和原材料费用，供应商售予原材料，原材料入库。

第 5 步：更新原料订单。

原材料已经入库的需要从原材料订单中删除。

第 6 步：下原料订单。

物流总监根据生产需要以及原材料的库存情况，适时下原材料订单，向供应商提交原材料订单。

思考：下原材料订单前是否需要进行产能计算，如何计算？

第 7 步：更新生产，完工入库。

生产总监对未生产完成的在制品进行更新生产，之后，未完工的产品继续生产，完工产品进行入库处理。

第 8 步：员工上岗和辞退。

① 人力资源部门招聘员工，并分配职位，员工到企业上岗。

② 人力资源部门决定辞退某员工，员工申请辞退金，财务总监支付辞退金。

第 9 步：生产线转型。

① 根据生产规模及对未来市场的预测，企业可以有计划地进行生产线转型。

② 生产总监向财务总监申请转型费用，并向生产线供应商提交生产线类型、产品生产许可类型及生产线费用。

③ 生产线需要投资周期，到期后才可以投入生产。

☞　生产线一旦建设完成，不得在各厂房间随意移动。

第 10 步：变卖生产线。

① 物流总监向市场管理员申请需变卖的生产线。

② 市场支付物流总监相应的报废残值。

③ 物流总监将报废残值交给财务总监入现金库。

第 11 步：生产线转产。

① 只有当生产线空置时，才允许转产。

② 生产总监向生产线供应商提交原生产线的产品生产许可，同时需要提交新产品生产许可申请。

③ 生产线供应商根据生产线类型及新产品生产许可类型确定转产费用数量。

第 12 步：产品研发投资。

① 财务总监每季向市场总监支付研发费用。

② 市场总监向开发管理处提交研发费用并领取产品开发凭证。

③ 到开发期满时，市场总监向开发管理处提交凭证，开发管理处发放生产资格证。

④ 在领到生产资格证之后可以进行新产品的生产。

☞　产品研发投资完成，领取相应产品的生产资格证。

第 13 步：更新应收款，应收款收现。

① 更新应收款。

② 对到期的应收款，财产总监领取应收款凭证并向客户提交。

③ 客户支付相应款项，财产总监将应收款入库。

☞ 在资金出现缺口且不具备银行贷款的情况下，可以考虑应收款贴现，应收款贴现随时可以进行，财务总监将应收账款按1：6到银行办理贴现（提前转为现金），凭应收账款凭证到银行进行兑换，换回现金与贴现凭证，现金直接置于"现金"处，贴现凭证放入支出"其他"出，计入额外支出。

第14步：产品出库按销售订单交货。

① 市场总监根据产品订单从成品库提货。

② 市场总监将产品交给客户。

☞ ● 必须按订单整单交货。

　　● 第一季度结束，其他各季度依次重复上述步骤。

3）实践小结

本实践完成了4个季度的生产任务，同时按照订单交付了产品，完成年初领取的销售订单。

通过本次实践，企业完成了4个生产周期，每个周期的生产都包括以下内容：短期贷款的申请与还款；根据生产需求下原材料订单并进行更新，原材料的采购与入库；生产线的购买、变卖与转产；更新生产与完工入库；应收款更新与收现；订单交付。这一系列操作构成了企业最核心的生产过程，通过4个周期企业完成了一年的生产过程。

12.2.3　年末经营

在企业运营流程中，有部分业务在年底发生，并且只在年底发生1次，如申请长期贷款、市场开拓、ISO认证，如果错过这些操作将影响企业中长期规划的进程。通过一年的经营，企业需要编制利润表和资产负债表，以衡量企业一年的经营成果与财务状况。所有任务均在首席执行官的监控下，逐项完成。

1．实践目的与要求

1）实践目的

了解行政管理费用的构成；掌握长期贷款最大额度及利息的计算方法；掌握设备折旧的计算方式；掌握厂房变卖、租赁、购买的规则；了解市场开拓和ISO认证的方法与意义；掌握利润表和资产负债表的编制方法。

2）实践要求

① 计算行政管理费用并按照计算结果进行支付，同时支付员工工资；

② 更新长期贷款，每年偿还1次利息，对到期的长期贷款还款付息；

③ 每年申请1次长期贷款；

④ 每年对设备支付维修费和折旧费用，在建工程和当年上线的设备无须支付；

⑤ 进行厂房的变卖、租赁、购买并支付相应的租金和房款；

⑥ 每年根据计划进行1次新市场的开拓投资；

⑦ 每年根据计划进行1次ISO认证的投资；

⑧ 年终进行盘点结算，编制利润表和资产负债表。

2. 实践内容

在年末的经营过程中，企业主要工作体现在以下两个方面。

一方面，企业需要完成一些只能在本年末实施的工作任务，如对一年来的差旅费、招待费等行政管理费用进行支付，支付设备的维修费用并提取折旧费，对本年度的生产进行盘点并结账。

另一方面，企业应该对未来的经营做好准备，如申请长期贷款以确保资金流的顺畅，变卖或租用厂房以扩大生产规模，新市场开拓以扩展企业产品销售范围，ISO 资格认证投资以提高企业的生产水平。

在本实践中主要完成的训练内容有：支付行政管理费用和工资、更新长期贷款并支付利息、申请长期贷款、支付设备维修费、提取设备折旧费、变卖厂房、租厂房并付租金、购买厂房并支付房款、新市场开拓投资、ISO 资格认证投资、结账。

3. 实践解析与操作步骤

1）实践解析

根据实践内容，年末需要完成以下工作。

① 支付行政管理费用和工资：发放管理人员的工资、必要的差旅费、招待费等。

② 更新长期贷款并支付利息：如果企业有长期贷款，请财务总监将空桶向现金库方向移动 1 格，当移至现金库时，表示长期贷款到期。长期贷款还款规则是每年付息，到期还本。如果当面未到期，每桶需要支付 2M 的利息，财务总监从现金库中取出长期贷款利息置于沙盘上的"利息"处，并做好现金收支记录。长期贷款到期时，财务总监从现金库中取出现金归还本金及当年利息，并做好现金收支记录。

③ 申请长期贷款：长期贷款只有在年末可以申请。可以申请的额度为上一年所有者权益×2 -（已有长期贷款 ＋1 年内到期的长期贷款）。

④ 支付设备维修费，提取设备折旧费：在用的每条生产线都需要支付 1M 的维护费。财务总监取相应现金置于沙盘上的"维修费"处，并做好现金收支记录。设备的折旧按照余额递减法计提折旧，在建工程及当年新建设备不计折旧（折旧=原有设备价值/3），财务总监从设备净值中取折旧费用放置于沙盘上的"折旧"处，当设备价值下降到 3M 时，每年折旧 1M。

⑤ 变卖厂房：资金不足时可以出售厂房，厂房按照购买价值出售。

⑥ 租厂房并付租金：厂房租赁时，财务总监取出与厂房租金相等的现金置于沙盘上"租金"处，并做好现金收支记录。

⑦ 购买厂房并支付房款：购买厂房时，财务总监取出与厂房价值相等的现金置于沙盘的厂房价值处，做好现金收支记录。

⑧ 新市场开拓投资：财务总监取出现金放置在要开拓的市场区域，并做好现金支出记录。市场开拓完成，从相关部门处领取相应的市场准入证。

⑨ ISO 资格认证投资：财务总监取出现金放置在要认证的区域，并做好现金支出记录。认证完成，从相关部门处领取 ISO 资格证。

⑩ 结账：一年的经营下来，年终要做盘点，编制利润表和资产负债表。

2）操作步骤

第1步：支付行政管理费用和工资。

① 财务总监根据费用和工资单据提取相应现金金额。

② 向政府提交费用，向员工发放工资。

第2步：更新长期贷款并支付利息。

① 更新长期贷款。

② 对到期的长期贷款进行确认。

③ 从现金库领取现金，向银行偿还贷款。

④ 偿还银行利息。

第3步：申请长期贷款。

① 财务总监向银行申请长期贷款。

② 银行查询企业上一年的财务报表中的所有者权益及企业的贷款情况,贷款总额最大为所有者权益的2倍，银行根据规则决定是否给予贷款。

第4步：支付设备维修费，提取设备折旧费。

① 财务总监根据设备维修费和维修费单据提取现金。

② 财务总监将现金提交给政府。

☞ 计提折旧时只可能设计生产线净值和其他费用两个项目，与现金流无关。

第5步：变卖厂房。

① 企业在变卖厂房前要确定厂房为空，即需要变卖全部生产线。

② 生产总监将房产证交给厂房租售商。

③ 厂房租售商根据厂房类型支付厂房费用,生产总监将变卖厂房的费用交给财务总监入现金库。

第6步：租厂房并付租金。

① 企业决定租用厂房类型，填写厂房租售单。

② 生产总监根据厂房租售单向财务总监申请租用厂房费用。

⑩ 生产总监将租售单和租金提交厂房租售商。

④ 厂房租售商将租赁厂房凭证交给生产总监，作为租房凭证。

第7步：购买厂房并支付房款。

① 企业决定购买厂房类型，填写厂房租售单。

② 生产总监根据厂房租售单向财务总监申请购买厂房费用。

③ 生产总监将租售单和购房款提交厂房租售商。

④ 厂房租售商将房产证交给生产总监，作为购房凭证。

第8步：新市场开拓投资。

① 企业根据企业状况及对未来市场的预测制订新市场开拓计划。

② 根据市场开拓计划按计划向市场开拓协会提交市场开拓费用，并登记开拓凭证。

③ 开拓期满时，向市场开拓协会领取市场准入证。

思考：开拓新市场的目的是什么？

第 9 步：ISO 资格认证投资。

① 企业根据企业状况及对未来市场的预测制订 ISO 认证计划。

② 根据 ISO 认证计划向 ISO 认证协会提交 ISO 认证费用，并登记 ISO 认证凭证。

③ 认证期满时，向 ISO 认证协会领取认证凭证。

思考：获得 ISO 认证的优势体现在哪里？

第 10 步：结账。

① 财务总监进行财务结账。

② 市场总监进行库存盘点。

☞ 第 1 年企业经营结束，其他 5 年依次重复上述步骤。

3）实践小结

本实践完成了年末的生产任务，主要是费用的提交、认证的投资及盘点结账。

通过本次实践，企业首先支付了 1 年的行政管理费用，并且更新了长期贷款，对到期贷款还款付息，同时申请新的长期贷款。支付设备的维修费与折旧费，购买、租赁、变卖厂房。对市场开拓和 ISO 认证进行投资，最后进行盘点结账，完成利润表和资产负债表的编制工作。

第13章 数字企业构建

本章引言

ERP 系统初始化是企业使用 ERP 系统进行日常经营管理的基础，是一个将物质世界的实际企业转化为 ERP 系统中的数字化企业的过程。本章实验涉及两个模块：系统管理与基础信息设置；基础数据设置与系统开账。系统管理在系统中设置企业名称和对应的数据库账套，基础信息设置构建企业的经营模式和原则，各种基础数据设置勾画出数字企业运营蓝图，最后通过系统期初开账，完成整个系统初始化的全过程。

本章重点

◆ 掌握 ERP 系统初始化的目的与方法
◆ 掌握系统管理的设置方法
◆ 掌握基础信息设置的基本方法
◆ 掌握基础数据设置的基本方法
◆ 了解基础设置与企业日常业务的相互关系

本实验通过系统管理建立数字公司名称、数据库账套及录入员工信息，设置公司共用信息，构建企业的经营模式和原则，设置企业各业务模块基础数据，企业基础数据的设置和各子系统的期初开账，设置企业期初数据，来完成数字化企业搭建。

13.1 系统管理及基础信息设置

本节实验通过系统管理，建立数字公司名称、数据库账套及录入员工信息，完成数字化企业搭建的第一步；然后通过设置公司共用信息，构建企业的经营模式和原则，完成数字化企业搭建的第二步。

本实验的目的在于：

● 了解数字化企业构建过程，了解 ERP 系统的集成思想和方法；
● 理解系统管理的主要目的、设置方法；
● 理解基础信息含义与作用；
● 理解基础信息设置的主要目的，掌握基础信息设置的基本方法。

13.1.1 系统管理

系统管理是实现将物质世界的实际企业转化为 ERP 的数字化企业搭建的第一步，即对公司、操作员及操作员拥有的权限等进行相关设置和管理。

1. 实验内容

完成系统使用前期的登录控制，数据控制，完成对系统操作组与实际组织架构权限的控制与设置。主要包括：录入公司信息、录入客户信息、录入组信息、授予客户权限。

具体内容有：2023 年 11 月 30 日，光华家具公司开始实施 ERP，在软硬件环境搭建完成后，开始使用系统创建数据库；公司组织结构主要包含采购部、销售部、库存部、财务部、生管部、信息部；从系统角度设置 1 个操作组"办公椅家具组"，该操作组包含的操作人员及操作权限如表 13.1 所示。

表 13.1　系统操作人员及权限表

登录者编号	登录者名称	可登入公司级别	模块权限	有效码
001	蔡春	cd01	销售模组、存货模组	Y
002	李文	cd01	采购模组、存货模组	Y
003	刘争	cd01	存货模组	Y
004	秦国庆	cd01	销售模组、应收模组	Y
005	李丽	cd01	采购模组、应付模组、总账	Y
006	杨科丰	cd01	全模块（超级客户）	Y
007	焦永涛	cd01	生产管理（工单、主生产排程、物料需求、产品结构、工艺）、存货	Y
DS	系统管理者		超级管理员	Y

2. 操作步骤

第 1 步：录入多公司信息。

① 登录易飞 ERP 系统。在操作员登录界面上录入账号"DS"（系统管理员），在"公司"中任选系统中的某一公司，确认后进入系统主界面，如图 13.1 所示。

图 13.1　系统主界面

② 在系统主界面中选择"系统设置"→"管理维护子系统",进入"管理维护子系统"界面,单击"录入多公司信息"模块,进入"录入多公司信息"界面,单击"新增"按钮,填写公司编号为"cd01",公司名称为"光华家具",数据库名称为"cd01",设置完成后保存并关闭该界面,同时退出系统。

☞ "公司编号""数据库名称"要求使用字母或数字自行编码;可通过"查询"功能对输入信息作查询;保存后,系统自动进入下一个新增状态,此时单击"取消"按钮后,单击"关闭"按钮,可以退出系统。

说明:
● 本操作为该公司在 ERP 系统中建立一个账套;
● "公司编号"是 ERP 系统的标识,用以识别不同的公司账套;
● "公司名称"是客户的标识,在进入系统登录界面时,需要选择该公司名称;
● 此公司信息为具有独立法人的企业实体,集团性质企业则需要根据组织结构建立多个分公司信息(本书实验是独立法人的企业);
● "数据库名称"设定后要记住该名称,该名称将在数据库中显示,在本书实验中,所有恢复数据需要在数据库中恢复此账套数据;
● 本实验中,"公司编号"与"数据库名称"设置为相同名称,目的在于便于记忆和查找;
● 操作中不做特殊说明的设置项一律采用系统默认,以后各操作类似。

第 2 步:录入客户信息。

以 DS 账号、选择"光华家具"公司,重新登录系统并进入"管理维护子系统"。在"管理维护子系统"中单击"录入客户信息"模块,进入"录入客户信息"界面,单击"新增"按钮,依次录入登录者编号为"001",登录者名称为"蔡春",可登入公司别为"cd01",完成后保存,并依照表 13.1 所示内容依次录入其他人员。录入完成后关闭该界面。

☞ 如果待录入数据项后面有选择按钮,可以单击该按钮或使用快捷键 F2 打开待录入数据项的选择窗口;考虑便于系统操作人员维护,其中 DS 可选择登录全部公司。"可登入公司别"项目为空时,表示可登录全部公司。

说明:"登录者编号"是操作员唯一标识,客户登录系统时,在登录界面需要输入客户编号;"口令"是操作员进入系统的密码,只有系统管理员或操作员本人具有修改密码权限;建立公司账套之后,需要重新登录到本公司,继续创建其他信息。

第 3 步:录入组信息。

在"管理维护子系统"中单击"录入组信息"模块,进入"录入组信息"界面,单击"新增"按钮,录入组编号为"002",组名称为"办公家具组"。完成后保存,并关闭该界面。

说明:"组"是用来录入本系统所有用户的组关系,用以作为权限控制的信息来源。

第 4 步:权限授予。

① 权限授予（除表 13.1 所示的"杨科丰"）。在"管理维护子系统"中单击"按子系统授予用户权限"模块，打开"按子系统授予用户权限"界面，按表 13.1 所示的信息及图 13.2 所示的顺序依次设置每 1 名操作员权限，其他信息采取系统默认方式。每完成 1 名操作员权限设置，单击"直接处理"按钮，继续下 1 名操作员权限设置。完成后保存，并关闭该界面。

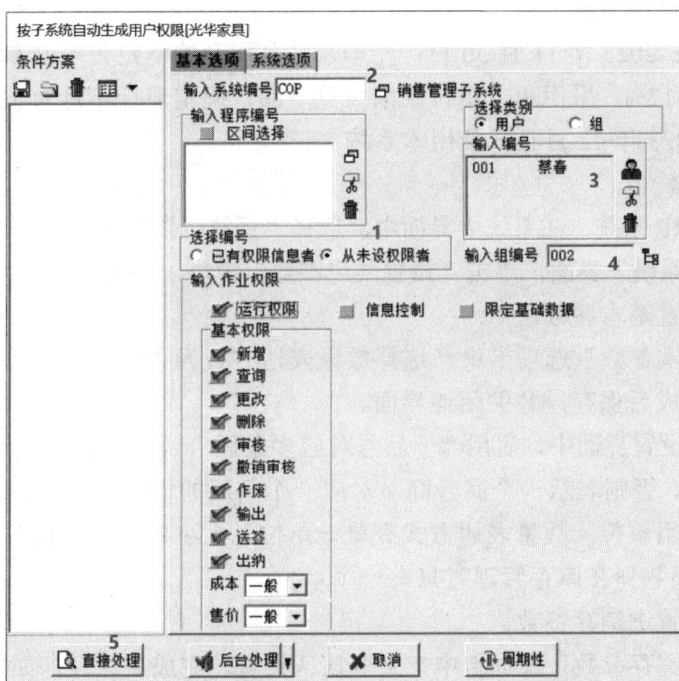

图 13.2　按子系统自动生成用户权限界面

☞ 录入权限时请注意选择"从未设权限者"；并需要输入组编号。

② "杨科丰"权限授予。在"管理维护子系统"中单击"录入用户权限"模块，进入"录入用户权限"界面，单击"新增"按钮。录入用户名称为"杨科丰"，然后勾选"超级用户"，完成后保存，并关闭该界面。

说明：操作员的其他权限设置采取默认；录入用户权限的方法多种多样，此操作也可以在"管理维护子系统"中的"录入用户权限"模块中进行操作。

3．实验小结

本实验完成了对系统的管理。通过本次实验，系统管理的逻辑为：在"管理维护子系统"中建立公司账套及录入用户信息，并授予不同的权限。建立公司账套、录入用户信息并赋予权限是系统初始化的开始。建立账套之后，需要将公司的组织原则、各种信息和数据设置到本账套中，完成数字化企业的构建。

13.1.2 设置共用参数

本节实验完成共用参数设置，即设置企业业务运营规则和共用的基本信息。

1. 实验内容

完成公司运行的共用参数设置，主要包括：基本参数设置、进销存参数设置、财务参数设置及设置启用系统。

具体内容有：2023 年 11 月 30 日，光华家具公司开始确定公司的参数。采用人民币做本位币，税率 17%，采用单一单位制来核算产品，确定现行年月为 2023 年 11 月。初始化完成后于 2023 年 12 月正式使用本系统。

2. 操作步骤

登录易飞 ERP 系统，在系统主界面中，选择"系统设置"→"基本信息子系统"，进入"基本信息子系统"界面，单击"设置共用参数"模块，进入"设置共用参数"界面。

第 1 步：设置基本参数。

在"设置基本参数"选项卡中，选择数量表达方式为"1：单一单位"，其他设置依照系统默认，完成后保存，并关闭该界面。

说明：在该设置界面中，启用"一品号对应多条码"，表示启用一个品号商品可以有多个条码的设置，否则表示一个品号商品对应一个条码的设置；"数量表达方式"是设置仓库中物料的使用单位，数量表达方式有单一单位、大小单位和存货双单位 3 种。其中"单一单位"指该物料在库存管理时只有一个单位。

第 2 步：设置进销存参数。

在"设置进销存参数"选项卡中，采取默认设置，完成后保存，如图 13.3 所示。本实验不启用"库位管理"。

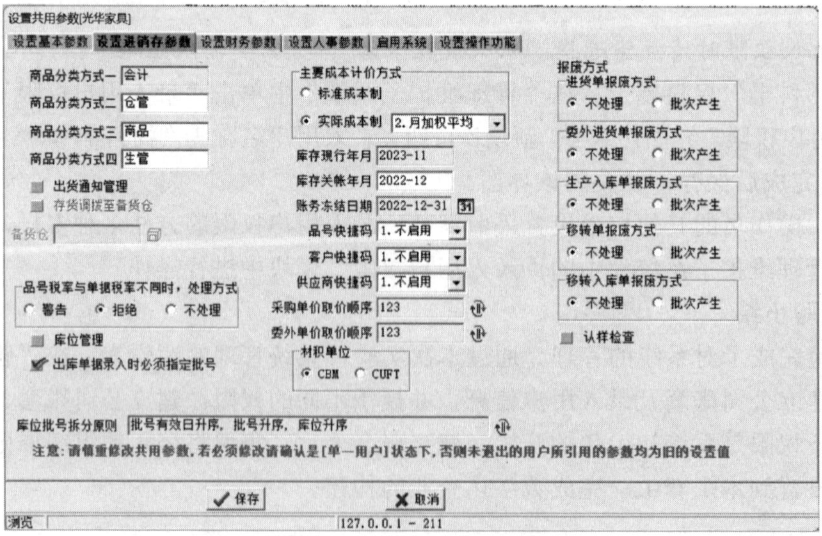

图 13.3　进销存参数设置界面

说明：在该设置界面中，有如下说明。

● "商品分类方式"是品号信息按照四个角度进行详细分类管理的方式；主要作为本产品相关报表（库存明细表，进耗存统计表）统计汇总的类别，或信息筛选的条件。如在"录入品号信息"中需要选择该物料的"商品分类方式"。

● "出货通知管理"的启用与否影响销售管理子系统的出货流程，如果该项启用则需要在出货之前"录入出货通知单"，否则直接办理出货。本实验未启用此项管理。

● "库位管理"的启用与否影响库存管理的层面，如果该项被启用则库存数量和交易均要统计到库位层面，否则库存管理只到仓库层面。本实验未启用此项管理。

● "库位管理"和"主要成本计价方式"建议一旦设置不要随意更改，否则影响后续作业和数据的正确与完整。

● "库存现行年月"：企业当前处理库存账务的年月，不可小于库存关账年月。此处在日常操作中，系统自动根据每月的结账操作将该年月加 1。

● "库存关账年月"：企业年底结账后，经过审计确认后的日期为关账年月。一般设置为会计年度的年底。如需更改账务，需在次年度进行调整。

● "账务冻结日期"：库存盘点和结账时，避免其他客户进行交易信息的增加与修改，造成查账的困扰，所以将该期间在此项进行设置。本实验设置为系统默认日期。

● "采购单位取价顺序""委外单价取价顺序"：指采购和委外业务单据上单价的默认采集顺序。

第 3 步：设置财务参数。

在"设置财务参数"选项卡中，按如图 13.4 所示，设置其中各项信息，完成后保存。

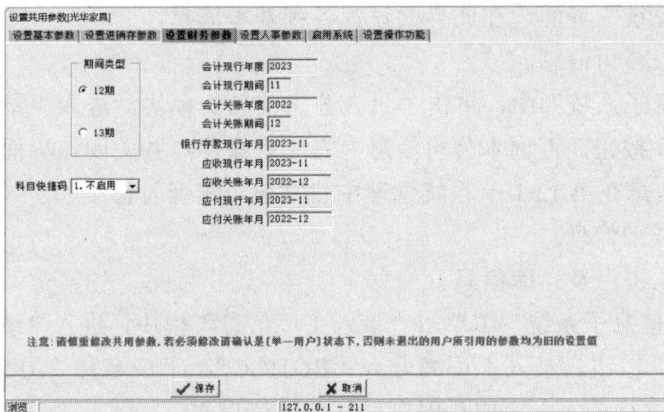

图 13.4　财务参数设置界面

说明：此处的"会计现行年度""会计关账年度"等与"库存参数设置"中的相关参数含义类似。

第 4 步：设置启用系统。

在"启用系统"选项卡中，勾选"存货管理""销售管理""采购管理""应收/应付管理""产品结构管理""主生产排程""物料需求计划""批次需求计划""工单/委外管理""工艺管理",设置启用系统,完成后保存,并关闭该界面。

说明:启用系统用于设置系统运行中应用的模块,由于系统的集成性,未启用模块的相关信息在启用模块中将被自动隐藏。

☞ 系统的设置关系到业务模块的录入控制等,所以需仔细核对启用系统。

3．实验小结

本节实验完成共用参数设置,即完成了企业业务运营规则的设置。共用信息设置中除了设置企业业务运营规则等共用参数,还要设置公司一些共用的基本信息。按照参数的要求,确定企业运行必须具备的基础数据。

13.1.3　基本信息设置

数字化企业构建还需要设置企业的基本信息。本节实验完成基本信息设置,即完成公司的各种基本信息数据的录入。

1．实验要求与内容

依次录入公司的各种基本信息数据,主要包括录入公司信息、录入工厂及仓库信息、录入部门信息、录入工作中心、录入员工姓名及职务类别、录入金融信息、录入付款条件、设置编码原则、录入假日表、录入交易对象分类、录入凭证附属信息及录入工艺信息。

具体内容有:2023 年 11 月 30 日,光华家具公司参数确定后,开始录入公司的基本信息,具体基本信息资料在下面操作中详细介绍。

2．操作步骤

登录易飞 ERP 系统,在系统主界面中选择"系统设置"→"基本信息子系统",进入"基本信息子系统"界面,在此界面设置各种基本信息。

第 1 步:录入公司信息。

在"基本信息子系统"中,单击"录入公司信息"模块,进入"录入公司信息"界面,单击"查询"按钮,查询本公司信息,完成后保存,并关闭该界面。

说明:该项信息在第 13.1 节系统管理中建立公司账套时已经初步设置,这里主要是进一步维护公司详细信息。

第 2 步:录入工厂及仓库信息。

① 在"基本信息子系统"中单击"录入工厂信息"模块,进入"录入工厂信息"界面,单击"新增"按钮,录入工厂编号为"BGJJGC",工厂名称"办公家具工厂",如表 13.2 所示信息进行录入,完成后保存,并关闭该界面。

表 13.2　工厂及仓库信息表

工厂编号				工厂名称	
BGJJGC				办公家具工厂	
仓库编号	仓库名称	工厂编号	仓库性质	纳入可用量计算	库存不足准许出库
BGYC	办公椅仓	BGJJGC	存货仓	√	不打 √

工厂编号			工厂名称		
BGJJGC			办公家具工厂		
YCLC	原材料仓	BGJJGC	存货仓	√	不打 √
DBYC	大班椅仓	BGJJGC	存货仓	√	不打 √

② 在"基本信息子系统"中单击"录入仓库信息"模块,进入"录入仓库信息"界面,单击"新增"按钮,录入仓库编号为"BGYC",仓库名称为"办公椅仓",工厂编号为"BGJJGC",选择仓库性质为"存货仓",勾选"纳入可用量计算",如表 13.2 所示依次进行录入并保存,完成后关闭该界面。

说明:

● 工厂信息为库存、商品交易相关报表信息的筛选条件,在运行主生产计划和需求计划时工厂也是一个重要的筛选条件;

● "纳入可用量计算"选项是指该仓库的库存数量是否可以作为使用量;

● 如果共用参数设置中启用"库位管理",则在该界面中有库位图标按钮 ▦,单击该图标按钮,进入"库位信息维护"界面进行库位维护。本实验未启用"库位管理",故库位图标隐藏。

第 3 步:录入部门信息。

在"基本信息子系统"中单击"录入部门信息"模块,进入"录入部门信息"界面,单击"新增"按钮,如表 13.3 所示,逐一录入部门信息并保存,全部完成后关闭该界面。

表 13.3　部门信息表

部门编号	001	002	003	004	005	006
部门名称	信息部	销售部	库存部	采购部	财务部	生管部

说明:在设置界面中,"折旧科目"用于"设备资产管理子系统"中"自动摊提折旧"的处理,系统在自动生成会计凭证时,该部门的折旧费用可自动入账到对应科目。本书不涉及此实验,故不进行设置。

第 4 步:录入工作中心。

在"基本信息子系统"中单击"录入工作中心"模块,进入"录入工作中心"界面,单击"新增"按钮,输入工作中心编号为"BGJJGZX",工作中心名称为"办公椅加工中心";选择工厂编号为"BGJJGC",部门编号为"006",每日人工产能为"80",每日机器产能为"120",标准人工效率为"100%"。完成后保存,并关闭该界面。

说明:ERP 系统中,"工作中心"代表基本的生产单位,本实验把工作中心定义为生产车间。在后续"录入工艺线路"设置或日常生产操作中作为信息筛选条件。

第5步：录入员工姓名及职务类别。

① 录入的员工姓名。在"基本信息子系统"中单击"录入员工姓名"模块，进入"录入员工姓名"界面，单击"查询"按钮，查询已经录入的客户信息，如表13.4所示，逐一进行修改部门信息操作并保存。完成后关闭该界面。

表13.4 人员及职务部门表

职务编号	职务分类	职务名称	人员编号	人员名称	姓名	部门	部门名称
001	3:业务	业务专员	001	蔡春	蔡春	002	销售部
002	4:采购	采购专员	002	李文	李文	004	采购部
003	1:物管	物管员	003	刘争	刘争	003	库存部
004	5:会计	财务应收会计	004	秦国庆	秦国庆	005	财务部
005	5:会计	财务应付会计	005	李丽	李丽	005	财务部
006	B:管理	经理	006	杨科丰	杨科丰	001	信息部
007	2:生管	生产主管	007	焦永涛	焦永涛	006	生管部
008	B:管理	信息部经理	008	DS	系统默认管理者	001	信息部

② 录入职务类别。在"基本信息子系统"中单击"录入职务类别"模块，进入"录入职务类别"界面。单击"新增"按钮，录入职务编号为"003"，职务分类为"1:物管"，职务名称为"物管员"，人员名称为"刘争"。如表13.3所示，逐一进行职务录入操作并保存，全部完成后关闭该界面。

☞"部门"信息必须从先前已录入的部门中选择带入；可以单击"人员编号"弹出筛选框进行"开窗选择"；可以一职多人，如一职务需录入多个人员，再单击新增一行即可。

第6步：录入金融信息。

① 录入金融机构。从系统主界面左边树状结构处，选择"系统设置"→"基本信息子系统"→"基础设置"，在该树状结构中，双击"录入金融机构"模块，进入"录入金融机构"界面，单击"新增"按钮，录入"金融机构编号"为"001"，"金融机构名称"为"中国建设银行北京分行"。完成后保存，并关闭该界面。

② 录入币种汇率。在"基本信息子系统"中，单击"录入币种汇率"模块，进入"录入币种汇率"界面，单击"新增"按钮，录入币种为"RMB"，货币名称为"人民币"，生效日期选择"2024-12-01"，其他选项默认。完成后保存并关闭该界面。注："币种"的长度最多2个汉字（或4个字母，含数字）。

第7步：录入付款条件。

在"基本信息子系统"中单击"录入付款条件"模块，进入"录入付款条件"界面。单击"新增"按钮，依次依照以下信息进行录入，完成后，保存并关闭该界面。

"类别": 1. 采购/委外。

"编码": 000001。

"名称": 供应商。

"类别": 2. 销售。

"编码": 000002。

"名称": 客户。

其收付款条件设置相同:

"预计收/付款日": 加月数; 且 "结账加 0 个月后, 逢 15 日"。

"资金实现日": 加月数; 且 "付款加 1 个月后, 逢 15 日"。

勾选 "取得折扣" "取得折扣方式: 提前付款, 且取得折扣收/付款日需提早 10 天", 设置 "折扣" 为 "85%"。

☞ 分别选择 "类别", 设置两类 "付款条件", 共设置四个条件; 本实验两类设置除 "编号" "名称" 外, 其他设置相同。

第 8 步: 设置编码原则。

在 "基本信息子系统" 中单击 "设置编码原则" 模块, 进入 "设置编码原则" 界面, 依照图 13.5 (a) 所示选择需要设置的编码类别项, 逐一依照图 13.5 (b) 所示顺序及内容设置品号、客户和供应商编码原则。可设置四类编码。完成后, 保存并关闭该界面。

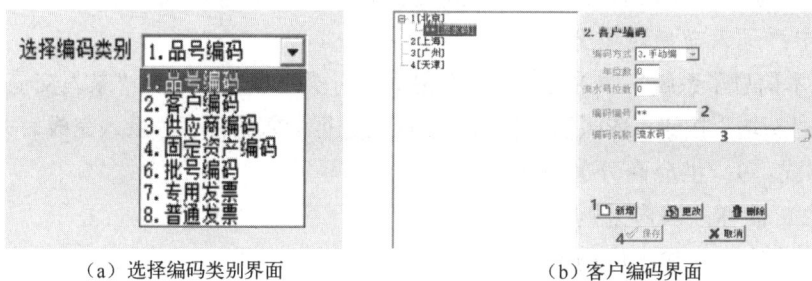

(a) 选择编码类别界面　　　　　　　　(b) 客户编码界面

图 13.5　设置编码原则界面组

☞ 编码原则为树状结构; 末级应设置为系统自动生成的 "流水码", 以 "*" 显示, "*" 的位数由企业实际需求而定。

说明: 对于品号、客户、供应商、固定资产信息, 系统提供自动编号的功能, 但前提需要在本操作前先设置编码原则, 然后在四类基础数据建立时就可以依此设置来自动编码。

第 9 步: 录入假日表。

在 "基本信息子系统" 中单击 "录入假日表" 模块, 进入 "录入假日表" 界面。单击 "新增" 按钮, 按图 13.6 所示顺序及内容录入假日表。完成后保存, 并关闭该界面。

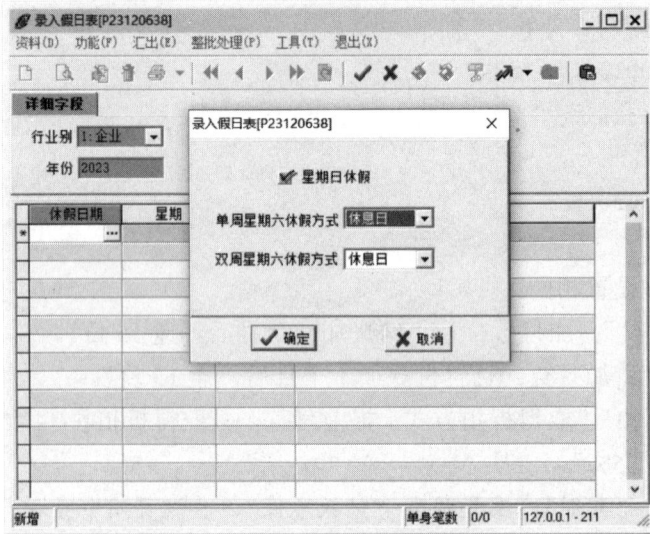

图 13.6　设置假日表界面

☞ 本实验只需设置"行业别"为"企业";"休假方式"有 3 种:休半天、休息日和不休。本次实验选择周六休息方式为"休息日";输入休假日期时,系统自动生成假期计划,并可以修改。

说明:在做生产计划的排产、采购到货日时,系统会考虑工厂的假日表。

第 10 步:录入交易对象分类。

在"基本信息子系统"中单击"录入交易对象分类"模块,进入"录入交易对象分类"界面,单击"新增"按钮,依照以下提示信息依次进行录入并保存,录入完成后关闭该界面。

分类方式:9:供应商分类

编号 91　简称:国内采购商

编号 92　简称:加工厂商

编号 93　简称:出口恰办

编号 94:简称:运输公司

说明:为了强化客户及供应商的分类及类型管理,这些分类将来可作为销售分析或相关统计报表的筛选条件。

第 11 步:录入凭证附属信息。

在"基本信息子系统"中,依次单击"录入页脚/签核"及"录入程序页脚/签核"模块,分别进入"录入页脚/签核"及"录入程序页脚/签核"界面。单击"新增"按钮,将信息分别进行录入并保存,完成后关闭该界面。

说明:系统的凭证打印时可指定此编号,凭证打印时便可带出所指定页脚或签核编号的内容。通过"程序页脚/签核"界面来设置程序具体采用的页脚/签核。此处自行填入。

第 12 步:录入工艺信息。

从系统主界面左边树状结构处,选择"系统设置"→"基本信息子系统"→"基础设置"，在该树状结构中，双击"录入工艺信息"模块，进入"录入工艺信息"界面，单击"新增"按钮，性质选择"1：厂内"。其他按表 13.5 所示信息依次进行录入，录入完成后保存，并关闭该界面。

表 13.5　工艺信息表

工艺	工艺名称	性质	工作中心编号	工作中心名称
001	打磨	厂内	BGYJGZX	办公椅加工中心
002	组装	厂内	BGYJGZX	办公椅加工中心

说明： 此操作用来定义办公椅加工中心的工艺名称和工艺性质，便于在后续设置办公椅加工中心的工艺路线。

3. 实验小结

本节实验完成公用基本信息设置。其中，在基本信息设置中的设置顺序不一定完全按照本实验进行，但一些基本信息的设置仍具有必要的前后顺序。基础信息仅为企业的共用信息，若完成全部初始化，还需要把系统各业务子系统的基础数据和企业期初数据录入到系统中。

13.2　基础数据设置及期初开账

本次实验主要完成企业基础数据的设置和各子系统的期初开账，是完成数字化企业搭建的第三步——设置企业各业务模块基础数据，主要包含一些单据的基础设置和流程规划。通过各子系统的期初开账，完成数字化企业搭建的第四步——设置企业期初数据，完成数字化企业搭建。

本实验的目的在于：

● 理解基础数据设置的主要目的，掌握基础数据设置的基本方法；
● 理解基础数据设置的控制作用；
● 理解期初开账的意义，掌握其设置方法。

13.2.1　存货管理

企业内的存货就是企业在生产经营过程中为销售或耗用而储存的各种有形资产。有效的存货管理能够降低库存成本、提高生产效率、显著提高企业利润等。本节设置与存货管理子系统有关的基础数据。

1. 实验内容

完成存货管理子系统中的基础数据设置，包括：录入品号类别、录入品号信息和设置库存单据性质。

具体内容有：2023 年 11 月 30 日，光华家具开始实施 ERP，开始按照业务搜集的数据对存货管理子系统作基础数据录入。具体数据资料在下面操作中详细介绍。

2．操作步骤

第 1 步：录入品号类别。

登录系统并从系统主界面左边树状结构处，选择"进销存管理"→"存货管理子系统"，进入"存货管理子系统"界面，单击"录入品号类别"模块，进入"录入品号类别"界面。单击"新增"按钮，选择分类方式为"1：会计"，勾选"有效码"，其他依照表 13.6 所示的信息依次录入并保存，完成后关闭该界面。

表 13.6 品号类别信息表

分类方式	有效码	品号类别编号	品号类别名称
1:会计	Y	BGY	办公椅
1:会计	Y	DBY	大班椅
1:会计	Y	YCL	原材料

说明：从存货管理子系统的基础数据设置开始，一般由企业自己增设的拥有管理员权限的人员设置基础数据。

第 2 步：录入品号信息。

在"存货管理子系统"界面，单击"录入品号信息"模块，进入"录入品号信息"界面。单击"新增"按钮，依照表 13.7 所示的信息依次录入品号信息并保存，如图 13.7 所示，完成后关闭该界面。其中，"录入品号信息"中的"主供应商""标准工艺路线品号""标准工艺路线编号"项目需要在采购、生产的基础数据设置完成后，再进行补充。

表 13.7 品号信息表

品号	BD	BGY	DBY	DZ	LS	LZ	ZD	ZZ
品名	背垫	办公椅	大班椅	底座	螺丝零件包	轮子	坐垫	中支
单位	pcs	pcs	pcs	pcs	pcs	pcs	pcs	pcs
存货双单位推算方式	N.不推算	N.不推算	N.不推算	N.不推算	N.不推算	N.不推算	N.不推算	N.不推算
品号属性	P:采购件	M:自制件	P:采购件	P:采购件	P:采购件	P:采购件	P:采购件	P:采购件
主供应商	JH（嘉禾）		BZ（标致家具）	JH（嘉禾）	YJ（元技）	YJ（元技）	JH（嘉禾）	YJ（元技）
补货政策	L:按 LRP 需求	L:按 LRP 需求	N: 不需	L:按 LRP 需求	L:按 LRP 需求	L:按 LRP 需求	L:按 LRP 需求	L:按 LRP 需求
主要仓库	YCLC	BGYC	DBYC	YCLC	YCLC	YCLC	YCLC	YCLC
仓库名称	原材料仓	办公椅仓	大班椅仓	原材料仓	原材料仓	原材料仓	原材料仓	原材料仓
固定前置天数	1	3	3	1	1	1	1	1
变动前置天数	1	2	2	1	1	1	1	1
批量	50	50	50	50	100	200	50	50
排程批量	1	1		1	1	1	1	1
工时底数	1	1		1	1	1	1	1

续表

工作中心		BGYJGZX 办公椅加工中心							
工艺路线		001BGY							
检验方式	0:免检	0:免检	0:免检	0:免检	0:免检	0:免检	0:免检	0:免检
更改品名规格	N	N	N	N	N	N	N	N
批号管理	N:不需要	N:不需要	N:不需要	N:不需要	N:不需要	N:不需要	N:不需要	N:不需要

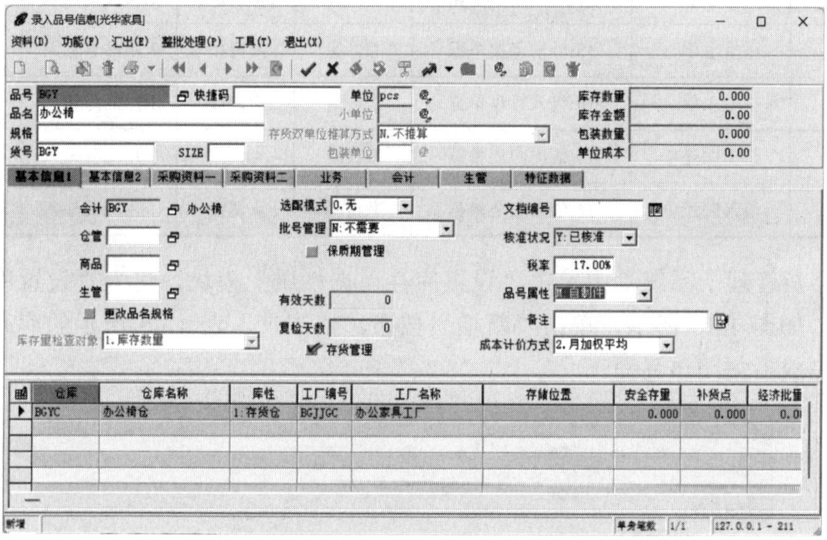

图 13.7　设置品号信息界面

☞ ● "主要仓库"为必填项,在"基本信息 2"选项卡中录入;

● 涉及采购的信息项如"主要供应商""固定前置天数""变动前置天数"项在"采购资料"选项卡中设置;

● 涉及生产管理的信息项如"工作中心""标准工艺路线编号"等项在"生管"选项卡中设置;本实验不涉及"成本管理",故不设置"会计"选项卡中的选项;

● 本实验要求"生产管理子系统"已经启动,否则补货政策无法选择。

说明:"前置天数"影响"生产管理子系统"中生产排程日期和采购计划的采购交货日期;"标准工艺路线品号"的选择影响"工艺管理子系统"中的加工路线;本实验"录入品号信息"中的"主供应商""标准工艺路线品号""标准工艺路线编号"需要在采购、生产的基础数据设置之后完成,体现系统基础数据之间的关联性;"补货政策"表示品号补充货物方式,包括 LRP、MRP、补货点等。此处设置将影响企业物料需求的计算方式。

第 3 步:设置库存单据性质。

库存单据性质表如表 13.8 所示。

表 13.8　库存单据性质表

单别	单据全称	单据性质	编码方式	交易类别	品号输入方式	影响成本
KCKZ 库存开账单	库存开账单	17:成本开账/调整单据	1:日编	5:调整	1:用品号输入	y:成本调整
FKD 分库调整单	分库调整单	17:成本开账/调整单据	1:日编	5:调整	1:用品号输入	y:成本调整
WCD 尾差调整单	尾差调整单	17:成本开账/调整单据	1:日编	5:调整	1:用品号输入	y:成本调整
DBD 调拨单	调拨单	12:库存调拨单据	1:日编	4:调拨	1:用品号输入	N:赋值计算结果
JCD 借出单	借出单	13:借出调拨单据	1:日编	4:调拨	1:用品号输入	N:赋值计算结果
JRD 借入单	借入单	14:借入暂收单据	1:日编	4:调拨	1:用品号输入	N:赋值计算结果
JCGH 借出归还单	借出归还单	15:借出归还单据	1:日编	4:调拨	1:用品号输入	N:赋值计算结果
JRGH 借入归还单	借入归还单	16:借入归还单据	1:日编	4:调拨	1:用品号输入	N:赋值计算结果

在"存货管理子系统"中单击"设置库存单据性质"模块，进入"设置库存单据性质"界面。如图 13.8 所示，单击"新增"按钮，依次录入表 13.8 所示的库存单据性质并保存，完成后关闭该界面。

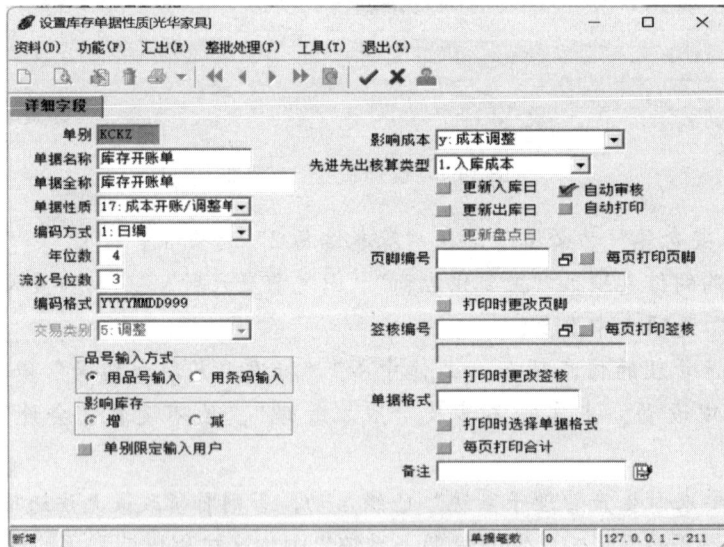

图 13.8　设置库存单据性质

说明：设置库存单据性质，系统中定义了库存中上述几种单据，该单据在日常运行系统时作为记录、传递信息的载体。其中"单别"为单据的编码，是系统中的唯一标示，一旦定义就不可修改或删除；"自动审核"如果启动，在该单据录入并保存的同时进行审核操作，这样设置能简化流程，但在企业日常运营时，一般不启动该项目；"用品号输入方式"选项表示在日常操作录入单据时使用的录入方式，本实验一律使用用品号输入方式。

3．实验小结

本节实验完成了存货管理子系统中的基础数据设置。通过本次实验设置了产品的品号类别和品号信息，还设置了库存管理必要的库存单据的性质。

13.2.2　采购与应付管理

有效的采购管理能够降低原材料采购成本、显著提高企业利润等。应付账款是在企业采购收料后，财务人员根据收料凭证及发票进行记录的款项。本节设置了与采购管理及应付管理子系统有关的基础数据。

1．实验内容

完成采购管理及应付管理子系统的基础数据录入，包括：录入供应商信息、录入采购单据性质、录入应付单据性质和录入应付子系统参数。在本实验中主要完成的内容有：2023 年 11 月 30 日，光华家具公司开始按照业务搜集的数据对采购及应付管理子系统作基础数据录入。

2．操作步骤

第 1 步：录入供应商信息。

选择"进销存管理"→"采购管理子系统"，进入"采购管理子系统"界面，单击"录入供应商信息"模块，进入"录入供应商信息"界面。单击"新增"按钮，依照表 13.9 所示的信息依次录入供应商信息。完成后保存，并关闭该界面。

表 13.9　供应商信息表

供应商编号	简称	公司全称	付款方式	核准状况	允许分批交货
BZJJ	标致家具	标致家具	3:支票	1:已核准	Y
JH	嘉禾	嘉禾加工厂	3:支票	1:已核准	Y
YJ	元技	元技工业公司	3:支票	1:已核准	Y

说明：在设置界面中可看出，对供应商的管理除记录基本信息外，主要通过"ABC 等级""交货评级""质量评级"这 3 类等级进行评鉴管理；"ABC 等级"依照供应商交易金额大小评定，可通过"供应商 ABC 分析表"更新此字段。

第 2 步：补充品号信息。

在"存货管理子系统"界面中，单击"录入品号信息"模块，进入"录入品号信息"界面，单击"更改"按钮，依照表 13.7 所示信息，录入"主供应商"信息并保存，完成后关闭该界面。

第 3 步：设置采购单据性质。

在"采购管理子系统"界面中，单击"设置采购单据性质"模块，进入"设置采购单据性质"界面。单击"新增"按钮，依照表 13.10 所示，依次设置采购单据性质并保存，完成后关闭该界面。

表 13.10　采购单据性质表

单别	单据名称	单据全称	编码方式	进价控制	单据性质	品号输入方式	自动审核	更新核价	核对采购	直接结账
CG	采购单	采购单据	1:日编	Y	33:采购单据	用品号输入	Y	Y	N	N
HJD	核价单	核价单	1:日编	N	32:核价单单据	用品号输入	Y	Y	N	N
JH	进货单	进货单	1:日编	Y	34:进货单据	用品号输入	Y	Y	N	N
JHDJ	进货单	不核对采购进货单	1:日编	Y	34:进货单据	用品号输入	Y	Y	N	N
QGD	请购单	请购单	1:日编	Y	31:请购单据	用品号输入	Y	N	N	N
XJD	询价单	询价单	1:日编	N	36:询价单据	用品号输入	Y	Y	N	N
YTD	验退单	验退单	1:日编	Y	35:退货单据	用品号输入	Y	N	Y	N

说明：

- 采购单据性质一旦设定，系统中即定义了上述采购单据，在日常操作中用以记录、传递各种采购信息。
- 采购单若由"生产计划系统"的"采购计划发放"抛转，则采购单必须自动编号。
- "核对采购"表示在输入进货单时，需要核对相应的采购单，否则可以直接录入进货单。如果此项被启用，则在录入进货单时需要使用"前置单据"操作。
- 选择"直接结账"表示进货单、退货单审核后直接生成应付凭单。这样在运行"应付管理子系统"的业务流程中，无须进行"录入应付凭单"操作直接做"录入付款单"操作。

第 4 步：设置应付单据性质。

在"应付管理子系统"界面中单击"设置应付单据性质"模块，进入"设置应付单据性质"界面，单击"新增"按钮，依照表 13.11 所示信息，依次设置应付单据性质并保存，完成后关闭该界面。

表 13.11　应付单据性质表

单别	单据名称	单据全称	单据性质	编码方式	自动审核	会计科目	会计科目名称
FK	付款单	付款单	73:付款单据	1:日编	Y		
THD	调汇单	调汇单	73:付款单据	1:日编	Y		
YF	应付凭单	应付凭单	71:应付凭单单据	1:日编	Y	2121	应付账款
YFDD	溢付待抵单	溢付待抵单	72:溢付待抵凭单	1:日编	Y	1151	预付账款

说明：应付单据性质一旦设定，系统中即定义了上述应付单据，在日常操作中用以记录、传递各种应付信息。

第 5 步：设置应付子系统参数。

选择"财务管理"→"应付管理子系统"，在"应付管理子系统"界面中，单击"设置应付子系统参数"模块，进入"设置应付子系统参数"界面，按图 13.9 所示内容进行设置，设置完成后保存，并关闭该界面。

（a）"系统参数"选项卡　　　　　　　　（b）"期末调汇"选项卡

（c）"基本科目"选项卡

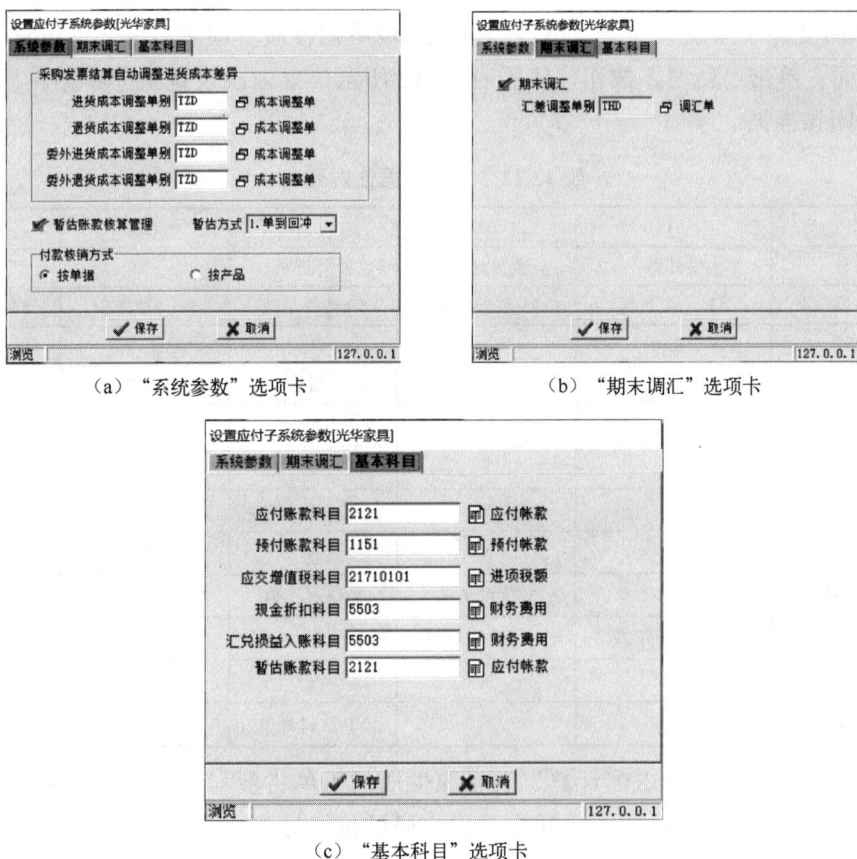

图 13.9　设置应付子系统参数界面

3．实验小结

本节实验完成了采购管理及应付管理子系统的基础数据录入。通过本次实验设置了供应商信息、采购单据性质、应付单据性质和应付子系统参数。

13.2.3　生产管理

生产管理的主要任务是根据市场需求和生产规划，对生产进行合理安排，以满足客户的需要。本节设置了与生产管理子系统有关的基础数据。

1．实验内容

完成生产管理子系统基础数据录入。包括：设置工单单据性质、录入产品结构、录入产品工艺路线、补充品号信息和设置工艺单据性质。具体内容有：2023 年 11 月 30 日，光华家具公司开始按照业务搜集的数据对生产管理子系统作基础数据录入。

2．操作步骤

第 1 步：设置工单单据性质。

登录系统，从系统主界面左边树状结构处，选择"生产管理"→"工单/委外子系统"，进入"工单/委外子系统"界面,单击"设置工单单据性质"模块,进入"设置工单单据性质"界面。单击"新增"按钮,依照表 13.12 所示信息依次设置工单单据性质并保存,完成后关闭该界面。

表 13.12 工单单据性质列表

单别	01	02	03	GD	LL
单据名称	委外单	委外领料	委外进货	工单	厂内领料单
单据性质	51:一般工单	55:委外领料	59:委外进货	51:一般工单	54:厂内领料
工单类别	1:委外			1:厂内	
编号方式	1:日编	1:日编	1:日编	1:日编	1:日编
进价控制	N	N	N	Y	N
自动审核	Y	Y	Y	Y	Y
纳入 MRP 计算	Y	N	N	N	N
更新核价	N	N	N	N	N
核对工单	N:不核对工单	Y:核对工单	Y:核对工单	N:不核对工单	Y:核对工单
控制超领/超退	N:不控制超领	N:不控制超领	N:不控制超领	N:不控制超领	Y:控制超领
直接结账	N	N	Y	N	N
应付凭单			YF 应付凭单		

说明:选择"纳入 MRP 计算"表示该性质的工单将参与物料需求计划计算;选择"更新核价"表示该性质单据将更新委外供应商的价格档案。

第 2 步:录入产品结构。

在"产品结构子系统"界面中,单击"录入 BOM"模块,进入"录入 BOM"界面。单击"新增"按钮,按图 13.10 所示内容录入产品结构。录入完成,保存并关闭该界面。

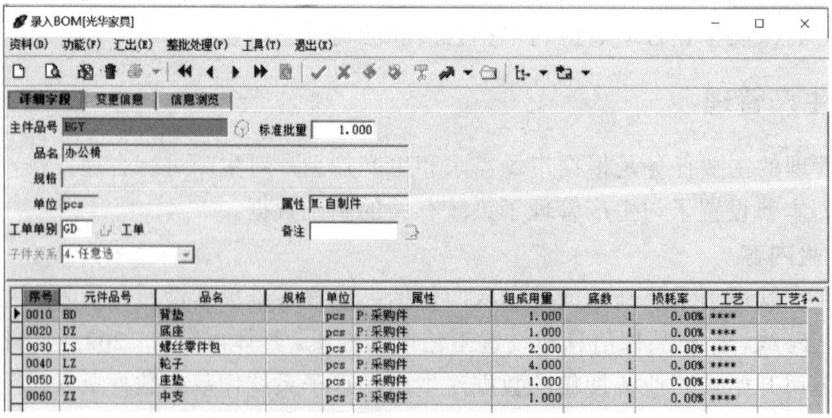

图 13.10 录入产品结构界面

第 3 步:录入产品工艺路线。

在"产品结构子系统"中,单击"录入产品工艺路线"模块,进入"录入产品工艺路线"界面。单击"新增"按钮，依照表 13.13 所示信息录入产品工艺路线。录入完成，保存并关闭该界面。

表 13.13　产品工艺路线表

工艺路线品号		品名		工艺路线编号		工艺路线名称	
BGY		办公椅		001		办公椅加工路线	
加工顺序	工艺	工艺名称	工作中心编号	转移批量	固定天数	变动天数	落后天数
0010	001	打磨	BGYJGZX	50	1	1	0
0020	002	组装	BGYJGZX	50	0	1	1

说明："固定天数"与"变动天数"是用来计算每道工序的生产提前期；"委外单价"表示，若工艺路线中存在委外的工序，需在此录入委外加工的单价；落后天数表示用来推算本道工序的开工日。

第 4 步：补充品号信息。

在"存货管理子系统"界面中，单击"录入品号信息"模块，进入"录入品号信息"界面，单击"更改"按钮，依照表 13.13 所示信息，录入"标准工艺路线品号""标准工艺路线编号"信息。录入完毕，保存并关闭该界面。

第 5 步：设置工艺单据性质。

在"工艺管理子系统"中，单击"设置工艺单据性质"模块，进入"设置工艺单据性质"界面。单击"新增"按钮，依照表 13.14 所示的信息依次设置工艺单据性质并保存，设置完毕关闭该界面。

表 13.14　工艺单据性质列表

单别	单据名称	单据全称	单据性质	编码方式	品号输入方式	自动审核
RK	生产入库单	生产入库单	D3:入库	1:日编号	用品号输入	Y
TC	生产投产单	生产投产单	D1:投产	1:日编号	用品号输入	Y
ZY	加工转移单	加工转移单	D2:转移	1:日编号	用品号输入	Y

说明：工艺单据性质一旦设定，系统中即定义了上述工艺单据，在日常操作中用以记录、传递各种工艺信息；"投产单"是首道工序开工标志；"转移单"是不同工序间转移的记录与标志；"入库单"是最后 1 道工序加工完毕的标志。

3．实验小结

本节实验完成了生产管理子系统基础数据录入。通过本次实验设置了工单单据性质、录入产品结构、录入产品工艺路线、补充品号信息和设置工艺单据性质。

13.2.4　销售与应收管理

销售管理是从产品的销售计划开始，对销售产品、销售地区、销售客户等信息的管理和统计，并可对销售数量、金额、利润、绩效、客户服务做出全面的分析。应收账款是在企业销售产品后，财务人员根据发货凭证及发票进行记录的款项。

1. 实验内容

完成销售管理和应收管理子系统中的基础数据设置，包括：录入客户信息、设置应收单据性质、应收管理子系统参数设置及设置订单单据性质。具体内容有：2023 年 11 月 30 日，光华家具公司开始按照业务搜集的数据对销售及应收管理子系统作基础数据录入。

2. 操作步骤

第 1 步：录入客户信息。

选择"进销存管理"→"销售管理子系统"，进入"销售管理子系统"界面，单击"录入客户信息"模块，进入"录入客户信息"界面。单击"新增"按钮，依照表 13.15 所示的信息依次录入客户信息并保存，录入完毕关闭该界面。

表 13.15 客户信息表

客户编号	客户简称	信用额度控制	客户全称	核准状况	定价顺序
DXJJ	东兴家具	Y:按公司参数控制	东兴家具	1:已核准	142
ZS	中实集团	Y:按公司参数控制	中实集团	1:已核准	142

说明："定价顺序"在"交易信息"选项卡中设置，表示系统中不同类型价格信息的选取顺序；"信用额度控制"在"信用信息"选项卡中设置；本实验没有进行其他信用管理，如果该公司对客户进行信用管理，则在"信用信息"选项卡中进行相应设置。

第 2 步：设置应收单据性质。

在"应收管理子系统"中，单击"设置应收单据性质"模块，进入"设置应收单据性质"界面。单击"新增"按钮，依次录入如表 13.16 中所列的应收单据性质并保存并关闭该界面，注意：勾选"自动审核"。

表 13.16 应收单据性质列表

单别	单据名称	单据全称	单据性质	编码方式	会计科目	会计科目名称
JZ	结账单	结账单	61:结账单据	1:日编	1131	应收账款
SK	收款单	收款单	63:收款单据	1:日编		
TH	调汇单	调汇单	63:收款单据	1:日编		

第 3 步：设置应收子系统参数。

登录系统，并从系统主界面左边树状结构处选择"财务管理"→"应收管理子系统"，进入"应收管理子系统"界面，单击"设置应收子系统参数"模块，进入"设置应收子系统参数"界面。如图 13.11 所示设置相关信息，设置完毕后保存，并关闭该界面。

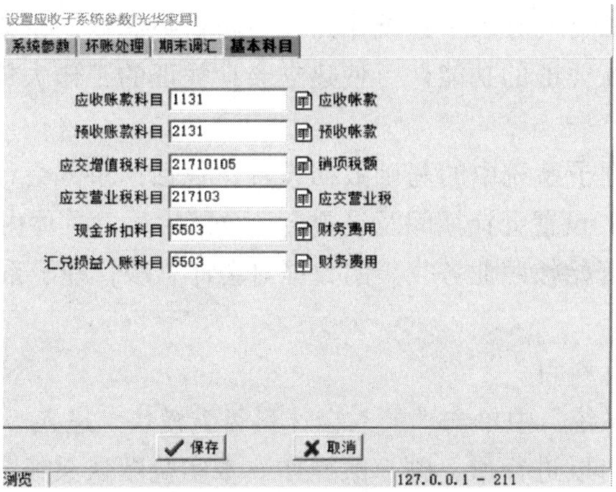

图 13.11　应收子系统参数设置界面

第 4 步：设置订单单据性质。

在"销售管理子系统"中，单击"设置订单单据性质"模块，进入"设置订单单据性质"界面。单击"新增"按钮，依照表 13.17 所示的信息设置订单单据性质并保存，设置完毕关闭该界面。

表 13.17　订单单据性质列表

单别	单据名称	单据全称	单据性质	编码方式	更新核价	售价控制	核对订单	直接结账	结账单别
BJ	报价单	报价单	21:报价单	1:日编号	Y	N	N	N	
CHTZ	出货通知单	出货通知单	25:出货通知单	1:日编号	N	Y	Y	N	
DD	客户订单	客户订单	22:客户订单	1:日编号	Y	N	N	N	
X	销退单	销退单	24:销退单	1:日编号	N	Y	Y	Y	JZ（结账单）
XH	销货单	销货单	23:销货单	1:日编号	N	N	N	N	
ZJJZ	直接结账	直接结账	23:销货单	1:日编号	N	Y	N	Y	JZ（结账单）

说明：当"单据性质"为"销货单"或"销退单"时，可以选择"直接结账"，那么"结账单别"为必输信息，"结账单别"需要先在"设置应收单据性质"中录入；"设置订单单据性质"与"设置应收单据性质"的关联进一步体现了系统业务与财务之间的集成性。

3．实验小结

本节实验完成了销售管理和应收管理子系统中的基础数据设置。通过本次实验设置了客户信息、应收单据性质、应收管理子系统参数及订单单据性质。

13.2.5　会计总账与自动分录管理

总账管理是企业 ERP 运行中财务管理的核心，是企业业务流程中信息的最终归集地。企业业务系统中的自动分录子系统作为业务与财务总账的桥梁，提供了各业务原始单据自动生成总账会计凭证的功能，可使建立会计凭证的工作大量简化。

1．实验内容

完成会计总账管理子系统中的基础数据设置，包括：录入会计科目、设置会计单据性质、设置会计参数、设置会计期间及设置会计分录性质。具体内容有：2023 年 11 月 30 日，光华家具公司开始按照业务收集的数据对会计总账管理子系统作基础数据录入。

2．操作步骤

第 1 步：维护会计科目。

在"会计总账子系统"中单击"录入会计科目"模块，进入"录入会计科目"界面，系统自带会计科目，可以进行增、删、改操作。本实验默认系统会计科目。

第 2 步：设置会计单据性质。

在"会计总账子系统"中单击"设置会计单据性质"模块，进入"设置会计单据性质"界面，单击"新增"按钮，依照表 13.18 所示的信息依次设置会计单据性质并保存，注意：勾选"自动审核"和"金额允许输入负数"，设置完毕后关闭该界面。

表 13.18 会计单据性质表

单别	单据名称	凭证种类	编码方式	凭证性质	会计科目	科目名称
KZ	开账凭证	91:转账凭证	1:日编	1:一般		
ZZ	转账凭证	91:转账凭证	1:日编	1:一般		
NJ	年结凭证	91:转账凭证	1:日编	4:结转		
YJ	月结凭证	91:转账凭证	1:日编	4:结转		
XS	现收凭证	92:现收凭证	1:日编	1:一般	1001	现金
XZ	现支凭证	93:现支凭证	1:日编	1:一般	1002	银行存款
YH	预提回转	91:转账凭证	1:日编	3:预提回转		
YZ	预提转账	91:转账凭证	1:日编	2:预提		

第 3 步：设置会计参数。

在"会计总账子系统"中单击"设置会计参数"模块，进入"设置会计参数"界面，依照如图 13.12 所示进行设置相关信息。设置完毕，保存并关闭该界面。

说明："结转单别""本期损益科目""上期损益科目"的设置，作为年度结转损益类科目的归集指向；如果本期损益科目不设置，且会计总账月结采用"账结法"时，"自动转账"损益产生的会计凭证，导致数据无法向该科目归集；"财务结转方式"分为表结法和账结法。表结法的期间损益结转通过报表实现，账结法的期间损益结转通过凭证处理。结转方式不同，总账月结流程也不同。

第 4 步：设置会计期间。

在"会计总账子系统"中单击"设置会计期间"模块，进入"设置会计期间"界面，单击"新增"按钮，依照如图 13.13 所示进行设置并关闭该界面。

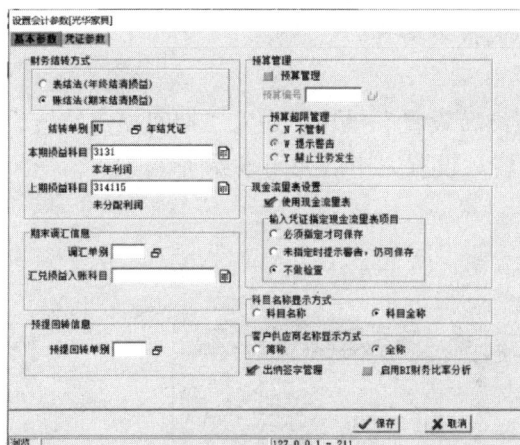

（a）"基本参数"选项卡　　　　　　　　（b）"凭证参数"选项卡

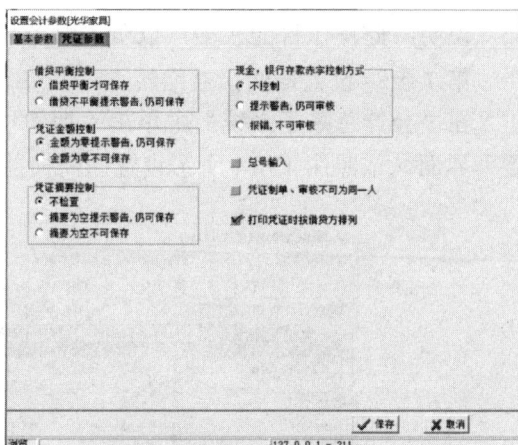

图 13.12　设置会计参数界面

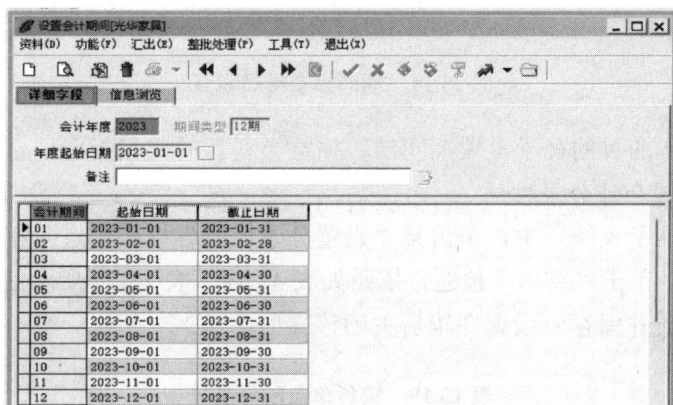

图 13.13　设置会计期间界面

第 5 步：从模板导入会计科目。

在系统主界面左边树状结构处，选择"财务管理"→"会计总账管理子系统"→"其他作业"，在该树状结构中，双击"从模板导入会计科目"模块，进入"从模板导入会计科目"界面。单击"直接处理"按钮，系统自动引入相应会计科目。引入完成后单击"取消"按钮关闭该界面。

说明：此操作目的在于可以引入会计科目。

第 6 步：查询报表格式。

在系统主界面左边树状结构处，选择"财务管理"→"会计总账管理子系统"→"基础设置"，在该树状结构中，双击"录入报表格式"模块，进入"录入报表格式"界面。单击"查询"按钮，系统已经设置好 3 张报表。查询完毕，关闭该界面。

说明：此操作目的在于可以引入财务的 3 大报表格式。

第 7 步：设置期间损益结转。

在"会计总账子系统"中单击"期间损益结转设置"模块，进入"期间损益结转设置"界面，依照图 13.14 所示设置期间损益结转。设置完毕后关闭该界面。

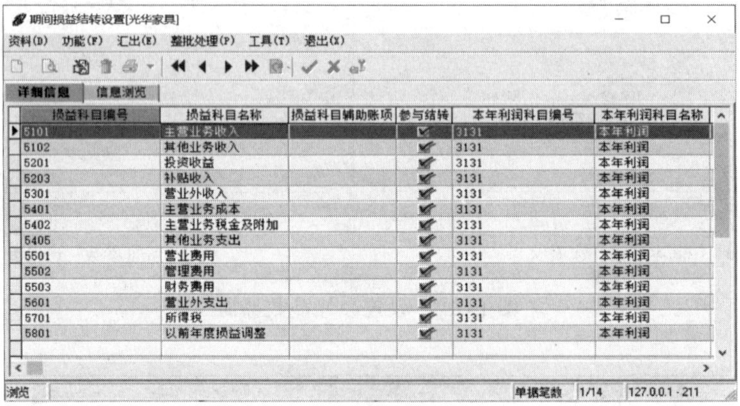

图 13.14　期间损益结转设置

说明：此操作的目的在于设置期间结转损益类科目的归集指向。

第 8 步：设置会计分录性质。

在"自动分录子系统"中，单击某"设置分录性质"模块，进入相应单据的"设置分录性质"界面。单击"新增"按钮，依照如表 13.19～表 13.27 所示信息，分别设置各单据会计分录性质并保存。设置完毕后关闭该界面。

表 13.19　销货单自动分录表

单别	凭证单别	借方会计科目（赊销）默认顺序	借方会计科目-现销	借方会计科目-赊销	贷方会计科目-收入	贷方会计科目-税额
XH 销货单	ZZ 转账凭证	1:客户基本信息档	1002 银行存款	1131 应收账款	5101 主营业务收入	21710 105 销项税额

表 13.20　库存成本开账/调整单自动分录表

单别	凭证单别	同单号科目汇总	存货会计科目	对方会计科目-借方	对方会计科目-贷方
KCKZ 库存开账单	ZZ 转账凭证	Y	1243 库存商品	410101 基本生产成本	410101 基本生产成本

表 13.21　进货单自动分录表

单别	凭证单别	账款科目默认顺序	借方会计科目-存货	借方会计科目-税额	贷方会计科目-账款	贷方会计科目-费用	贷方会计科目-预付款	差异会计科目
JH 进货单	ZZ 转账凭证	1:供应商基本信息	1211 原材料	21710101 进项税额	2121 应付账款	5501 营业费用	1151 预付账款	1232 材料成本差异

表 13.22 应付凭单自动分录表

单别	凭证单别	借方会计科目-货款	借方会计科目-税额	借方会计科目-差额	贷方会计科目-账款	贷方会计科目-差额
YF 应付凭单	ZZ 转账凭证	1211 原材料	21710101 进项税额	1232 材料成本差异	2121 应付账款	1232 材料成本差异

表 13.23 付款单自动分录表

单别	单别名称	凭证单别	单别名称	底稿开立方式	同单号科目汇总
FK	付款单	ZZ	转账凭证	1:逐张	Y

表 13.24 结账单自动分录表

单别	凭证单别	借方会计科目-赊销	借方会计科目-差额	贷方会计科目-收入	贷方会计科目-税额	贷方会计科目-差额
JZ 结账单	ZZ 转账凭证	1131 应收账款	5405 其他业务支出	5101 主营业务收入	21710105 销项税额	5102 其他业务收入

表 13.25 收款单自动分录表

单别	凭证单别	单别名称	同单号科目汇总	借方摘要来源	贷方摘要来源
SK 收款单	ZZ	转账凭证	Y	76812	76812

表 13.26 厂内领料单自动分录表

单别	凭证单别	借方会计科目-在产品_材料	贷方会计科目-制费	借方会计科目-存货	贷方会计科目-存货
LL 厂内领料单	ZZ 转账凭证	410101 基本生产成本	4105 制造费用	1211 原材料	1221 包装物

表 13.27 生产入库单自动分录表

单别	凭证单别	借方会计科目-存货	贷方会计科目-在制
RK 生产入库单	ZZ 转账凭证	1243 库存商品	410101 基本生产成本

说明："自动分录"的功能可以将业务模块单据自动抛转到会计总账,生成相应的会计凭证。

3.实验小结

本节实验完成了总账管理子系统中的基础数据设置。通过本次实验设置了会计科目、会计单据性质、会计参数、会计期间及会计分录性质。

13.2.6 期初开账

系统初始化结束时需要将企业现有相关基础数据录入到数字化企业中,即录入企业的各种开账信息并作期末月结。月结完成后,数字化企业运营正式开始。

1.实验内容

录入企业的各种开账信息并作期末月结,本实验主要包括库存期初开账、总账期初开账及期末月结。具体内容有：2023 年 11 月 30 日，光华家具公司开始录入公司期初数据。

2. 操作步骤

第 1 步：录入成本开账/调整单。

在系统主界面左边树状结构处，选择"存货管理子系统"→"库存交易"，在该树状结构中，双击"录入成本开账/调整单"模块，进入"录入成本开账/调整单"界面，单击"新增"按钮，依照表 13.28 所示的内容录入库存开账信息。录入完毕保存，并关闭该界面。

表 13.28　库存开账信息表

单别	单号	日期	
KCKZ	自动生成	2023-11-30	
品号	品名	数量	单位材料	材料成本
BD	背垫	200	90	18000
ZZ	中支	400	70	28000
LZ	轮子	500	15	7500

说明：

● 凡库存系统所使用的单据，如盘点单、报废单、调拨单、数量调整单等，必须在录入单据性质作业中编设单据代码及相关基础信息，以方便日后交易单据输入。

● 此项一经设置，请勿随意更改。必须更改时，请保持在单一客户状况更改，交易类别将影响进销存的统计。

第 2 步：会计总账开账。

在"会计总账子系统"中单击"录入会计凭证"模块，打开"录入会计凭证"界面，单击"新增"按钮，直接将各科目结余以该开账凭证输入、保存（审核）、出纳并作凭证单笔过账。如图 13.15 所示。完成后关闭该界面。

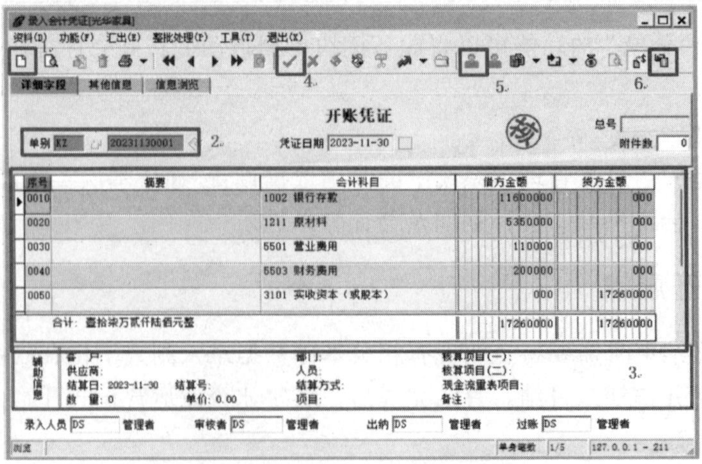

图 13.15　录入会计总账开账界面

其中："单别"：财务开账：

借：1002　银行存款　　　　　　116000

　　1211　原材料　　　　　　　53500

　　5501　营业费用　　　　　　1100

　　5503　财务费用　　　　　　2000

贷：3101　实收资本　　　　　172600

☞ 此凭证单别仅于此运用一次，以后不必再使用。

第 3 步：自动转账。

① 自动转账。在"会计总账子系统"中单击"自动转账"模块，进入"自动转账"界面，按图 13.16（a）和图 13.16（b）所示的顺序操作。完成后单击"取消"按钮，关闭该界面。

② 生成的会计凭证在"录入会计凭证"中查询并过账。在"录入会计凭证"界面，单击"查询"按钮，查询到刚生成的会计凭证（已自动审核），单击"过账"按钮并作凭证单笔过账，完成后保存并关闭该界面，顺序如图 13.16（c）所示。

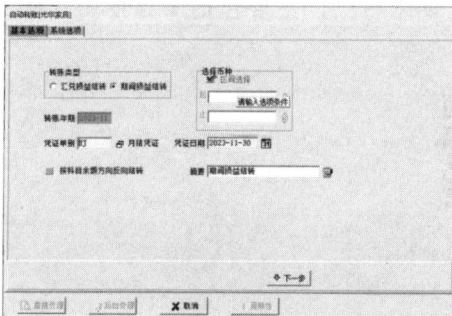

（a）

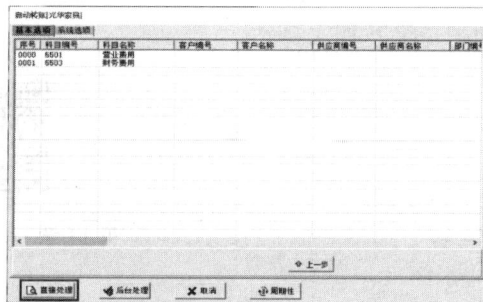

（b）

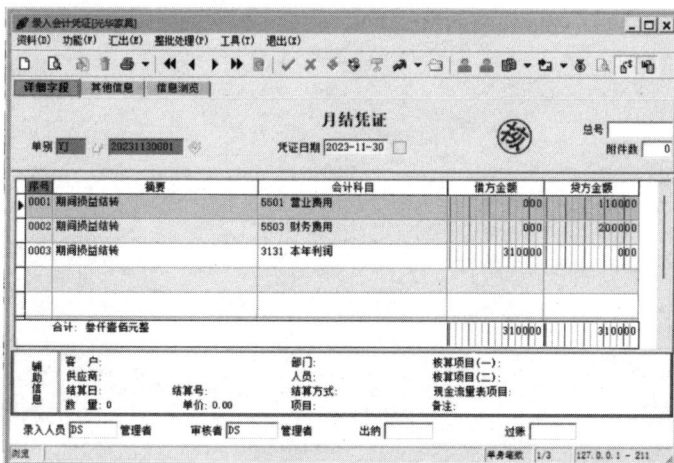

（c）

图 13.16　自动转账界面

　　说明：本实验采用的总账结转方式为"账结法"，在总账月结之前应进行"自动结转——损益结转"。

　　第4步：期末结账。

　　① 存货月结。在"存货管理子系统"中单击"月底存货结转"模块，进入"月底存货结转"界面，单击"直接处理"，完成后单击"取消"按钮关闭该界面。

　　② 应收/应付月结。分别在"应收管理子系统"和"应付管理子系统"中，单击"应收账款月结"和"应付账款月结"模块，分别进入"应收账款月结"和"应付账款月结"界面，单击"直接处理"，完成后单击"取消"按钮关闭该界面。

　　③ 总账月结。在"会计总账子系统"中单击"会计月结"模块，进入"会计月结"界面，单击"直接处理"，完成后单击"取消"按钮关闭该界面。

　　说明：本实验开账不涉及应收、应付、采购、销售及生产子系统的开账；本操作目的是将11月底的期末余额结转成2月的期初余额；由于存货期初开账不涉及"成本来源""成本赋予"的单据，所以"月底成本计价""自动调整库存"无须操作。

　　3. 实验小结

　　本节实验完成录入企业的各种开账信息并作期末月结，主要包括库存期初开账、总账期初开账及期末月结。

第13章　数字企业构建

第14章 主业务流程体验

本章引言

ERP 系统是一个基于业务流程的集成信息系统，借助 ERP 系统，企业各部门的工作被有机地组合在各类业务流程之中，根据客户订单完成生产和销售，以及定期进行企业经营核算，这是生产企业典型的主流程。本章所设计的 ERP 系统主流程实验，重点在于实现 ERP 基本原理与企业基本业务流程结合的体验。通过简单的业务处理，一方面突出企业基于业务流程进行经营管理的思想和方法，另一方面体验 ERP 系统的运作流程及操作方法。本章实验共涉及 5 个模块：订单与批次需求计划（LRP），采购与应付管理，生产管理，销售与应收管理，期末结账。

本章重点

◆ 理解企业生产经营过程
◆ 了解企业经营管理主流程
◆ 掌握 ERP 系统中基于订单生产的主业务流程
◆ 掌握 ERP 系统中基本流程的操作方法

14.1 实践活动分析与设计

14.1.1 主流程实践分析

易飞 ERP 系统在客户界面中将重要的业务流程清晰地显示出来，不仅包括系统的主框架，也包括其他重要模块中的主业务流程图，客户据此可以理解和完成各业务流程，极大地方便了客户，也清晰地反映了基于价值链的业务流程思想，这也是该系统的重要特点之一。

在本教材的实践设计中，大幅度简化了系统的功能组织，以基本的按单生产模式，将 ERP 系统的重要功能通过业务流程的方式组织起来，非常清晰地反映了各功能模块之间的关系，以及完整的企业经营流程。通过主流程实践可以初步理解企业生产经营过程；了解企业经营管理主流程；掌握 ERP 系统中基于订单生产的主业务流程和基本流程的操作方法。

主流程实践共涉及 5 个模块：订单与批次需求计划，采购与应付管理，生产管理，销售与应收管理，期末结账。

订单与批次需求计划包括依照客户需求录入订单和依据订单生成批次需求计划。通过此实践可以了解 ERP 系统中订单与批次需求计划之间的业务流和信息流,理解批次需求计划的主要作用与目的,了解主要的基础数据含义及其设置方法,掌握订单录入、批次需求计划生成的基本方法。

采购与应付管理主要是依照批次需求计划生成的采购单安排采购,以及到货后进行验收入库和应付款的处理。通过此实践可以了解企业采购与应付的基本流程和主要的基础数据含义及其设置方法,理解 ERP 系统中采购管理与应付管理之间的信息流程与单据特征,掌握采购单录入、进货单录入、应付凭单录入的基本方法。

生产管理主要由依照批次需求计划生成的生产计划准备原料安排生产,通过工艺管理控制和调整整个生产过程。通过此实践可以了解企业生产的基本流程其主要的基础数据含义及其设置方法,理解 ERP 系统中生产管理(车间管理)信息流程及单据特征,掌握生产管理(车间管理)中操作流程及单据处理的基本方法。

销售与应收管理主要是产成品入库后发货、销货后应收款项的处理。通过此实践可以了解企业销售与应收的基本流程,以及其主要的基础数据含义及设置方法;理解 ERP 系统中销售管理与应收管理之间的信息流程及单据特征;初步了解和掌握销货单录入、结账单录入、收款单录入的基本方法。

期末结账主要是期末结账处理,主要包括:存货月结、应收应付月结、自动分录抛转及总账结账。通过此实践,可以了解企业月底存货及账务结转的基本流程,以及初步了解主要的基础数据含义及其设置方法,理解 ERP 系统中存货管理与自动分录、会计总账之间的信息流程及单据特征,掌握月底结账中的各项操作。

14.1.2 主流程体验设计

主流程体验实践以"按单生产"为背景,通过对一个客户订单的处理过程,介绍了企业生产经营的主要过程,包括:客户订单录入、生成批次需求计划并发放"LRP 工单"和"LRP 采购单",据此作原材料采购、入库及应付账管理,便开始进行生产,产成品入库后,则开始销售、出库及应收账管理,最后是总账月结。其核心是使用"批次需求计划"进行生产排程和物料需求管理的流程模拟实践。

主流程实践展现了 ERP 系统功能组织的全貌,主要涉及易飞 ERP 系统中的进销存管理子系统、生产管理子系统和财务管理子系统。主业务流程主要包括:

(1)订单与批次需求计划

订单与批次需求计划实践根据客户需求填制订单,并据此制订批次需求计划,批次需求计划自动生成生产计划及生产所需原料的采购计划。生产计划和采购计划审核完成后,发放成工单和采购单。此外,本实践也可针对某张特定工单或计划,单独计算其生产计划及采购计划。即批次需求计划适用于按单生产。

(2)采购与应付管理

采购与应付管理实践中,采购人员根据发放的 LRP 采购单通过审核采购单进行采购，货到后验收入库，财务人员根据验收单进行应付账款的处理。本实践有效地体现了采购与应付管理之间的信息共享和关联，信息关联通过引用"前置单据"体现。

（3）生产管理

生产管理实践是根据 LRP 工单的要求安排生产，经由工艺管理子系统，适时监控和调整原材料投入生产、在制品转移、成品入库等各项作业信息，保证生产顺利进行，并在此过程中提高生产效率。

（4）销售与应收管理

销售与应收管理实践是根据客户订单发货销售，完成销货单录入。销售完成后财务人员完成应收款的处理，完成结账单和收款单的录入。

（5）期末结账

期末结账实践是练习企业期末各系统结账的一些工作，包括：存货月结、应收/应付月结、自动分录抛转及总账结账。实现月底财务信息汇总，生成财务报表。

14.2　实践数据分析

ERP 系统是一个复杂的集成的信息系统，市场上的 ERP 系统非常多，体现着不同的侧重点和优势，因而 ERP 产品的功能模块结构相差较大。本节撇开实际的产品，从企业的角度，简单描述 ERP 系统的功能结构及其流程，即 ERP 能够为企业做什么，它的模块功能到底包含哪些内容，是怎样实现其功能的。

14.2.1　系统功能组织

以典型制造业为例，从企业管理方面看，一般的管理主要包括 3 方面的内容：生产控制（计划、制造）、物流管理（分销、采购、库存管理）和财务管理（会计核算、财务管理）。这三大系统本身就是集成体，它们互相之间有相应的接口，能够很好地集成在一起，来对企业进行管理。另外，随着企业对人力资源管理重视的加强，已经有越来越多的 ERP 系统厂商将人力资源管理作为 ERP 系统的一个重要组成部分。

随着信息技术应用的深入，ERP 系统的功能在不断扩展，同时也在与电子商务等应用不断集成，但就最基本概念而言，典型 ERP 系统的功能主要包括财务管理、物流管理、生产计划与控制管理、人力资源管理等方面，并逐步实现与企业外部的有机集成，如图 14.1 所示。

ERP 系统从最基本的层面上来看，分为：财务管理、物流管理、生产管理、人力资源管理。从另一个层面上来看又有 4 个全景：供应全景、消费全景、生产全景和知识全景，分别对应供应链管理 SCM、客户关系管理 CRM、产品生命周期管理 PLM 和知识管理 KM，4 个全景管理是在企业足够的信息化基础上进行的。如果说第一层面的4 种管理是信息化企业的具体工作流程，那第二层面的全景管理则是信息化企业的管理思想。

图 14.1　ERP 软件功能框架

1. 财务管理

在企业中，清晰分明的财务管理是极其重要的。所以，在 ERP 整个方案中它是不可或缺的一部分。ERP 系统中的财务模块与一般的财务软件不同，作为 ERP 系统的一部分，它和系统其他模块有相应的接口，能够相互集成。例如：它可将由生产活动、采购活动输入的信息自动计入财务模块生成总账、会计报表，取消了输入凭证的烦琐过程，几乎完全替代以往传统的手工操作。ERP 软件的财务部分一般分为会计核算与财务管理两大块。

1）会计核算

会计核算主要是记录、核算、反映和分析资金在企业经济活动中的变动过程及其结果。它由总账、应收账、应付账、现金管理、固定资产核算、多币制、工资核算、成本等模块构成。

（1）总账模块

总账模块处理记账凭证输入、登记，输出日记账、一般明细账及总分类账，编制主要会计报表。它是整个会计核算的核心，应收账、应付账、固定资产核算、现金管理、多币制、工资核算等模块都以其为中心来互相信息传递。

（2）应收账模块

应收账模块是指企业应收的由于商品赊欠而产生的正常客户欠款账。它包括发票管理、客户管理、付款管理、账龄分析等功能。它和客户订单、发票处理业务相联系，同时将各项事件自动生成记账凭证，过入总账。

（3）应付账模块

会计里的应付账是企业应付购货款等账，它包括了发票管理、供应商管理、支票管理、账龄分析等。它能够与采购模块、库存模块完全集成，以替代过去烦琐的手工操作，同时将各项事件自动生成记账凭证，过入总账。

（4）现金管理模块

现金管理模块主要是对现金流入流出的控制，以及零用现金和银行存款的核算。包括对硬币、纸币、支票、汇票和银行存款的管理。在 ERP 系统中提供了票据维护、票据打印、付款维护、银行清单打印、付款查询、银行查询和支票查询等和现金有关的功能。此外，它还和应收账、应付账、总账等模块集成，自动产生凭证，过入总账。

（5）固定资产核算模块

固定资产核算模块是对固定资产的增减变动以及折旧有关基金计提和分配的核算工作。它能够帮助管理者对目前固定资产的现状有所了解，并能通过该模块提供的各种方法来管理资产，以及进行相应的会计处理。它的具体功能有：登录固定资产卡片和明细账，计算折旧，编制报表，以及自动编制转账凭证，并过入总账。它和应付账、成本、总账模块集成。

（6）多币制模块

这是为了适应当今企业国际化经营、对外币结算业务的要求增多而产生的。多币制将企业整个财务系统的各项功能以各种币制来表示和结算，且客户订单、库存管理及采购管理等也能使用多币制进行交易管理。多币制模块和应收账、应付账、总账、客户订单、采购等各模块都有接口，可自动生成所需数据。

（7）工资核算模块

工资核算模块自动进行企业员工的工资结算、分配、核算，以及各项相关经费的计提。它能够登录工资、打印工资清单及汇总各类报表，计算计提各项与工资有关的费用，自动做出凭证，导入总账。这一模块是和总账、成本模块集成的。

（8）成本模块

成本模块是依据产品结构、工作中心、工序、采购等信息进行产品的各种成本的计算，以便进行成本分析和规划，还能用标准成本或平均成本法按地点维护成本。

2）财务管理

财务管理的功能主要是对会计核算的数据再加以分析，从而进行相应的预测、管理和控制活动。它侧重于财务计划、控制、分析和预测。

（1）财务计划

根据前期财务分析做出下期的财务计划、预算等。

（2）财务分析

提供查询功能和通过客户定义的差异数据的图形显示进行财务绩效评估、账户分析等。

（3）财务决策

它是财务管理的核心部分，中心内容是做出有关资金的决策，包括资金筹集、投放及资金管理。

2. 物流管理

物流管理是 ERP 系统的基本组成部分。物流是物品在供应链中的流动过程。物品在流动过程中，分别以不同物资形态体现在供应链的每个结点上。企业从供应商采购物料入库，以备生产所需；生产开始时将物料从仓库中领出，经过生产加工生产出产成品入库；最后将产成品出库销售给客户。由此可见，物品的流动贯穿购、销、存管理的每一方面，下面从销售管理、库存控制和采购管理展开描述。

（1）销售管理

销售管理从产品的销售计划开始，对企业销售产品、销售地区、销售客户各种信息进行管理和统计，并可对销售数量、金额、利润、绩效、客户服务做出全面的分析，这样在销售管理模块中大致有 3 方面的功能。

第一，对于客户信息的管理和服务。建立客户信息档案，对其进行分类管理，进而对其提供针对性的客户服务，以最高效率地保留老客户、争取新客户。在这里，要特别提到的就是客户关系管理系统，ERP 系统与它的结合必将大大增加企业的效益。

第二，对于销售订单的管理。销售订单是 ERP 系统的入口，所有的生产计划都是根据它下达并进行排产的。销售订单的管理贯穿了产品生产的整个流程。它包括：①客户信用审核及查询（客户信用分级，来审核订单交易）；②产品库存查询（决定是否要延期交货、分批发货或用代用品发货等）；③产品报价（为客户作不同产品的报价；④订单输入、变更及跟踪（订单输入后，对订单变更的修正，以及订单的跟踪分析）；⑤交货期的确认及交货处理（决定交货期和发货事务安排）。

第三，对于销售的统计与分析。系统根据销售订单的完成情况，依据各种指标做出统计，比如客户分类统计，销售代理分类统计，等等，然后就这些统计结果来对企业实际销售效果进行评价：①销售统计（根据销售形式、产品、代理商、地区、销售人员、金额、数量分别进行统计）；②销售生产分析（包括对比目标、同期比较和订货发货分析，从数量、金额、利润及绩效等方面作相应的分析）；③客户服务（客户投诉记录，原因分析）。

（2）库存控制

库存控制是指控制存储物料的数量，以保证稳定的物流支持正常的生产，但又最小限度地占用资本。它是一种相关的、动态的以及真实的库存控制系统。它能够结合并满足相关部门的需求，随时间变化动态地调整库存，精确反映库存现状。这一系统的功能又涉及以下几方面。

① 为所有的物料建立库存，决定何时订货采购，同时作为交与采购部门采购、生产部门作生产计划的依据。

② 收到订购物料，经过质量检验入库，生产的产品也同样要经过检验入库。

③ 收发料的日常业务处理工作。

（3）采购管理

采购管理是指确定合理的订货量、优秀的供应商和保持最佳的安全储备，并能够随时提供订购、验收的信息，跟踪和催促外购或委外加工的物料，保证货物及时到达。建立供应商的档案，用最新的成本信息来调整库存的成本。具体有：

① 供应商信息查询（查询供应商的能力、信誉等）。

② 催货（对外购或委外加工的物料进行跟催）。

③ 采购与委外加工统计（统计、建立档案，计算成本）。

④ 价格分析（对原料价格进行分析，调整库存成本）。

3．生产计划与控制管理

这一部分是 ERP 系统的核心所在，它将企业的整个生产过程有机地结合在一起，使得企业能够有效地降低库存，提高效率。同时各个原本分散的生产流程的自动连接，使生产流程能够前后连贯的进行，而不会出现生产脱节，耽误生产交货时间。

生产计划与控制管理是一种以计划为导向的先进的生产、管理方法。首先，企业确定它的一个总生产计划，再经过系统层层细分后，将细分后的最终计划下达到各部门去执行。即生产部门以此生产，采购部门按此采购，等等。生产计划与控制主要包括以下几方面。

（1）主生产计划

主生产计划根据生产计划、预测和客户订单的输入安排未来各周期中提供的产品种类和数量，它是将生产计划转为产品计划，在平衡物料和能力的需要后，精确到时间、数量的详细的进度计划。主生产计划是企业在一段时期内的活动安排，是一个稳定的计划，是根据生产计划、实际订单和对历史销售分析得来的预测产生的。

（2）物料需求计划

主生产计划决定生产多少最终产品后，再根据物料清单，把整个企业要生产的产品的数量转变为所需生产的零部件的数量，并对照现有的库存量，得到还需加工多少，采购多少的最终数量，即物料需求计划，这才是整个部门真正依照的计划。

（3）能力需求计划

能力需求计划是在得出初步的物料需求计划之后，将所有工作中心的总工作负荷，在与工作中心的能力平衡后产生的详细工作计划，用以确定生成的物料需求计划是否是企业生产能力上可行的需求计划。能力需求计划是一种短期的、当前实际应用的计划。

（4）车间控制

车间控制是随时间变化的动态作业计划，它将作业分配到具体各个车间，再进行作业排序、作业管理、作业监控。

（5）制造标准

在编制计划中需要许多生产基本信息，这些基本信息就是制造标准，包括零件、产品结构、工序和工作中心，都用唯一的代码在计算机中识别。

① 零件代码，是对物料资源的管理，对每种物料给予唯一的代码识别。

② 物料清单，是定义产品结构的技术文件，用来编制各种计划。

③ 工序，是描述加工步骤及制造和装配产品的操作顺序。它包含加工工序顺序，指

明各道工序的加工设备及所需要的额定工时和工资等级等。

④ 工作中心，是由使用相同或相似工序的设备和劳动力组成的，是从事生产进度安排、核算能力、计算成本的基本单位。

4. 人力资源管理

以往的 ERP 系统基本上都是以生产制造及销售过程（供应链）为中心的。因此，长期以来一直把与制造资源有关的资源作为企业的核心资源进行管理。但近年来，企业内部的人力资源开始越来越受到企业的关注，被视为企业的资源之本。在这种情况下，人力资源管理作为一个独立的模块，被加入到 ERP 系统中，与财务、生产系统组成了一个高效的、具有高度集成性的企业资源系统。它与传统方式下的人事管理有着根本的不同。

（1）人力资源规划的辅助决策

对企业人员、组织结构编制的多种方案，进行模拟比较和运行分析，并辅之以图形的直观评估，可辅助管理者做出最终决策。

制定职务模型，包括职位要求、升迁路径和培训计划，根据担任该职位员工的资格和条件，系统会提出针对该员工的一系列培训建议，一旦机构改组或职位变动，系统会提出一系列的职位变动或升迁建议。

进行人员成本分析，可以对过去、现在、将来的人员成本做出分析及预测，并通过 ERP 集成环境，为企业成本分析提供依据。

（2）招聘管理

人才是企业最重要的资源。只有优秀的人才才能保证企业持久的竞争力。招聘系统一般从以下几个方面提供支持。

① 进行招聘过程的管理，优化招聘过程，减少业务工作量。

② 对招聘的成本进行科学管理，从而降低招聘成本。

③ 为选择聘用人员的岗位提供辅助信息，并有效地帮助企业进行人才资源的挖掘。

（3）工资核算

ERP 系统中的人力资源管理模块能根据公司跨地区、跨部门、跨工种的不同薪资结构及处理流程制定与之相适应的薪资核算方法。它与时间管理直接集成，能够及时更新，实现对员工薪资核算的动态化。它只有回算功能。通过和其他模块的集成，自动根据要求调整薪资结构及数据。

（4）工时管理

工时管理可以根据本国或当地的日历，安排企业的运作时间及劳动力的作息时间表。运用远端考勤系统，可以将员工的实际出勤状况记录到主系统中，并把与员工薪资、奖金有关的时间数据导入薪资系统和成本核算中。

（5）差旅核算

系统能够自动控制从差旅申请、差旅批准到差旅报销的整个流程，并且通过集成环境将核算数据导进财务成本核算模块中去。随着近年来人们对人力资源管理的重视和技术不断提高，该功能也在不断扩展和深化。

14.2.2　系统运作流程

1．基于物流与资金流集成

ERP 实现了基于业务流程的信息集成管理，ERP 将基于信息的物流与资金流集成在一起。运用现代先进的企业管理思想，通过统一的数据平台，把企业的物流、信息流、资金流（简称"三流"）进行高度集成，从而方便企业内外部流程的构建、跟踪、重组和更新，使企业管理者能够准确了解企业每一事件的来龙去脉，并基于数据和分析工具进行及时、准确的决策。在软件的实现和使用中，主要表现为各类单据在系统中的流转和信息转化，如图 14.2 所示。

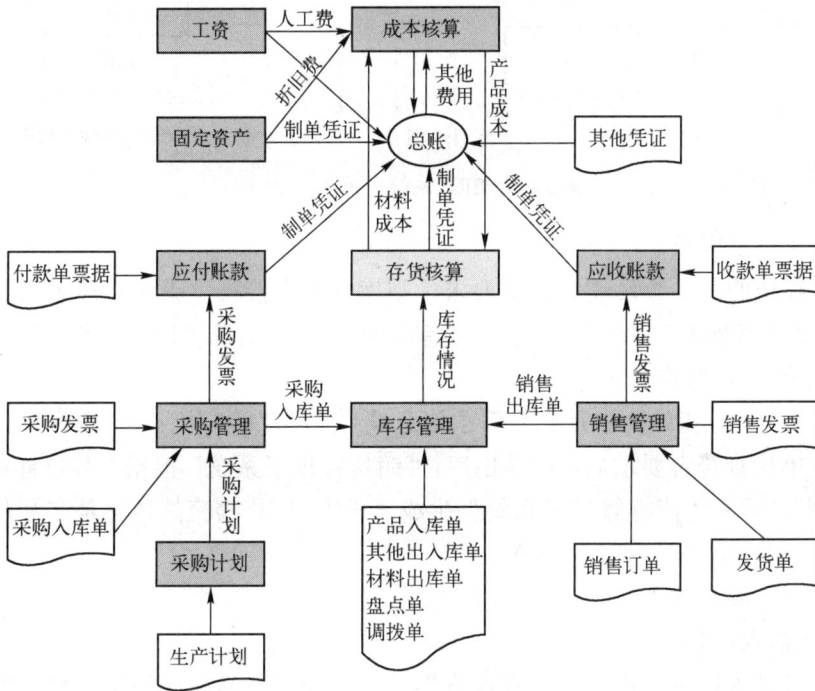

图 14.2　ERP 基于信息的物流与资金流集成示意图

企业在进行经营活动中，经营模式不同，业务流程也不尽相同。本节将 ERP 系统的主要功能，通过业务流程的方式进行组织。涵盖了销售管理、库存管理、采购管理、生产管理、财务管理等管理模块，同时汇聚了"三流"的流动。ERP 系统将这些部门管理及其"三流"紧密集成在一起。如图 14.3 所示为 ERP 系统主流程示意图，图中非常清晰地反映了信息流动及各功能模块之间的关系，以及企业经营流程。

2．主业务流程

当销售部门的业务员接到客户订货需求之后，在"销售管理子系统"中录入"客户订单"；在确认订单时，系统自动进行"库存检查"（查询该产品的库存数量），此时会出现以下两种情况。

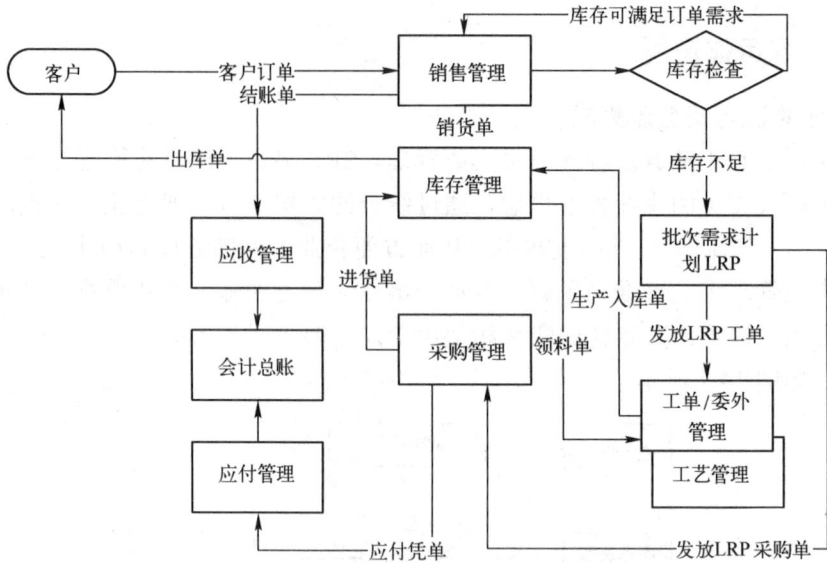

图 14.3   ERP 系统主流程示意图

（1）库存满足需求

现有库存中的产品数量满足订单要求，则库管员直接在"销售管理子系统"中生成"销货单"；当"销货单"生成之后，系统自动把该单据的信息传递到"库存管理子系统"，生成"出库单"，此时产品出库。

该流程中，信息流的传递是产品需求信息从"客户订单"传递至"库存管理子系统"，库存根据订单检查符合要求后，产品出库，"销售管理子系统"根据"客户订单"信息生成"销货单"，同时"库存管理子系统"生成"出库单"。物流的传递是产品从仓库流向客户。

（2）库存不满足需求

① 批次需求计划。

销售人员录入订单、进行"库存检查"时，发现有产品库存不足，将该信息传递到生产部门，根据产品结构、库存情况及能力需求等，进行产品生产及原材料采购的安排：即运行"批次需求计划"的运算。

通过批次需求计划运算，生成"批次生产计划"和"批次采购计划"，发放后自动在"工单/委外管理子系统"中生成相应"工单"，以及在"采购管理子系统"中生成相应原材料的"采购单"，之后，业务操作从采购和生产两个方向进行。

该流程中，信息流的传递是产品需求信息从"客户订单"传递至"库存管理子系统"，库存根据订单检查后，将产品信息从"客户订单"传递至"批次需求计划子系统"，结合产品结构、库存信息、产能等信息，生成"批次生产计划"和"批次采购计划"信息，将生产信息和采购信息分别再传递至"工单/委外管理子系统"和"采购管理子系统"，之后信息流分成采购和生产两个分支。

② 原材料采购和财务应付。

"采购单"经审核后进行原材料采购，原材料到货验收入库后，在"采购管理子系统"中录入"进货单"，同时系统自动把该单据信息传送到"库存管理系统"，生成"入库单"；与此同时，在"应付管理子系统"中自动或手动录入一张"应付凭单"，确认应付账款；财务应付人员根据支付采购款，在"应付管理子系统"中填制"付款单"，冲销应付账款，并通过"自动分录子系统"将单据抛转到"会计总账子系统"进行相关账务处理，完成采购业务。该流程的信息流是在原材料采购到货后，将"采购管理子系统"的"采购单"中原材料采购信息传递并生成"进货单"信息；并将此信息传递给"应付管理子系统"生成相应的应付账款信息——"应付凭单"；然后根据支付货款情况，将"付款单"中货款信息传递给"应付凭单"进行应付账款冲销；最后通过"自动分录子系统"将"应付凭单"的未付款信息和"付款单"已付款信息抛转到"会计总账子系统"进行相关账务处理。

该流程的物流传递是原材料从供应商流向企业仓库。

该流程的资金流传递是在支付货款时，企业资金从企业流向供应商。

③ 领料生产和产成品入库。

生产部门根据"工单管理子系统"中生成的"领料单"到库存部门领取原材料后，根据事先设定的"产品工艺路线"开始进行生产（具体生产流程将在下面主生产业务流程中详细描述）。在制造加工完成之后，产品验收入库，生成"生产入库单"将信息传递至"库存管理子系统"。

该流程的信息流传递是将生产信息从"工单管理子系统"中的"LRP 工单"和"工艺管理子系统"的"产品工艺路线"传递至"工单/委外管理子系统"进行生产加工；生产完成后，根据"LRP 工单"在"工单/委外管理子系统"中生成"生产入库单"，并将产品信息传递至"库存管理子系统"。

该流程的物流是原材料从仓库流向生产部门，生产出的产品从生产部门流向仓库。

④ 销售出库和财务应收。

当库存产品数量达到订单需求后，库管员在"销售管理子系统"中录入"销货单"，同时系统自动把该单据的信息传送到"库存管理子系统"，触发生成"出库单"。与此同时，在"应收管理子系统"中自动生成或财务应收人员自动或手动录入一张"结账单"，确认应收账款。当客户接货验收并付款后，应收人员在"应收管理子系统"中填制"收款单"，冲销应收账款，并通过"自动分录子系统"将单据抛转到"会计总账子系统"进行相关账务处理，完成销售业务。整个业务流程完成。

该流程的信息流是产品出库时，将"销售管理子系统"中的"客户订单"信息传递并生成"销货单"，并将此信息传递至"应收管理子系统"生成相应的应收账款信息——"结账单"；然后根据客户付款情况，将"收款单"中货款信息传递给"结账单"进行应收账款冲销；最后通过"自动分录子系统"将"结账单"的未收款信息和"收款单"已收款信息抛转到"会计总账子系统"进行相关账务处理。

该流程的物流是产成品从企业仓库流向客户。

资金流的传递是在收取货款时，资金从客户流向企业。

14.2.3　基于系统功能的三流

上述主业务流程分析了各子系统间的关系和"三流"的流动过程，下面从系统功能角度进一步描述。按照系统功能划分，主业务流程又可分为以下 3 部分：物流业务流程、主生产业务流程和财务业务流程。

1．物流业务流程

1）销售管理业务流程

如图 14.4 所示为销售管理业务流程及其涉及的相关部门人员和子系统。

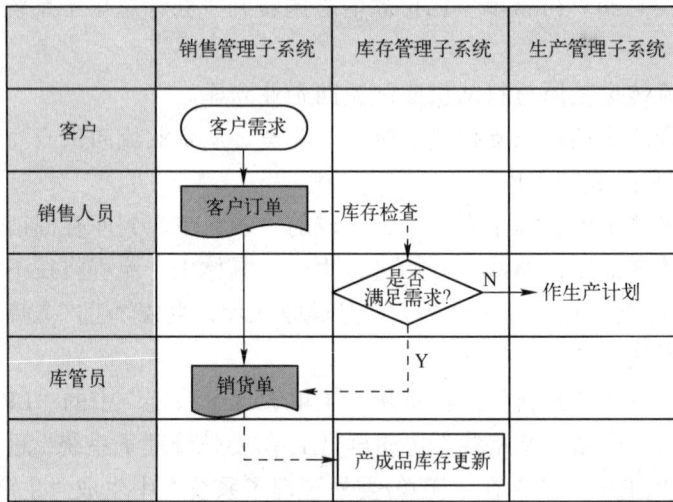

图 14.4　销售管理业务流程

销售源于客户需求，对销售业务流程描述如下。

（1）录入客户订单，检查产品库存信息

销售部门接到客户订货需求之后，销售人员在"销售管理子系统"中记录订货情况，即录入"客户订单"。此时，销售人员可以进行"库存检查"，查询该产品的库存数量，若现有的存货数量满足订单要求，则可以直接将产品出库销售。若现有的存货不能满足订单要求，则需要根据客户订单，制订生产计划和所需原材料的采购计划，以安排生产。

该流程的信息流是产品的订货信息通过"客户订单"将客户需求信息从客户输入到"销售管理子系统"，同时经过"库存管理子系统"对库存产品的查询，将产品库存信息反馈到"销售管理子系统"。即，若产品库存满足需求，则可准备销售出库；若产品库存不满足需求，则根据现有库存信息制订生产计划。

（2）销售产品

当库存满足订单需求，则可进行销售。销售人员通知库管员后，库管员在"销售管理子系统"根据客户订单，记录销货信息，录入"销货单"完成销货任务。"销货单"在销售子系统中录入，但是在产品出库时会同步更新"库存管理子系统"中的库存信息。

该流程的信息流是将"客户订单"的部分有关产品需求信息传递到"销货单"中生成销货信息。

2）采购管理业务流程

如图 14.5 所示为采购管理业务流程，以及涉及的相关部门人员和子系统。

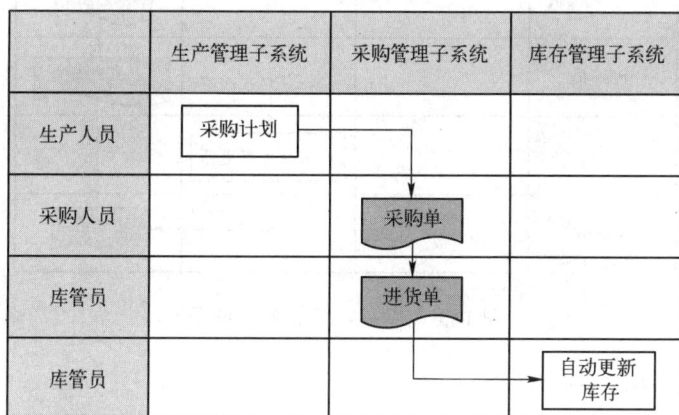

	生产管理子系统	采购管理子系统	库存管理子系统
生产人员	采购计划		
采购人员		采购单	
库管员		进货单	
库管员			自动更新库存

图 14.5　采购管理业务流程图

对采购业务流程描述如下。

根据产品生产加工所需，采购人员在"采购管理子系统"中审核计划部门发放的"采购单"相关信息，确认后，开始采购；采购到货后，库管员记录验收情况，即录入"进货单"，完成原材料采购。"进货单"在采购子系统中录入。

该流程的信息流是将"生产管理子系统"中生产计划部门发放的"采购计划"传递到"采购管理子系统"，生成"采购单"；采购原材料到货后，将"采购单"中信息传递并生成进货信息，即"进货单"。

3）库存管理业务流程

如图 14.6 所示为库存管理业务流程及其涉及的相关部门人员和子系统。

库存部门根据"销售管理子系统"提供的"客户订单"对所需产品数量进行查询，决定是否还需要进行生产。当库存数量不满足客户需求时，需要进行生产及原材料采购。其业务流程及信息流、物流描述如下。

（1）采购入库

原材料到货后，库存部门根据"进货单"进行审核入库，完成采购入库。

该流程的信息流是将"采购管理子系统"中生成"进货单"信息传递到"库存管理子系统"，生成入库信息并更新库存数量。

物流方向是采购货物从供应商流向企业，质量检验合格后，最后到达库存部门。

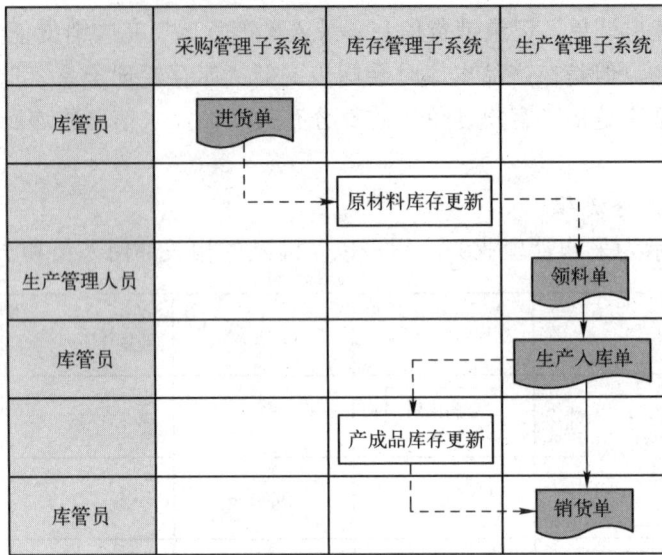

图 14.6　库存管理业务流程图

（2）生产出/入库

生产开始前，生产部门根据生产计划生成的"领料单"领取原材料，库存部门根据领料需求将原材料出库，同时更新原材料库存信息；生产结束后，生产部门通过填制的"生产入库单"将在制品或产品送至库存部门进行入库，"库存管理子系统"根据"生产入库单"自动更新产成品的入库信息，完成在制品或产品入库。

该流程的信息流是将"生产管理子系统"的"领料单"的信息传给"库存管理子系统"，更新库存原材料信息；将"生产管理子系统"的"生产入库单"信息传递到库存部门，"库存管理子系统"根据此信息在产品入库后更新产品库存信息。

物流方向包含两个方面：一方面是领料出库时，原材料是从库存部门到生产部门；另一方面是生产出的产成品从生产部门到库存部门。

（3）产品出库

当现有存货数量满足订单要求时，可以将产品销售出库。库存部门根据"销售管理子系统"的"销货单"，完成产品出库，并更新产品库存信息。

该流程的信息流是将"销售管理子系统"的"销货单"信息传送到"库存管理子系统"，按照此信息，生成出库信息并更新产品库存信息。

物流方向是产品从企业的库存部门经由物流运输部门到达客户。

2．主生产业务流程

如图 14.7 所示为主生产业务流程及其涉及的相关部门人员和子系统。

按照"客户订单"所需，库存不满足需求，故需要安排生产，主生产业务流程描述如下。

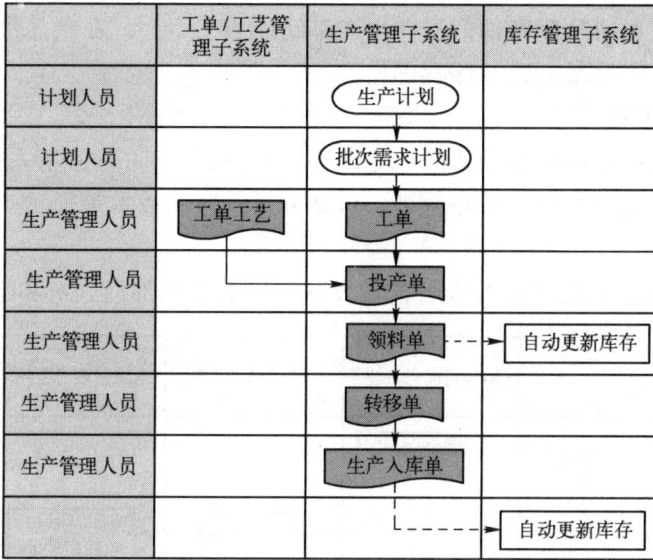

图 14.7　主生产业务流程图

1）批次需求计划

生产部门根据"客户订单"、库存信息等信息，在"批次需求计划子系统"中进行生产计划计算，生成"批次需求计划"，分别为产品的"生产计划"和原材料的"采购计划"，并分别向生产部门和采购部门发放；发放后，在"工单/委外管理子系统"中自动生成"工单"，在"采购管理子系统"中自动生成所需原材料的"采购单"，作为生产部门安排生产和采购部门进行采购的依据。

该流程的信息流是将"销售管理子系统"中"客户订单"相关信息传递给生产部门，在生产部门内经批次需求计算，生成生产计划信息和采购计划信息；再将生产计划信息和采购计划信息通过"工单"和"采购单"传递到车间生产部门和采购部门，等待执行采购和安排生产。

2）进行生产加工

生产部门人员在"生产管理子系统"中根据"生产计划"发放的"工单"和"工艺管理子系统"中设定好的"工艺"信息，录入"投产单"开始进行生产；由"投产单"系统自动派生出"领料单"，从库存部门领料进行生产；生产过程中按照"工单"部分信息，通过录入"转移单"，将在制品从第一道工序转移到最终工序；完工后按照"工单"部分信息，录入"生产入库单"，完成生产。

该流程的信息流是将"工单"和"工艺"信息传递给生产部门，生成"投产单"信息；再将"投产单"信息传递、自动生成"领料单"开始生产；将"领料单"信息传递到库存部门完成领料；生产过程中，将"工单"信息传递、生成"转移单"，将在制品相关信息从第一道工序开始加工传递到最终工序；完工后产成品信息通过"生产入库单"传递到库存部门。

物流流向是原材料从库存部门流向生产车间或加工中心，在制品按工序方向在生产部门进行流动，产成品最后流向库存部门。

3．财务业务流程

由于主业务流程中不包含日常账务处理，故此处只介绍与业务相关的资金业务流程，包括：应收管理、应付管理、总账管理、自动分录管理和成本管理。

1）应收管理

如图 14.8 所示，给出了应收业务流程及其涉及的相关部门人员和子系统。

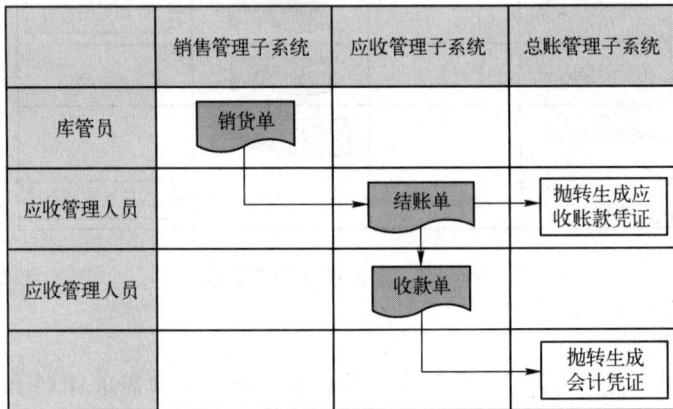

图 14.8　应收业务流程图

应收业务流程描述如下。

（1）应收账款结算

库管员在"销售管理子系统"中录入"销货单"信息并确认销货的同时，财务人员在"应收管理子系统"中，依据此"销货单"信息自动生成或手动录入销售发票，即"结账单"，确认应收款，等待客户交款；应收款的信息在月底结账时可汇总到"会计总账子系统"中生成相应的会计凭证。

该流程的信息流是将"销货单"中的销货信息传递到"应收管理子系统"，据此生成"结账单"，更新应收账款金额。

资金流向是由于销售业务产生应收账款。

（2）收款单录入

客户接货验收后付款，财务人员处理收款，在"应收管理子系统"中根据"结账单"录入"收款单"，冲销应收账款，记录收款信息。

该流程的信息流是将客户付款信息及"应收管理子系统"中的"结账单"信息，传递、生成"收款单"；最后将"收款单"中信息传递、汇总到"会计总账子系统"进行月结。

资金流向是货款从客户流向企业。

2）应付管理

如图 14.9 所示为应付业务流程及其涉及的相关部门人员和子系统。

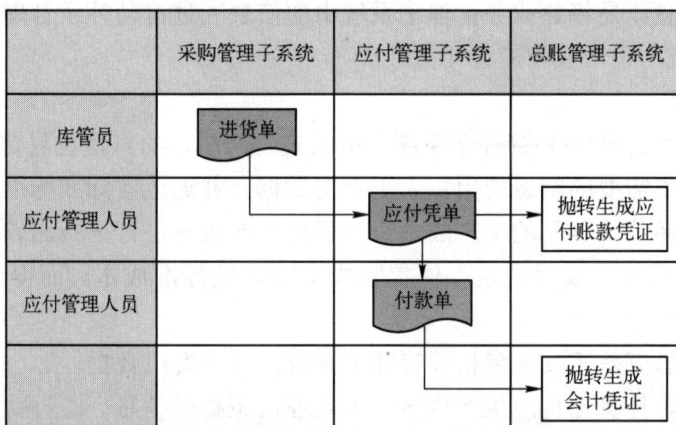

	采购管理子系统	应付管理子系统	总账管理子系统
库管员	进货单		
应付管理人员		应付凭单	抛转生成应付账款凭证
应付管理人员		付款单	
			抛转生成会计凭证

图 14.9　应付业务流程图

应付业务流程描述如下。

（1）应付账款结算

库管员在"采购管理子系统"中录入"进货单"信息并确认采购的同时，财务人员在"应付管理子系统"中，依据此"进货单"信息自动生成或手动录入采购发票，即"应付凭单"，记录应付账款项；应付款的信息在月底结账的时候汇总到"会计总账子系统"中。

该流程的信息流是将"进货单"中采购入库信息传递给"应付管理子系统"，据此生成"应付凭单"，更新应付账款金额。

资金流向是由于采购业务产生应付账款。

（2）付款单录入

企业将采购资金付给供应商后，记录付款情况，财务人员在"应付管理子系统"中根据"应付凭单"录入"付款单"冲销应付账款，记录付款信息。

该流程的信息流是将付款信息及"应付管理子系统"中"应付凭单"信息，传递、生成"付款单"；最后将"付款单"中的信息传递、汇总到"会计总账子系统"进行月结。

资金流向是资金从企业流向供应商。

3）总账管理

通过将应收应付，以及企业经营过程中产生的如设备折旧、员工工资等其他资金凭证，进行分录的生成并转入总账，整批过账后进行月结，完成会计期间的结算工作。

该流程的信息流是从应收应付管理子系统和其他管理子系统中产生的资金耗费信息，转入会计总账子系统进行信息汇总和结算。

4）自动分录管理

通过设置分录模板可设置各单据的会计分录性质，将销售、采购、生产、库存管理子系统中与资金成本相关的业务单据信息进行会计分录的设置，待实际业务发生时，按照预先的设置，自动将业务信息生成总账的会计凭证。

该流程的信息流是将各业务管理子系统中的信息通过自动分录管理的设置，传递到"会计总账子系统"中形成相应会计凭证。

5）成本管理

成本管理从"工单/委外管理子系统"中采集生产所用的直接材料费用，从"会计总账子系统"中采集需要的制造费用、人工费用数据，并通过实际或标准分摊比率计算，计算得出的产成品或在制品的生产成本可与标准生产成本进行分析比较，进而分析差异原因并归属责任所在，及时改进，使实际成本能接近标准成本，而得到最经济的产品成本。

该流程的信息流是通过采集相关管理子系统的各种费用数据，在"成本管理子系统"中进行科学计算，计算出相应生产成本，为企业决策提供信息。

14.3　订单与批次需求计划

本实验根据客户需求填制订单，并据此制订批次需求计划，批次需求计划自动生成生产计划及生产所需原料的采购计划。生产计划和采购计划审核完成后，发放成工单和采购单。此外，本作业也可针对某张特定工单或计划，单独计算其生产计划及采购计划。即批次需求计划适用于按单生产。

通过此实验，目的在于：

● 了解 ERP 系统中订单与批次需求计划之间的业务流和信息流；
● 理解批次需求计划的主要作用与目的；
● 初步了解主要的基础数据含义及其设置方法；
● 掌握订单录入、批次需求计划生成的基本方法。

14.3.1　订单录入

1．实验内容

根据客户订货情况制作完整的客户订单。注意其中的某些重要信息：订货数量、价格、交货日期、付款条件等。在本实验中主要完成的内容有：2023 年 12 月 5 日，销售员蔡春接到客户"中实集团"的一个订货电话，购买新款办公椅 100 张，要求 2023 年 12 月 26 日交货；当日签订销售合同，合同内容约定每张办公椅含税单价为 600 元，交货时随货附发票，交货后一天内付款，并以银行转账支票结算。

2．操作步骤

第 1 步：登录系统。

更改系统日期为 2023 年 12 月 5 日，打开 ERP 系统进入"系统登录"界面，以"DS"账号登录到"光华家具"账套中。登录后，进入系统主界面。

说明：

- 本实验的操作员为系统管理员，完成本章全部操作任务。也可以设定操作员为操作者本人，完成本章全部操作任务。设定方法参看 13.1.1 节系统管理中的"录入客户信息"，并设为"超级客户"权限。
- 本实验的公司账套为"光华家具 3"，在登录系统时一律选择该公司。
- 如需要分角色操作，本系统也提供了该项功能。首先以系统管理员（DS）身份登录，在"系统设置"模块中查看或新增客户信息，进行人员权限分配，然后分角色重新登录系统，进行分角色操作。初次使用该系统，建议以系统管理员身份或超级客户身份登录，进行全程操作。
- 本实验是体验企业日常业务处理完整流程，是在完成基础设置（系统初始化）后的实验。

第 2 步：进入"录入客户订单"界面。

在"销售管理子系统"界面中，单击"录入客户订单"模块，进入"录入客户订单"界面，如图 14.10 所示。

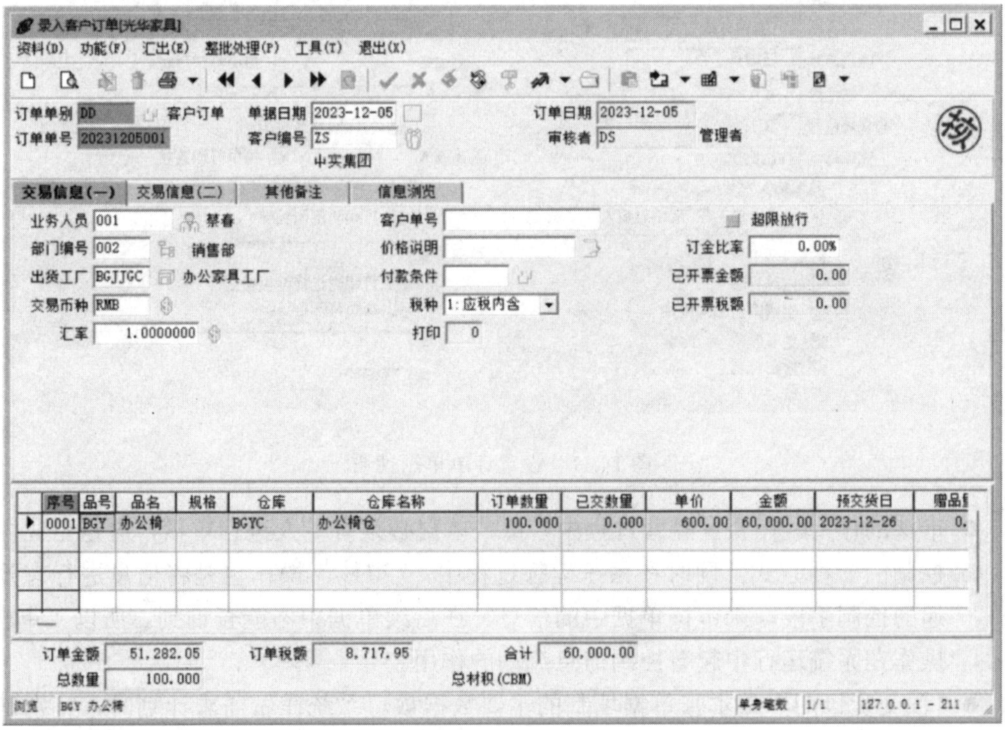

图 14.10 录入客户订单界面

第 3 步：录入客户订单。

在"录入客户订单"界面，业务人员根据订货情况，录入客户订单。"录入客户订单"的操作顺序及录入数据如图 14.10 所示。填制完成后，单击"保存"按钮，完成客户订单录入，并关闭该界面。

☞ ● 图上标号为操作顺序，注意选择"品号"为"BGY"。特别注意："订单数量""单价""预交货日"字段的填制。

● "审核者"项为"DS 系统管理员"，是系统自动回写为登录该系统的审核员。

说明：

● 在本实验的"单据性质设置"中设置了"自动审核"控制选项（参看"设置订单单据性质"中选项）。即保存后该单据的性质是自动审核，如图 14.11 所示。在实际企业经营中，单据的录入人员与审核人员不能为同一人，本实验的实验目标为熟悉系统，体验主业务流程，故忽略这一人员控制。

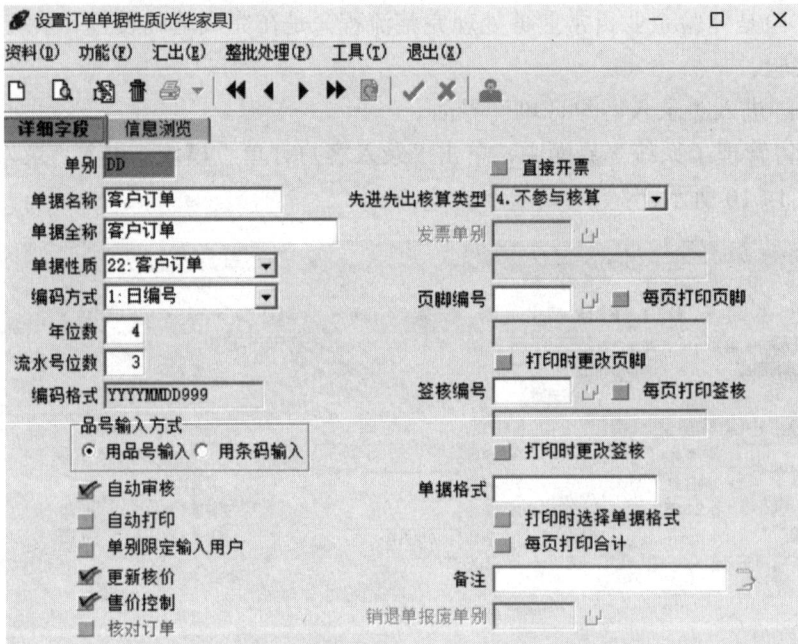

图 14.11　设置订单单据性质

● 审核的作用。在企业经营过程中，每一单据必须有专人进行审核，这是企业内部控制的一种方式；同时在系统运行过程中，"审核"操作也是将信息进行有效传递的控制手段，未审核单据中的信息，在后续单据中不能查询到。所以"审核"操作在系统运行中起着控制信息流动的作用。

● "预交货日期"是本张单据填制的主要数据项。系统在做需求计划时，特别是在生产计划计算的算法中，采用的是倒推日期的计算方式，即生产计划是依据预交货日期进行推算的。故"预交货日期"的填制需要格外注意。

3．实验小结

本实验把客户"中实集团"的订货情况录入客户订单，系统将自动根据订货情况查询库存，如库存可以满足需求，即可办理出货，满足客户需要；但是此处库存不满足需求，所以接下来需要运行批次需求计划来安排生产，完成订单。

14.3.2　生成批次需求计划

1. 实验内容

根据订单制订批次需求计划，生成 LRP 采购计划和 LRP 生产计划，维护后发放 LRP 工单和 LRP 采购单。在本实验中主要完成的内容有：生产管理人员焦永涛根据"中实集团"的这张订单去做批次需求计划，生成生产计划：生产办公椅 100 张，2023 年 12 月 14 日开工。由于生产办公椅的原材料底座、坐垫、螺丝零件包的现有库存不能满足生产要求，生成这些材料的采购计划，预计采购日为 2023 年 12 月 8 日，进货日为 2023 年 12 月 13 日。生产管理人员审核生产计划和采购计划，确认无误后，发放"LRP 工单"到"办公椅加工中心"，以及将采购计划发放成"LRP 采购单"到采购部门。

2. 操作步骤

第 1 步：设置批次需求计划。

系统日期为 2023 年 12 月 5 日，选择"生产管理"→"批次需求计划子系统"，进入"批次需求计划子系统"界面，单击"设置批次计划"模块，进入"设置批次计划"界面，设置"采购计划发放"为"采购单"，采购件开单日延迟 10 天，生产件开单日延迟 10 天。设置完成后单击"保存"按钮。

说明："采购计划发放"的选项不同，将影响采购流程。

第 2 步：生成批次需求计划。

在"批次需求计划子系统"中，单击"生成批次需求计划"模块，进入"生成批次需求计划"界面，需要进行两部分内容的操作：基本选项和高级选项。按图 14.12（a）和图 14.12（b）所示顺序操作，在基本选项中依次选择工厂、选择计划依据、选择来源编号、输入计划批号，在高级选项中依次选择补货政策、选择需求计算方式，然后单击"直接处理"按钮。处理完毕，单击"取消"按钮，关闭该界面。

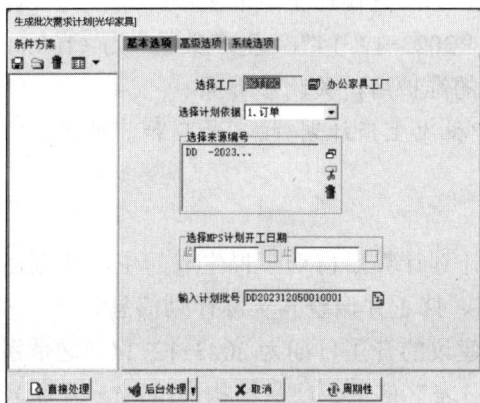

（a）基本选项操作　　　　　　　　　　（b）高级选项操作

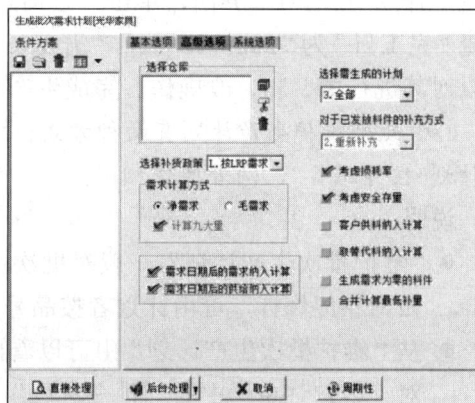

图 14.12　生成批次需求计划界面

☞ ● 系统中带颜色的选项为必填项。

● "基本选项"和"高级选项"选项卡中的操作完成以后，才能单击"直接处理"按钮。

● 此处的"计划批号"项在输入完"来源单据"后，系统自动生成；记住此处的计划批号，待后续操作使用。

● 在该界面中没有自填项，一律是选择项，可通过单击待填项后面的按钮，弹出选择菜单，选择后自动填列。

说明：

● 在"选择计划依据"选项中，共有四项选择：订单、工单、MPS 计划及计划来源。批次需求计划可以分别根据这四项内容自动产生本产品或其半成品的批次生产计划，并依据批次生产计划，自动产生物料的批次采购计划。

● 在高级选项中，"选择需生成的计划"可以选择"全部""采购计划"或"生产计划"，如选择"全部"就是同时生成"生产计划"和"采购计划"。

● "批次需求计算方式"选项中，如选择"净需求"，计算时会考虑库存和预计入库或预计出库的数量；如选择"毛需求"，计算时不会考虑这些量而只计算此批订单所需的量。本实验选择系统默认计算方式"净需求"。

● 为避免"批次需求计划"的订单重复执行，系统将自动判定执行状况并予以警告，以防止计划重复执行。如确需要重复执行，首先进入"工单/委外管理子系统"及"采购管理子系统"中，将已发放的工单及采购单全部删除，然后选择"批次需求计划系统"→"期末处理"，双击"清除批次计划"，进入"清除批次需求计划"界面，在"清除批次需求计划"界面中选择需要清除的"批次需求计划批号"，同时清除由该需求计划生成的生产计划和采购计划。

第3步：按品号维护批次生产计划。

在"批次需求计划系统"界面，单击"维护生产计划-按品号"模块，进入"维护批次生产计划-按品号"界面，单击"查询"按钮 🔍，查询已生成的生产计划；对该计划检查"完工日"为"2023-12-25"，"开工日"为"2023-12-14"，"生产数量"为"100.00"，可以对其进行增、删、改操作。完成生产计划的维护后，关闭该界面。

☞ 此处维护生产计划有两种方式："维护批次生产计划-按品号"和"维护批次生产计划-按开工日"，两者操作相同。

说明：

● "维护批次生产计划"一般对批次生产计划计算后自动模拟生成的生产计划信息做出相应修订，可由计划者按品号查询、修正并调整其实际计划信息。

● 从"维护批次生产计划"中可以看出，建议的开工日期为 2023-12-14，这是系统对"客户订单"中的"预交货日""假日表"信息、产品结构（BOM）及品号信息的"前置天数"等作倒推计算出来的。

第 4 步：发放 LRP 工单。

在"批次需求计划系统"界面，单击"发放 LRP 工单"模块，进入"发放 LRP 工单"界面。在"基本选项"中，设置品号"区间选择"为"BGY"，"生产仓库"为"BGYC"，"工单单别"为"GD"，"计划批号"为"DD202312050010001"，"工单性质"为"自制"。在"高级选项"中，设置"发放排放依据"为"计划批号"，输入发放日期为"2023-12-05"，然后单击"直接处理"按钮。处理完毕单击"取消"按钮，关闭该界面。

说明：

- 此时，生产部门自动生成一张"工单"。可在"工单/委外管理子系统"单击"录入工单"模块进行查询。
- LRP 工单发放后，在"维护批次生产计划-按品号"中不能再查到该批次生产计划。
- 查询发放的工单，可在主系统界面中，选择"生产管理"→"工单/委外子系统"→"工单管理"。单击"录入工单"模块，进行相应查询、修改、删除等操作。
- 如果生产部门有新的工艺变化，还需要重新在"录入工单工艺"中进行设置。

第 5 步：维护批次采购计划。

在"批次需求计划系统"界面，单击 "维护采购计划-按品号"模块，进入"维护批次采购计划-按品号"界面，单击"查询"按钮 🔍，查询已生成的采购计划，注意"交货日""采购日""单价"等字段信息，如图 14.13 所示。如与企业实际情况不符，可进行修改。确认后关闭该界面。

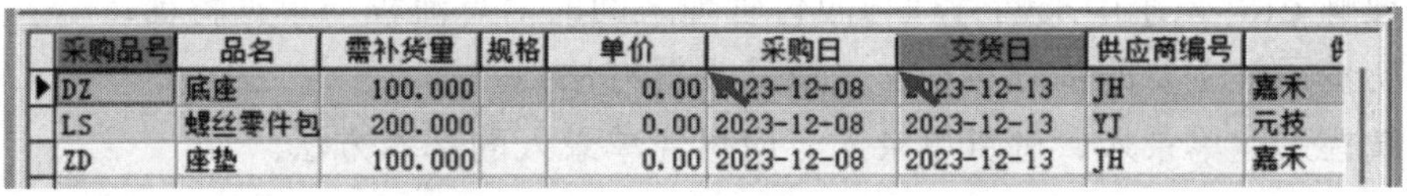

采购品号	品名	需补货量	规格	单价	采购日	交货日	供应商编号	
DZ	底座	100.000		0.00	2023-12-08	2023-12-13	JH	嘉禾
LS	螺丝零件包	200.000		0.00	2023-12-08	2023-12-13	YJ	元技
ZD	座垫	100.000		0.00	2023-12-08	2023-12-13	JH	嘉禾

图 14.13　维护批次采购计划—按品号界面

☞ 维护批次采购计划与维护批次生产计划操作类似，本实验提供"维护批次采购计划—按品号"和"维护批次采购计划—按采购日"两种方式。

说明：

- 本实验发放来的 LRP 采购单中，"单价"字段显示的是企业的历史价格，如果系统中没有历史价格，则该字段显示为"0"。而采购单中的"单价"需要以市场价格为准。在实际采购发生时，进行调整。
- 采购计划中，需要嘉禾厂底座 100 个，坐垫 200 个；需要元技厂螺丝零件包 200 包；采购日期为 2023-12-08，交货日期为 2023-12-13。此处信息主要来源于系统对客户需求、库存信息、产品结构（BOM）和供应商信息综合的计算；而交货日期则是对采购期、采购提前期，假日表以及开工日期倒推算出来的。

第 6 步：发放 LRP 采购单。

在"批次需求计划系统"界面，单击"发放 LRP 采购单"模块，进入"发放 LRP

采购单"界面。在"基本选项"中，供应商区间选择"起"为"JH"，"止"为"YJ"，计划批号选择"DD202312080010001"，选择品号"区间选择"为"BGY"。在"高级选项"中，设置"输入单别"为"CG"，"输入采购人员"为"002"，然后单击"直接处理"按钮。处理完毕单击"取消"按钮，关闭该界面。

说明： 完成 LRP 采购单的发放，此时在采购部门自动生成一张"采购单"。可选择"进销存管理"→"采购管理子系统"→"采购管理"→"录入采购单"，查询已经生成的采购单。

3．实验小结

本次制订的 LRP 计划与客户订单在同一天，制订好生产计划和采购计划后，将生成相应采购单和工单。工单是安排生产的依据，采购单是安排采购任务的依据。企业要先完成相关原材料的采购，才能开始生产。

14.4　采购与应付管理

本实验中，采购人员根据发放的 LRP 采购单通过审核采购单进行采购，货到后验收入库，财务人员根据验收单进行应付账款的处理。本实验有效地体现了采购与应付管理之间的信息共享和关联，信息关联通过引用"前置单据"体现。

本实验的目标如下：

- 了解企业采购与应付的基本流程；
- 理解 ERP 系统中采购管理与应付管理之间的信息流程与单据特征；
- 初步了解主要的基础数据含义及其设置方法；
- 掌握采购单录入、进货单录入、应付凭单录入的基本方法。

14.4.1　采购单审核

1．实验内容

查询并审核采购单，重点注意采购单中的"单价"为实际市场价格。在本实验中主要完成的内容有：采购员依据 LRP 发放的采购单与供应商"嘉禾加工厂"和"元技加工厂"签订采购合同，合同内容与采购计划中相同，嘉禾底座单价 100 元；坐垫单价 80 元。元技螺丝零件包单价 20 元。均于 2023 年 12 月 13 日到货，随货附发票，并以银行转账支票结算。

2．操作步骤

第 1 步：查询 LRP 采购单。

调整系统时间为 2023 年 12 月 8 日，在"采购管理子系统"中，单击"录入采购单"模块，进入"录入采购单"界面，单击"查询"按钮 🔍 并进行完全查询（不设置查询条件的查询），单击"详细字段"选项卡，查看已经发放的 2 张 LRP 采购单的详细信息。

第 2 步：审核采购单。

核对该张采购单的详细信息，重点查看"采购单价"字段，如和市场价格不符，则需要修订。确认后，单击"审核" 按钮，采购单上显示标志，如图 14.14 所示，完成采购单的审核，并关闭该界面。

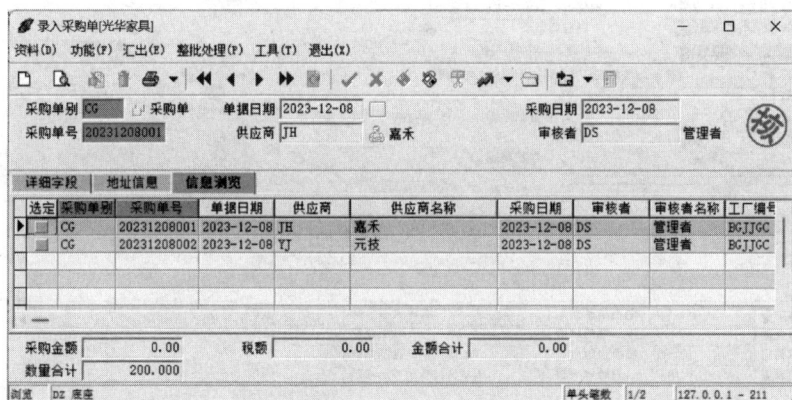

图 14.14　录入采购单界面

☞ 注意"采购日"和"到货日"信息。

说明：

- 采购单一般不设置"自动审核"性质，主要是采购中"单价"是市场价格，需要在采购时点时进行修正。本实验中，采购单的"单据性质"没有设置"自动审核"。
- 采购单经确认"单价"等信息后，需要进行"审核"操作，才能执行采购任务。
- 此处按照供应商分设两张采购单，一张是"嘉禾加工厂"提供的底座和坐垫；另一张是"元技加工厂"提供的螺丝零件包。

3．实验小结

按照发放的 LRP 采购单中的"采购日"，采购人员在 2023 年 12 月 8 日对采购单审核，无误后开始采购。等供应商交货时，需要验收货物入库，记录进货情况，完成进货任务。

14.4.2　录入进货单

1．实验内容

根据到货后验收情况制作"进货单"。在本实验中主要完成的内容有：2023 年 12 月 13 日，库管员刘争收到嘉禾加工厂运来的底座 100 个和坐垫 100 个，收到元技加工厂运来的螺丝零件包 200 个。

刘争核对采购合同，将 100 个底座、100 个坐垫和 200 个螺丝零件包验收入库到原材料仓，完成验收单的录入。

2．操作步骤

第 1 步：录入第一张进货单。

调整系统时间为 2023 年 12 月 13 日，在"采购管理子系统"界面，单击"录入进货

"单"模块。进入"录入进货单"界面,如图 14.15 所示,按图示顺序进行操作。录入完毕,单击"保存"按钮✔,完成供应商"嘉禾加工厂"的进货单操作。

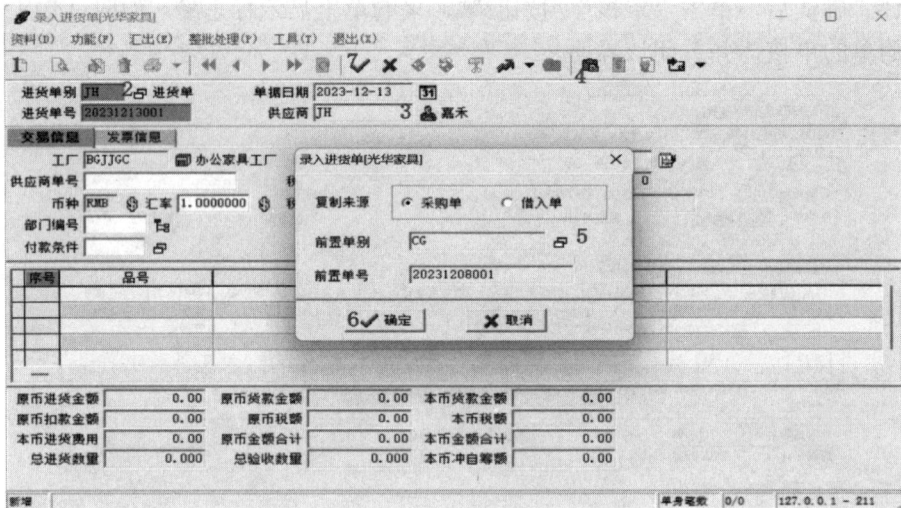

图 14.15　录入进货单操作界面

说明:

● 在进货单中,信息的录入是通过"前置单据"——采购单将信息传递过来;

● 采购单是按照供应商归集采购信息的,所以进货单的操作需要先选择供应商后才能调出其前置单据信息。

第 2 步:录入第二张进货单。

类似第 1 步的操作顺序,完成供应商"元技加工厂"到货情况的进货单。完成后关闭"录入进货单"界面。

第 3 步:查询。

在"录入进货单"界面,单击"查询"按钮进行完全查询,调出已完成的进货单,查看"进货数量""验收数量"等,嘉禾加工厂的底座 100 个和坐垫 100 个,元技加工厂的螺丝零件包 200 个。

☞ ● 此处要完成两张进货单的录入;

● 注意单身字段"进货数量""验收数量"信息;

● 进货单的"单据日"要与采购单的"预交货日"一致;

● 此处单身信息不需要操作者填写,而是使用"复制前置"单据功能。即选择供应商后,单击"复制"按钮,确认后,"进货单"单身信息被自动填写。

说明:

● 在企业实际情况中,交货后要进行货物的验收,如有次品或其他情况,要按实际进货的数量填制进货单,所以要注意核对单身字段"进货数量"。"进货单"审核确认后货物才能入库。有关"退货"操作将在后面专项实验中练习。

- 本实验中，未启用"质量管理子系统"，"进货单"代替了"验收入库单"，省略了验收入库过程。
- 可以从"进销存管理"→"存货管理子系统"→"基础设置"→"录入品号信息（仓管）"查询物料入库后库存的变化情况。

3. 实验小结

原材料入库后，库存自动更新相关品号的信息。企业财务部门需要支付供应商货款，记录支付情况和款项，制作应付凭单和付款单，这反映了企业的资金流动情况。

14.4.3　制作应付凭单与付款单

1. 实验内容

根据采购发票和进货单，制作应付凭单。然后根据供应商的请款要求，完成付款单制作。在本实验中主要完成的内容有：财务应付人员李丽收到两个供应商交到的 18 000元和 4 000 元的采购发票，核对进货单，登记应付账款，然后根据供应商嘉禾加工厂和元技加工厂的请款要求，以转账支票形式付货款 18 000 元和 4 000 元。

2. 操作步骤

第 1 步：录入采购发票。

进货同一天，在"应付管理子系统"界面中，单击"录入采购发票"模块，进入"录入采购发票单"界面，按图 14.16 所示顺序进行操作。单击"保存"按钮✔完成第 1 张采购发票的录入；按类似操作完成新增的第 2 张采购发票的录入。录入完毕，单击"取消"✖按钮，并关闭"录入采购发票"界面。

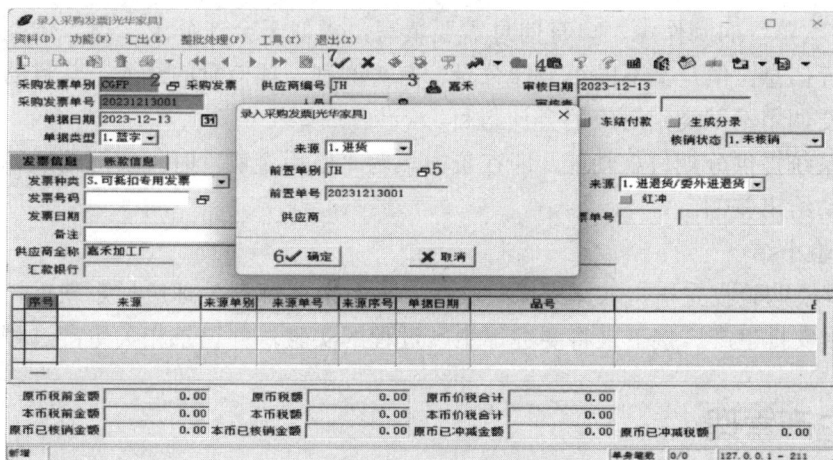

图 14.16　录入采购发票界面

第 2 步：录入付款单。

在付款当天，在"应付管理子系统"界面中，单击"录入付款单"模块，进入"录入付款单"界面，如图 14.17 所示，按标注的顺序进行操作。按类似操作完成新增第 2

张付款单的录入。然后单击"取消"按钮✖，关闭该界面。

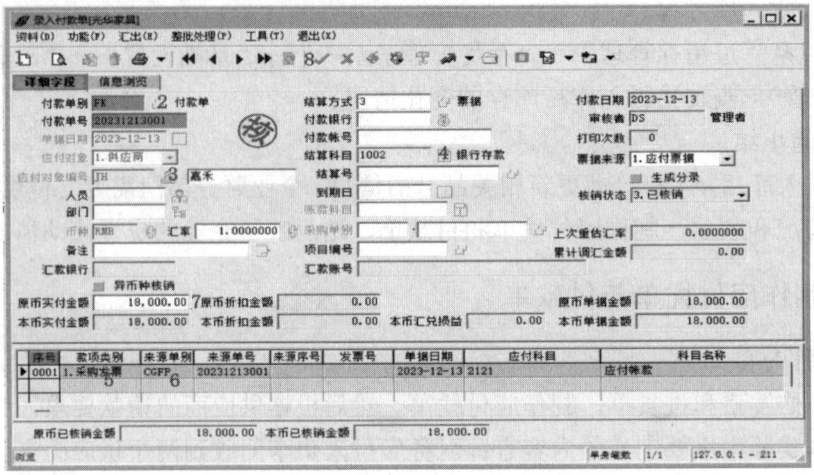

图 14.17　录入付款单界面

☞　单身中的类别说明：

- 类别为"1：一般"时，"来源单别"和"来源单号"字段不输入，且默认为空白。"会计科目"需要选现金或银行存款，同时"原币金额"字段需要如实输入。
- 类别为"4：冲账"时，"来源单别"中选"应付凭单"，其余单身信息自动填写。
- 付款单形式为：　借：　冲账　应付账款
　　　　　　　　　　　贷：　一般　现金或银行存款

说明：

- "付款单"的制作中，单身信息需要填写，类似于会计分录，有"借"和"贷"两行信息；但是又不同于会计分录，有"类别"项信息的录入，其目的在于系统需要调用不同类别对应的会计科目。
- 本系统提供分期付款功能，即在贷方填写"原币金额"时视实际情况输入。系统自动给出差额。

3．实验小结

原材料采购验收完毕，入库到原材料仓，同时财务部门处理应付账款后，企业的生产部门开始安排生产。接下来将要进行生产过程的实验，并记录相关生产过程的情况。

14.5　生产管理

本次实验根据 LRP 工单的要求安排生产，经由工艺管理子系统，适时监控和调整原材料投入生产、在制品转移、成品入库等各项作业信息，保证生产顺利进行，并在此过程中提高生产效率。

本实验的目的在于：

- 了解企业生产的基本流程；
- 理解 ERP 系统中生产管理（车间管理）信息流程及单据特征；
- 初步了解主要的基础数据含义及其设置方法；
- 掌握生产管理（车间管理）中操作流程及单据处理的基本方法。

14.5.1　审核工单及录入工单工艺

1．实验内容

对前面实验产生的 LRP 工单进行审查，确认审核。由系统自动生成工单工艺后，审核工单工艺中的相关信息。在本实验中主要完成的内容有：生产管理人员焦永涛依据工单生成工单工艺，作为派工单发放给办公椅加工中心，另外 1 联由生管留存。

2．操作步骤

第 1 步：查询并审核 LRP 工单。

① 查询 LRP 工单。调整系统时间为 2023 年 12 月 14 日，在"工单/委外子系统"界面中，单击"录入工单"模块，进入"录入工单"界面。单击"查询"按钮 进行完全查询，显示出先前发放的 LRP 工单，查看各材料的需领用量，其中，背垫为 100，底座为 100，螺丝零件包为 200，轮子为 400，底垫为 100，中支为 100。

② 审核 LRP 工单。确认该工单后，单击"审核"按钮 ，显示已审核标志 ，完成审核工作后，关闭该界面。

说明：

- 审核工单的目的是对生产任务进一步确认，是生产管理中必要的环节；
- 本实验中，工单的"单据性质"未设置"自动审核"，如果设置了"自动审核"，如需要进行调整，则需要先进行"撤销审核"操作，确认生产任务之后，再进行审核操作。

第 2 步：生成并查询工单工艺。

① 生成工单工艺。审核工单的同一天，在"工艺管理子系统"界面中，单击"从产品工艺自动生成工单工艺"模块，进入"从产品工艺自动生成工单工艺"界面，选择"工单性质"为"厂内"，"工厂"为"BGJJGC"，"工单单号区间"为"GD-20231205001"，单击"直接处理"按钮，单击"取消"按钮，并关闭该界面。

说明：

- 若品号信息中，未指定标准工艺路线品号，则无法自动生成工单工艺信息；
- "工单工艺"用以管理生产过程中工序的进程和变化状态。

② 查询工单工艺。在"录入工单工艺"界面，可查询和依照实际情况更改各工艺路线的日期与数量等相关信息。其中，打磨工艺的预开工日期为 2023 年 12 月 14 日，预完工日期 2023 年 12 月 19 日；组装工艺的预开工日期为 2023 年 12 月 20 日，预完工日期 2023 年 12 月 22 日。

☞ 注意工艺路线为两道工序，以及注意预计开工日和预计完工日期，系统将按照此日期进行生产。

说明：

- 此单据为系统自动生成，单头全部为灰颜色，表示是系统自动回写项，即随着生产的不断展开，这些项中的信息会自动由系统回填，建议在生产过程中，每操作一步都查询该单据中相关数据项信息的变化，进行比较。
- 系统在基础数据设置时已经对"产品工艺"进行设置，此处的"录入工单工艺"是在"产品工艺"设置的基础上，根据"工单"信息，由系统通过"从产品工艺自动生成工单工艺"作业自动生成，所以不可新增，只能查询和更改操作。

3．实验小结

审核"工单""生成工单工艺"后，生产车间完成生产任务的工艺的安排。到了开工日，生产车间开始下达生产指令，即"录入投产单"，并"自动生成领料单"开始第一道工序的生产，同时生产管理人员完成这个过程的情况记录，产生"投产单""领料单"。

14.5.2　录入投产单及领料单

1．实验内容

根据工单信息录入投产单，自动生成领料单并审核。在本实验中主要完成的内容有：2023 年 12 月 14 日正式开工，生产管理人员焦永涛进行投料，并将投产单移转给仓管人员刘争进行备料。

2．实验操作步骤

第 1 步：录入投产单。

调整系统时间为 2023 年 12 月 14 日，在"工艺管理子系统"界面，单击"录入投产单"模块，进入"录入投产单"界面，单击"新增"按钮，按图 14.18 所示顺序进行新增"投产单"操作，依次录入生产单别、投产单号和移入地。完成后关闭"录入投产单"界面。

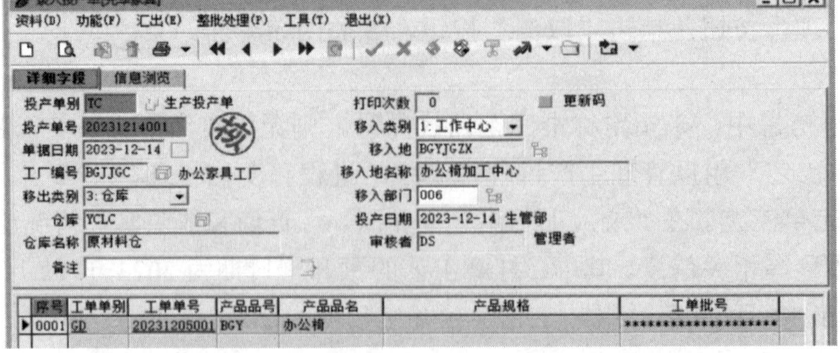

图 14.18　录入投产单界面

说明：

- 投产单的来源是工单，即在单身筛选"工单单别"，系统采集工单相关信息进行自动填写。
- 利用"录入投产单"中的"撤销审核"按钮，可以检查其后工艺是否已经完工。若已完工，则不可撤销审核。
- "录入投产单"中的"更新码"是一个标志，标志着是否生成对应的领料单，可以控制重复生成领料单。由系统回写，当生成对应的领料单后，查询"录入投产单"单据即可看到状态码的变化。
- 投产单的审核，意味着生产的开始，接下来需要开始领料生产。

第 2 步：从投产单自动生成领料单。

在"工艺管理子系统"界面，单击"从投产单自动生成领料单"模块，进入"从投产单自动生成领料单"界面，如图 14.19 所示，按图示内容操作，生成领料单，完成后关闭该界面。

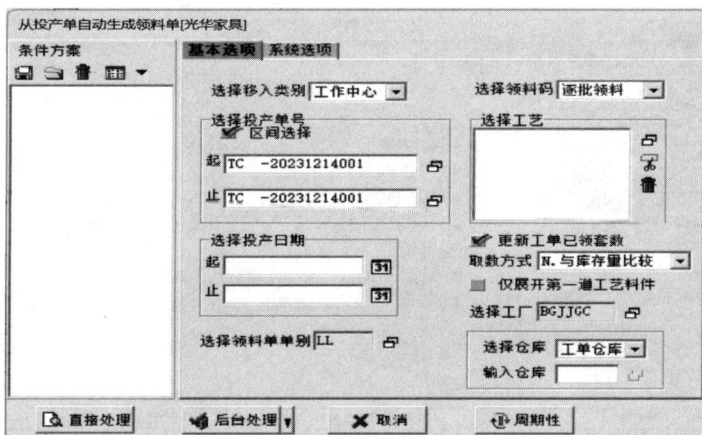

图 14.19　从投产单自动生成领料单界面

说明：

- 领料单的审核，意味着第一道工序的开始。
- 从投产单自动生成的领料单在"工单/委外管理子系统"中的"录入领料单"模块中可以查询到。
- 自动生成领料单后，原材料出库，减少库存。
- 本实验操作结束后，在"工艺管理子系统"中单击"录入工单工艺"模块，进入"录入工单工艺"界面，可看到"投入数量""在产品数量""实际开工日""状态码"字段内容的变化，读者可以自己进行比较。

3．实验小结

投产单和领料单完成后，企业开始实际第一道工序的生产。在生产加工过程中需要进行两道工艺之间的转移，生产管理人员记录转移情况，产生转移单。

14.5.3　录入转移单

1．实验内容

根据加工中心的转移记录信息，录入转移单，并审核。本实验主要完成的内容有：办公椅加工中心收料后，开始第一道工艺进行打磨，2023 年 12 月 19 日第一道工艺完工，生产管理人员焦永涛录入转移单，记录第一道工艺的完工信息，审查无误后将打印出的单据与加工实物转移到下一道工艺。

组装工艺收到转移过来的原料，审查转移单信息是否与实物符合；审查无误后，2023年 12 月 19 日开始第二道工艺进行组装。

2．操作步骤

调整系统时间为 2023 年 12 月 19 日，在"工艺管理子系统"界面，单击"录入转移单"模块，进入"录入转移单"界面，按图 14.20 所示内容进行操作，依次录入转移单别、转移单号、移入部门、工单单别，完成后关闭该界面。

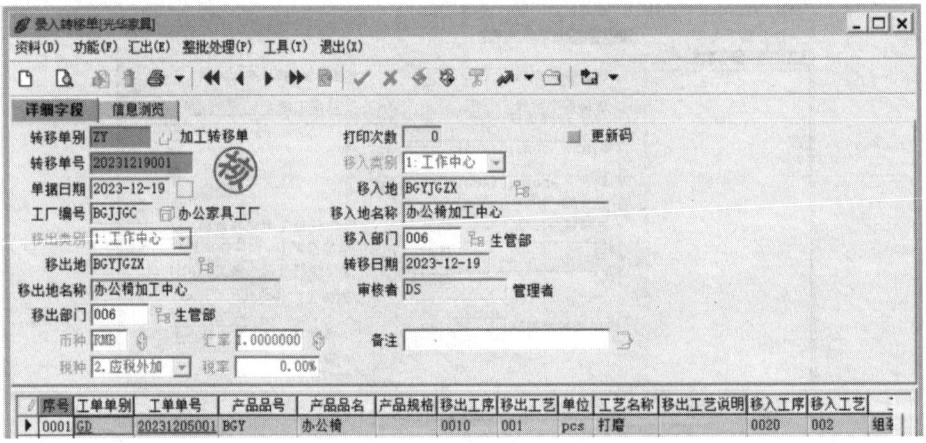

图 14.20　录入转移单界面

☞ 在录入转移单时，要特别注意单身中的"验收数量"字段需要输入。其作用相当于确认转移数量。

说明：

● 此转移单是工艺之间的转移信息记录的单据，所以移出地和移入地是相同的。

● "转移单"的填制一方面代表着第一道工序的结束，另一方面也意味着第二道工序的开始；记录转移信息后，可以通过"录入工单工艺"模块查询其中相应字段内容的变化，有兴趣的读者可以自行查看其变化。

3．实验小结

在完成转移单后，即开始进行第 2 道工序的加工。该工艺完成后，生产过程完成。产成品需要验收入成品仓库，入库单将记录验收情况和结果。

14.5.4　录入生产入库单

1．实验内容

根据加工中心的完工记录信息，录入入库单，并审核。本实验主要完成的内容有：2023 年 12 月 25 日，100 张办公椅组装完毕，进行产成品入库，生产管理人员焦永涛填写生产入库单，仓管人员刘争审查入库单信息是否与入库的实物符合，并将 100 张办公椅验收入库。

2．操作步骤

调整系统时间为 2023 年 12 月 25 日，录入入库单。在"工艺管理子系统"界面，单击"录入入库单"模块，进入"录入入库单"界面，按图 14.21 所示顺序进行操作，依次录入入库单别、入库单号、移出部门，完成后关闭该界面。

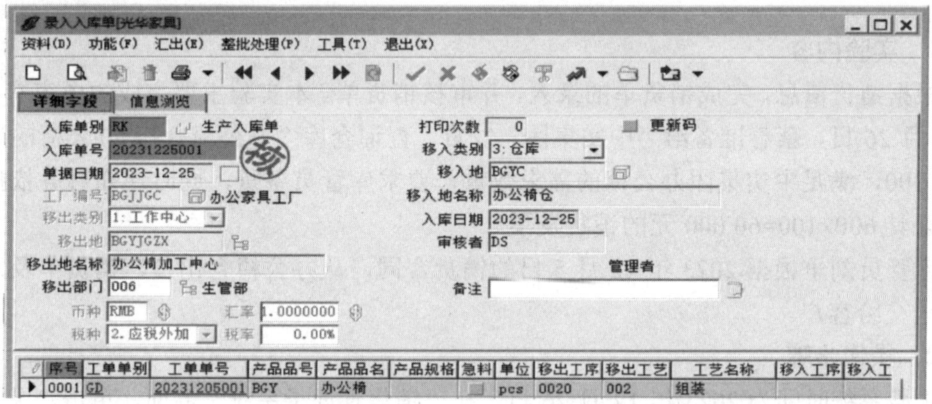

图 14.21　录入入库单界面

说明：
- 此时的"工单工艺"中会有相应变化，读者可自行查看；
- "录入入库单"表示生产车间最后一道工序的完工；
- 在"工单/委外子系统"中生成相应的"生产入库单"；
- 生产入库单表示产成品的实际入库，库存增加；
- 生产入库单无须录入，其信息自动由"录入入库单"相关信息填列；
- 观察单据中的"单别""单号""生产入库单"，与"入库单"是相同的，说明本系统将"入库信息"按照不同用途分别记录在两个系统中，并以两张单据的形式出现。

3．实验小结

完成产成品入库后，库存品号信息自动更新，然后销售人员按期交货，满足客户需要，并生成记录销货过程情况的单据。

14.6 销售与应收管理

本次实验根据客户订单发货销售，并完成销货单录入。销售完成后财务人员完成应收款的处理，完成结账单和收款单的录入。

本实验的目的在于：

- 了解企业销售与应收的基本流程；
- 理解 ERP 系统中销售管理与应收管理之间的信息流程及单据特征；
- 初步了解主要的基础数据含义及其设置方法；
- 掌握销货单录入、结账单录入、收款单录入的基本方法。

14.6.1 录入销货单

1．实验内容

根据销货信息，完成销货单的录入，并审核销货单。本实验主要完成的内容有：2023年 12 月 26 日，蔡春准备给"中实集团"发货。查询仓库"办公椅仓"，办公椅的库存数量为 100，满足中实集团办公椅的需求数量，要求库管员备货，同时通知财务依据销货合同开具 600×100=60 000 元的销货发票。

库管员刘争根据 2023 年 12 月 5 日的销货合同，从办公椅仓出货，销货单及发票随货发出交给客户。

2．操作步骤

调整系统时间为 2023 年 12 月 26 日，在"销售管理子系统"界面，单击"录入销货单"模块，进入"录入销货单"界面，如图 14.22 所示内容行操作，完成后关闭该界面。

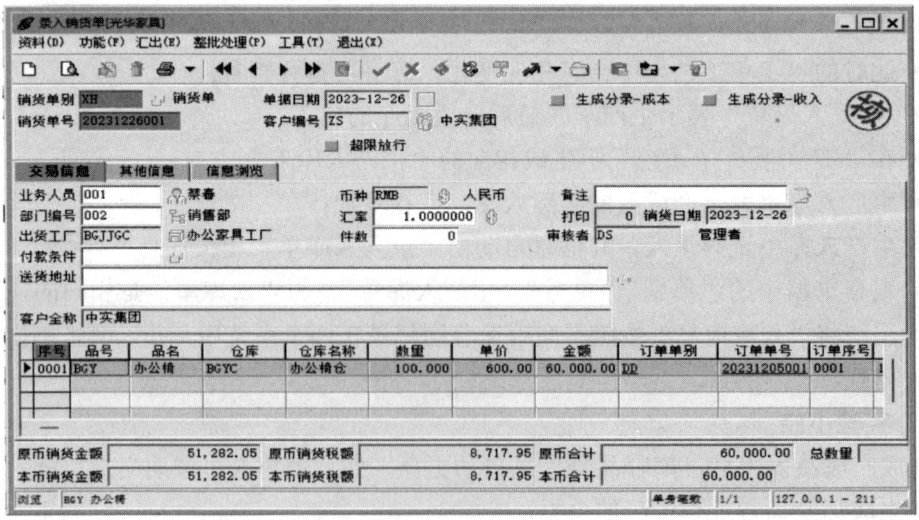

图 14.22　录入销货单界面

说明：

● "销货单"的单身信息由"前置单据"中的信息自动填写。

● "复制前置单据"的复制来源共有三种：订单、借出单和报价单，本实验中的单身信息复制来源是"订单"。

● 销货单审核后，将更新多项信息，如客户订单的已交数量，客户商品价格，品号基本信息，库存交易明细等。有兴趣的读者可自己进行查询。

3．实验小结

销售人员记录销货情况，完成销货单的录入，作为此过程的凭证；然后客户支付货款，财务人员要完成应收账款的处理。

14.6.2　录入销售发票与收款单

1．实验内容

根据销货单信息，完成结账单和收款单的录入和审核。本实验主要完成的内容有：2023 年 12 月 26 日，蔡春准备给中实集团发货。同时通知财务依据销货合同开具 600×100=60 000 元的销货发票。

2023 年 12 月 26 日，财务人员秦国庆（负责财务应收账目的处理）收到客户"中实集团"送来的货款，支票 600×100=60 000 元，做收款单，冲销应收账款。

2．操作步骤

第 1 步：录入结账单。

调整系统时间为 2023 年 12 月 26 日，选择"财务管理"→"应收管理子系统"，进入"应收管理子系统"界面，单击"自动生成销售发票"模块，进入"自动生成销售发票"界面，如图 14.23 所示，按图示顺序进行操作，得到"销售发票"，并关闭该界面。

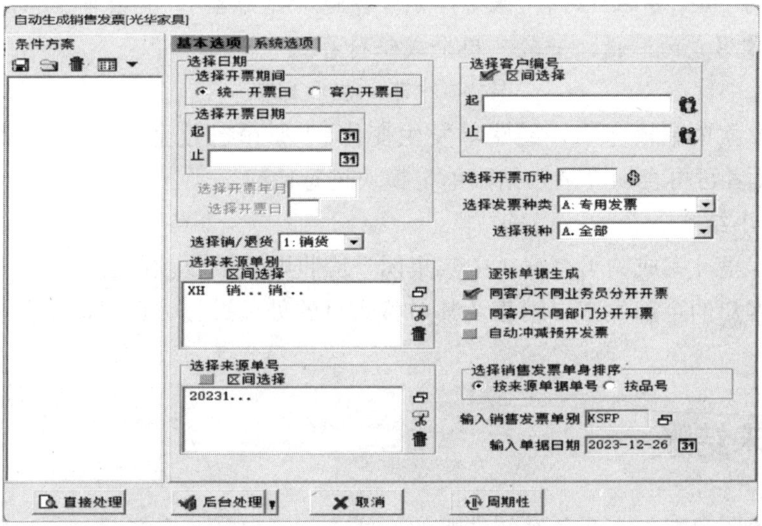

图 14.23　自动生成销售发票界面

第 2 步：录入收款单。

调整系统时间为 2023 年 12 月 26 日。在"应收管理子系统"界面，单击"录入收款单"模块，进入"录入收款单"界面，如图 14.24 所示，按图示顺序进行操作，在基本选项中依次录入销退货方式、来源单别，完成后关闭该界面。

图 14.24　录入收款单界面

☞ 单身中的类别说明：

● 类别为"1：一般"时，"来源单别"和"来源单号"字段不输入，且默认为空白。"会计科目"需要选现金或银行存款，同时"原币金额"字段需要如实输入。
● 类别为"4：冲账"时，"来源单别"中选"结账单"，其余单身信息自动填写。
● 收款单形式为：借：一般　现金或银行存款
　　　　　　　　　　　　贷：　冲账　应收账款

说明：收款单审核完毕，结账单发生变化，"原币已收金额"由之前的"0"变为"60 000"。读者可再查询"录入结账单"模块进行比较。

3．实验小结

在此过程里，完成关于客户"中实集团"应收账款及收款的业务处理。至此，企业完成关于该客户的全部生产、销售及其财务账目的处理过程。此时时值月底，开始进行期末结账。

14.7　期末结账

本次实验练习期末企业各系统结账的一些工作。包括：存货月结、应收/应付月结、自动分录抛转及总账结账。实现月底财务信息汇总，生成财务报表。

本实验的目的在于：

● 了解企业月底存货及账务结转的基本流程，理解 ERP 系统中存货管理与自动分录、会计总账之间的信息流程及单据特征；

● 初步了解主要的基础数据含义及其设置方法；

● 掌握月底结账中的各项操作。

14.7.1　存货月结

1．实验内容

结算本月份存货的价值和品号的销货成本。包括：月底成本计价、进行库存调整及月底存货结转。

2．操作步骤

第 1 步：月底成本计价并查询。

① 月底成本计价。结账设为 2023-12-31。在"存货管理子系统"界面中，单击"月底成本计价"模块，进入"月底成本计价"界面，单击"直接处理"按钮，处理完毕后关闭该界面。

说明："月底成本计价"计算"品号"当月份的月加权平均单价，并更新"库存交易明细表"及"库存交易单"、更新"录入品号信息"的单头及单身"库存金额"等信息。

② 查询品号每月各仓库，各种交易统计信息。从系统主界面左边树状结构处，选择"进销存管理"→"存货管理子系统"→"期末处理"，双击"维护品号每月统计信息"模块，进入"维护品号每月统计信息"界面，如图 14.25 所示，单击单身中的"信息浏览"选项卡，可看到各种品号的相关信息。

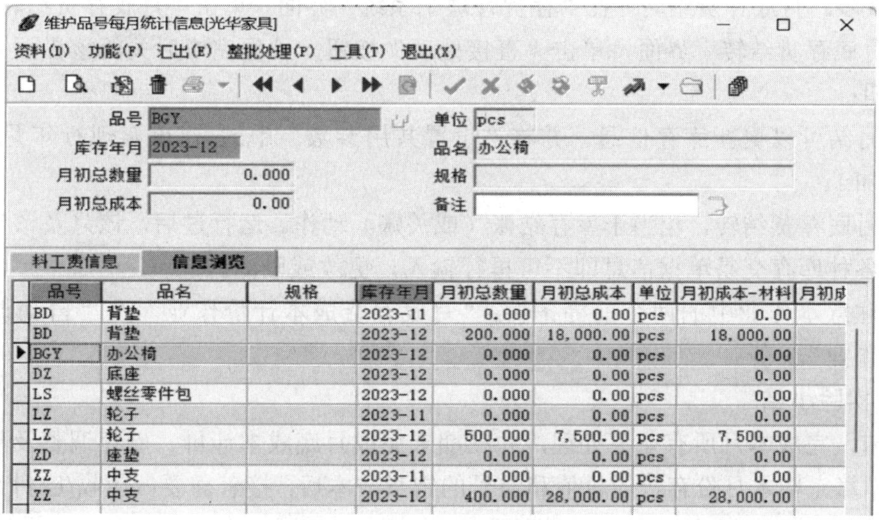

图 14.25　维护品号每月统计信息界面

说明："品号每月统计信息"是系统随业务信息自动记录的汇总信息，可作为报表数据的来源。

③ 查询品号信息。在"存货管理子系统"界面，单击"录入品号信息"模块，进入"录入品号信息"界面，坐垫的库存数量为"0"，库存金额"-0.39"。

说明：核对"品号信息"，发现某品号的现行年月月底库存量为零而金额不为零。本实验中有三个品号需要调整：底座、螺丝零件包、坐垫。

第 2 步：自动调整库存并查询。

① 自动调整库存。在"存货管理子系统"界面，单击"自动调整库存"模块，进入"自动调整库存"界面，输入调整尾差单别为"WCD"，单击"直接处理"，处理完毕后关闭该界面。

说明：

● 此处库存调整自动生成一张交易单据，此交易单据可在"存货管理子系统"中单击"录入库存交易单"模块查询，当单据审核时将该品号的金额调整为零；

● 此时再查询"录入品号信息"，就会发现库存调整的结果；

● 不同库中同一个产品的单价成本不一致，需做"分库处理"。本实验不涉及该处理。

② 查询"尾差/分库调整单"。从系统主界面左边树状结构处，选择"进销存管理"→"存货管理子系统"→"库存交易"，双击"录入成本开账/调整单"模块，进入"录入成本开账/调整单"界面，成本金额分别是坐垫"-0.01"，螺丝零件包"-0.8"，座垫"0.39"，关闭该界面。

说明：经过自动调整库存，再次进入"录入品号信息"界面，查询发现原尾差金额被调整为零。

第 3 步：月底存货结转。在"存货管理子系统"界面，单击"月底存货结转"模块，进入"月底存货结转"界面，单击"直接处理"按钮，处理完毕后关闭该界面。

说明：

● 月结可以更新库存信息，并将"设置共用参数"中的 "库存现行年月" 自动加 1。

● 月底存货结转，相当于库存结账（或关账）动作。运行过后，该月及该月以前的各种库存交易单据信息即不可再行输入，更改或取消。

● 注意本作业中的两个前提条件："月底存货成本计价作业"及"自动调整库存作业"。

3. 实验小结

期末，完成本月所有业务处理，并在期末完成月底成本计价、库存调整及月底存货结转，结算完毕本月份存货的价值和品号的销货成本后，接着需要做应收/应付系统的月结练习作业。

14.7.2　应收/应付月结

1．实验内容

完成应收/应付子系统的月结。

2．操作步骤

第 1 步：应付账款月结。

从系统主界面左边树状结构处，选择"财务管理"→"应付管理子系统"→"期末处理"，双击"应付账款月结"模块，进入"应付账款月结"界面，单击"直接处理"按钮，处理完毕后关闭该界面。

第 2 步：应收账款月结。

从系统主界面左边树状结构处，选择"财务管理"→"应收管理子系统"→"期末处理"，单击"应收账款月结"模块，进入"应收账款月结"界面，单击"直接处理"按钮，处理完毕后，有对话框提示操作完成，然后关闭该界面。

说明：

- 应收/应付子系统月结操作目的是将应收/应付子系统中各项业务数据汇总成记录当月各客户/供应商应得应收/付账款的统计信息；运行过后，该月及该月以前的各种应收/应付单据信息即不可再行输入、更改或取消。
- 此处月结比较简单，月结后，查看"系统设置"→"设置公用参数"，可以看到"现行年月"加 1。
- 查询月结结果，如可以选择"财务管理"→"应付管理子系统"→"期末处理"，单击"维护供应商每月统计账款"模块，进行查询。

3．实验小结

完成应收/应付月结过程之后，可以得到本月应收和应付账款的统计信息。而系统产生的各种原始凭证，需要通过自动分录的抛转功能汇总到会计总账，为财务部门提供企业总的资金流动情况做好准备。

14.7.3　自动分录抛转

在完成了自动分录和抛转会计凭证后，企业的各项业务活动的凭证信息汇总到总账中，要完成最后的统计分析，才能得到企业当期的运营情况和损益情况。

1．实验内容

将各子系统的原始凭证信息自动生成分录底稿，并抛转到总账系统中。

2．操作步骤

第 1 步：设置"自动生成分录底稿"。

在"自动分录子系统"界面中，单击"自动生成分录底稿"模块，进入"自动生成分录底稿"处理界面，如图 14.26 所示，按图示内容操作，依次选择进销存单据、生管单据、应收应付单据，处理完成后关闭该界面。

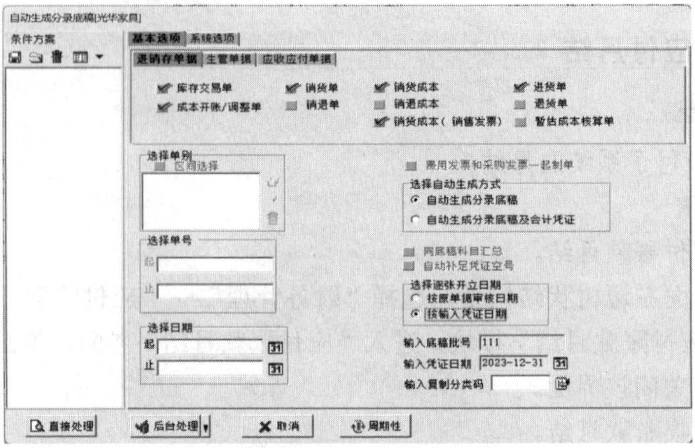

（a）自动生成分录底稿−进销存单据界面

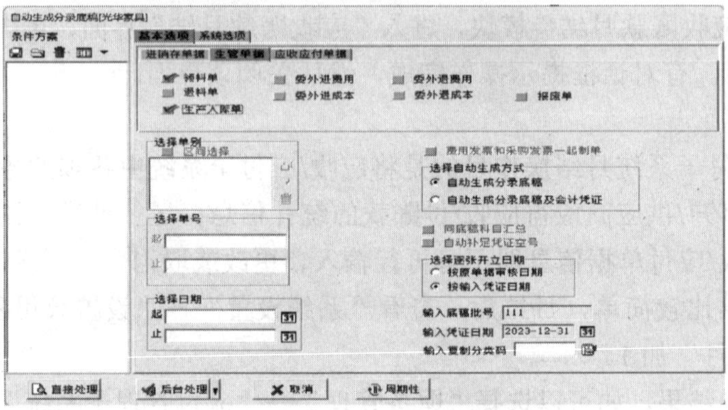

（b）自动生成分录底稿−生管单据界面

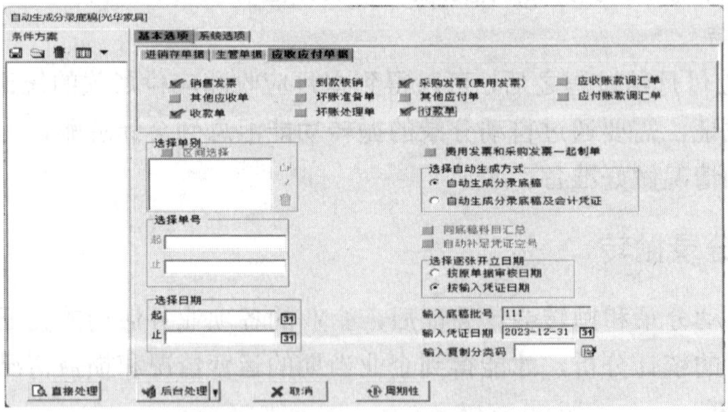

（c）自动生成分录底稿−应收应付单据界面

图 14.26　自动生成分录底稿界面

第 2 步：抛转会计凭证。

在"自动分录子系统"界面中，单击"抛转会计凭证"模块，进入"自动生成会计凭证"界面，选择单据性质为"全部"，选择底稿批号为"111"，单击"直接处理"，处理完成后退出该界面。

说明:

- 本子系统提供的"自动分录抛转"功能可以将业务数据转成会计转账凭证,使用该功能的先决条件是需要设置各种单据的分录性质。
- 运行"自动生成分录底稿"和"抛转会计凭证"的时间因公司而异。不同的单据有不同的运行周期,可视公司的需要进行设置。但是需要对各种分录事先规划好的运行周期设定"分录底稿批号",依循而行。
- "输入底稿批号"如上所述,即当底稿每天运行时必须进行区分,所填数字由客户自己设定,一般应具有一定顺序。

3．实验小结

在完成了自动分录和抛转会计凭证后,企业的各项业务活动的凭证信息汇总到总账中,要完成最后的统计分析,才能得到企业当期的运营情况和损益情况。

14.7.4　总账月结

1．实验内容

根据已有的会计凭证信息,进行会计月结,计算本月损益金额,输出财务报表。会计月结包括:审核并过账所有会计凭证,自动结转损益并生成会计凭证、审核及过账,会计月结处理。

2．操作步骤

第 1 步:录入并审核会计凭证。

在"会计总账子系统"界面中,单击"录入会计凭证"模块,进入"录入会计凭证"界面,单击"查询"按钮 ，查出所有本期产生的会计凭证,如图 14.27 所示。单击"详细字段"选项卡,可看到每张凭证的详细信息。将其中未审核的凭证逐一审核。处理完毕后退出该界面。

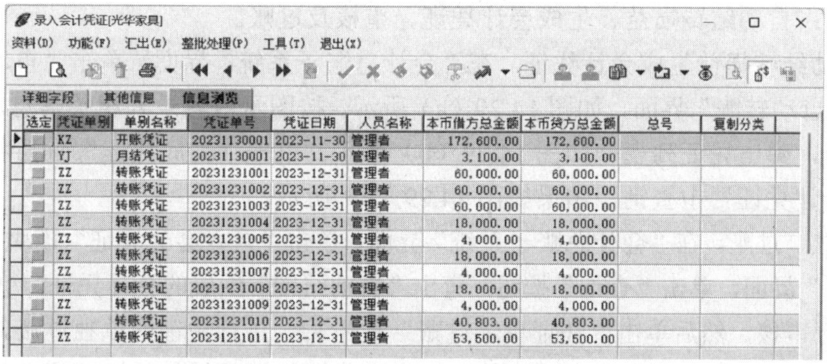

图 14.27　录入会计凭证界面

说明:

- 如系统启动"出纳管理",则在会计凭证审核前需要先进行"出纳"操作;

- 如果有未审核的凭证，要进行审核。单击"审核"按钮 ；
- 本实验中，此次审核的会计凭证为自动分录抛转过来的凭证；
- 会计凭证审核后，会更新"会计科目各期金额""部门科目各期金额""分类账"中信息；
- 本实验中为简化流程，省略日常账务处理。

第2步：整批过账。

在"会计总账子系统"界面，单击"整批过账"模块，进入"整批过账"界面，如图14.28所示，按图示内容进行操作。处理完成后退出该界面。

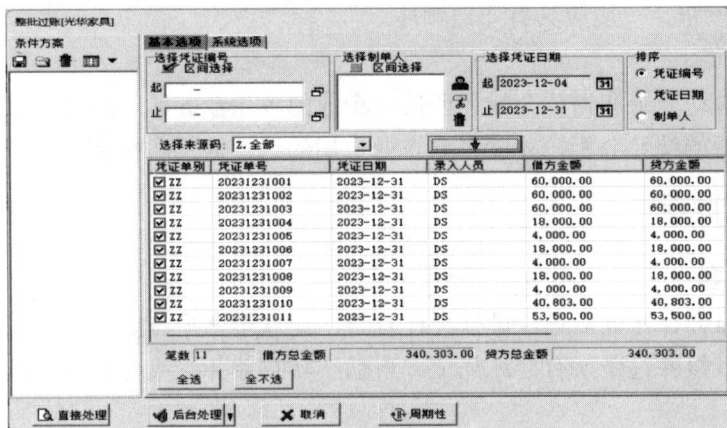

图14.28　整批过账界面

说明：

- 本操作是将审核过的凭证进行批量过账的动作；
- 如果过账结果出现未过账凭证，一般因为这些凭证没有"出纳"或"审核"，需要手工在"录入会计凭证"界面中逐一进行审核并进行凭证单笔过账处理。

第3步：自动结转损益、生成会计凭证、审核及过账。

① 自动结转损益生成会计凭证。在"会计总账子系统"界面，单击"自动转账"模块，进入"自动转账"界面，如图14.29（a）所示，按图示内容录入相关信息。单击"下一步"按钮，弹出凭证列表，如图14.29（b）所示，单击"生成凭证"，得到结转凭证。在"录入会计凭证"中查询，结果如图14.29（c）所示。

② 审核、过账。在"会计总账子系统"界面，单击"录入会计凭证"模块，进入"录入会计凭证"界面，单击"查询"按钮，查出"自动结转"生成的会计凭证。单击"审核"按钮 进行审核，然后单击"凭证单笔过账"按钮 ，进行凭证的单独过账。

说明：此项操作在会计期末结账前，用来生成期间损益结转凭证及汇兑损益结转凭证；同时要求将现行会计年月的所有凭证过账。

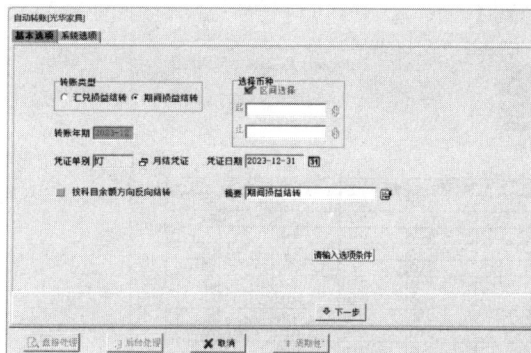

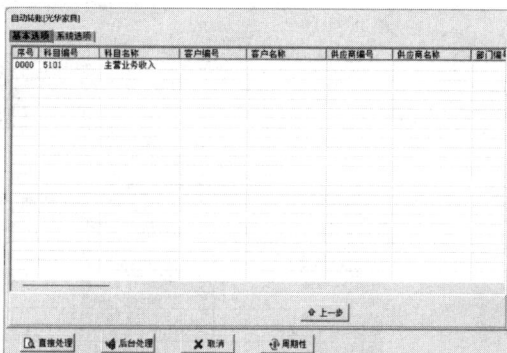

（a）自动转账-设置界面　　　　（b）自动转账-自动生成凭证界面

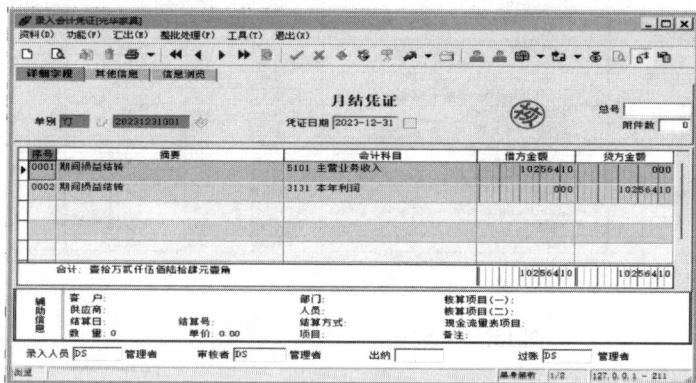

（c）生成凭证

图 14.29　自动转账操作界面

第 4 步：会计月结。

在"会计总账子系统"界面，单击"会计月结"模块，进入"会计月结"界面，单击"直接处理"按钮，处理完成关闭该界面。

说明：

● 会计月结计算当月的损益金额，若为会计年度最后一期，则系统自动运行年结作业；

● 会计月结完成以后，本业务完结（建议做练习时此步骤慎做）。

第 5 步：生成财务报表。

在"会计总账子系统"界面，单击"财务报表"模块，进入"财务报表"界面，单击"资产负债表"模块，进入"二栏式资产负债表"生成界面，选择报表编号为"01"，选择信息日期为"2023-12-31"，单击"设计报表"，可打开"资产负债表"浏览界面，如图 14.30 所示。

说明：

● "报表编号"在系统初始化中设置完成，本实验中单击按钮 ⊟ （报表结构信息查询）后，可以从列表中选择想要查询的报表编号；

图 14.30　浏览资产负债表界面

- 如果本机没有设置打印机，需要添加默认打印机，然后重启机器，再显示各种报表；
- 类似的，可以生成"损益表"，读者自行完成；
- 有关"现金流量表"，可以在"会计总账子系统"中单击"现金流量表"模块，进入"现金流量表"子系统，完成该报表的设计及生成操作，有兴趣的读者自行完成。

3. 实验小结

实验完成后，得到企业的财务报表：资产负债表和损益表。用数字来反映企业的赢利情况，为企业以后的运营提供决策依据。

第 14 章　主业务流程体验